江苏省"十四五"时期重点出版物出版专项规划项目

中华民族音乐传承出版工程
精品出版入选项目

中国音乐经济史

宋元明清卷

韩启超 等 著

苏州大学出版社
Soochow University Press

图书在版编目(CIP)数据

中国音乐经济史. 宋元明清卷 / 韩启超等著. —苏州：苏州大学出版社, 2023.6
中华民族音乐传承出版工程
ISBN 978-7-5672-4431-3

Ⅰ.①中… Ⅱ.①韩… Ⅲ.①中国经济史-关系-音乐史-古代 Ⅳ.①F129②J609.2

中国国家版本馆CIP数据核字(2023)第095772号

书　　名：	中国音乐经济史·宋元明清卷 Zhongguo Yinyue Jingjishi · Song-Yuan-Ming-Qing Juan
著　　者：	韩启超 等
主　　审：	秦　序
责任编辑：	孙腊梅　严瑶婷
装帧设计：	吴　钰
出 版 人：	盛惠良
出版发行：	苏州大学出版社(Soochow University Press)
社　　址：	苏州市十梓街1号　邮编：215006
网　　址：	http://www.sudapress.com
邮　　箱：	sdcbs@suda.edu.cn
印　　刷：	苏州工业园区美柯乐制版印务有限责任公司
邮购热线：	0512-67480030　销售热线：0512-67481020
网店地址：	https://szdxcbs.tmall.com/(天猫旗舰店)
开　　本：	718 mm×1 000 mm　1/16　印张：20　字数：338千
版　　次：	2023年6月第1版
印　　次：	2023年6月第1次印刷
书　　号：	ISBN 978-7-5672-4431-3
定　　价：	88.00元

凡购本社图书发现印装错误，请与本社联系调换。
服务热线：0512-67481020

序　言

越是基础越需重视，越是艰险越要向前
——为音乐经济研究的开展鼓与呼

秦　序[①]

一

以韩启超教授为代表的几位青年学者，敢于探索创新，编撰了《中国音乐经济史》，即将出版，嘱我写一点文字作为序文。

我当然义不容辞，因为是我鼓励他们开展这方面研究的。多年前，我所带中国艺术研究院的硕士研究生曹丽娜，受我的指定和影响，以《唐代民间营利性乐舞的生产与流通》为题，撰写了硕士论文。她顺利毕业后，通过选拔进入北京戏曲艺术职业学院任教，并且较快晋升为副教授。她的这篇文章，也很快引起了学界关注。尤其是上海音乐学院洛秦教授（现任中国音乐史学会会长），就曾在一次综述中国音乐史研究成果的会上，专门介绍了该文，并给予了很高评价，这也令我信心倍增。之后，我又先后指导中国艺术研究院和南京艺术学院的多位硕士、博士生，以不同时段、不同内容的中国古代音乐经济事项作为研究对象撰写学位论文，并均通过答

---

① 秦序，1948 年生。中国艺术研究院音乐研究所原研究员、博士生导师；兼南京艺术学院教授、博士生导师；另兼浙江师范大学音乐学院教授。

辩顺利毕业。现在，在韩启超博士的带领和推动下，这些成果得以编写成书，并能奉献于世，当然是值得高兴的一件好事。

我相信中国古代音乐与经济关系的研究，一定会迎来新的发展和机遇。

二

回想这些青年学子尝试进行音乐经济方面的研究，从开始直到现在，在获得鼓励表扬的背后，也曾遭遇种种困难和诘难。

比如，这几位青年学子，甚至是我，原来学的都是音乐艺术和音乐学，没有接受过经济学方面的专业知识教育，非常缺少相关研究的学术"支持系统"和学识储备。这当然是一时难以逾越的巨大困难。

又如，古代音乐与经济的关系，自古以来并没有得到应有的重视，相关文献材料和实物史料不仅稀少，还零散难觅。显然，不可能在这些有限的资料上，运用现代经济学家们爱用的"总量分析法""个量分析法"，或分析研究其中的经济"模型"和"统计方法"所积累的数据，更不可能采用黄仁宇先生所主张的"数字化管理"之类标准来考量。

再比如百年来，马克思的辩证唯物主义和历史唯物主义思想，早已是我们党和国家的重要指导思想，"经济是基础"应成为一般人的常识。但翻检已有的中国古代音乐史研究论著，虽常提及每一时代音乐艺术所赖以生存的经济基础和政治、文化环境，但往往"远景"与"近景"、经济基础与音乐艺术两者各表，其皮、毛关系若即若离、似有似无，并没能深刻揭示出相互间的内在联系，以及彼此之间的密切互动，更无从展示每一时代音乐经济的多样性、丰富性和时代特色。

虽然缺少必要的、可以直接参考和依据的前人相关研究成果，研究起来自然困难重重，但是这些青年学子仍筚路蓝缕、勠力前行。

三

他们的尝试和努力，除了必须面对的主客观困难外，还有诸多因不解而引发的疑问：

你们不是学经济的，懂什么经济，研究什么经济呢？

音乐是音乐，艺术是艺术，经济是经济，怎么能扯到一起呢？

研究经济离不开数据和数学,没有数据,怎么能研究经济呢?你们拿得出多少古代的、翔实可靠的音乐经济数据呢?你们懂数学(尤其高等数学)吗?

你们知道古代一场演出,成本多少钱、票价多少钱吗?

……

这些疑问,还比较容易解释回答(详后)。更难的是他们还遭遇了种种诘难和反对,甚至连使用"音乐经济""音乐经济学"等概念,也遭到批评。比如,有人认为,因为"这一概念目前尚未形成",可以用"音乐的产业""音乐的商业化",甚至可以用"音乐的经济学",但不能采用这种"A+B"式命名的"音乐经济学"。

四

如果缺少相关文化历史知识,甚至没有经济学常识,对中国古代音乐与经济的关系不甚了解,从而提出若干疑问,甚至某些责难,都好理解。不知者,不为怪嘛。

那么,我们能不能研究音乐与经济的关系?能不能探索音乐经济学?

科学研究发展的历程表明,各种科学学科,是不断发展、不断深化的;同时,也有新的学科、新的分支学科不断涌现。另外,不同学科之间也会相互交融、渗透,从而产生种种新的边缘学科和交叉学科(诸如生物化学、音乐治疗学等)。

据网络数据,今天的学科数目已经从20世纪80年代的5 000多个发展到了10 000多个,并且还在不断增加。

音乐经济学,是音乐学与经济学两大常见学科相互结合的交叉学科,是已经在我国出现了几十年的艺术经济学的一个分支学科。

况且,科学的探索、发展,本来就没有任何禁区,也没有最后的止境。

德国著名哲学家卡尔·雅斯贝尔斯在《哲学与科学》一文中明确指出:

对于近代科学来说,"没有什么是无足轻重的"。每一个事实,甚至最微小的、最丑恶的、最遥远的、最疏离的事物,在现代科学看来都是合法的研究对象——因为它的存在。科学已变为真正普遍的。没有哪一件事物能够逃避它。没有哪一件事物必须被掩藏或悄然逝去；也没有哪一件事物必须保持一种神秘。①

音乐与经济的联系，当然不是"最微小的、最丑恶的、最遥远的、最疏离的事物"。即便后面种种事物，也都有研究的必要，也都不能保持其神秘。那么，我们尝试研究中国古代音乐与经济的关系，有何不可？

因为科学研究没有任何禁区，所以去研究音乐与经济的关系，也就是开展一点音乐经济学的研究，哪怕简陋粗浅，也是可贵的尝试和探索，不足为奇。

当然，要进行任何一种科学探索，都需要一定的主客观条件，需要具备相关的基础知识，掌握一定的研究方法。但人非圣人，都非"生而知之"者，都是学而后知的人。那么，为什么不可以让好学的青年学人通过不断的努力学习，从而掌握从事某类科学研究的一定基础能力呢？

五

这里，我想大声为音乐经济学研究鼓与呼：

越是基础越需重视，越是艰险越要向前！

经济基础对上层建筑的决定性作用，是我们应该掌握的基本常识。不妨重温一下马克思的开创性论述：

人们在自己生活的社会生产中发生一定的、必然的、不以他们的意识为转移的关系，即同他们的物质生产力的一定发展阶段相适应的生产关系。这些生产关系的总和构成社会的经济结构，即有法律的和政治的上层建筑竖立其上并有一定的社会意识形态与之相适应的现实基础。物质生活的生产方式制约着整个社会生活、政治生活和精神生活的过程。不是人们的意识决定人们的存在，相反，是人们的社会存在决定人们的意识。②

---

① 卡尔·雅斯贝尔斯. 智慧之路：哲学导论［M］. 柯锦华，范进，译. 北京：中国国际广播出版社，1988：104-105.

② 中共中央马克思恩格斯列宁斯大林著作编译局. 马克思恩格斯选集：第2卷［M］. 北京：人民出版社，1972：82.

恩格斯晚年也强调指出：

政治、法、哲学、宗教、文学、艺术等等的发展是以经济发展为基础的。但是，它们又都互相作用并对经济基础发生作用。①

因此，研究艺术，研究艺术史、音乐史，不能只看艺术、音乐本身，必须也看到艺术、音乐作为一种上层建筑，离不开经济基础的影响，离不开社会经济文化活动的影响。

艺术、音乐与经济之间，存在密切关系。聪明的中国古人早已发现，并留下许多重要记述。比如，墨子为什么提出"非乐"？

《墨子》非乐篇就认为：仁者是为天下考虑的，不是"为其目之所美，耳之所乐，口之所甘，身体之所安"，若"以此亏夺民衣食之财，仁者弗为也"。②

墨子强调自己之所以"非乐"，是因为"非以大钟、鸣鼓、琴瑟、竽笙之声以为不乐也；非以刻镂华文章之色以为不美也……虽身知其安也，口知其甘也，目知其美也，耳知其乐也，然上考之不中圣王之事，下度之不中万民之利"。③

墨子当然知道"大钟、鸣鼓、琴瑟、竽笙之声"的优美动听，知道各种感官的美好享受，但他反对的是统治者们为了追求这些享受，而去"亏夺民衣食之财"。

墨子还指出，音乐不能使民众得到衣食，不能解除"饥者不得食，寒者不得衣，劳者不得息"之三患。他还从制器、奏乐、听乐三方面指出，音乐会成为天下之害。制造昂贵的乐器，必将"厚措敛乎万民"，"亏夺民衣食之财"。④ 奏乐者、表演者，也要吃好穿好，"食必粱肉，衣必文绣，此掌不从事乎衣食之财，而掌食乎人者也"。⑤ 听乐还会让人耽误工作，而追

---

① 中共中央马克思恩格斯列宁斯大林著作编译局. 马克思恩格斯选集：第四卷 [M]. 北京：人民出版社，1995：732.
② 方勇. 墨子 [M]. 北京：中华书局，2015：273-274. 编辑说明：书中引文均对引用文献进行原文摘录，与现代汉语用法规范不一致之处，不再进行修改批注。
③ 方勇. 墨子 [M]. 北京：中华书局，2015：274.
④ 方勇. 墨子 [M]. 北京：中华书局，2015：274-275.
⑤ 方勇. 墨子 [M]. 北京：中华书局，2015：278.

求浩大的音乐表演,会使"国家乱而社稷危","仓廪府库不实","叔粟不足","布缕不兴",甚至亡国。①

因此,墨子看到了经济基础对兴礼乐具有的重要作用,而过度追求乐舞的宏大壮观,费时费财,"夺民衣食之财以拊乐"②,将会造成过度浪费,将会把经济基础压塌。

墨子的批评,也反映出"礼崩乐坏"的当时,各国统治者追求奢华乐舞,力求"大其钟鼓",从而造成了大量浪费,造成经济的入不敷出。这些描述从侧面反映了当时音乐生产的繁盛,离不开经济实力的支持。经济是为上层社会进行艺术表演的重要基础。

湖北随县战国早期的曾侯乙墓,出土了大量珍贵音乐文物,包括重达2 500多公斤的错金青铜编钟,其规模空前辉煌和宏伟。若没有发达的经济条件支持,绝不可能出现这样的音乐艺术奇迹。

汉代太史公司马迁也独具经济学眼光,《史记》中专设"货殖列传"。《广雅》云:殖,立也。孔安国注《尚书》云:殖,生也,生资货财利。因此该列传专门记载各地物产和经商活动。文中明确记述:"今夫赵女郑姬,设形容,揳鸣琴,揄长袂,蹑利屣,目挑心招,出不远千里,不择老少者,奔富厚也。"③ 说明当时赵、郑等国,多有擅长才艺、弹琴的貌美女子。她们远嫁或不远千里提供乐舞服务,以追求富贵生活。这些乐舞人是一种当地的"出产""土特产",而她们的学艺和技艺推销,也是一种目的性很强的商业经济行为。

《史记》卷一百二十九"货殖列传"还记述,"中山地薄人众,犹有沙丘纣淫地余民,民俗懁急……为倡优。女子则鼓鸣瑟,跕屣,游媚贵富,入后宫,遍诸侯"④。土地贫瘠、人多地少的中山国,培养从小唱歌、跳舞和演奏琴瑟等乐器的歌儿舞女,他们同样是当地重要的"出产"。他们学成以后,向各国输出,为社会上层提供乐舞服务。太史公显然是从各地出产

---

① 方勇. 墨子[M]. 北京:中华书局,2015:279-280.
② 方勇. 墨子[M]. 北京:中华书局,2015:278.
③ 司马迁. 史记[M]//中华书局编辑部. "二十四史"(简体字本). 北京:中华书局,2000:2473.
④ 司马迁. 史记[M]//中华书局编辑部. "二十四史"(简体字本). 北京:中华书局,2000:2468.

和商品交易的角度，来分析记述这些文艺人才的培养和流通的。

如上所述，聪明的我国古人，早就以敏锐的经济学眼光看待艺术活动。为什么在音乐学界，很多人听到有关音乐与经济关系的话题，还会感到意外呢？

六

又如，一些学者问，没有大量数据，没有收入开支的明细数据，怎么能进行经济研究呢？

换句话说，这些学者认为，如果没有大量数据与公式，便不能研究中国古代音乐与经济的关系。

其实，只有大量数据、数学公式、各种统计表格等，才是经济学的研究，这是对经济学研究的一种误解。

史学界和经济学界，对远古时代"狩猎经济""游牧经济""小农经济"的判断与定性，能有多少可靠的、明晰的统计数字？这些重要判断，难道不是从经济学角度做出的吗？

古人云，"大军未动，粮草先行"。今人说，"什么问题最大，吃饭问题最大"。虽无具体数字，但不也蕴含着非常深刻的经济学道理吗？

亚当·斯密及其时代，把经济学看成人文科学。当时的经济学研究中，数学公式和数据不多。数学公式和数据，是从19世纪末开始才在经济学研究中大量出现的，的确非常重要。

在19世纪末，经济学发生了重要的"边际革命"，边际观念的引入，使经济学得以脱胎换骨。研究边际观念，就必须运用微积分中的增量分析方法，特别是偏微分中的增量分析。而数学一旦进入经济学，也立刻发挥了巨大的作用。

正因为数学对经济学的贡献很大，近代经济学也越来越离不开数学。自从1969年诺贝尔奖开始颁发经济学奖后，得奖的经济学家大多数是精通数学者，有的人本来就是数学家。[1]

今天，经济学有许多不同类别，有很多不同的分支学科，比如出现了

---

[1] 茅于轼，岑科. 人文经济学：不用数学的经济学 [M]. 广州：暨南大学出版社，2013：1-2.

宏观经济学、微观经济学、文字经济学、数理经济学等。有的经济学分支学科大量采用数学和公式，但也有少用甚至不用数字和数学的经济学分支学科。

我国著名经济学家茅于轼就曾写出《生活中的经济学》一书。此书通过讲述作者在美国这个高度发达的市场经济国家中生活的点滴经验，说明市场经济是如何运作的。书中很少有枯燥的数据，甚至没有什么艰深的数学公式或数学模式，但它确实做到了把深奥的经济学还原为浅显易懂的事理常规这一点。该书不仅非常热销，也产生了很大的社会影响。①

茅于轼先生指出，19世纪末以来，经济学研究越来越数理化，逐渐形成了一种"数理经济学"，也使经济学越来越接近自然科学。经济学的这种发展，却越来越偏离了创造主流经济学的亚当·斯密及其时代把经济学看成人文科学的本义。数理经济学力主用客观的、自然科学的立场和方法去研究市场。由于自然科学中没有"是"和"非"的价值判断，只有"对"和"错"的逻辑判断，所以，清华大学的一名经济学教授樊纲公然说："经济学不讲道德。"

他所说的"经济学"，应该就是这种自然科学式的数理经济学。②

2013年2月，茅于轼先生与岑科合作出版了一部新的经济学专著，叫作《人文经济学——不用数学的经济学》。

茅先生说写作该书的本义，就是要使经济学回归人文科学，建立人文经济学。人文经济学主张以人的立场来研究市场，其要回答的问题是，人应该建立什么样的价值观，人和人的关系应该是怎样的，自利是不是一定会害人，社会和国家应该按照什么原则建立，什么样的制度能实现全社会的福利，人如何认识自己的人生，人生的目的是什么，等等。显然，人文经济学具有超出单纯自然科学的视野，"这种研究已经跨越纯经济学，进入哲学、社会学、政治学等学科的交叉领域"③。

因此，该书干脆在副标题中点明，它是一本"不用数学的经济学"！

---

① 茅于轼. 生活中的经济学：第二版 [M]. 广州：暨南大学出版社，2003.
② 茅于轼，岑科. 人文经济学：不用数学的经济学 [M]. 广州：暨南大学出版社，2013：3-4.
③ 茅于轼，岑科. 人文经济学：不用数学的经济学 [M]. 广州：暨南大学出版社，2013：5.

看来，确实有很多人需要这种"不用数学的经济学"，以便让更多的人进一步了解、学习经济学。

茅于轼先生还强调指出：

我们相信，再复杂的数理关系也能通过语言把它说明白。而且经济规律未必一定要用数学才能证明，我们的生活也提供了丰富的素材来说明经济规律。所以人文经济学也可以说是"不用数学的经济学"。①

我们能够因为这些著述少用甚至不用数字和数学公式来谈论经济，便可以说它们不是经济学著作吗？

英国学者哈耶克撰写的《通往奴役之路》，是世界经济史、思想史上的名著，在哈耶克学术生涯中占有极其重要的地位，为他赢得了世界性的声誉。

1974年，鉴于哈耶克在经济学界拥有自亚当·斯密以来最受人尊重的道德哲学家和政治经济学家至高无上的地位，他与冈纳·缪尔达尔一起，荣获当年的诺贝尔经济学奖。

这部诺贝尔经济学奖获得者的代表性著作，也没有高深数学和大量数据。

难道，能因为这部代表作少用甚至不用数学数据和表格，便否认它是经济学方面的巨著吗？

七

反对使用"音乐经济学"的学者，说"这一概念目前尚未形成"，认为只能用"音乐的产业""音乐的商业化""音乐的经济学"，但不能用这种以"A＋B"式命名的"音乐经济学"。这种说法值得商榷。

其实，"艺术经济学"一词，至迟于20世纪80年代，就已在中国学界有所运用，学者们也先后发表、出版了诸多艺术经济学论文和著作，不可谓艺术经济和艺术经济学概念"尚未形成"。② "音乐经济"和"音乐经济

---

① 此段文字引自《人文经济学——不用数学的经济学》封面。
② 我国学者李书亮等在20世纪80年代就提出建立艺术经济学的观点。顾兆贵从1987年便开始讲授艺术经济学课程。

学",也只不过是"艺术经济学"的合理发展与具体延伸。

反对"音乐经济学"而主张采用"音乐的经济学"之名,后者不也是"A+B"式?大而言之,为什么音乐考古学、音乐声学、音乐心理学、音乐美学、音乐人类学、音乐图像学,或民族音乐学、音乐上海学、音乐北京学等,均可以采用"A+B"式命名;为什么中国古代的"琴学""书学""诗学""曲学"等,也都可以采用"A+B"式命名,且今天仍继续沿用,但偏偏不允许"音乐经济学"也采用"A+B"式命名呢?

如果说"音乐经济学"不能用"A+B"式命名是因为"这一概念目前尚未形成",那么其他"A+B"式命名,包括上述种种学科名称,难道都是"概念"已经形成之后才出现的吗?它们都是形成了"A+B"式概念之后,才有"A+B"式命名的吗?

是先有事实还是先有概念?如果不允许尝试,不允许探索,甚至不允许失败、犯错误,上述大量"A+B"式命名,又从何而来?它们不都是概念"尚未形成"时,便开始有学科结合,开始有"A+B"式的探索吗?

大家知道,早在汉代文献中,就已出现了"琴道"这种"A+B"式命名。桓谭便著有《琴道》,蔡仲德先生认为它是"中国历史上第一篇完整的琴论"①。说到"道",孔子曾说,"朝闻道,夕死可矣"。那么,在汉代人心目之中,难道"道"能比"学"低吗?当时桓谭提出"琴道",就运用了"A+B"式命名。如上所述,这既然是第一篇完整的琴论,也是迄今最早提出"琴道"的文章,难道也是这一概念已经形成之后,才允许它"出现"的吗?有什么材料证明这一概念早已形成?当时,又是谁来允许、批准"琴道"这一概念可以适用"A+B"式命名呢?

古代当然没有"生产力""生产关系"等近现代学术词汇,但如果因为它们是近代或现代词汇,后人就不能用来研究远古以来世界各国经济和社会的发展变化吗?如果没有可以直接替代的"历史上既有的概念",后人就不能创造、运用新的能说明问题、能包容古代内涵的学术概念吗?

固然,中国古代有"艺术""经济"等"既有的概念",但它们也不能严格等同于我们所运用的"艺术""经济"等现代词汇。那么,我们今天就

---

① 蔡仲德. 中国音乐美学史 [M]. 北京:人民音乐出版社,1995:397.

不能运用这些现代词汇的"艺术""经济"来描述古代的事项吗？

再广而言之，古代当然也没有地球、世界、人类、现代化等现代词汇，那我们就不能谈论古代的地球、世界和人类，以及他们的"前现代化"了吗？

八

众所周知，法国艺术史家丹纳的《艺术哲学》是一部非常重要的具有示范意义的艺术史、美学史著作。丹纳对意大利文艺复兴时期的绘画、尼德兰的绘画、古希腊的雕塑进行了深入细致且极其精彩的分析研究。他认为物质文明与精神文明的性质、面貌，都取决于种族、环境、时代三大因素。他努力复活承载着、影响着上述不同时期艺术的具体文化背景与生活场景，指出每种艺术品种和流派只能在特殊的精神气候中产生，从而说明艺术家必须适应社会环境、满足社会要求。他所标榜的种族、环境、时代三大影响因素，在艺术史上产生了深远影响，为许多学者所遵循。

但正如该书译者、翻译家傅雷先生所指出：丹纳所揭示的时代与环境，还只限于思想感情、道德宗教、政治法律、风俗人情，总之是仍属上层建筑的东西。丹纳还是忽略了或不够强调最基本的一面——经济生活。因而傅先生认为，尽管该书材料非常丰富，论证非常详尽，但仍不免有不全面之感。①

傅雷先生的这一批评，对我们学习丹纳《艺术哲学》的成功经验，以提升对中国音乐史、艺术史的研究，是不能忽视的忠告。

我们还需要加强经济是基础的认知，而越是基础，就越需要人们的重视。我们研究作为社会上层建筑和意识形态之一的音乐艺术，怎么能脱离具有着深远影响的经济基础和社会经济行为呢？光亮的舞台之下、舞台之后，以及环绕着音乐艺术的方方面面，无不受到经济的影响，都有一双看不见的经济大手、市场大手，在影响和支配着艺术的传播和发展。

想想当年我们刚开始尝试音乐史学的研究，杨荫浏、李纯一、黄翔鹏等前辈对我们的点滴粗浅探索，热情鼓励、勉慰有加。我们应学习继承他们科学探索的宝贵成果和成功经验，也应学习他们对青年学人的支持和激励。我们何不给关心艺术经济基础研究的青年学子们多一些帮助，多一些

---

① 丹纳. 艺术哲学 [M]. 傅雷，译. 北京：人民文学出版社，1963：4-5.

掌声和支持呢?

对有志探索音乐经济研究的青年学人,我想借此机会也对你们说几句心里话。

近代科学诞生之际,为了追求客观真理,比如为揭示地球围着太阳转,有多少前辈科学家,敢冒天下之大不韪勇敢向前。意大利伟大的科学家布鲁诺甚至为此献出了宝贵生命,被活活烧死在罗马的鲜花广场上。

我们一定要努力学习音乐学与经济学研究的相关知识,打好进一步深入研究的"支持系统"。我们前期的研究成果能够结集出版,要看到成绩,也一定要看到诸多不足。要认真聆听社会各界的批评指正,继续努力,不断完善自己的研究,以创造更大、更多的成绩。尤其要努力学习、继承并发扬光大前辈科学家们不畏艰险、勇敢追求真理的伟大探索精神。

今天,有人提出各种疑问,我们不必多虑计较,应将更好地解释、说明作为自己重要的义务,也将这些疑问和建议当作继续探索的动力。

目　录

序　言 / 1

第一章　两宋时期的音乐经济 / 1

第一节　两宋时期非商业性的音乐生产与消费 / 6

第二节　两宋时期商业性的音乐生产与消费 / 49

第三节　两宋时期音乐经济总体特征 / 80

第二章　元代的音乐经济 / 86

第一节　元代非商业性的音乐生产与消费 / 91

第二节　元代商业性的音乐生产与消费 / 129

第三节　元代音乐经济总体特征 / 159

第三章　明代的音乐经济 / 164

第一节　明代非商业性的音乐生产与消费 / 168

第二节　明代商业性的音乐生产与消费 / 194

第三节　明代音乐生产与消费的成本 / 210

第四节　明代音乐经济总体特征 / 234

第四章　清代的音乐经济 / 244

第一节　清代非商业性的音乐生产与消费 / 249

第二节　清代商业性的音乐生产与消费 / 274

第三节　清代音乐经济总体特征 / 290

后　记 / 298

第一章　两宋时期的音乐经济

960年，后周殿前都点检赵匡胤在陈桥驿兵变，黄袍加身，建立北宋，改元建隆，并先后消灭了荆南、武平、后蜀、南汉、南唐等地方割据政权，结束了唐以来五代十国分裂割据的局面，中原地区得到统一。978年，吴越国归降北宋，全国得到统一。

北宋建国之后，统治者吸取了前代王朝灭亡的历史教训，对国家政治体制进行了大刀阔斧的改革，采取了一系列加强中央集权的措施，把国家的政治、军事、财政大权最大化地集中到以帝王为中心的朝廷手中。诸如采取"杯酒释兵权"的谋略，收回了军权，同时推行文官治国方略；建设中书和枢密院两个机构，通过"二府制"来实现文武分权；并设置三司凌驾于六部之上；地方政府机构实行州（府、军、监）、县二级制，后又将一级行政区划改为"路"；后历经改制，"三省六部"的体系重新建立；同时推行募兵制，由"三衙"统帅禁军；完善科举考试制度，贯通读书人入仕路径。从经济发展来看，北宋建国后，采取休养生息政策，社会经济得到了快速发展，人口数量迅速增加，在短期内就超过了前代。

北宋建国伊始，政府就意识到农业的重要性，采取了休养生息的政策，针对北方地区连年饱受战火的摧残，农民流离失所，土地荒废的情况，采取了营田的方式，组织军队垦荒劳作，并把开垦的土地交给农民耕种。对边疆的土地则采取屯田政策，如《宋史》卷二百七十三载："俟期岁间，关南诸泊悉壅阏，即播为稻田。其缘边州军临塘水者，止留城守军士，不烦发兵广戍。收地利以实边，设险固以防塞，春夏课农，秋冬习武，休息民力，以助国经。"① 与此同时，政府积极减轻赋税，安抚流民，推进农业技术改革，提高生产效率。对此文献多有记载，如《宋会要辑稿》卷四千七百四十八载："劝民种四种豆及黍、粟、大麦、荞麦，以备水旱，官给种与之，仍免其税。"②《宋大诏令集》卷一百八十二云："自今百姓有能广植桑枣开荒田者，并令只纳旧租，永不通检。"③

经过多年努力，至北宋中期以后，经济有了长足发展，江南地区城乡经济发达，城镇市民相对富庶。黄庭坚曾写诗云："玉笥峰前几百家，山明松雪水明沙。趁虚人集春蔬好，桑菌竹萌烟蕨芽。"（《上萧家峡》）江宁、上元两县的居民，"有房廊之家，少者日掠钱三二十千，及开解库店业之人家，计有数十万缗"④。因此，富庶的经济基础，为城乡居民积极参与民俗节庆活动，进行乐舞生产与消费提供了客观条件。

由此，相对隋唐来说，两宋时期的城市发展出现了重大变化。大量的城市在功能上突破原有的政治、军事局限，经济、社会和文化功能显著增强。以汴京、杭州、苏州为代表的城市整体发展水平不仅在全国处于领先地位，而且出现了城市形态的重大变革。商业活动冲破传统坊市制下政府的严格控制和空间局限，扩散到城市各个角落乃至郊外。⑤张择端的《清明上河图》生动地描绘了北宋汴京城内的繁华商业景象。所谓"东华门外，市井最盛，盖禁中买卖在此，凡饮食、时新花果、鱼虾鳖蟹、鹑兔脯腊、金玉珍玩、衣着，无非天下之奇"⑥，"东去乃潘楼街，街南曰'鹰店'，只下贩鹰鹘客，余皆真珠、匹帛、香药铺席。南通一巷，谓之'界身'，并是金银彩帛交易之所，屋宇雄壮，门面广阔，望之森然，每一交易，动即千万，骇人闻见"⑦。即便是相国寺，"每月五次开放，万姓交易……其余坊巷

---

① 脱脱，等. 宋史 [M]. 中华书局编辑部，点校. 北京：中华书局，1985：9328.
② 徐松. 宋会要辑稿 [M]. 北京：中华书局，1957：6067.
③ 司义祖. 宋大诏令集 [M]. 北京：中华书局，1962：658.
④ 曾枣庄，刘琳. 全宋文：第二百八十二册 [M]. 上海：上海辞书出版社，2006：64.
⑤ 陈国灿. 中国早期城市化的历史透视：以江南地区为中心的考察 [J]. 湖南文理学院学报（社会科学版），2004，29（6）：7-12.
⑥ 孟元老. 东京梦华录 [M] // 全宋笔记：第三八册. 伊永文，整理. 郑州：大象出版社，2019：13.
⑦ 孟元老. 东京梦华录 [M] // 全宋笔记：第三八册. 伊永文，整理. 郑州：大象出版社，2019：18.

院落，纵横万数，莫知纪极，处处拥门，各有茶坊酒店，勾肆饮食……如要闹去处，通晓不绝"①。这些历史文献无不生动地刻画了北宋都城商业之繁盛，也代表着整个北宋经济的繁荣景象。

与此同时，远离政治中心的江南地域较少受到战争干扰，经济自唐末吴越国以来依然保持快速发展的势头。尤其是经历辽宋、宋夏、宋金之间的多年战争，北方人口大量南迁，为江南经济的快速发展提供了充足的劳动力和先进的生产技术。北宋著名文学家苏轼曾评价："其民（指吴越国百姓）至于老死不识兵革，四时嬉游歌鼓之声相闻，至于今不废，其有德于斯民甚厚。"② 宋统一江南之后，将吴越国所辖之地及其周边地区划分为两浙路、江南路、淮南路。在此基础上，南宋临安发展成为繁华京都，其城内商业之发达更胜前代，"自大街及诸坊巷，大小铺席连门俱是，即无虚空之屋"③；城郊东南三里、南五里、西南十里、西二十五里、北九里范围内，也是"商贾骈集，物货辐萃，公私出纳，与城中相若"④。欧阳修曾在《有美堂记》中云："独钱塘自五代时知尊中国，效臣顺，及其亡也，顿首请命，不烦干戈，今其民幸富完安乐。又其俗习工巧，邑屋华丽，盖十余万家。环以湖山，左右映带。而闽商海贾，风帆浪舶，出入于江涛浩渺烟云杳霭之间，可谓盛矣。"⑤《梦粱录》卷一"正月"条也形容曰："不论贫富……家家饮宴，笑语喧哗，此杭城风俗，畴昔侈靡之习，至今不改也。"⑥

伴随着商业的发展，市民阶层不断壮大，渐趋成为社会娱乐消费的主体。据学者估计，北宋至徽宗年间，人口达到 8 100 万，其中作为都城的汴京人口有百万之众，已经大大超过了盛唐时期的人口。当时与宋并存的还有辽、金、西夏等政权，合计人口估计达 1 亿。与此同时，江南地域人口增速更快，据统计，元丰三年（1080 年），南方人口约占全国总人口的 62.6%。⑦ 南宋孝宗乾道年间（1165—1173 年），临安人口为"户二十六万

---

① 孟元老. 东京梦华录 [M] // 全宋笔记：第三八册. 伊永文，整理. 郑州：大象出版社，2019：24-27.
② 苏轼. 苏轼文集 [M]. 茅维，编. 孔凡礼，点校. 北京：中华书局，1986：499.
③ 吴自牧. 梦粱录 [M] // 全宋笔记：第九六册. 黄纯艳，整理. 郑州：大象出版社，2019：337.
④ 曾枣庄，刘琳. 全宋文：第一百八十一册 [M]. 上海：上海辞书出版社，2006：146.
⑤ 吕祖谦. 欧公本末 [M] // 吕祖谦全集. 陈捷，点校. 杭州：浙江古籍出版社，2017：294.
⑥ 吴自牧. 梦粱录 [M] // 全宋笔记：第九六册. 黄纯艳，整理. 郑州：大象出版社，2019：208.
⑦ 吴松弟. 中国人口史：第三卷：辽宋金元时期 [M]. 上海：复旦大学出版社，2000：625.

一千六百九十二、口五十五万二千六百七"①；到南宋咸淳年间（1265—1274年），已增至"户三十九万一千二百五十九、口一百二十四万七百六十"②，这仅是临安府九县的户口总数，还不包括驻扎在临安城外十几万的军队人数，以及众多难以统计的流动人口。到南宋中后期，临安城内仅从事工商业和服务业的人口就高达20万左右。③《都城纪胜》"坊院"条也对此有过描述：

> 柳永咏钱塘词云"参差十万人家"，此元丰以前语也。今中兴行都已百余年，其户口蕃息仅百万余家者。城之南西北三处，各数十里，人烟生聚，市井坊陌，数日经行不尽，各可比外路一小小州郡，足见行都繁盛。而城中北关水门内，有水数十里，曰白洋湖。其富家于水次起造塌坊十数所，每所为屋千余间，小者亦数百间，以寄藏都城店铺及客旅物货。四维皆水，亦可防避风烛，又免盗贼，甚为都城富室之便，其他州郡无此。虽荆南、沙市、太平州、黄池皆客商所聚，亦无此等坊院。④

这不仅改变了城市居民的社会结构，而且引发了城市文化、社会风气、生活方式等方面的一系列变化，为符合市民审美情趣的新兴艺术如杂剧、唱赚、鼓子词、诸宫调、杂手艺等提供了生存空间。新兴艺术的蓬勃发展导致从业者数量也呈井喷状态。与此同时，社会上涌现了各种艺术类行会组织，比较具代表性的有绯绿社（杂剧）、遏云社（唱赚）、同文社（耍词）、清音社（清乐）、绘革社（影戏）、律华社（吟叫）等。这些充分说明民间新兴艺术已经形成了巨大的商业性生产与消费市场。

与此相适应的是城镇的集市出现了大量营利性乐舞表演中心，被称为"瓦子勾栏"或"瓦舍勾栏"。宋吴自牧《梦粱录》卷十九"瓦舍"条云："瓦舍者，谓其来时瓦合，去时瓦解之义，易聚易散也。"⑤ 宋孟元老《东京

---

① 吴自牧. 梦粱录[M]//全宋笔记：第九六册. 黄纯艳，整理. 郑州：大象出版社，2019：386.
② 吴自牧. 梦粱录[M]//全宋笔记：第九六册. 黄纯艳，整理. 郑州：大象出版社，2019：386.
③ 林正秋. 南宋都城临安[M]. 杭州：西泠印社，1986：190.
④ 耐得翁. 都城纪胜[M]//全宋笔记：第八八册. 汤勤福，整理. 郑州：大象出版社，2019：18.
⑤ 吴自牧. 梦粱录[M]//全宋笔记：第九六册. 黄纯艳，整理. 郑州：大象出版社，2019：406.

梦华录》卷二"东角楼街巷"条记载了北宋汴京城内瓦子勾栏的繁盛景象，其云：

> 街南桑家瓦子，近北则中瓦，次里瓦，其中大小勾栏五十余座。内中瓦子莲花棚、牡丹棚；里瓦子夜叉棚、象棚最大，可容数千人。自丁先现、王团子、张七圣辈，后来可有人于此作场。瓦中多有货药、卖卦、喝故衣、探搏、饮食、剃剪、纸画、令曲之类。终日居此，不觉抵暮。①

在南宋都城临安城内，具有一定规模的瓦子有20多处。不仅如此，在江南的其他城镇中也有瓦子勾栏。如湖州城内有瓦子巷，专门作为各种技艺的演出场所；庆元城有旧瓦子、新瓦子；在嘉兴和湖州之间的乌青镇，有北瓦子巷和波斯巷南瓦子；等等。宋沈平《乌青记》云，北瓦子巷系"妓馆、戏剧上紧之处"，波斯巷南瓦子"有八仙店，技艺优于他处"，"鼓乐歌笑至三更乃罢"，善利桥西南的太平楼，"为楼二十余所，可循环走，中构台，百技斗于上"。②

除了专门的乐舞表演场所瓦子勾栏外，酒楼、茶肆、街头巷尾也成为乐舞表演的场所，艺人们在此"吹箫、弹阮、息气、锣板、歌唱、散耍"等，《武林旧事》称之为"赶趁"，又有"歌吟强聒，以求支分"，谓之"擦坐"，"只在耍闹宽阔之处做场者"，谓之"打野呵"。③

从文化发展来看，两宋时期词调创作蔚为壮观，出现了"诗盛于唐，词盛于宋"的现象，婉约派、豪放派等派别词人辈出、灿若星河，具代表性的有苏轼、辛弃疾、欧阳修、王安石、柳永、晏殊、李清照、姜夔等，宋词也被称为"一代之绝艺"。与此同时，宋代书法和绘画在继承唐、五代技艺的基础上，开创一代新风。如在书法上形成了蔡（蔡襄）、苏（苏轼）、黄（黄庭坚）、米（米芾）四大家，宋徽宗赵佶的"瘦金体"也独树一帜。而山水画、花鸟画的艺术成就不仅远超隋唐，还开创了中国传统绘画的新境界。

---

① 孟元老. 东京梦华录［M］//全宋笔记：第三八册. 伊永文，整理. 郑州：大象出版社，2019：18.
② 转引自沈慧. 湖州古代史稿［M］. 北京：方志出版社，2005：210.
③ 周密. 武林旧事［M］//周密集：第二册. 杨瑞，点校. 杭州：浙江古籍出版社，2015：130，132.

两宋宗教文化蓬勃发展，佛道之争日渐消弭，取而代之的是佛、道、儒三教日趋融合互补，三教合流从量变发展到质变，并进入了成熟期。如北宋之初，号召"禅释合一，三教同流"的禅宗快速恢复，主张"以儒治国，以佛治心"，深受士大夫阶层的欢迎。与此同时，道教在宋代也得到了突出发展，以陈抟、张伯端为代表的道家学者吸取儒释思想，建立起完善的内丹炼养体系，促成了道教修炼理论在宋代的重大转变。更为重要的是，两宋时期，宗教的世俗化趋势日渐显著，并渗透到了民众日常生活的诸多方面。在佛、道思想的影响下，周敦颐、二程（程颢、程颐）开始将佛、道的理论移植、运用到儒学中来，推动了儒学的发展，如周敦颐提出了无极、太极、阴阳、无欲等理学基本概念，并与二程一起成为了宋明理学的奠基者。随后，王安石的新学、朱熹的理学都对后世产生了深远影响。

综上，两宋时期的社会经济文化获得了长足发展，很多史学家都指出，其经济和文化的发展超越了汉唐，甚至居于当时世界的最前列，如史学家陈寅恪就曾评价："华夏民族之文化，历数千载之演进，造极于赵宋之世。"① 从音乐文化的发展来看，学界也一般认为，宋代是近古俗乐阶段的开端，隋唐音乐文化至此有了重大转型，中国封建社会的音乐开始从宫廷走向民间，其主流开始从宫廷雅乐转变为市井乐舞和戏曲。因此，这一时期的音乐经济发展具有鲜明的时代特征。

第一节 两宋时期非商业性的音乐生产与消费

一、生产者

（一）宫廷职业乐人

从现有文献和研究成果来看，两宋时期宫廷从事乐舞生产的乐人来源广泛，主要分为以下几种类型：

1. 宫廷教坊乐人与乐官

教坊之制，隋唐已有。北宋建立后，遵循前代旧制，在宫廷设立教坊，这也是宋代宫廷最为重要的乐舞生产机构之一。从现有文献来看，北宋建

---

① 邓广铭. 邓广铭全集：第九卷：史籍考辨[M]. 石家庄：河北教育出版社，2005：226.

国伊始就已经通过教坊机构组织乐人从事乐舞生产，而且当时教坊已经具有较大规模，即便忽略初置教坊时的固有乐工人数，仅仅是后期增加的，就有360人。如《宋史》卷一百四十二"教坊"条载：

> 宋初循旧制，置教坊，凡四部。其后平荆南，得乐工三十二人；平西川，得一百三十九人；平江南，得十六人；平太原，得十九人；余藩臣所贡者八十三人；又太宗藩邸有七十一人。由是，四方执艺之精者皆在籍中。①

北宋时期宫廷教坊乐人数量相对稳定，规模在1 000人左右。这也可以从北宋宣和七年（1125年）十二月，金兵攻占汴京所掳走的乐人规模窥得一斑。如在金兵挥师南下，北宋朝廷岌岌可危之际，宋徽宗诏罢大晟府及教乐所、教坊额外人。钦宗靖康二年（1127年）正月二十五日，"金人求来索御前祗候方脉医人、教坊乐人内侍官四十五人、露台祗候妓女千人……杂剧、说话、弄影戏、小说、嘌唱、弄傀儡、打筋斗、弹筝琵琶、吹笙等艺人一百五十余家，令开封府押赴军前"②。同年正月三十日，又取"诸般百戏一百人，教坊四百人……弟子帘前小唱二十人，杂戏一百五十人，舞旋弟子五十人"③。从这些记载可以明确看出，在北宋宫廷诏罢教坊乐人的前提下，被金人两次掳走、明确标记为教坊乐人的人数已经超过了400，足见北宋宫廷教坊乐舞生产者数量之多。

南宋建立后，相对羸弱，直到绍兴十四年（1144年）才开始设置教坊，但教坊中的从业者数量也相当庞大，共计1 200余人。对此，《宋会要辑稿》第七十二册"教坊"条有明确记载：

> 绍兴十四年二月十日，铃辖钧容直所言："被旨条具祖宗以来置教坊典故，旧有铃辖教坊所官铃辖二员，系入内内侍省奏差本省供奉官以下充；吏额：点检文字、前行各一名，后行三人，贴司二人，教坊手、分贴司各二人。旧额：乐人四百一十六人，使、副三人，管干教坊公事人员一十三人，内都色长二人兼管辖排乐，色长、都部头各二人，部头三人，副部头一人，长行四百人；乐艺色目人：琵琶一十五

---

① 脱脱，等. 宋史[M]. 中华书局编辑部，点校. 北京：中华书局，1985：3347-3348.
② 转引自李剑国. 宋代志怪传奇叙录[M]. 北京：中华书局，2018：671.
③ 确庵，耐庵. 靖康稗史笺证[M]. 崔文印，笺证. 北京：中华书局，2010：79.

人，双韵子、五弦各二人，筝一十二人，箜篌三人，箫二十人，笙一十二人，觱篥八十人，笛七十人，方响一十五人，头板三人，拍板、参军各一十二人，杂剧八十人，杖头七十人，大鼓一十五人，羯鼓三人，制撰文字、同制撰文字各一人，排乐六十人，内节级二人；籍定应奉诸色人：左右蹴球等军各五十四人，左右百戏军遇燕差一百人；队舞：小儿队舞、女童，如集英殿大宴、天申节、尚书省斋筵、上元节、宣德门露台上队舞，并前期点集，拣选合用人数入教坊。"从之。①

为了进行有效组织与管理，宋代在教坊体系中设置了多个层级的乐官，从文献来看主要有七个层级：使、副使、都色长、色长、都部头、部头、副部头。不同层级的乐官又按照职能（专业）进行分类，如觱篥、大鼓、杖鼓、拍板、笛、琵琶、筝、方响、笙、舞旋、歌板、杂剧、参军等。另外，乐人中还有长行、乐艺色目人、应奉诸色人等，这充分体现了宋代宫廷乐舞生产的合理性、科学性。如《都城纪盛》"瓦舍众伎"条云：

旧教坊有觱篥部、大鼓部、杖鼓部、拍板色、笛色、琵琶色、筝色、方响色、笙色、舞旋色、歌板色、杂剧色、参军色，色有色长，部有部头。上有教坊使、副、钤辖、都管掌仪范者，皆是杂流命官。②

见于文献记载有名有姓的两宋教坊乐官和乐人较多，现择要介绍如下：

教坊使卫得仁，宋太祖时期委任乐官，《宋会要辑稿》第七十二册"教坊"条载，"太祖开宝八年四月二十九日，教坊使卫得仁年老乞外官，引后唐故事，希领郡。帝谓宰相曰：'用伶人为刺史，此乱世事焉，可法耶？此辈止宜于乐部中选授。'乃以为太常寺太乐局令"③。

教坊使郭守中，宋太宗时期乐官。《宋史》卷一百四十二"教坊"条载："雍熙初，教坊使郭守中求外任，止赐束帛。"④

教坊副使花日新，宋神宗时期乐官。《宋史》卷一百四十二"教坊"条载，"熙宁九年，教坊副使花日新言：'乐声高，歌者难继。方响部器不中度，丝竹从之。宜去噍杀之急，归啴缓之易，请下一律，改造方响，以为

---

① 徐松. 宋会要辑稿 [M]. 北京：中华书局，1957：2875.
② 耐得翁. 都城纪胜 [M] // 全宋笔记：第八八册. 汤勤福，整理. 郑州：大象出版社，2019：12.
③ 徐松. 宋会要辑稿 [M]. 北京：中华书局，1957：2874.
④ 脱脱，等. 宋史 [M]. 中华书局编辑部，点校. 北京：中华书局，1985：3356.

乐准。丝竹悉从其声，则音律谐协，以导中和之气。'诏从之"①。

教坊使孟景初，北宋乐官，具体任期不详。《东京梦华录》卷十"除夕"条云："至除日，禁中呈大傩仪，并用皇城亲事官、诸班直戴假面，绣画色衣，执金枪龙旗。教坊使孟景初身品魁伟，贯全副金镀铜甲，装将军。"②

教坊使丁仙现，宋徽宗时期乐官。宋叶梦得《避暑录话》卷上载，"崇宁初，大乐缺徵调，有献议请补者，并以命教坊燕乐同为之。大使丁仙现云：'音已久亡，非乐工所能为，不可以意妄增，徒为后人笑。'蔡鲁公亦不喜"③。

南宋宫廷乐人的记载更为丰富。如《都城纪胜》"瓦舍众伎"条记载宋高宗绍兴年间宫廷的教坊大使有丁汉弼、杨国样。④《武林旧事》卷四、卷七记载宋孝宗时期宫廷教坊大使有田正德（也称申正德），所谓"觱篥色，德寿宫：田正德教坊大使"⑤，"淳熙三年五月二十一日天申圣节……教坊大使申正德进新制《万岁兴龙曲》乐破对舞"⑥。

教坊都史（都管）王喜，宋孝宗时期乐官。《武林旧事》卷七"乾淳奉亲"条载："十月二十二日，今上皇帝会庆圣节……教坊都管王喜等进新制《会庆万年·薄媚》曲破对舞，并赐银绢。"⑦

但教坊乐工王喜之名并非专指一人。如《武林旧事》卷四"乾淳教坊乐部"所载"笛色"中"衙前都管"有王喜，旁有小注"节级"，"前钧容直"也有王喜；《武林旧事》卷一"圣节"条所载"天基圣节排当乐次"之"祗应人"中，有"笛色"王喜，也有"大鼓色"王喜。大鼓色王喜，如《武林旧事》卷一"圣节"条所载"天基圣节排当乐次"之"祗应人"

---

① 脱脱，等. 宋史 [M]. 中华书局编辑部，点校. 北京：中华书局，1985：3358.
② 孟元老. 东京梦华录 [M] //全宋笔记：第三八册. 伊永文，整理. 郑州：大象出版社，2019：78.
③ 叶梦得. 避暑录话 [M] //全宋笔记：第二七册. 徐时仪，整理. 郑州：大象出版社，2019：38.
④ 耐得翁. 都城纪胜 [M] //全宋笔记：第八八册. 汤勤福，整理. 郑州：大象出版社，2019：13.
⑤ 周密. 武林旧事 [M] //周密集：第二册. 杨瑞，点校. 杭州：浙江古籍出版社，2015：78.
⑥ 周密. 武林旧事 [M] //周密集：第二册. 杨瑞，点校. 杭州：浙江古籍出版社，2015：165-166.
⑦ 周密. 武林旧事 [M] //周密集：第二册. 杨瑞，点校. 杭州：浙江古籍出版社，2015：167.

中，有"大鼓色"王喜。①

另有杂剧艺人王喜。如《武林旧事》卷四"乾淳教坊乐部"所载"杂剧三甲"中,"刘景长一甲八人"有副末王喜,"盖门庆进香一甲五人"有副末王喜。② 在"杂剧色"中有"德寿宫"王喜，旁有小注："保义郎。头名都管使臣，又名公谨，号玩隐老人。"③

"内中上教博士"王喜。《武林旧事》卷四"乾淳教坊乐部"所载"内中上教博士"有王喜。④

当然，也许文献记载中的"王喜"实为一人，分别担任不同的乐舞职业，但目前很难进一步确凿考证。

其他还有教坊都管木笪。周密《齐东野语》卷十"混成集"条载："木笪人者以歌《杏花天》，木笪遂补教坊都管。"⑤

《武林旧事》卷四"乾淳教坊乐部"条还记载了当时部分教坊乐工的职业和姓名。如"杂剧色"中有乐工伊朝新、王道昌,"筝色"中有乐工聂庭俊,"笙色"中有乐工刘永显,"觱篥色"中有乐工戚兴道、李彦美、郭席珍,"笛色"中有乐工金宗训、俞德、谢祖良、曾延广、李进,"杖鼓色"中有乐工鞠端，等等。⑥

2. 教乐所所辖乐人与乐官

南宋中后期宫廷教坊废止后，于孝宗乾道、淳熙年间（1165—1189年）设立修内司教乐所，以替代教坊继续服务于宫廷。《宋史》卷一百四十二"教坊"条载：

> 孝宗隆兴二年天申节，将用乐上寿，上曰："一岁之间，只两宫诞日外，余无所用，不知作何名色。"大臣皆言："临时点集，不必置教

---

① 周密. 武林旧事［M］//周密集：第二册. 杨瑞，点校. 杭州：浙江古籍出版社，2015：80-81, 27.

② 周密. 武林旧事［M］//周密集：第二册. 杨瑞，点校. 杭州：浙江古籍出版社，2015：84.

③ 周密. 武林旧事［M］//周密集：第二册. 杨瑞，点校. 杭州：浙江古籍出版社，2015：73.

④ 周密. 武林旧事［M］//周密集：第二册. 杨瑞，点校. 杭州：浙江古籍出版社，2015：86.

⑤ 周密. 齐东野语［M］//周密集：第二册. 杨瑞，点校. 杭州：浙江古籍出版社，2015：174.

⑥ 周密. 武林旧事［M］//周密集：第二册. 杨瑞，点校. 杭州：浙江古籍出版社，2015：74-82.

坊。"上曰："善。"乾道后，北使每岁两至，亦用乐，但呼市人使之，不置教坊，止令修内司先两旬教习。旧例用乐人三百人，百戏军百人，百禽鸣二人，小儿队七十一人，女童队百三十七人，筑球军三十二人，起立门行人三十二人，旗鼓四十人，以上并临安府差。相扑等子二十一人。御前忠佐司差。命罢小儿及女童队，余用之。①

由此可见，教乐所虽然为教坊的替代机构，但属于一种临时性的培训教习场所，并没有固定乐人长年留守，这也充分反映了南宋中后期宫廷乐舞生产机制的重大改变，和雇的形式开始出现并主导宫廷乐舞生产与表演。即便如此，这一时期教乐所内依然设置有不同级别的官职，用以组织和管理，具体有教坊大使、使臣、节级、部头、副部头、都管、管干教头（管干人）、掌仪、掌范、内中上教博士等。同样，活跃于教乐所的乐工也有很多，根据文献记载，不包括百戏人员约有400人。

《梦粱录》卷二十"妓乐"条也记载了这一时期的具体乐官和乐人名称：

> 景定年间至咸淳岁，衙前乐拨充教乐所，都管、部头、色长等人员如陆恩显、时和、王见喜、何雁喜、王吉、赵和、金宝、范宗茂、傅昌祖、张文贵、侯端、朱尧卿、周国保、王荣显等。②

3. 德寿宫所辖乐人

德寿宫原是宰相秦桧的旧第，后被皇室收回扩建，改为新宫。绍兴三十二年（1162年），宋高宗移居新宫，将其改名为"德寿宫"。德寿宫所辖乐人主要为宋高宗服务，成员主要有两个来源：其一是德寿宫原有的专职服务于帝王的乐人，以及长期为宋高宗服务的宫廷乐人；其二是绍兴末年教坊废止之后，并入德寿宫的原教坊部分人员。正如宋赵升《朝野类要》卷一"教坊"条所载："绍兴末，台臣王十朋上章省罢之。后有名伶达伎，皆留充德寿宫使臣，自余多隶临安府衙前乐。"③

---

① 脱脱，等. 宋史 [M]. 中华书局编辑部，点校. 北京：中华书局，1985：3359.
② 吴自牧. 梦粱录 [M] //全宋笔记：第九六册. 黄纯艳，整理. 郑州：大象出版社，2019：418-419.
③ 赵升. 朝野类要 [M] //全宋笔记：第六八册. 王瑞来，整理. 郑州：大象出版社，2019：228.

4. 太常寺所辖大乐署乐人和乐官

太常寺是掌国家礼乐的重要机构,其所辖大乐署是宋代宫廷最主要的音乐机构之一,主要职能是负责国家郊庙祭祀和朝会乐舞生产。北宋建隆元年(960年),宋太祖命窦俨兼太常建设大乐署。乾德四年(966年)六月,诏令有司复文武二舞、十二案之制;二舞郎及引舞一百五十人选教坊、开封府乐籍乐工子弟充任。《宋史》卷一百二十九载,至徽宗崇宁四年(1105年),因制"新乐",专置大晟府,但第二年(1106年)大晟府再并入礼官。①

虽然南宋时期朝廷相对羸弱,大乐署所辖乐人数量相比北宋大大缩减,但作为朝廷重要的乐舞生产机构之一,大乐署依然保留着相当数量的职业乐人,并始终处于一种建设、完善的过程中。正如绍兴十年(1140年),太常卿苏携上言:"将来明堂行礼,除登歌大乐已备,见阙宫架、乐舞,诸路州军先有颁降登歌大乐,乞行搜访应用。"②

5. 鼓吹署所辖乐人与乐官

鼓吹署虽与大乐署一样隶属太常寺,但具有一定的特殊性,主要功能是组织专职乐人从事各种卤簿仪卫中的乐舞活动。《宋史》卷一百二十六云:"是岁秋(乾德元年,即963年),行郊享之礼,诏选开封府乐工八百三十人,权隶太常习鼓吹。"③乾德四年(966年)又诏太常寺设鼓吹十二案及文武羽籥干戚、乐工之数。这说明北宋时期鼓吹署内的专职乐人并不多,大部分是由地方州府所辖乐人选拔而来临时充任的。

北宋鼓吹乐应用范围十分广泛,皇帝出行、大驾卤簿、朝享、大庆、册封、宴会等都有应用,而且规模庞大。《宋史》卷一百四十记载,宋代规定凡大驾鼓吹所用人员有一千五百三十人,法驾鼓吹的规模则较前朝减少三分之一,有七百六十一人,小驾用八百一十六人。④但《两朝志》则强调宋代"大驾千七百九十三人,法驾千三百五人,小驾千三十四人,銮驾九百二十五人。迎奉祖宗御容或神主祔庙,用小銮驾三百二十五人,上宗庙谥册二百人"⑤。这说明宋代鼓吹署所用乐工人数根据使用的场合和功能及

---

① 脱脱,等. 宋史 [M]. 中华书局编辑部,点校. 北京:中华书局,1985:3001-3007.
② 脱脱,等. 宋史 [M]. 中华书局编辑部,点校. 北京:中华书局,1985:3030.
③ 脱脱,等. 宋史 [M]. 中华书局编辑部,点校. 北京:中华书局,1985:2940.
④ 脱脱,等. 宋史 [M]. 中华书局编辑部,点校. 北京:中华书局,1985:3301-3302.
⑤ 脱脱,等. 宋史 [M]. 中华书局编辑部,点校. 北京:中华书局,1985:3302.

时代不同，会有所变化，但总体规模在千人左右。

南宋鼓吹署所辖乐人大部分来自军队和地方州府，但不同时期鼓吹署所辖乐人规模不一。如绍兴年间（1131—1162年），"太常前后部振作通用一千八百五十七人"①；但到了孝宗隆兴二年（1164年），因兵部上书谏言，逐渐减少人员规模，最后朝廷要用时只能从地方和军队中临时抽调人员，如《宋史》卷一百四十所载："太常鼓吹署乐工数少，每大礼皆取之于诸军。……角手取于近畿诸州，乐工亦取于军中，或追府县乐工备数。"②

6. 钧容直和东西班乐人与乐官

《宋史》卷一百八十七云："禁兵者，天子之卫兵也，殿前、侍卫二司总之。其最亲近扈从者，号诸班直。"③《乐书》卷一百八十八"东西班乐"条亦云："圣朝太宗朝，选东西两班善乐者充而名之，其器独用小觱篥、小笙、小笛，每骑从车驾奏焉，或巡狩则夜奏行宫之庭。"④ 显然，钧容直和东西班是北宋所设立的一种军乐机构，由诸班、诸直中善乐者组成，整体规模在400人左右，乐官设置有指挥使、都知、副都知、押班、应奉文字、监领内侍，统一归殿前司管理。

《宋史》卷一百四十二"钧容直"条载，太平兴国三年（978年），"诏籍军中之善乐者，命曰引龙直。每巡省游幸，则骑导车驾而奏乐；若御楼观灯、赐酺，则载第一山车。……淳化四年，改名钧容直，取钧天之义。"⑤ 尽管南宋建立后钧容直机构遭到很大破坏，但至绍兴初期还保留有相当数量的乐人。到了绍兴三十年（1160年），宋高宗就明令废止了钧容直，所辖乐舞人员被遣散。

7. 后宫所辖乐人与乐官

两宋后宫也如隋唐一样，设置有明确的专属乐官与乐人，笔者曾专门撰文称之为"宫官体系"。从文献来看，宋朝进一步明确了后宫"司乐"统筹下的"司乐、典乐、掌乐、女史"四级音乐管理体系。同时强调其性质是"内外命妇"和"宫人女官"而非朝官系列。如《宋会要辑稿》第六册载：

---

① 脱脱，等. 宋史［M］. 中华书局编辑部，点校. 北京：中华书局，1985：3305.
② 脱脱，等. 宋史［M］. 中华书局编辑部，点校. 北京：中华书局，1985：3302.
③ 脱脱，等. 宋史［M］. 中华书局编辑部，点校. 北京：中华书局，1985：4570.
④ 陈旸.《乐书》点校：下［M］. 张国强，点校. 郑州：中州古籍出版社，2019：984.
⑤ 脱脱，等. 宋史［M］. 中华书局编辑部，点校. 北京：中华书局，1985：3360

宫人女官品：六尚书，正五品；二十四司司正、彤史，正七品；二十四掌，正八品；女史，流外勋品。

宫人女官职员：尚宫……尚仪，二人，掌礼仪起居，管司籍、司乐、司宾、司赞事。……司乐，四人，掌音集之事，其佐有典乐、掌集各四人、女史二人。①

当然，和隋唐后宫音乐机构相比，两宋在职官人数上基本沿袭前代制度，只是对具体的职官品级进行调整，适度降低了相应职官的级别。如司乐由隋唐的正六品降为正七品，典乐由正七品降为正八品。

除此之外，宋代还在后宫设置了其他音乐管理机构和职官。如《宋会要辑稿》第六册载：

宋朝承旧制，……太祖置司簿、司宾，并封县君、乐使，并赐裙帔。太宗置尚宫及大监，……乐使之下增副使。……乐使、副使为仙韶使、副使，弟子呼供奉。……真宗置宫正、司籍、司乐、司赞、司珍、司膳、典宝、典言、典赞、尚仪、尚宫、尚服、尚食、尚寝、司闱、司仗、司酝、司饎、司正、司设、司舆、司苑、司制、司彩、乐长、引客御侍、行首押班、殿直、散直、行首、都行首、辇头、知书省之名。②

显然，乐使、副使（仙韶使、副使）、弟子（供奉）、乐长这些音乐职官并不在六尚之尚仪管理范围之内，不属于司乐的范畴。

从文献来看，后宫置乐使一职，应该是从宋太祖开始，由宋太宗进行完善的。如《文献通考》卷二百五十六载：

宋太祖皇帝，始因五代之制，置司簿掌宫中簿书出纳之事，又置司宾，并封县君。又置乐使，主宫中声伎，并赐帤帔。太宗置尚宫及太监并知内省事，……又乐使之下，增置副使。又改内省为尚书内省，……乐使为仙韶使，副使为仙韶副使，弟子呼供奉。……掌宝、司仪及仙韶使、副使，仍封县君。③

当然，"仙韶使"一职唐代已经产生。如《旧唐书》卷十七下记载，开

---

① 徐松．宋会要辑稿［M］．北京：中华书局，1957：266．
② 徐松．宋会要辑稿［M］．北京：中华书局，1957：265．
③ 马端临．文献通考［M］．上海师范大学古籍研究所，华东师范大学古籍研究所，点校．北京：中华书局，2011：6935－6936．

成三年（838年），唐文宗"己酉，改法曲为仙韶曲，仍以伶官所处为仙韶院"①。《新唐书》卷四十八又云，"开成三年，改法曲所处院曰仙韶院"②。因此，仙韶院作为专职的音乐管理机构是在唐文宗时期形成的，与其他音乐机构的职官相对应，其管理者应为仙韶使，隶属宣徽管辖。对于其性质，有学者认为，它脱胎于梨园，是外朝乐籍精英荟萃之所。

仙韶使、仙韶副使在宋代宫廷一直存在，除上文所述宋太宗设乐使系列职官外，宋仁宗时期存在"仙韶部"，宋哲宗还曾颁布"仙韶副使胥氏可充乐使管勾仙韶公事"，等等。其基本职能是"主宫中声伎"，与司乐有一定区别。但也有学者认为司乐系列职官隶属仙韶使，是仙韶副使下属的技术官。在没有更为充分的证据之前，笔者更倾向于认为此二者早期都属于宫官，但并非同一个体系。在后期的发展中，仙韶系列的职能越来越受到皇帝的重视，并独立为仙韶乐部，成为介于后宫与外朝之间，以后宫乐人为主体的内廷音乐机构。当然，这种现象的出现也说明了宋代后宫音乐职官体系和乐舞生产者的构成相较隋唐更为复杂和多样。③

（二）隶属地方州府和军队的在籍乐人

两宋时期乐籍制度相对完善，从现有研究成果来看，宋代女性乐人可分为三类，营妓、官妓和家妓，其中官妓又可分为供奉宫廷者和供奉地方州府者。男性乐人可分为籍在军营的、籍在宫廷的与籍在地方的三种。④ 因此，隶属地方州府及驻扎各地军队中的在籍乐人，应该是两宋时期地方州府从事乐舞生产的主要群体。

宋代政府为了增加国家财政收入，从宋太宗起，实行官卖酒制度，把酒的销售变为一种国家行为。在官卖酒制度中规定酒库要设置大量的官妓进行乐舞表演，以促进酒的销售，在籍的州府乐人都要进行轮值，即所谓"三曲所居之妓，系名官籍者，凡官设法卖酒者，以次分番供应。如遇并番，一月止一二日也"⑤。

南宋时期依然延续此种制度，每到新酒上市，便命大量官妓穿彩衣送

---

① 刘昫，等. 旧唐书［M］. 中华书局编辑部，点校. 北京：中华书局，1975：573.
② 欧阳修，宋祁. 新唐书［M］. 中华书局编辑部，点校. 北京：中华书局，1975：1244.
③ 韩启超. 中国古代"宫官"体系音乐机构及其职官考述［J］. 中国音乐学，2020（4）：15-24.
④ 康瑞军. 宋代宫廷音乐制度研究［D］. 上海：上海音乐学院，2007.
⑤ 金盈之. 新编醉翁谈录［M］. 扬州：江苏广陵古籍刻印社. 1981：68.

酒营销。吴自牧在《梦粱录》卷十"点检所酒库"条记载了此种现象：

> 其诸库皆有官名角妓就库设法卖酒，此郡风流才子欲买一笑，则径往库内点花牌，惟意所择，但恐酒家人隐庇推托，须是亲识妓面及以微利啖之可也。①

《武林旧事》卷六"酒楼"条也记载了杭州城内隶属户部点检所的和乐楼、和丰楼、中和楼、春风楼、太和楼、西楼、太平楼、丰乐楼、南外库、北外库、西溪库等官库设有官妓的制度：

> 每库设官妓数十人，各有金银酒器千两，以供饮客之用。……元夕诸妓皆并番互移他库。夜卖各戴杏花冠儿，危坐花架。然名娼皆深藏邃阁，未易招呼。②

《梦粱录》卷二十"妓乐"条详细记载了景定以来在官卖酒活动中，被委派进行轮值的官妓和私妓人员：

> 自景定以来，诸酒库设法卖酒，官妓及私名妓女数内拣择上中甲者，委有娉婷秀媚，桃脸樱唇，玉指纤纤，秋波滴溜，歌喉宛转，道得字真韵正，令人侧耳听之不厌。官妓如金赛兰、范都宜、唐安安、倪都惜、潘称心、梅丑儿、钱保奴、吕作娘、康三娘、桃师姑、沈三如等，及私名妓女如苏州钱三姐、七姐、文字季惜惜、鼓板朱一姐、媳妇朱三姐、吕双双、十般大胡怜怜、婺州张七姐、蛮王二姐、搭罗丘三姐、一丈白杨三妈、旧司马二娘、褙背陈三妈、屐片张三娘、半把伞朱七姐、轿番王四姐、大臂吴三妈、浴堂徐六妈、沈盼盼、普安安、徐双双、彭新等。③

宋词中就留下了大量有关州府官妓与文人酒宴酬歌的词作。如宋代诗人汪元量《歌妓许冬冬携酒郊外小集》云：

---

① 吴自牧. 梦粱录［M］//全宋笔记：第九六册. 黄纯艳，整理. 郑州：大象出版社，2019：304.
② 周密. 武林旧事［M］//周密集：第二册. 杨瑞，点校. 杭州：浙江古籍出版社，2015：131.
③ 吴自牧. 梦粱录［M］//全宋笔记：第九六册. 黄纯艳，整理. 郑州：大象出版社，2019：420.

> 益州歌妓许冬冬，客里相逢似燕鸿。
> 醉拥蜀琴抽白雪，舞回班扇割西风。
> 山炰野馔荒山里，浪蕊浮花古寺中。
> 偶尔流连借余景，出门一笑夕阳红。

当然，各级政府实施官卖酒的行为也进一步扩大了州府在籍乐人的规模。

地方州府隶属的乐妓人员除了应差卖酒之外，更多的是通过轮值轮训制度在州府和宫廷进行乐舞生产，以满足皇室、贵族、官员的娱乐所需。清徐釚在《词苑丛谈》卷八中就生动地描绘了当时乐人在州府官员宴飨中应差的生动案例：

> 成都妓尹温仪，本良家女，后以零替，失身妓籍。蔡相帅成都，酷爱之。尹告蔡乞除乐籍。蔡戏曰：若樽前成一小阕，便可除免。尹曰：乞腔调。蔡答以西江月，尹又乞严韵，蔡曰："汝排十九，用九字。"即便应声曰："韩愈文章盖世，谢安才貌风流。良辰开宴在西楼。敢劝一杯芳酒。记得南宫高遇，弟兄都占鳌头。一门金殿御香浮，名在甲科第九。"盖蔡取第九人，弟元度十一人也。①

《古今词话》也记载了钱塘官妓秀兰忙于应差军队和州府一事：

> 苏子瞻守钱塘，有官妓秀兰天性黠慧，善于应对。湖中有宴会，群妓毕至，惟秀兰不来。遣人督之，须臾方至。子瞻问其故，具以发结沐浴，不觉困睡，忽有人叩门声，急起而问之，乃乐营将催督之。非敢怠忽，谨以实告。②

当然，宋代对州府在籍乐人的管理是十分严格的，"只能歌舞佐酒，不得私侍枕席"。如宋洪迈在《夷坚志》乙志卷十八"赵不他"条中记载了官妓外出应差留宿一事：

> 赵不他为汀州员外税官，留家邵武而独往。寓城内开元寺，与官妓一人相往来，时时取入寺宿。一夕，五鼓方酣寝，妓父呼于外，曰："判官诞日，亟起贺。"仓黄而出。赵心眷眷未已，妓复还，曰："我谕

---

① 徐釚. 词苑丛谈：卷八［M］. 唐圭璋，校注. 北京：中华书局，2008：211-212.
② 唐圭璋. 词话丛编：第一册［M］. 北京：中华书局，2005：27.

吾父持数百钱赂营将,不必往。"①

可见,官妓是不能留宿的,一旦私自留宿被官方知道,则会受到严厉的处罚。《西湖志余》就记载了这种典型案例:

> 虽得以官妓歌舞佐酒,然不得侍枕席。祖无择知杭州,坐与官妓薛希涛通,为王安石所执,希涛榜笞至死,不肯承伏。②

在此情况下,也有些乐人申请脱籍。但是否允许乐人脱籍,很大程度上取决于政府对待此事的态度,以及州府长官的意志和喜好。如宋赵令畤记载了苏东坡在主政钱塘时期对两个乐人脱籍事件的处理情况:

> 钱唐一官妓,性善媚惑,人号曰九尾野狐。东坡先生适是邦,阙守权摄。九尾野狐者一日下状解籍,遂判云:"五日京兆,判断自由。九尾野狐,从良任便。"复有一名娼,亦援此例,遂判云:"敦召南之化,此意诚可佳;空冀北之群,所请宜不允。"③

当然,隶属州府的在籍乐人来源相对稳定,一部分是世代沿袭的职业乐户,本身就隶属乐籍;另一部分则来自贫民之家,因年少学艺,具有乐舞特长而归入乐籍。清潘永因《宋稗类钞》就记载了宋代底层民众为了生计而竞相让女儿入乐籍的现象:

> 京师中下之户,不重生男。每育女,则爱护之如擎珠捧璧。稍长则随其姿质,教以艺业,用备士大夫采择娱侍。名目不一,有所谓身边人、本事人、供过人、针线人、堂前人、杂剧人、拆洗人、琴童、棋童、厨娘等称。④

军队中的在籍乐人也是两宋时期庞大的乐舞生产者群体。前文已述,宋代军中的在籍乐人有两种,一种是女性营妓,主要通过色艺供军队将士娱乐玩赏;另一种则是男性乐人,主要是用于军乐及卤簿鼓吹。前文所述的钧容直乐人就属于此类,但也有一部分是直接从士兵中挑选出来的擅长

---

① 洪迈. 夷坚志[M]//全宋笔记:第四八册. 李昌宪,整理. 郑州:大象出版社,2019:396.
② 丁传靖. 宋人轶事汇编:上册[M]. 北京:中华书局,2003:429.
③ 赵令畤. 侯鲭录[M]. 孔凡礼,点校. 北京:中华书局,2002:199.
④ 潘永因. 宋稗类钞:下册[M]. 刘卓英,点校. 北京:书目文献出版社,1985:685.

音乐者，或者是地方藩臣、州府进贡来的，或从民间知名乐人中招募而来的。

衙前乐营也是宋代比较典型的隶属州府管理的专职机构。根据学者的考证，宋代衙前乐营基本沿袭唐、五代的制度，基本职能也变化不大，主要是配合地方刑狱部门管理本地乐营艺人的名籍，负责本地在籍音声艺人和路歧散乐的征发催派、营收管理，以及音声活动的规范化承应与技艺传习。所辖乐人除完成本地官方吉礼祀典、官吏使节之迎送、官宴等官府例行任务外，还要参与官员家乐，地方勾栏、酒库等场所的用乐活动。从规模来说，其在南宋分布的范围和数量明显不及北宋。宋代衙前乐基本分为两类：大府衙前乐营和普通州府衙前乐营。所设置的乐官有"乐营将"或"都管"，也有部头、色长、行首等，所辖乐人相对复杂，既有名伶达伎，也有教坊乐人。其中最具代表性的是北宋开封府衙前乐营和南宋临安府衙前乐营，它们也是宫廷临时用乐的首选。① 如赵升《朝野类要》卷第一载：

> 绍兴末，台臣王十朋上章，省罢之。后有名伶达伎，皆留充德寿宫使臣，自余多隶临安府衙前乐。今虽有教坊之名，隶属修内司教乐所，然遇大宴等，每差衙前乐权充之。不足，则和雇市人。近年衙前乐已无教坊旧人，多是市井歧路之辈。②

《武林旧事》卷四记载了在乾淳教坊乐部中，有一大批乐人和乐官是来自临安府衙前乐营的人员，具体名单和从事职业如下：

杂剧色

衙前：龚士美_{使臣都管}　刘恩深_{都管}　陈嘉祥_{节级}　吴兴祐_{德寿宫引兼舞三台}　吴斌　金彦昇_{管干教头}　王青　孙子贵_引　潘浪贤_{引兼末部头}　王赐恩_引　胡庆全_{蜡烛头}　周泰_次　郭名显_引　宋定_{次德寿宫蚌蛤头}　刘信_{副部头}　成富_副　陈烟息_{副大口}　王俟喜_副　孙子昌_{副末节级}　焦金_色　杨名高_末　宋昌荣_{副从喜头}

歌板色

衙前：王信_{拍兼}

---

① 张咏春，郭威. 论宋代的衙前乐营[J]. 音乐研究，2017（1）：39-48.
② 赵升. 唐宋史料笔记丛刊：朝野类要[M]. 王瑞来，点校. 北京：中华书局，2007：30-31.

拍板色

衙前：吴兴祖节级　赵永部头　花成　时世俊守阙节级

琵琶色

衙前：焦进部头　赵昌祖　段从善

箫色

衙前：曾延庆部头　刘珣　周济部头

嵇琴色

衙前：杨春和人员守阙都管　魏国忠节级兼舞　孙良佐　石俊　冯师贤

筝色

衙前：张行福部头　豪士良　高俊

笙色

衙前：宋世宁节级　豪师古兼琵琶　傅诏管干人　邓孝仁　赵福兼德寿宫

觱篥色

衙前：李祥守阙节级　仇彦节级　王恩节级　李和部头　时世荣部头　王正德　王道和　慢守恭　李遇　金宗信兼德寿宫　郑彦兼拍板　张匀　刘道　朱贵管干人　曹彦兴　吴良佐　孟诚　陈祐　丘彦管干人　邓孝元　王永　周贤良兼拍板　陈师授兼德寿宫　陈永良兼德寿宫

和顾：张荣第三名守阙衙前　刘顺守阙衙前

笛色

衙前都管：孙福使臣　朱榛人员守阙都管　张守忠节级　杨胜节级　王喜节级　张师孟部头　岳兴部头　李智友　段从礼　朱顺　陈俊　雷兴祖　王仕宁　时宝部头兼德寿宫　孙进　郭彦　杨选兼德寿宫　金仪　赵俊守阙节级　赵顺　杨元庆　时定　赵兴祖　阴显祖　丘遇　徐识　孙显　王筠兼德寿宫拍板　张荣　郭亨　元舜道

和顾：朱元守阙衙前　崔成守阙衙前

方响色

衙前：葛元德部头　于喜　齐宗亮管干人

杖鼓色

衙前：高宣节级　时思俊守阙节级部头兼板　程盛　齐喜　孟文叔守阙节级　时和　邓友端　徐宗旺　吴兴福兼德寿宫　邓世荣　张兴禄管干人　叶喜

大鼓色

衙前：董福_{部头}　李进　周均_{小唱}　张佑_{兼德寿宫}
和顾：钱永_{守阙衙前}
舞旋
衙前：杜士康
鼓板
衙前一火：鼓儿尹师聪　拍张顺　笛杨胜　张师孟 ①

显然，上述乐人名单中，有的虽标注为衙前乐人，但也是德寿宫和教坊乐的重要成员，从乐舞管理的角度来看，其职别贯穿使臣都管、都管、节级、部头、管干教头、管干人等；从专业类别来看，涉及领域广泛，有杂剧色、歌板色、拍板色、琵琶色、箫色、嵇琴色、笙色、觱篥色、笛色、方响色、杖鼓色、大鼓色、舞旋、鼓板；从乐人来源来看，居于绝对主体地位的是宫廷调拨、选拔，地方轮值轮训的，小部分是直接和雇的。这充分说明宋代衙前乐营规模的庞大及表演水平的高超。

（三）民间乐人

两宋时期的民间乐人主要指在民间风俗活动中从事乐舞生产的职业和半职业乐人，他们大多由平民或巫觋充当。如清厉鹗《宋诗纪事》卷七十二"吴民女"条云："吴下风俗尚侈，细民有女，必教之乐艺，以待设宴者之呼。"②《东京梦华录》卷六"元宵"条记载了北宋汴京城内元宵节民间乐人参与演出的情况：

> 正月十五日元宵，大内前自岁前冬至后，开封府绞缚山棚，立木正对宣德楼。游人已集御街，两廊下奇术异能，歌舞百戏，鳞鳞相切，乐声嘈杂十余里。击丸、蹴鞠、踏索、上竿、赵野人倒吃冷淘、张九哥吞铁剑、李外宁药法傀儡、小健儿吐五色水、旋烧泥丸子、大特落灰药榍柮儿杂剧、温大头、小曹嵇琴、党千箫管、孙四烧炼药方、王十二作剧术、邹遇、田地广杂扮、苏十、孟宣筑球、尹常卖五代史、刘百禽虫蚁、杨文秀鼓笛。更有猴呈百戏、鱼跳刀门、使唤蜂蝶、追

---

① 周密. 武林旧事［M］//周密集：第二册. 杨瑞，点校. 杭州：浙江古籍出版社，2015：73-86.

② 厉鹗. 宋诗纪事［M］//厉鹗全集：第十九册. 陈昌强，顾圣琴，点校. 杭州：浙江古籍出版社，2019：2619.

呼蟓蚁。其余卖药、卖卦、沙书地谜,奇巧百端,日新耳目。①

同书卷十"十二月"条亦载:

> 自入此月,即有贫者三数人为一火,装妇人、神鬼,敲锣击鼓,巡门乞钱,俗呼为"打夜胡",亦驱祟之道也。②

南宋时期民间乐舞生产者数量更多,如西湖老人《繁胜录》中记载了南宋元宵节时,民间出现了小儿竹马、踏跷竹马、神鬼砍刀、女杵歌、旱龙船等民俗活动。周密《武林旧事》卷二"元夕"条记载了元夕节庆日杭州城内的乐舞活动,其中有舞队、鼓吹、傀儡、杵歌等,参与活动的大部分为民间乐舞生产者:

> 都城自旧岁冬孟驾回,则已有乘肩小女、鼓吹舞绾者数十队,以供贵邸豪家幕次之玩。而天街茶肆,渐已罗列灯球等求售,谓之"灯市"。自此以后,每夕皆然。三桥等处,客邸最盛,舞者往来最多。每夕楼灯初上,则箫鼓已纷然自献于下。酒边一笑,所费殊不多。往往至四鼓乃还。自此日盛一日。姜白石有诗云:"灯已阑珊月色寒,舞儿往往夜深还。只应不尽婆娑意,更向街心弄影看。"又云:"南陌东城尽舞儿,画金刺绣满罗衣。也知爱惜春游夜,舞落银蟾不肯归。"吴梦窗《玉楼春》云:"茸茸狸帽遮梅额,金蝉罗翦胡衫窄。乘肩争看小腰身,倦态强随闲鼓笛。 问称家在城东陌,欲买千金应不惜。归来困顿殢春眠,犹梦婆娑斜趁拍。"深得其意态也。至节后,渐有大队如四国朝、傀儡、杵歌之类,日趋于盛,其多至数千百队。③

同卷"舞队"条又进一步详细描述了这些在民间进行傀儡、杂手艺等表演的民间乐人的乐舞生产状况:

> 大小全棚傀儡:查查鬼 查大 李大口 一字口 贺丰年 长瓠敛 长头 兔吉 兔毛大伯 吃遂 大憨儿 粗旦 麻婆子 快活三郎 黄金杏 瞎

---

① 孟元老. 东京梦华录 [M] //全宋笔记:第三八册. 伊永文,整理. 郑州:大象出版社,2019:44.
② 孟元老. 东京梦华录 [M] //全宋笔记:第三八册. 伊永文,整理. 郑州:大象出版社,2019:78.
③ 周密. 武林旧事 [M] //周密集:第二册. 杨瑞,点校. 杭州:浙江古籍出版社,2015:42-43.

判官　快活三娘　沈承务　一脸膜　猫儿相公　洞公觜　细旦　河东子　黑遂　王铁儿　交椅　夹棒　屏风　男女竹马　男女杵歌　大小斫刀鲍老　交衮鲍老　子弟清音　女童清音　诸国献宝　穿心国入贡　孙武子教女兵　六国朝　四国朝　遏云社　绯绿社　胡安女　凤阮嵇琴　扑胡蝶　回阳丹　火药　瓦盆鼓　焦锤架儿　乔三教　乔迎酒　乔亲事　乔乐神马明王　乔捉蛇　乔学堂　乔宅眷　乔像生　乔师娘　独自乔　地仙　旱划船　教象　装态　村田乐　鼓板　踏橇　扑旗　抱锣装鬼　狮豹蛮牌　十斋郎　耍和尚　刘衮　散钱行　货郎　打娇惜

其品甚夥，不可悉数。首饰衣装，相矜侈靡，珠翠锦绮，眩耀华丽，如傀儡、杵歌、竹马之类，多至十余队。十二、十三两日，国忌禁乐，则有装宅眷，笼灯前引，珠翠盛饰，少年尾其后，诃殿而来，卒然遇之，不辨真伪。及为乔经纪人，如卖蜂糖饼、小八块风子，卖字本，虔婆卖旗儿之类，以资一笑者尤多也。①

显然，两宋时期民间乐人主要是参与民俗、节庆乐舞活动演出，所表演内容更多的是杂耍、百戏、舞队、杂戏、傀儡、村田乐、旱划船等极具民间特色的艺术形式。

（四）文人、贵族、帝王

两宋时期文人参与和从事音乐生产极为普遍，归纳起来主要表现在以下四个方面：

第一，进行词调音乐创作。

宋代以来词乐盛行，婉约派、豪放派、花间词、宫体词，流派纷呈，众多文人词家常常以词抒怀，长歌低吟，纵情山水。较具代表性的如北宋婉约派词家柳永，他曾任余杭县令，并以屯田员外郎致仕，后人称"柳屯田"。其词调音乐极为盛行，歌姬竞相演唱，在民间盛极一时，以至于出现"凡有井水处，皆能歌柳词"的现象，代表作品有《雨霖铃·寒蝉凄切》《八声甘州·对潇潇暮雨洒江天》等。南宋时期著名词调音乐家以姜夔为代表，姜夔，字尧章，又称白石道人。曾经创作了《杏花天影·绿丝低拂鸳鸯浦》《扬州慢·淮左名都》《暗香·旧时月色》《疏影·苔枝缀玉》等经典词乐作品。也曾创作祭祀乐章、琴乐作品，现存有《白石道人歌曲》，是

---

① 周密.武林旧事［M］//周密集：第二册.杨瑞，点校.杭州：浙江古籍出版社，2015：45－46.

研究宋代音乐的重要资料。其他还有岳飞、辛弃疾、陆游、范成大、晏殊、王禹偁、李清照、王炎、周密、张炎、文天祥、汪元量等,都留下了脍炙人口的词乐作品,为宋词成为"一代之绝艺"奠定了基础。

第二,进行琴乐演奏与创作。

除了在寄情山水、游乐宴飨中进行词调乐舞生产之外,宋代文人还常常从事琴乐演奏与创作。这首先得益于北宋以来帝王宣扬的"鼓琴为天下第一"理念,致使宋人常常将琴乐作为文人的基本素养。如晁补之《阎子常携琴入村》云:"阎夫子,通古今,家徒四壁犹一琴。……人谓君琴语辛苦,此曲无奈伤天和。君不见,夫子宋围不糁犹弦歌!"诗人吴则礼《赠江器博》则生动地刻画了文人的琴乐生活:

> 我昔所宝真雷琴,弦丝轸玉徽黄金。
> 昼横膝上夕抱寝,平生与我为知音。
> 一朝如扇逢秋舍,而今只有无弦者。
> 无情曲调无情闻,浩浩之中都奏雅。
> 我默弹兮师寂听,清风之前明月下。
> 子期有耳何处听,自笑家风太潇洒。

宋代文人对琴乐的酷爱也可以从其诗文中窥得一斑。如翁卷《送姚主簿归龙溪》"只将零月俸,买得一张琴";刘克庄《答友生》"家为买琴添旧债";林逋《湖山小隐·其一》"琴僧近借南薰谱,且并闲工子细抄";欧阳修《答端明王尚书见寄兼简景仁文裕二侍郎二首·其二》"琴书自是千金产,日月闲销百刻香";欧阳修《赠杜默》"愿以白玉琴,写之朱丝绳";等等。也有部分文人痴迷琴乐创作,如欧阳修《奉答原甫见过宠示之作》云:"援琴写得入此曲,聊以自慰穷山间。"

当然,在文人的琴乐生活中,大部分是将奏琴、听琴、斫琴作为一种生活娱乐,一种基本文化素养,一种陶冶心智的手段。实际上由于宋代琴乐的盛行,社会上出现了专业的琴乐演奏家(琴家)、音乐家,并形成了不同的琴乐流派。最具代表性的是浙派,以郭沔(字楚望)为首,其代表作品有《潇湘水云》《泛沧浪》《秋风》《步月》等,他的学生有刘志方、毛敏仲、徐天民等。著名琴家杨瓒也属于浙派,周密在《齐东野语》卷十八"琴繁声为郑卫"条中曾对其进行评价,曰:"翁知音妙天下,而琴尤精诣。

自制曲数百解，皆平淡清越，灏然太古之遗音也。"① 杨缵还与毛敏仲、徐天民共同编著了《紫霞琴谱》，传承浙派琴乐。毛敏仲还创作了《渔歌》《樵歌》《山居吟》《列子御风》《庄周梦蝶》《禹会涂山》等。徐天民祖孙四代皆是著名琴师，曾创作有《泽畔吟》，被后人推崇为"徐门正传"，亦或称"浙派徐门"。除此之外，元陶宗仪在《南村辍耕录》卷二十九中还记载了这一时期的著名琴家，有蔡献、朱仁济、卫中正、赵仁济、马希仁、马希先、金渊、金公路、陈亨道、严樽、马大夫、梅四官人、龚老、林杲等。②

第三，演奏其他乐器。

从文献来看，宋代文人擅长乐器演奏，除了上文所说琴乐之外，很多文人还擅长其他乐器。如笛箫演奏，在文人眼中，笛有很多类型，诸如横笛、玛瑙笛、渔笛、长笛、短笛、羌笛、龙须笛、铁笛、尺八、玉笛、龙笛等。王安石《江上》有"离情被横笛，吹过乱山东"之句，孔平仲《八月十六日玩月》有"百尺曹亭吾独有，更教玉笛倚栏吹"之句，苏轼《金山梦中作》有"卧吹箫管到扬州"之句。

第四，创作乐语，参与宫廷宴飨演出活动。

所谓"乐语"，是宋代宫廷燕乐表演过程中，颂祝德美、沟通观演双方以及串联节目、组织演出的词语，是以参军色为主的乐人所用的仪式性语言。③ 明徐师在《文体明辨序说》云：

> 按乐语者，优伶献伎之词，亦名致语。……宋制，正旦、春秋、兴龙、地成诸节，皆设大宴，仍用声伎，于是命词臣撰致语以畀教坊，习而诵之；而吏民宴会，虽无杂戏，亦有首章：皆谓之乐语。④

据统计，宋代文人撰写乐语现象非常普遍，使用场所主要有三类：宫廷宴飨乐舞表演，官吏宴会乐舞表演，贵族官员婚丧嫁娶、生日等宴会乐舞表演。如苏颂所撰《坤成节集英殿宴教坊词》《兴龙节集英殿宴教坊词》

---

① 周密. 齐东野语 [M] //周密集：第二册. 杨瑞，点校. 杭州：浙江古籍出版社，2015：323.
② 陶宗仪. 元明史料笔记丛刊：南村辍耕录 [M]. 北京：中华书局，1959：365.
③ 韩启超. 宋代乐语名实考辨 [J]. 南京艺术学院学报（音乐与表演版），2006（1）：49 - 53.
④ 徐师曾. 文体明辨序说 [M]. 罗根泽，校点//吴讷，徐师曾. 文章辨体序说 文体明辨序说. 北京：人民文学出版社，1962：169 - 170.

《紫宸殿正旦宴教坊词》，苏轼所撰《集英殿春宴教坊词》《集英殿秋宴教坊词》，元绛、王珪所撰《集英殿秋宴教坊》等，主要运用在国家所制定的重大节庆日上；刘一正所撰《代会高丽国信乐语》，沈与求所撰《管待高丽进奉使乐语》，主要运用在接待外国来使的宴会中；司马光所撰《枢密院开启圣节道场排当词》，洪适所撰《天申节道场回栏阶白语》，主要运用在宗教场所等。

两宋时期帝王及其嫔妃也积极参与乐舞生产活动。如《宋史》卷一百四十二载："太宗洞晓音律，前后亲制大小曲及因旧曲创新声者，总三百九十。凡制大曲十八"，"仁宗洞晓音律，每禁中度曲，以赐教坊，或命教坊使撰进，凡五十四曲，朝廷多用之"。① 这说明两宋时期的帝王大多精于乐律，常进行乐舞创作，并将其作品用于政府重要的演出场所中。

由于帝王对国家乐舞建设的重视，一些官员常常奉旨进行国家行为层面的乐舞生产。如《宋史》卷一百二十六记载，乾德元年（963 年），翰林学士承旨陶谷等奉诏撰定祀感生帝之乐章、曲名，具体作品有《大安》《保安》《庆安》《咸安》《崇安》《广安》《文安》《普安》等。② 这是北宋建立之初的政府祭祀乐舞的生产行为，后续历代帝王也常常诏令文臣进行国家乐舞的创作和修改。

两宋帝王的嫔妃也会从事乐舞生产。如《宋史》卷二百四十二载，宋太祖继位后，在建隆元年（960 年）八月，册封孝明王皇后，而皇后的日常生活是常常"服宽衣，佐御膳，善弹筝鼓琴"③。但与前代相比，宋代文献对帝王嫔妃擅长乐舞，并积极从事乐舞生产的记载极少，这一方面可能是史料记载的局限，但另一方面在一定程度上反映了两宋帝王选妃的标准与前代有所不同，嫔妃的歌舞技能不再是重要参考条件。

（五）僧道之人

两宋时期宗教乐舞活动极为繁盛。《东京梦华录》记载了北宋汴京城内的重要节庆日的宗教乐舞活动，其云：

> 四月八日，佛生日。十大禅院，各有浴佛斋会……
> 六月六日，州北崔府君生日。多有戏送，无盛如此。二十四日，

---

① 脱脱，等. 宋史［M］. 中华书局编辑部，点校. 北京：中华书局，1985：3351，3356.
② 脱脱，等. 宋史［M］. 中华书局编辑部，点校. 北京：中华书局，1985：2940.
③ 脱脱，等. 宋史［M］. 中华书局编辑部，点校. 北京：中华书局，1985：8608.

州西灌口二郎生日，最为繁盛。庙在万胜门外一里许，敕赐神保观。二十三日御前献送后苑作与书艺局等处制造戏玩，如球杖、弹弓、弋射之具，鞍辔、衔勒、樊笼之类，悉皆精巧。作乐迎引至庙，于殿前露台上设乐棚，教坊、钧容直作乐，更互杂剧舞旋。太官局供食，连夜二十四盏，各有节次。至二十四日，夜五更争烧头炉香，有在庙止宿，夜半起以争先者。天晓，诸司及诸行百姓献送甚多。其社火呈于露台之上，所献之物，动以万数。自早呈拽百戏，如上竿、趯弄、跳索、相扑、鼓板、小唱、斗鸡、说诨话、杂扮、商谜、合笙、乔筋骨、乔相扑、浪子杂剧、叫果子、学像生、倬刀、装鬼、研鼓、牌棒、道术之类，色色有之，至暮呈拽不尽。殿前两幡竿，高数十丈，左则京城所，右则修内司，搭材分占。上竿呈艺解，或竿尖立横木，列于其上，装神鬼、吐烟火，甚危险骇人。至夕而罢。①

江南地域的宗教乐舞活动更为繁盛。早在吴越国时期，吴越王钱镠就十分重视佛教，以举国之力修建了大量的寺院宝塔，如后梁乾化元年（911年）修建大钱寺，后梁贞明二年（916年）十二月命其弟惠州防御使钱铧率官吏、僧众诣明州鄞县（宁波市）阿育王寺迎释迦舍利塔归于府城，建浮图于城南。吴越王钱元瓘曾下令修建奉恩寺、瑞隆院、净空院、昭庆律寺、长净心寺、甘露寺等。《咸淳临安志》记载了当时的情况："九厢四壁诸县境中，一王所建已盈八十八所，合一十四州悉数之，且不能举其目矣。"② 不仅如此，连一些大臣也深受吴越王的影响，纷纷穷尽财力修建佛寺。诸如丞相许明修建许明寺，丞相吴延爽修建崇寿院，钱俶的妃子黄妃修建了雷峰塔等。根据《咸淳临安志》的记载，吴越国时期仅在杭州创建和扩建的寺院就有150余所。田汝成评价："杭州内外及湖山之间，唐已前为三百六十寺，及钱氏立国，宋朝南渡，增为四百八十，海内都会，未有加于此者也。"③

佛寺的兴盛导致僧人地位的提升，寺院蓄养了大批乐人从事乐舞生产，以传播教义，吸引善男信女。诸如当时著名僧人幼璋每年都在天台山建光

---

① 孟元老. 东京梦华录 [M]//全宋笔记：第三八册. 伊永文，整理. 郑州：大象出版社，2019：60-61.

② 转引自陶元藻. 全浙诗话：外一种：第1册 [M]. 蒋寅，点校. 杭州：浙江古籍出版社，2017：155.

③ 田汝成. 西湖游览志余 [M]. 杭州：浙江人民出版社，1980：230.

明道场，大会诸郡，深受钱镠敬仰。尤其值得关注的是当时的僧人不仅精通佛法，而且具有极高的文学艺术修养，所谓"浙右富庶登丰之久，上下无事，唯以文艺相高"①。因此，这些僧人也是乐舞的重要生产者。如钱镠时期著名僧人贯休（婺州兰溪人）的诗《献钱尚父》中就描绘了当时僧人的生活：

  贵逼身来不自由，龙骧凤翥势难收。
  满堂花醉三千客，一剑霜寒十四州。
  鼓角揭天嘉气冷，风涛动地海山秋。
  东南永作金天柱，谁羡当时万户侯。

  从《全宋诗》来看，宋代从事乐舞生产的僧人、道士群体极多，其中最突出的是琴僧群体，甚至出现了琴僧流派。如苏轼在《赠诗僧道通》一诗中有"钱塘僧思聪总角善琴"的描述；欧阳修的《送琴僧知白》更是生动地刻画了著名琴僧知白的形象，诗云：

  吾闻夷中琴已久，常恐老死无其传。
  夷中未识不得见，岂谓今逢知白弹。
  遗音仿佛尚可爱，何况之子传其全。
  …………
  岂知山高水深意，久以写此朱丝弦。
  酒酣耳热神气王，听之为子心肃然。

  当然，这一时期政府也非常重视道教的发展，大力修建道观，提升道士地位，积极利用道教活动来塑造统治者形象。道观之中、诸多道教活动中也必然存在专业的乐舞生产者。文天祥《听罗道士琴·其一》就对善琴道士进行了记录，并营造了一幅仙乐缥缈的画卷：

  断崖千仞碧，下有寒泉落。
  道人挥丝桐，清风转寥廓。
  飘飘襟袂举，冰纨不禁薄。
  紫烟护丹霞，双舞天外鹤。

  欧阳修《赠无为军李道士二首·其一》则刻画了道士李景仙"琴人合

---

① 佚名. 宣和书谱[M]. 王群栗，点校. 杭州：浙江人民美术出版社，2019：183.

一"的境界：

> 无为道士三尺琴，中有万古无穷音。
> 音如石上泻流水，泻之不竭由源深。
> 弹虽在指声在意，听不以耳而以心。
> 心意既得形骸忘，不觉天地白日愁云阴。

总体来看，两宋时期各地充盈着礼佛、尚道传统，寺院的发展更加世俗化，而道观则遍及都市乡村，乡村民俗活动中开始大量出现以道士为主的音乐活动。

（六）私家乐人

两宋时期文士、贵族、商贾所蓄乐妓仍然是这一时期乐舞生产的重要力量之一，但相比前代有所变化，因为私家所蓄乐妓的来源相对复杂，总体上有三种情况：

其一是属于贱民阶层，但并没有归属乐籍，类似于婢女。前代风俗及宋代享乐风尚导致很多文人、富商购买女婢，为了满足个人娱乐需求，他们将这些女婢训练成乐舞生产者供自己享用。因常年在一起，文人与所蓄乐妓有着深厚的感情。

其二是由帝王赐赠或友人赠送。这是由于北宋开国之初，宋太祖为了巩固统治地位而"杯酒释兵权"，鼓励大臣们歌舞享乐，并赠送大量歌舞伎乐人员给官员。宋太祖曾说："人生驹过隙尔，不如多积金、市田宅以遗子孙，歌儿舞女以终天年。君臣之间无所猜嫌，不亦善乎？"①

其三是隶属宫廷或地方州府，为在籍乐人。这些职业乐人色艺俱佳，经常在社会上演出，有着广泛的社会影响力，一旦其演出打动了观看其演出的文人、商贾和官员，出于个人爱好和私欲，他们将会通过各种手段将这些在籍乐人收入囊中，进行私家供养，形成了类似恩主与家妓的主婢关系。如南宋初年的医官王继先父子分别蓄养了当时临安城的名妓刘荣奴与金盼盼，父子二人专置别馆，整日以歌舞佐酒作乐。② 南宋时平原郡王家中

---

① 脱脱，等. 宋史［M］. 中华书局编辑部，点校. 北京：中华书局，1985：8810.
② 徐梦莘. 三朝北盟会编：下册［M］. 上海：上海古籍出版社，1987：1657.

"一时伶官乐师,皆梨园国工也"①。

当然,两宋时期普通文人所蓄乐妓数量相对较少,一些精通音乐的文人则对所蓄乐妓要求极高。如著名音乐家、词人姜夔曾经蓄养歌妓小红,并亲自训练:

> 小红,顺阳公青衣也,有色艺。顺阳公请老,姜尧章诣之。一日,授简征新声,尧章制暗香、疎影两曲,公使二妓肄习之,音节清婉。尧章归吴兴,公寻以小红赠之。其夕,大雪,过垂虹,赋诗曰:"自琢新词韵最娇,小红低唱我吹箫。曲终过尽松陵路,回首烟波十里桥。"尧章每喜,自度曲吟洞箫,小红辄歌而和之。②

而王侯之家所蓄乐妓规模则相对庞大,周密《齐东野语》卷十七"笙炭"条记载吴郡王和平原郡王之家所蓄乐妓之多、水平之高堪比帝王之家:

> 赵元父祖母齐安郡夫人徐氏,幼随其母入吴郡王家,又及入平原郡王家,尝谈两家侈盛之事,历历可听。其后翠堂七楹,全以石青为饰,故得名。专为诸姬教习声伎之所,一时伶官乐师,皆梨园国工也。吹弹舞拍,各有总之者,号为部头。每遇节序生辰,则旬日外依月律按试,名曰"小排当",虽中禁教坊所无也。只笙一部,已是二十余人。③

文人贵族之家的家妓属于奴婢阶层,一旦失去恩主结局将会很悲惨。如洪迈《夷坚志》支乙卷第八曾记载南宋抗金名将杨政残杀多名自己蓄养的乐妓的事情:

> 杨政在绍兴间为秦中名将,威声与二吴埒,官至太尉,然资性惨忍,嗜杀人。帅兴元日,招幕僚宴会,李叔永中席起更衣,虞兵持烛,导往溷所,经历曲折,殆如永巷。望两壁间,隐隐若人形影,谓为绘画,近视之,不见笔踪,又无面目相貌,凡二三十躯,疑不晓。扣虞兵,兵旁睨前后,知无来者,低语曰:"相公姬妾数十人,皆有乐艺,

---

① 周密. 齐东野语 [M] //周密集:第二册. 杨瑞,点校. 杭州:浙江古籍出版社,2015:293.
② 蒋一葵. 尧山堂外纪:外一种:三 [M]. 吕景琳,点校. 北京:中华书局,2019:970-971.
③ 周密. 齐东野语 [M] //周密集:第二册. 杨瑞,点校. 杭州:浙江古籍出版社,2015:293.

但少不称意，必杖杀之。面剥其皮，自手至足，钉于此壁上，直俟干硬，方举而掷诸水，此其皮迹也。"叔永悚然而出。

杨最宠一姬，蒙专房之爱。晚年抱病困卧，不能兴，于人事一切弗问，独拳拳此姬，常使侍于侧。忽语之曰："病势洶洶如此，决不复全生。我倾心吐胆，只在汝身上。今将奈何！"是时，气息仅属，语言大半不可晓。姬泣曰："相公且强进药饵，脱若不起，愿相从，往黄泉下。"杨大喜，索酒与姬各饮一杯。姬反室沉吟，深悔前言之失，阴谋伏窜。杨奄奄且绝，瞑目，所亲大将谠之曰："相公平生杀人如掐蚁虱，真大丈夫汉。今日运命将终，乃流连顾恋，一何无刚肠胆决也。"杨称姬名，曰："只候他先死，吾便去。"大将解其意，使绐语姬云："相公唤予。"呼一壮士持骨索伏于榻后，姬至，立套其颈，少时而殂，陈尸于地，杨即气绝。①

二、音乐生产与消费的方式、目的、场所、成本

（一）两宋皇室主导下的乐舞生产与消费

皇室主导下的乐舞生产与消费，是指以帝王和其嫔妃为中心的乐舞生产消费行为。因此，此类乐舞生产与消费主要集中在北宋都城汴京和南宋都城临安，以及皇室经常活动的其他重要区域。具体来说，是指乐舞的生产由以宫廷为代表的皇室来组织，是一种国家行为层面的乐舞生产方式，其生产者是宫廷所管理的在籍乐人，他们分别隶属于不同的音乐机构，政府通过设立不同类型、不同职能的宫廷音乐机构来进行管理、协调和组织。即便是南宋中后期宫廷演出实行和雇制度以后，依然是通过宫廷专职的音乐机构来进行管理和协调，和雇乐人也主要是隶属政府管辖的在籍乐人，如衙前乐部。

皇室主导下的乐舞生产，其目的是满足以帝王为首的消费者的娱乐需求、政治需求，这不仅包括代表国家行为的五礼用乐（吉礼、凶礼、军礼、宾礼、嘉礼），也包括帝王内苑娱乐宴飨用乐，以及款待群臣的宴飨用乐，帝王的出行仪式用乐。乐舞生产与消费的场所主要集中在宫廷及帝王规定的用乐场合。因此，此类乐舞生产有着严格的管理规定，是一种国家乐舞

---

① 洪迈. 夷坚志［M］//全宋笔记：第五十册. 李昌宪，整理. 郑州：大象出版社，2019：178－179.

生产消费行为。

（二）州府轮值轮训制度下的乐舞生产与消费

州府轮值轮训制度下的乐舞生产与消费也是一种国家行为，但与皇室主导下的乐舞生产消费不同的是，它专指地方州府的乐舞生产与消费行为。

从文献来看，两宋时期地方州府是在籍乐人的主要管理者，他们负责这些乐人的吃住行。相应地，州府所辖在籍乐人必须承担为地方州府和宫廷应差的职能，即在籍乐人要执行轮值轮训制度。如《武林旧事》卷六"酒楼"条记载了杭州城内隶属户部点检所的官库设有官妓制度，要求每个酒库设官妓数十人，至元夕节时，诸妓皆并番互移他库，即在不同的地方进行轮值轮训。①

《都城纪胜》也记载了南宋杭州的官卖酒促销活动，尤其是节庆日的开沽新酒活动，已经不是单纯的官方销售行为，而是演变成了一种群众性的集体节庆活动：

> 天府诸酒库，每遇寒食节前开沽煮酒，中秋节前后开沽新酒。各用妓弟，乘骑作三等装束：一等特髻大衣者，二等冠子裙背者，三等冠子衫子裆裤者。前有小女童等及诸社会动大乐，迎酒样，赴府治，呈作乐，呈伎艺杂剧，三盏退出，于大街诸处迎引归库。②

对于政府组织的开库迎煮活动中，官方乐妓与民间乐人同场作乐的热闹景象，《梦粱录》卷二"诸库迎煮"条也有着类似的记载，不再赘述。

地方州府在获悉本州府士人科举中榜之后，通常举行鹿鸣宴，以款待士人，在鹿鸣宴上，常常拨付州府所隶属伎乐进行乐舞表演。对此，《梦粱录》卷二十记明确记载了在官府公筵及三学斋会、缙绅同年会、乡会时，都需要"官差诸库角妓祗直"。③

因此，两宋时期在轮值轮训制度下，地方州府在籍乐人从事的应差式乐舞生产有着明确的官方目的，即服务于官员的宴飨娱乐与地方政府组织

---

① 周密. 武林旧事 [M] //周密集：第二册. 杨瑞，点校. 杭州：浙江古籍出版社，2015：131.

② 耐得翁. 都城纪胜 [M] //全宋笔记：第八八册. 汤勤福，整理. 郑州：大象出版社，2019：9.

③ 吴自牧. 梦粱录 [M] //全宋笔记：第九六册. 黄纯艳，整理. 郑州：大象出版社，2019：191.

的各种礼仪、祭祀活动。乐舞的消费主体则是州府官员及其参与群体,生产与消费的场所主要集中在州府举办宴飨乐舞之地,或政府指定的其他固定场所。在这一生产消费过程中,乐人并没有获取商业回报,而是一种本职工作,一种应尽的义务,只通过乐舞生产得到政府提供的基本生活保障,当然,某些时候也会得到一定的激励,获得政府给予的额外报酬或赋税的减免优惠。

(三)宗教活动中的乐舞生产与消费

前文已述,两宋时期宗教活动频繁,从政府到贵族官员、文人都积极参与宗教活动。普通民众的信佛敬神之风盛行,参与佛会、庙会、道场之类的宗教活动颇为活跃,走进寺庙娱乐也成为民众的一种生活习俗。如在江南句容县,人们春游的首选是踏访寺庙,所谓"句容县一庙,在丞厅大门内之东。每岁春月,邑人祭享沓至,宰猪烹羊,往来必经廷下,从朝至暮"①。

两宋寺院中的乐舞活动虽没有隋唐之繁盛,但依然是寺院吸引善男信女的一种重要途径。在宗教乐舞活动中,大批的民众前来观看,场面也极为热闹,如周必大曾描述:

> 江淮闽越,水浮陆行者各自其所,有以效岁时来享之诚,……凡有求必祷焉,率以类至,号曰会社。箫鼓之音,相属于道,不知几千万人。②

再如,鄱阳每年六月二十二日的"城隍王诞辰。士女多集庙下奠献"③;饶州每年八月十五日的"威惠广祐王生辰,致供三昼夜。及罢散之际,每处各备酒果饮福,伺人静则集会"④;等等。

当然,更多情况下,寺院的乐舞活动是一种晨钟暮鼓式的静谧和雅致,诸如张元干《留寄黄檗山妙湛禅师》"白云遮日蔽秋寺,青嶂闻猿惊暮钟",薛季宣《谷里章》"撞钟击磬礼耶毗",王禹偁《八绝诗·庶子泉》"架竹

---

① 洪迈. 夷坚志 [M] //全宋笔记:第五十册. 李昌宪,整理. 郑州:大象出版社,2019:281-282.

② 曾枣庄,刘琳. 全宋文:第一百四十九册 [M]. 上海:上海辞书出版社,2006:268.

③ 洪迈. 夷坚志 [M] //全宋笔记:第五一册. 李昌宪,整理. 郑州:大象出版社,2019:83.

④ 洪迈. 夷坚志 [M] //全宋笔记:第五二册. 李昌宪,整理. 郑州:大象出版社,2019:63.

落僧厨,远声入清磬",程俱《豁然阁》"扁舟还北城,隐隐闻钟磬",张耒《寄答参寥五首·其三》"更酬而迭唱,钟磬日撞鸣",等等。

另外,如前文所述,两宋之际,琴乐之风盛行,文人墨客无不以鼓琴为能事。此种风气也影响到僧侣和道士阶层,导致社会上出现了大量的以琴艺见长的僧人、道士,形成了琴僧群体和琴道群体。他们以修身养性、宣传教义、参悟教义为目的,从事琴乐演奏活动。

综上,在宗教活动的范畴之内进行乐舞生产与消费,其生产目的是宣传教义、自我体悟,产品的类型与各种宗教活动内容密切相关,其消费主体主要是参与乐舞活动的信教之徒、普通民众。

(四)民俗活动中的乐舞生产与消费

宋代政府规定了大量的法定节日,并强调了不同阶层群体在法定假日中的休息时间。如全国性的节庆日有元日、寒食、冬至、天圣节、天庆节、中元节、下元节、先天节、降圣节、三元、夏至、腊、天祺节、天贶节、初伏、中伏、重阳、人日、中和、七夕、授衣、立春、春分、立秋、秋分、立夏、立冬、大忌等。① 节庆活动时间从一天到七天,从每年一次到每旬一次不等。

节庆日上,民众会举行各种乐舞活动以示庆祝,《梦粱录》卷二"清明节"条曾记载在清明节,"都人不论贫富倾城而出,笙歌鼎沸,鼓吹喧天",即便红霞散落水中,月挂柳梢头时,歌乐之声仍然此起彼伏、连绵不绝。② 寒食节也是如此,过节之时,游人如织,乐舞沸腾。北宋著名词人张先曾写《木兰花·乙卯吴兴寒食》描绘吴兴地方的寒食节情景:

> 龙头舴艋吴儿竞,笋柱秋千游女并。
> 芳洲拾翠暮忘归,秀野踏青来不定。
> 行云去后遥山暝,已放笙歌池院静。
> 中庭月色正清明,无数杨花过无影。

北宋僧人仲殊也曾写《诉衷情·寒食》描绘南方寒食节习俗:

> 涌金门外小瀛洲。寒食更风流。红船满湖歌吹,花外有高楼。

---

① 孟元老. 东京梦华录注 [M]. 邓之诚,注. 北京:中华书局,1982:158-159.
② 吴自牧. 梦粱录 [M] //全宋笔记:第九六册. 黄纯艳,整理. 郑州:大象出版社,2019:220.

> 晴日暖，淡烟浮。恣嬉游。三千粉黛，十二阑干，一片云头。

南宋词人吴文英则在《扫花游·西湖寒食》中描绘了寒食节西湖的乐舞情景：

> 冷空澹碧，带翳柳轻云，护花深雾。艳晨易午。正笙箫竞渡，绮罗争路。　骤卷风埃，半掩长蛾翠妩。散红缕。渐红湿杏泥，愁燕无语。

立春也是重要节日，《梦粱录》卷一"立春"条记载，临安府在"立春前一日，以镇鼓锣吹妓乐迎春牛，往府衙前迎春馆内。至日侵晨，郡守率僚佐以彩杖鞭春，如方州仪"①。

迎神赛会也是这一时期的重要风俗之一。赛会之上，游人熙熙攘攘，乐舞接连不断、精彩纷呈。南宋诗人杨万里曾写诗《观社》描绘了此种场面：

> 作社朝祠有足观，山农祈福更迎年。
> 忽然箫鼓来何处，走杀儿童最可怜。
> 虎面豹头时自顾，野讴市舞各争妍。
> 王侯将相饶尊贵，不博渠侬一饷癫。

显然，在民俗活动中，乐舞生产与消费具有一定的自发性、自觉性。诸多乐舞生产者并没有以商业行为为目的进行演出，更多的是一种对政府组织民俗活动的应差或礼俗上的自觉。

（五）私家蓄妓与游宴行为中的乐舞生产与消费

所谓私家蓄妓与游宴行为中的乐舞生产与消费，是指这一时期文人、贵族的蓄妓之风依然盛行，塞北风雪和草原、中原厚重之山川、江南的桃红柳绿，吸引了无数文人墨客、贵族官员。他们常常慕魏晋风流，远足旅行，寄情山林，吟诗酬歌。如著名词人秦观曾写词描绘其游历生活：

> 盖自高邮距乌江三百二十五里，凡经佛寺四，神祠一，山水之胜

---

① 吴自牧. 梦粱录[M]//全宋笔记：第九六册. 黄纯艳，整理. 郑州：大象出版社，2019：210.

者二，得诗三十首，赋一篇。①

在这一社会风气之下，文人、贵族常常携带所蓄乐妓游山玩水，饮酒酬歌。这就形成了私家蓄妓与游宴行为中的乐舞生产与消费。当然，在此类乐舞方式中，游宴之人不仅仅包括官员、贵族、文人，还包括普通民众和僧道之人。因为，经济富裕的普通民众在国家法定节日，常远足游宴进行乐舞生产与消费。而名刹僧人及道观之人，因传播教义、体悟生命之所需，也常常携琴到处游走，在酒宴之中以琴悟道。

游宴之风也影响到官宦的家眷，她们也常常游山玩水，歌舞娱乐。当然，这种风尚也存在一定的风险，如元人孔齐在《至正直记》卷一就记载了在宋元之交，金陵一小官吏的妻子好出游燕饮，一次被倡家设计诱骗至他郡，教其歌舞，使之娱乐客人以赚取钱财，如不配合，则频频为倡人所鞭挞的事情。②

私家蓄妓的乐舞生产与消费还表现在每逢节庆日，富庶之家常常组织私家所蓄乐妓进行乐舞表演，这种活动除了满足节庆欢愉需求外，还具有炫富作用。如《梦粱录》卷一"元宵"条记载临安的元宵节，"府第中有家乐儿童，亦各动笙簧琴瑟，清音嘹喨，最可人听，拦街嬉耍，竟夕不眠。……及新开门里牛羊司前有内侍蒋苑使家，虽曰小小宅院，然装点亭台，悬挂玉栅，异巧华灯，珠帘低下，笙歌并作，游人玩赏，不忍舍去"③。

因此，私家蓄妓与游宴行为中的乐舞生产、消费场所主要集中在蓄妓的恩主家宴和游宴场所之中，乐舞的生产者则是恩主所蓄私家乐人。

（六）茶楼酒肆中的乐舞教习与雅集行为

两宋时期茶楼酒肆的盛行为文人、贵族子弟、乐舞人员提供了雅集、交流学习的便利。很多时候，茶楼酒肆成了都人弟子或乐舞人员聚会、学习的场所，由此构成了一种新的乐舞生产消费方式。对此，宋元笔记记载繁多，如《都城纪胜》"茶坊"条记载：

> 茶楼多有都人子弟占此会聚，习学乐器，或唱叫之类，谓之"挂

---

① 曾枣庄，刘琳. 全宋文：第一百二十册［M］. 上海：上海辞书出版社，2006：138.
② 孔齐. 至正直记［M］//宋元笔记小说大观：第六册. 上海：上海古籍出版社，2001：6562.
③ 吴自牧. 梦粱录［M］//全宋笔记：第九六册. 黄纯艳，整理. 郑州：大象出版社，2019：221.

牌儿"。……又有一等专是娼妓弟兄打聚处，又有一等专是诸行借工卖伎人会聚行老处，谓之"市头"。①

《梦粱录》卷十六"茶肆"条也记载了南宋杭州城内诸多茶肆成为富人子弟、诸司下直等人聚会、学习乐舞的场所的景象：

> 大凡茶楼多有富室子弟、诸司下直等人会聚，习学乐器、上教曲赚之类，谓之挂牌儿人情。茶肆本非以点茶汤为业，但将此为由多觅茶金耳。又有茶肆专是五奴打聚处，亦有诸行借工卖伎人会聚，行老谓之市头。②

三、非商业性音乐生产与消费的产品类型

（一）宫廷雅乐登歌

《宋史》卷一百二十六载，建隆元年（960年），政府规定，"祭天为高安，祭地为静安，宗庙为理安，天地、宗庙登歌为嘉安，皇帝临轩为隆安，王公出入为正安，皇帝食饮为和安，皇帝受朝、皇后入宫为顺安，皇太子轩县出入为良安，正冬朝会为永安，郊庙俎豆入为丰安，祭享、酌献、饮福、受胙为禧安，祭文宣王、武成王同用永安，籍田、先农用静安"。③ 乾德四年（966年）六月，诏令有司复文武二舞、十二案之制；二舞郎及引舞一百五十人选教坊、开封府乐籍乐工子弟充任；十一月群臣诣大明殿行上寿礼，始用雅乐、登歌、二舞。④

宋太宗时因舜作五弦之琴以歌南风之事，又敕令在雅乐登歌中增加文武二弦。并于至道元年（995年），乃增作九弦琴、五弦阮，别造新谱三十七卷。又以新声被旧曲者，宫调四十三曲，商调十三曲，角调二十三曲，徵调十四曲，羽调二十六曲，侧蜀调四曲，黄钟调十九曲，无射商调七曲，瑟调七曲。⑤

---

① 耐得翁. 都城纪胜[M]//全宋笔记：第八八册. 汤勤福，整理. 郑州：大象出版社，2019：11.

② 吴自牧. 梦粱录[M]//全宋笔记：第九六册. 黄纯艳，整理. 郑州：大象出版社，2019：362.

③ 脱脱，等. 宋史[M]. 中华书局编辑部，点校. 北京：中华书局，1985：2939-2940.

④ 脱脱，等. 宋史[M]. 中华书局编辑部，点校. 北京：中华书局，1985：2940-2941.

⑤ 脱脱，等. 宋史[M]. 中华书局编辑部，点校. 北京：中华书局，1985：2944.

《宋史》卷一百二十六记载，为了建设雅乐登歌，北宋帝王亲自创作，"以夹钟之宫、黄钟之角、太簇之徵、姑洗之羽，作景安之曲，以祀昊天。更以高安祀五帝、日月，作太安以享景灵宫，罢旧真安之曲。以黄钟之宫、大吕之角、太簇之徵、应钟之羽作兴安，以献宗庙，……以姑洗之角、林钟之徵、黄钟之宫、太簇之角、南吕之羽作祐安之曲，以酌献五帝。以林钟之宫、太簇之角、姑洗之徵、南吕之羽作宁安之曲，以祭地及太社、太稷"①。

南宋初年，由于战乱，皇室刚刚南迁，前朝乐工十不存一，所以宫廷雅乐登歌没有形成建制。直到绍兴十三年（1143年），"从太常下之两浙、江南、福建州郡，又下之广东西、荆湖南北，括取旧管大乐，上于行都，有阙则下军器所制造，增修雅饰，而乐器浸备矣"②。同年，又命学士院制宫庙朝献及圜坛行礼、登门肆赦乐章五十八首。③ 至绍兴十四年（1144年），"始上徽宗徽号，特制显安之乐。至于奉皇太后册宝于慈宁宫，乐用圣安；皇后受册宝于穆清殿，乐用坤安：亦皆先后参次而举"④。绍兴二十八年（1158年），又御制乐章十三首，加上徽宗元御制仁宗庙乐章一首，共十有四篇，命大臣和两制儒馆之士新制别庙乐曲七十四首。⑤ 随后，宫廷雅乐登歌渐趋完备：

> 按大礼用乐，凡三十有四色：歌色一，篪色二，埙色三，簌色四，笙色五，萧色六，编钟七，编磬八，镈钟九，特磬十，琴十二，枓、敔十三，搏拊十四，晋鼓十五，建鼓十六，鼙、应鼓十七，雷鼓祀天神用。十八，雷鼗鼓同上。一十九，灵鼓祭地祇用。二十，灵鼗鼓同上。二十一，路鼓飨宗庙用。二十二，路鼗鼓同上。二十三，雅鼓二十四，相鼓二十五，单鼗鼓二十六，旌纛二十七，金钲二十八，金錞二十九，单铎三十，双铎三十一，铙铎三十二，奏坐三十三，麾幡三十四。⑥

总体来说，两宋宫廷雅乐登歌所用乐曲数量极多，既有前代遗存，也有当代新创或改编之作，它们根据宫廷表演场合和使用功能的不同进行分

---

① 脱脱，等. 宋史 [M]. 中华书局编辑部，点校. 北京：中华书局，1985：2954.
② 脱脱，等. 宋史 [M]. 中华书局编辑部，点校. 北京：中华书局，1985：3032.
③ 脱脱，等. 宋史 [M]. 中华书局编辑部，点校. 北京：中华书局，1985：3072-3073.
④ 脱脱，等. 宋史 [M]. 中华书局编辑部，点校. 北京：中华书局，1985：3033.
⑤ 脱脱，等. 宋史 [M]. 中华书局编辑部，点校. 北京：中华书局，1985：3073.
⑥ 脱脱，等. 宋史 [M]. 中华书局编辑部，点校. 北京：中华书局，1985：3042.

类。见于文献记载的乐曲有：《乾安》《景安》《嘉安》《广安》《化安》《丰安》《禧安》《彰安》《韶安》《正安》《熙安》《采茨》《仁安》《绍安》《宗安》《德安》《献安》《感安》《文安》《高安》《祐安》等。

（二）鼓吹乐

两宋时期宫廷设置有鼓吹署、钧容直和东西班，从事帝王出行、接待来使等各类仪式性活动，《宋史》卷一百四十云："车驾前后部用金钲、节鼓、掆鼓、大鼓、小鼓、铙鼓、羽葆鼓、中鸣、大横吹、小横吹、觱栗、桃皮觱栗、箫、笳、笛"。所用奏鼓吹乐作品众多，如宋太祖开宝元年（968 年）南郊所用鼓吹有《导引》《六州》《十二时》，神宗郊祀大礼所用鼓吹有《导引》《六州》《十二时》《奉禋》《降仙台》①。《宋诗钞》中记载了这一时期文人创作的鼓吹曲，如谢翱《晞发集钞》收录有《宋铙歌鼓吹曲》十二首，分别是《太祖尝微时歌日出其后卒平僭乱证于日为日离海第一》《宋既受天命为下所推戴惩五季乱誓将整师秋毫无所犯为天马黄第二》《宋既有天下李筠怀不轨据壶关以叛王师讨平之为征黎第三》等；《宋骑吹曲》十首，分别是《亲征曲第一》《回銮曲第二》《遣将曲第三》《归朝曲第四》《谕归朝曲第五》《李侍中妾歌第六》《孟蜀李夫人词第七》《南唐奉使曲第八》《伎女洗蓝曲第九》《邸吏谒故主曲第十》。②

（三）宫廷宴乐

宴飨，作为皇室重要活动之一，历代都为统治者所重视。《宋史》卷一百一十三"宴飨"条云："宴飨之设，所以训恭俭、示惠慈也"，"古之飨宴者，所以省祸福而观威仪也。故宴以礼成，宾以贤序"③。可见，对于统治者来说，举行宴飨活动有着深刻的政治、教化意义。因此，以复古为己任的宋朝统治者对其尤为注重，并把它制度化、政令化。

> 宋制，尝以春秋之季仲及圣节、郊祀、籍田礼毕，巡幸还京，凡国有大庆皆大宴，遇大灾、大札则罢。天圣后，大宴率于集英殿，次宴紫宸殿，小宴垂拱殿，若特旨则不拘常制。④

---

① 脱脱，等. 宋史 [M]. 中华书局编辑部，点校. 北京：中华书局，1985：3301-3302.
② 吴之振，吕留良，吴自牧. 宋诗钞 [M]. 管庭芬，蒋光煦，补. 北京：中华书局，1986：2828-2836.
③ 脱脱，等. 宋史 [M]. 中华书局编辑部，点校. 北京：中华书局，1985：2683，2685.
④ 脱脱，等. 宋史 [M]. 中华书局编辑部，点校. 北京：中华书局，1985：2683.

由于经济的发展、政治的稳定及统治者声色娱乐的需求，宋代宫廷的宴飨活动极为频繁。除春宴、秋宴、圣节、郊祀、籍田礼毕、巡幸还京进行宴飨活动外，外国来使、外官回京、大赦天下及每朝所定之节庆日、每年重要的节气日（如清明、重阳、冬至等），甚至皇帝观雨、赏雪、钓鱼都有宴飨活动。如此名目繁多的节庆宴飨活动，音乐表演是必不可少的。《宋会要辑稿》"教坊"条载："国朝凡大宴、曲宴、应奉车驾游幸则皆引从，及赐大臣、宗室筵设，并用之。"① 《宋史》卷一百一十三"宴飨"条云："凡大宴，有司预于殿庭设山楼排场，……大宴不用两军妓女，只用教坊小儿之舞"②。可见，宋代的宴飨活动一般都有燕乐表演，音乐歌舞是宴飨活动的重要组成部分。

宋代宴飨活动一般由三部分构成：第一部分，按规定的仪式行礼。出席宴飨活动的人员上至皇帝下至百官都按严格的等级行礼，排定座次，享用不同规格的餐具、酒食及赐赠，这也是"宴以礼成，宾以贤序"的体现。第二部分，举食、饮酒。所有参加人员按固定的盏数、礼仪饮酒，先皇帝，次宰臣，最后是百官。饮酒过程中，按固定的程式上食饭、茶水及果品。第三部分，观燕乐表演。燕乐表演是宫廷宴飨中的重要活动，除了国之大灾、大札及皇帝特旨之外，宴飨活动中均有燕乐表演。所谓"乐以佐食，不可废也"。由于燕乐表演与宴飨仪式密不可分，作为宴飨活动的重要组成部分，燕乐表演也逐渐随着严格的宴礼制度而形成了固定的表演体制，并以"行盏"作为固定的时间单元安排乐舞节目。"行盏"又称"举爵"，在宋代指饮酒，即从举杯到饮讫这一时间过程，并在这一时间过程中进行各种规定的礼仪活动。宋代宫廷宴飨活动是以皇帝御酒一盏的工夫作为基本时间单元来安排各项礼仪活动及上演燕乐节目的。它的时间单元包括：皇帝举酒—饮—宰臣举酒—饮—百官举酒—饮。后来也指皇太后举酒—饮—宰臣举酒—饮—百官举酒—饮。从皇帝举酒到百官举酒饮讫总称为"一盏"，在皇帝、宰臣、百官举酒到皇帝第二次举酒之间的这一段时间，会被安排各种燕乐表演，这就形成了"分盏奉乐"的演出形式。随着皇帝节庆宴飨群臣及宴飨外国来使饮酒盏数及宴仪的固定化，穿插其间的燕乐表演节目也逐渐固定下来，每一盏之后都有固定的宴飨音乐节目，每一燕乐节目均依行盏仪式及次数进行演出，逐渐形成了以"分盏奉乐"为基础的宫

---

① 徐松. 宋会要辑稿［M］. 北京：中华书局，1957：2874.
② 脱脱，等. 宋史［M］. 中华书局编辑部，点校. 北京：中华书局，1985：2683 – 2687.

廷盏乐制度，简称盏制。如陈旸《乐书》卷一百九十九"天宁节燕"所载，各种歌舞、百戏、器乐独奏等燕乐节目均是以皇帝、宰臣、百官饮酒为时间单元来组织演出的，并以行盏仪式安排不同的燕乐节目。① 笔者将每个宴飨活动的基本时间单元称为第一盏……，第二盏……。《乐书》载宋徽宗时天宁节燕可按此整理如下：

初坐第一盏：皇帝爵，教坊诸工先奏觱篥，众乐合奏，曲止，宰臣爵，作《倾杯曲》，百官爵，作《三台》；

第二盏：此下群臣百官举爵，悉用是仪，举爵，群臣兴，立于席后，凡皇帝举爵皆然，以歌发乐，三举四举并准此；

第三盏：三举爵而食举，百戏合作；

第四盏：乐工道词以述德美，群臣兴焉，词毕再拜乃合奏大曲；

第五盏：琵琶工升殿，独进大曲，曲工下，引小儿舞伎，间以杂剧；

再坐第一盏：笙工升殿进曲毕，殿下进蹴球；

第二盏：筝工升殿进曲毕，下，引女舞伎，间以杂剧；

第三盏：奏鼓笛曲，或用法曲、龟兹部乐；

第四盏：食举毕，上，为角抵伎。②

《宋史》卷一百四十二"教坊"条记载的北宋春秋圣节三大宴的用乐情况可整理如下：

初坐第一盏：皇帝升坐，宰相进酒，庭中吹觱栗，以众乐和之；宰相饮，作《倾杯乐》；百官饮，作《三台》；

第二盏：皇帝再举酒，群臣立于席后，乐以歌起；

第三盏：皇帝举酒，如第二之制，以次进食；

第四盏：百戏皆作；

第五盏：皇帝举酒，如第二之制；

第六盏：乐工致辞，继以诗一章，谓之"口号"，皆述德美及中外蹈咏之情，初致辞，群臣皆起，听辞毕，再拜；

第七盏：合奏大曲；

第八盏：皇帝举酒，殿上独弹琵琶；

第九盏：小儿队舞，亦致辞以述德美；

第十盏：杂剧罢，皇帝起更衣；

---

① 此部分内容参考韩启超. 宋代宫廷燕乐盏制研究［D］. 开封：河南大学，2004.
② 陈旸.《乐书》点校：下［M］. 张国强，点校. 郑州：中州古籍出版社，2019：1093.

第十一盏：皇帝再坐，举酒，殿上独吹笙；

第十二盏：蹴鞠；

第十三盏：皇帝举酒，殿上独弹筝；

第十四盏：女弟子队舞，亦致辞如小儿队；

第十五盏：杂剧；

第十六盏：皇帝举酒，如第二之制；

第十七盏：奏鼓吹曲，或用法曲，或用龟兹；

第十八盏：皇帝举酒，如第二之制，食罢；

第十九盏：用角抵，宴毕。①

北宋时期宫廷燕乐表演虽有三、五、七盏之制，但九盏制最为典型，表演内容纷繁多样，涉及乐器演奏、杂剧、百戏、歌舞大曲、队舞等。

南宋时期宫廷燕乐表演内容相对复杂，这从周密《武林旧事》所载"理宗朝禁中寿筵乐次"节目单可以窥其一斑：

> 天基圣节排当乐次正月五日
>
> 乐奏夹钟宫，觱篥起《万寿永无疆》引子，王恩。
>
> 上寿第一盏，觱篥起《圣寿齐天乐慢》，周润。
>
> 第二盏，笛起《帝寿昌慢》，潘俊。
>
> 第三盏，笙起《升平乐慢》，侯璋。
>
> 第四盏，方响起《万方宁慢》，余胜。
>
> 第五盏，觱篥起《永遇乐慢》，杨茂。
>
> 第六盏，笛起《寿南山慢》，卢宁。
>
> 第七盏，笙起《恋春光慢》，任荣祖。
>
> 第八盏，觱篥起《赏仙花慢》，王荣显。
>
> 第九盏，方响起《碧牡丹慢》，彭先。
>
> 第十盏，笛起《上苑春慢》，胡宁。
>
> 第十一盏，笙起《庆寿乐慢》，侯璋。
>
> 第十二盏，觱篥起《柳初新慢》，刘昌。
>
> 第十三盏，诸部合《万寿无疆薄媚》曲破。
>
> 初坐乐奏夷则宫，觱篥起《上林春》引子，王荣显。

---

① 脱脱，等. 宋史 [M]. 中华书局编辑部，点校. 中华书局编辑部，点校. 北京：中华书局，1985：3348.

第一盏，觱篥起《万岁梁州》曲破，齐汝贤。舞头豪俊迈。舞尾范宗茂。

第二盏，觱篥起《圣寿永》歌曲子，陆恩显。琵琶起《捧瑶卮慢》，王荣祖。

第三盏，唱《延寿长》歌曲子，李文庆。嵇琴起《花梢月慢》，李松。

第四盏，玉轴琵琶独弹正黄宫《福寿永康宁》，俞达。拍，王良卿。觱篥起《庆寿新》，周润。进弹子笛哨，潘俊。杖鼓，朱尧卿。拍，王良卿。进念致语等，时和。……臣等生逢华旦，叨预伶官，辄采声诗，……吴师贤已下，上进小杂剧：杂剧，吴师贤已下，做《君圣臣贤爨》，断送《万岁声》。

第五盏，笙独吹，小石角《长生宝宴乐》，侯璋。拍，张亨。笛起《降圣乐慢》，卢宁。杂剧，周朝清已下，做《三京下书》，断送《绕池游》。

第六盏，筝独弹，高双调《聚仙欢》，陈仪。拍，谢用。方响起《尧阶乐慢》，刘民和。圣花，金宝。

第七盏，玉方响独打，道调宫《圣寿永》，余胜。拍，王良卿。筝起《出墙花慢》，吴宣。杂手艺，《祝寿进香仙人》，赵喜。

第八盏，《万寿祝天基》断队。

第九盏，箫起《缕金蝉慢》，傅昌宁。笙起《托娇莺慢》，任荣祖。

第十盏，诸部合，《齐天乐》曲破。

再坐第一盏，觱篥起《庆芳春慢》，杨茂。笛起《延寿曲慢》，潘俊。

第二盏，筝起《月中仙慢》，侯端。嵇琴起《寿炉香慢》，李松。

第三盏，觱篥起《庆箫韶慢》，王荣祖。笙起《月明对花灯慢》，任荣祖。

第四盏，琵琶独弹，高双调《会群仙》。方响起《玉京春慢》，余胜。杂剧，何晏喜已下，做《杨饭》，断送《四时欢》。

第五盏，诸部合，《老人星降黄龙》曲破。

第六盏，觱篥独吹，商角调《筵前保寿乐》。杂剧，时和已下，做《四偌少年游》，断送《贺时丰》。

第七盏，鼓笛曲，《拜舞六幺》。弄傀儡，《踢架儿》，卢逢春。

第八盏,箫独吹,双声调《玉箫声》。

第九盏,诸部合,无射宫《碎锦梁州歌头》大曲。杂手艺,《永团圆》,赵喜。

第十盏,笛独吹,高平调《庆千秋》。

第十一盏,琵琶,独弹,大吕调《寿齐天》。撮弄,《寿果放生》,姚润。

第十二盏,诸部合,《万寿兴隆乐》法曲。

第十三盏,方响独打,高宫《惜春》。傀儡舞,《鲍老》。

第十四盏,筝琵方响合,《缠令神曲》。

第十五盏,诸部合,夷则羽《六幺》。巧百戏,赵喜。

第十六盏,管下独吹,无射商《柳初新》。

第十七盏,鼓板。舞绾,《寿星》,姚润。

第十八盏,诸部合,《梅花伊州》。

第十九盏,笙独吹,正平调《寿长春》。傀儡,《群仙会》,卢逢春。

第二十盏,觱篥起,《万花新》曲破。①

下面是咸淳前后皇后归谒家庙赐筵乐次:

家庙酌献三盏,诸部合,《长生乐》引子。

赐筵初坐,《蕙兰芳》引子。

第一盏,觱篥起,《玉漏迟慢》。笛起,《侧犯》。笛起,《真珠髻》。觱篥起,《柳穿莺》。合,《喜庆》曲破,对舞。

第二盏,觱篥起,《圣寿永》歌曲子。琵琶起,《倾杯乐》。

第三盏,琵琶起,《忆吹箫》。觱篥起,《献仙音》。

第四盏,琵琶独弹,《寿千春》。笛起,《芳草渡》。念致语、口号。勾杂剧色,时和等做《尧舜禹汤》,断送《万岁声》。合意思,副末念。

第五盏,觱篥起,《卖花声》。笛起,《鱼水同欢》。

歇坐

第一盏,觱篥合小唱,《帘外花》。

第二盏,琵琶独弹,《寿无疆》。

---

① 周密. 武林旧事 [M] //周密集: 第二册. 杨瑞, 点校. 杭州:浙江古籍出版社, 2015: 20-25.

第三盏，筝琵、方响合，《双双燕》神曲。

第四盏，唱赚。

第五盏，鼓板、觱篥合，小唱《舞杨花》。

再坐

第六盏，笙起，《寿南山》。方响起，《安平乐》。

第七盏，筝弹，《会群仙》。笙起，《吴音子》。勾杂剧，吴国宝等做《年年好》，断送《四时欢》。合意思，副末念。

第八盏，笛起，《花犯》。觱篥起，《金盏倒垂莲》。

第九盏，诸部合，《喜新春》慢曲犯。

宫乐官五十八人，各帽子、紫衫、腰带。都管一人，幞头、公服、腰带、系鞋、执杖子。①

显然，两宋时期宫廷燕乐表演的内容已经与隋唐时期宫廷燕乐的九部、十部伎于庭，分部奏乐的形式有着显著差异，取而代之的是按照饮酒行盏次数来安排音乐作品。总体来看，在宫廷宴飨中表演的音乐作品内容极为庞杂，既有前代遗存下来、结构相对庞大的歌舞大曲，如大曲、法曲、龟兹乐、鼓笛曲等，也有规模相对庞大、使用乐工人数众多的舞队，还有宋代流行的杂剧、角抵，以及进弹子、圣花、杂手艺、撮弄、弄傀儡、鼓板、唱赚、小唱、曲子、道情等民间艺术形式。

当然，宫廷乐舞活动也不仅仅局限于宴飨、雅乐登歌，皇帝出游、中秋赏月等时刻也会举行大规模的乐舞活动。如淳熙九年（1182年）八月十五日，太上皇与皇帝一起赏月，先看水傀儡，晚宴之后：

南岸列女童五十人奏清乐，北岸芙蓉冈一带，并是教坊工，近二百人。待月初上，箫韶齐举，缥缈相应，如在霄汉。既入座，乐少止。太上召小刘贵妃独吹白玉笙《霓裳中序》，上自起执玉杯，奉两殿酒，并以垒金嵌宝注碗杯盘等赐贵妃。②

如此繁多的乐舞活动，宫廷的经费支出也很高，它包括雇佣乐人，宫廷乐人、衙前乐人的排练、演出费用，购置演出道具、服装等费用，犒赏

---

① 周密. 武林旧事 [M] //周密集：第二册. 杨瑞，点校. 杭州：浙江古籍出版社，2015：187 – 188.

② 周密. 武林旧事 [M] //周密集：第二册. 杨瑞，点校. 杭州：浙江古籍出版社，2015：172.

乐官费用等。如在一次"皇后归谒家庙"的乐舞活动中,所有的经费支出需要"内藏库支赐银,皇后殿外库支赐钱酒,本府支犒钱酒"[①]。

(四)州府应差之乐

两宋时期地方州府用乐情况相对复杂,这一方面是由于文献记载缺失;另一方面是南宋以来州府应差人员的变化,其已不再单纯固定由州府统辖的在籍乐人前来应差,一些市井中的乐人、宫廷教坊乐人也会出现在州府之中从事乐舞生产。因此,从这个角度来说,州府应差之乐内容也相对庞杂,主要根据州府娱乐宴饮和出行、祭祀等官方需求来选择不同的音乐内容。《武林旧事》记载,宋代地方州府衙前乐人的表演内容,既有杂剧表演,又有歌舞艺术,还有大量的器乐演奏,诸如拍板、琵琶、笙、觱篥、笛、方响、杖鼓、大鼓、嵇琴、鼓板等。而从现有文献来看,南宋中后期由于宫廷音乐机构和音乐生产人员的缺失,大量的宫廷用乐的生产者来自地方州府,这也从侧面说明了地方州府与宫廷的用乐内容基本保持一致。

(五)文人之琴乐、歌舞、乐府散曲

两宋时期文人音乐活动或音乐创作的内容主要有两类:

第一,词乐。两宋时期的文人词作家创作了大量的词乐作品,诸如柳永的经典词调作品《雨霖铃·寒蝉凄切》《八声甘州·对潇潇暮雨洒江天》《蝶恋花·伫倚危楼风细细》等,在当时歌妓中广为流传,以至于社会上出现了"凡有井水处,皆能歌柳词"的说法。

当然,这一时期的知名词人极为繁多,后人根据作品的内容风格,将其分为豪放派、婉约派等。豪放派的代表性人物有范仲淹、王安石、苏东坡、辛弃疾等,其词境界宏大、气势恢宏,旋律宽广豪放;婉约派的代表人物有晏殊、欧阳修、柳永、秦观、周邦彦、李清照、姜夔、吴文英、张炎等,其词曲调婉转,表现细腻,内容多为儿女之情、离别之情。

第二,琴乐创作。前文已述,两宋时期琴乐得到极大发展,形成了不同的琴乐流派,如浙派、江南派,文人琴家创作了一大批优秀的琴乐作品,如上文所说郭楚望的《潇湘水云》《秋雨》《步月》《泛沧浪》《飞鸣吟》,刘志方的《鸥鹭忘机》《吴江吟》,毛敏仲的《渔歌》《樵歌》《山居吟》等。

---

① 周密. 武林旧事[M]//周密集:第二册. 杨瑞,点校. 杭州:浙江古籍出版社,2015:188.

从全宋词和全宋诗的内容来看，琴乐是文人生活中的重要内容，诗词中不仅记载了大量琴曲、琴人，还描述了词人、诗人听琴后的感受。其中，范仲淹、欧阳修、苏轼、姜夔、张炎等，都是两宋时期著名的古琴演奏家。

（六）散乐百戏

散乐百戏也属于宫廷及地方州府组织乐人表演的一种产品形式。《都城纪胜》"瓦舍众伎"条即云"散乐，传学教坊十三部，唯以杂剧为正色"，又云：

> 百戏，在京师时各名左右军，并是开封府衙前乐营。相扑、争交，谓之角抵之戏。别有使拳，自为一家，与相扑曲折相反，而与军头司大士相近也。踢弄，每大礼后宣赦时，抢金鸡者用此等人，上竿、打筋斗、踏跷、打交辊、脱索、装神鬼、抱锣、舞判、舞斫刀、舞蛮牌、舞剑、与马打球、并教船水秋千、东西班野战、诸军马上呈骁骑、北人乍柳。街市转焦䭔为一体。①

《东京梦华录》卷五"京瓦伎艺"条记载了北宋崇、观以来的知名散乐百戏艺人，如：杖头傀儡任小三，悬丝傀儡张金线、李外宁药发傀儡。张臻妙、温奴哥、真个强、没勃脐、小掉刀、筋骨、上索、杂手伎。浑身眼、李宗正、张哥，球杖踢弄。李慥、杨中立、张十一、徐明、赵世亨、贾九，小说。王颜喜、盖中宝、刘名广，散乐。张真奴，舞旋。杨望京，小儿相扑。杂剧、掉刀、蛮牌，董十五、赵七、曹保义、朱婆儿、没困驼、风僧哥。姐六姐影戏。丁仪、瘦吉等弄乔影戏。刘百禽弄虫蚁，孔三传耍秀才诸宫调，毛详、霍伯丑商谜，吴八儿合生，张山人说诨话……足见散乐百戏种类和艺人之多，内容之丰富。

《宋史》卷一百四十二记载了两宋时期宫廷经常演出的百戏，具体内容有：蹴球、踏跷、藏㧎、杂旋、狮子、弄枪、铃瓶、茶碗、毡䶉、碎剑、踏索、上竿、筋斗、擎戴、拗腰、透剑门、打弹丸之类。②

（七）民间宗教与祭祀之乐

两宋时期，民间祭祀乐舞也是非商业性乐舞生产的类型之一。每逢迎

---

① 耐得翁. 都城纪胜［M］//全宋笔记：第八八册. 汤勤福，整理. 郑州：大象出版社，2019：14.

② 脱脱，等. 宋史［M］. 中华书局编辑部，点校. 北京：中华书局，1985：3351.

神赛社、宗教祭祀等活动，各种民间伎艺竞相呈现。如《都城纪胜》"社会"条所载：

> 西湖每岁四月放生会，其余诸寺经会各有方所日分。每岁行都神祠诞辰迎献，则有酒行。锦体社、八仙社、渔父习闲社、神鬼社、小女童像生叫声社、遏云社、奇巧饮食社、花果社。七宝考古社，皆中外奇珍异货。马社，豪贵绯绿清乐社，此社风流最胜。①

当然，地方州府极为重视国家规定的各类宗教或祭祀活动，不仅鼓励民间乐社、舞队积极参加，还指令其所辖乐部也参与其中，整个活动属于典型的官民共同参与的乐舞生产消费行为。对此，《梦粱录》卷一"八日祠山圣诞"条有着详细的记载。二月初八日至十一日，钱塘门外霍山路有神祠山正祐圣烈昭德昌福崇仁真君诞圣之辰的祈祷活动，该祭祀活动自梁至宋已有一千三百余年的历史，具体的乐舞活动场景如下：

> 其日，都城内外诣庙献送繁盛，最是府第及内官迎献，马社仪仗整肃，装束华丽。……各以彩旗、鼓吹、妓乐、舞队等社奇花异果、珍禽水族、精巧面作、诸色鎗石车驾迎引，歌叫卖声，效京师故体，风流锦体，他处所无。台阁巍峨，神鬼威勇，并呈于露台之上。自早至暮，观者纷纷。十一日，庙中有衙前乐，教乐所人员部领诸色乐部，诣殿作乐呈献。命大官排食果二十四盏，各盏呈艺，守臣委佐官代拜。②

《梦粱录》卷六"除夜"条记载，当南宋皇室除夜举行驱傩仪式的时候，"以教乐所伶工装将军、符使、判官、钟馗、六丁六甲神兵、五方鬼使、灶君、土地、门户神尉等神。自禁中动鼓吹驱祟，出东华门外，转龙池湾，谓之'埋祟'而散"③。

---

① 耐得翁. 都城纪胜［M］//全宋笔记：第八八册. 汤勤福，整理. 郑州：大象出版社，2019：16.

② 吴自牧. 梦粱录［M］//全宋笔记：第九六册. 黄纯艳，整理. 郑州：大象出版社，2019：214–215.

③ 吴自牧. 梦粱录［M］//全宋笔记：第九六册. 黄纯艳，整理. 郑州：大象出版社，2019：262.

第二节 两宋时期商业性的音乐生产与消费

两宋时期,无论是民间还是宫廷,无论是乡村街陌还是繁华都市,商业性的乐舞生产与消费处处存在。通过乐舞生产获得经济回报,或花费不菲金钱来获取乐舞欣赏的行为已经非常普遍,并获得了社会群体的广泛认同。这是一个商业性音乐生产与消费的勃兴时代。

一、生产者

两宋是经济文化转型的重要时期,城镇急骤膨胀,市民阶层壮大,民众对社会娱乐的需求发生了重要变化,新奇、灵活的艺术形式逐渐成为消费对象。更为重要的是富庶的市民阶层成了社会娱乐的消费主体,这就形成了以宫廷为代表的官方消费群体和以城镇市民为代表的普通消费群体,两大群体的并行发展有力促进了社会乐舞从业者规模的急剧扩大。因此,两宋时期的商业性乐舞生产者群体极为庞大,乐人的来源也相对多样。从文献来看,这一时期从事商业性音乐生产的群体主要是官妓,即归属政府管辖的在籍乐人。具体来说,它的成分相对复杂,主要有以下几种。

(一)宫廷音乐机构所辖乐人

前文已述,宋代宫廷乐工主要的职责是通过轮值轮训为宫廷和州府应差,但在南宋中后期,随着音乐的市场化,以及宫廷和雇制度的出现,部分宫廷乐人也常常去瓦肆勾栏中进行商业性的表演,或者被地方州府、慕名的文人商贾用重金邀请去参加商业性的演出。这种公开和半公开的商业演出行为,早在隋唐时期就已经出现,至南宋时期更为盛行。这种情况也推动了宫廷音乐与民间音乐的交流和融合,提升了瓦肆勾栏音乐艺术的水平。如宋金盈之在《醉翁谈录》卷七《平康巷陌记》中云:

> 京中妓籍属教坊。凡朝士有宴聚,须假诸曹署行牒,然后致于他处。唯新进士设团,雇吏便可牒取。取其所辟之资,则可倍于常价。①

---

① 金盈之. 新编醉翁谈录 [M] // 全宋笔记:第八五册. 胡绍文,整理. 郑州:大象出版社,2019:253.

《武林旧事》卷六"诸色伎艺人"条记载了当时常常在瓦肆勾栏中进行商业性演出的一些社会知名艺人,其中明确标注来自宫廷音乐机构和德寿宫的艺人有:

小说:朱修_{德寿宫} 孙奇_{德寿宫} 任辩_{御前} 施珪_{御前} 叶茂_{御前} 方瑞_{御前} 刘和_{御前} 王辩_{铁衣亲兵}

小唱:陆恩显_{都管}①

(二)州府所辖在籍乐人

前文已述,由于南宋宫廷音乐机构时立时废,为了满足国家乐舞所需,州府所辖在籍乐人数量较为庞大,他们平常居住在固定场所,与州府是一种相对松散的关系,强调的是按照规定时间去应差服务。如宋人金盈之强调,同为居住在平康里的乐人,凡"三曲所居之妓系名官籍者,凡官设法卖酒者,以次分番供应。如遇并番,一月止一二日也"②。《梦粱录》卷二十"妓乐"条详细记载了景定以来在官卖酒活动中,被委派进行轮值的官妓和私妓人员,"官妓如金赛兰、范都宜、唐安安、倪都惜、潘称心、梅丑儿、钱保奴、吕作娘、康三娘、桃师姑、沈三如等,及私名妓女如苏州钱三姐、七姐、文字季惜惜、鼓板朱一姐、媳妇朱三姐、吕双双、十般大胡怜怜、婺州张七姐、蛮王二姐、搭罗丘三姐、一丈白杨三妈、旧司马二娘、褙背陈三妈、屐片张三娘、半把伞朱七姐、轿番王四姐、大臂吴三妈、浴堂徐六妈、沈盼盼、普安安、徐双双、彭新等"③。需要指出的是,这类乐人在完成政府组织的商业性乐舞生产任务的同时,也受雇于勾栏乐棚及商贾、官员,以开展商业性乐舞活动。

(三)营妓

营妓也是官妓的一种,因主要服务于军队,早期主要来自战俘,因此被称为营妓。两宋时期营妓不仅来自战俘,一些获罪之人的妻小、在市井勾栏中卖艺的乐人也会被迫充当营妓。正如邓之诚《骨董琐记》"宋官妓营

---

① 周密. 武林旧事[M]//周密集:第二册. 杨瑞,点校. 杭州:浙江古籍出版社,2015:148,150.

② 金盈之. 新编醉翁谈录[M]//全宋笔记:第八五册. 胡绍文,整理. 郑州:大象出版社,2019:254.

③ 吴自牧. 梦粱录[M]//全宋笔记:第九六册. 黄纯艳,整理. 郑州:大象出版社,2019:420.

妓"条所云：

> 官妓有身价五千，五年期满妇原寮；本官携去者，再给二十千，盖亦取之句栏也。营妓以句栏妓轮值一月，许以资觅替，遂及罪人之孥，及良家系狱候理者，甚或掠夺诬为盗属以充之，最为秕政。南宋建国，始革其制。①

（四）瓦舍勾栏乐人

两宋时期由于经济的繁荣发展，城市内出现了固定的商业活动场所，称为"瓦舍""瓦子"或"瓦肆"，在瓦舍中设置的固定演出场所被称为"勾栏"，有时也被称为"乐棚"。故后人用"瓦舍勾栏""瓦肆勾栏"来指代商业性的乐舞表演场所。对此，《梦粱录》卷十九"瓦舍"条有着详细记载：

> 瓦舍者，谓其来时瓦合，去时瓦解之义，易聚易散也。不知起于何时。顷者京师甚为士庶放荡不羁之所，亦为子弟流连破坏之门。杭城绍兴间驻跸于此，殿岩杨和王因军士多西北人，是以城内外创立瓦舍，招集妓乐，以为军卒暇日娱戏之地。今贵家子弟郎君因此荡游，破坏尤甚于汴都也。②

《东京梦华录》卷六"十六日"条记载了北宋都城内乐棚众多的盛况："诸门皆有官中乐棚。万街千巷，尽皆繁盛浩闹。每一坊巷口，无乐棚去处，多设小影戏棚子，以防本坊游人小儿相失，以引聚之。殿前班在禁中右掖门里，则相对右掖门设一乐棚，放本班家口登皇城观看。"③

《武林旧事》卷六"瓦子勾栏"条记载了杭州城内的瓦舍勾栏，城内的隶修内司，城外的隶殿前司，其云：

> 南瓦_{清冷桥熙春楼}　中瓦_{三元楼}　大瓦_{三桥街。亦名"上瓦"。}　北瓦_{众安桥。亦名"下瓦"。}　蒲桥瓦_{亦名"东瓦"。}　便门瓦_{便门外}　候潮门瓦_{候潮门外}　小堰门瓦_{小堰门前}　新门瓦_{亦名"四通馆瓦"。}　荐桥门瓦_{荐桥门前。}　菜市门

---

① 邓之诚. 骨董琐记 [M]. 邓珂, 增订点校. 北京：中国书店, 1991：125.
② 吴自牧. 梦粱录 [M] // 全宋笔记：第九六册. 黄纯艳, 整理. 郑州：大象出版社, 2019：406.
③ 孟元老. 东京梦华录 [M] // 全宋笔记：第三八册. 伊永文, 整理. 郑州：大象出版社, 2019：47.

瓦菜市门外　钱湖门瓦省马院前　赤山瓦后军寨前　行春桥瓦　北郭瓦又名"大通店"。　米市桥瓦　旧瓦石板头　嘉会门瓦嘉会门外　北关门瓦又名新瓦　艮山门瓦艮山门外　羊坊桥瓦　王家桥瓦　龙山瓦

如北瓦、羊棚楼等，谓之"游棚"。外又有勾栏甚多，北瓦内勾栏十三座最盛。①

乐人表演主要在勾栏之内，随着商业化的发展，很多勾栏按照乐人表演的内容进行分类。如西湖老人《繁盛录》记载了杭州城内最大的一个瓦舍——北瓦中的勾栏设置及乐人在其中的表演情况。北瓦中有勾栏十三座，其中两座勾栏专说史书，驻场艺人有乔万卷、许贡士和张解元；御前杂剧主要集中在蓬花棚中表演，驻场艺人有赵泰、王葵喜、河宴清、锄头段子贵。其中小张四郎一生只在北瓦占一座勾栏说话，不曾去别瓦作场，该勾栏人叫作小张四郎勾栏。其他的勾栏表演艺人和表演内容有：

弟子散乐作场相扑，王饶大、撞倒山、刘子路、铁板踏、宋金刚、倒提山、赛板踏、金重旺、曹铁凛，人人好汉。

说经，长啸和尚、彭道安、陆妙慧、陆妙净。

小说，蔡和、李公佐。……

合生，双秀才。

覆射，女郎中。

踢瓶弄碗，张宝歌。

杖头傀儡，陈中喜。

悬系傀儡，炉金线。

使棒作场，朱来儿。

打硬，孙七郎。

杂班，铁刷汤、江鱼头、兔儿头、菖蒲头。

背商谜，胡六郎。

教飞禽，赵十七郎。

装神鬼，谢兴歌。

舞番乐，张遇喜。

水傀儡，刘小仆射。

---

① 周密. 武林旧事[M]//周密集：第二册. 杨瑞，点校. 杭州：浙江古籍出版社，2015：130.

影戏，尚保仪、贾椎。

卖嘌唱，樊华。

唱赚，濮三郎、扇李二郎、郭四郎。

说唱诸宫调，高郎妇、黄淑卿。

乔相扑，鼋鱼头、鹤儿头、鸳鸯头、一条黑、斗门桥、白条儿。

踢弄，吴全脚、耍大头。

谈诨话，蛮张四郎。

散耍，杨宝兴、陆行、小关西。

装秀才，陈斋郎。

学乡谈，方斋郎。

分数甚多，十三应构栏不闲，终日团圆。①

显然，这些仅仅只是一个瓦舍中经常出现的勾栏分类表演形式及乐人，北宋汴京、南宋临安及一些商业性大城市，其城内、城外还有众多的瓦舍，每个瓦舍中又有很多勾栏。由此可知，长期在瓦舍勾栏内表演的艺人数量之多，表演形式种类之多。与此相适应，观众也是日夜络绎不绝。这充分说明瓦舍勾栏中的乐人已经成了两宋时期商业性乐舞生产主体。

这一时期，城镇中许多著名的私家酒楼为了进行促销活动，也会安排一定数量的私妓从事乐舞活动。据《武林旧事》卷六"酒楼"条记载，在杭州的各个知名酒楼中，"每处各有私名妓数十辈"②，比较知名的有苏州钱三姐、七姐、文字季惜惜等。

从文献来看，汴京城内的各类勾栏艺人主要集中在街南桑家瓦子、中瓦、里瓦。临安城内的各类勾栏艺人多住宿在平康诸坊，如《武林旧事》卷六"歌馆"条所云：

上下抱剑营、漆器墙、沙皮巷、清河坊、融和坊、新街、太平坊、巾子巷、狮子巷、后市街、荐桥，皆群花所聚之地。③

---

① 西湖老人. 繁胜录[M]//全宋笔记：第八三册. 黄纯艳，整理. 郑州：大象出版社，2019：121.

② 周密. 武林旧事[M]//周密集：第二册. 杨瑞，点校. 杭州：浙江古籍出版社，2015：132.

③ 周密. 武林旧事[M]//周密集：第二册. 杨瑞，点校. 杭州：浙江古籍出版社，2015：133.

《武林旧事》卷六"诸色伎艺人"条记载了拥有不同乐舞技能的乐人，除了明确标注为德寿宫、御前、都管等隶属皇室、州府的官妓之外，大部分属于瓦舍勾栏乐人，具体如下：

演史

乔万卷　许贡士　张解元　周八官人　檀溪子　陈进士　陈一飞　陈三官人　林宣教　徐宣教　李郎中　武书生　刘进士　巩八官人　徐继先　穆书生　戴书生　王贡士　陆进士　丘几山　张小娘子　宋小娘子　陈小娘子

说经诨经

长啸和尚　彭道名法和　陆妙慧女流　余信庵　周太辩和尚　陆妙静女流　达理和尚　啸庵　隐秀　混俗　许安然　有缘和尚　借庵　保庵　戴悦庵　息庵　戴忻庵

小说

蔡和　李公佐　张小四郎　朱修德寿宫　孙奇德寿宫　任辩御前　施珪御前　叶茂御前　方瑞御前　刘和御前　王辩铁衣亲兵　盛显　王琦　陈良辅　王班直洪　翟四郎升　粥张二　许济　张黑剔　俞住庵　色头陈彬　秦州张显　酒李一郎　乔宜　王四郎明　王十郎国林　王六郎师古　胡十五郎彬　故衣毛三　仓张三　枣儿徐荣　徐保义　汪保义　张拍　张训　沈佺　沈哬　湖水周　爊肝朱　掇绦张茂　王三教　徐茂象牙孩儿　王主管　翁彦　嵇元　陈可庵　林茂　夏达　明东　王寿　白思义　史惠英女流

影戏

贾震　贾雄　尚保义　三贾贾伟、贾仪、贾佑。　三伏伏大、伏二、伏三。　沈显　陈松　马俊　马进　王三郎升　朱祐　蔡咨　张七　周端　郭真　李二娘队戏　王润卿女流。　黑妈妈

唱赚

濮三郎　扇李二郎　郭四郎　孙端　叶端　牛端　华琳　黄文质　盛二郎　顾和蜡烛　马升　熊春　梅四　汪六　沈二　王六　许曾三　邵六伟　小王三　媳妇徐　沈七　谢一珪

小唱

萧婆婆韩太师府　贺寿　陈尾犯　画鱼周　陆恩显都管　笙张　周颐斋执礼　忭都事　丁八

丁未年拨入勾栏弟子嘌唱赚色

施二娘　时春春　时佳佳　何总怜　童二　严偏头　向大鼻　葛四　徐胜胜　耿四　牛安安　余元元　钱寅奴　朱伴伴大虎头。

鼓板

段防御舍本　张眼光　张开　张驴儿谓之"三张"　陈宜娘　陈喜生拍　周双顶　潘小双　莫及笛　陈喜拍　来七笛　董大有　金四礼子皮　朱关生

杂剧

赵太　慢星子女流　王侯喜　宋邦宁　唐都管世荣　三何晏喜、晏清、晏然。　锄头段　唧伶头　诸国朝　宋清朝　王太铁笠　郝城小锹　宋吉　宋国珍　赵恩　王太　吴师贤　朱太猪儿头　王见喜　铁太　冯舜朝　王珍美　吴国贤　郑太　惠恩泽　时和　颜喜　萧金莲　一窟王　时丰稔　时国昌　金宝　赵祥　吴国昌　王古　王双莲女流　沈小乔　杜太　蒋俊

杂扮纽元子

铁刷汤　江鱼头　兔儿头　菖蒲头　眼里乔　胡蜀葵　迎春茧　卓郎妇　笑靥儿　科头粉　韵梅头　小菖蒲　金鱼儿　银鱼儿　胡小俏　周乔　郑小俏　鱼得水旦　王道泰　王寿得旦　厉太　顾小乔　陈橘皮　小橘皮　菜市乔　自来俏旦

弹唱因缘

童道　费道　蒋居安　陈端　李道　沈道　顾善友　甘道　俞道　徐康孙　张道

唱京词

蒋郎妇　孟客　吴郎妇　马客

诸宫调传奇

高郎妇　黄淑卿　王双莲　袁太道

唱耍令

大祸胎　小祸胎　李俊　香陈渊　大小王　熊二　路淑卿　陈昌叶道道情　王保　王定　陆槐　郭忠　牛昌　郭双莲　陈新　徐喜　吴昌　赵防御双目无，御前

唱《拨不断》

张胡子　黄三

说诨话

蛮张四郎

商谜

胡六郎　魏大林　张振　周月岩_{江西人}　蛮明和尚　东吴秀才　陈赟　张月斋　捷机和尚　魏智海　小胡六　马定斋　王心斋

学乡谈

方斋郎

舞绾百戏

张遇喜　刘仁贵　宋十将　常十将　错安头　欢喜头　柴小升哥　琳赛哥　张名贵　花念一郎　花中宝

撮弄杂艺

林遇仙　赵十一郎　赵家喜　浑身手　张赛哥　王小仙　姚遇仙　赵念五郎　赵世昌　赵世祥　耍大头_{踢弄}　金宝　施半仙　金逢仙　小关西　陆寿　包显　女姑姑　施小仙

傀儡_{悬丝、杖头、药发、肉傀儡、水傀儡}

陈中喜　陈中贵　卢金线　郑荣喜　张金线　张小仆射_{杖头}　刘小仆射_{水傀儡}　张逢喜_{肉傀儡}　刘贵　张逢贵_{肉傀儡}

清乐

黄显贵　没眼动乐

角抵

王侥大　张关索　撞倒山　刘子路　卢大郎　铁板沓　赛先生　金重旺　赛板沓　曹铁凛　赛侥大　赛关索　周黑大　张侥大　刘春哥　曹铁拳　王急快　严关索　韩铜柱　韩铁僧　王赛哥　一拔条　温州子　韩归僧　黑八郎　郑排　昌化子　小住哥　周僧儿　广大头　金寿哥　严铁条　武当山　盖来住　董急快　董侥大　周板沓　郑三住　周重旺　小关索　小黑大　阮舍哥　傅卖鲜　郑白大

装秀才

花花帽孙秀　陈斋郎

吟叫

姜阿得　锺胜　吴百四　潘善寿　苏阿黑　余庆

合笙

双秀才①

《梦粱录》卷二十"妓乐"条也记载了当时瓦舍勾栏中的诸多伎乐乐人，内容基本与此相同。

(五) 冲州撞府的路歧人

两宋时期的路歧人也是社会商业性乐舞生产的主体之一。他们地位低下，乐舞技艺水平相对较低，为了获得基本生活保障或基本的经济收入，而进行冲州撞府、走街串巷式的演出。因乐舞生产之地在街头巷尾，故又称为"路歧人"或"赶趁人"。如《武林旧事》卷六"瓦子勾栏"条记载：

> 或有路歧，不入勾栏，只在耍闹宽阔之处做场者，谓之"打野呵"，此又艺之次者。②

宋章渊《稿简赘笔·河市乐》云：

> 今之艺人于市肆作场，谓之打野，皆谓不著所，今人谓之打野呵。③

当然，路歧人也常常会在军队的教场演出。如西湖老人《繁胜录》记载："十三军大教场、教奕军教场、后军教场、南仓内前、叉子里贡院前、佑圣观前，宽阔所在扑赏。并路歧人在内作场。"④

也有一部分来自于贫民之家。吴自牧《梦粱录》卷六"十二月"条记载，南宋时杭州城内"自此入月，街市有贫丐者三五人为一队，装神鬼、判官、锺馗、小妹等形，敲锣击鼓，沿门乞钱，俗呼为'打夜胡'，亦驱傩之意也"。⑤

当然，由于路歧人、赶趁人大都是瓦舍勾栏中被淘汰出来的乐人，居无定所，为生活所迫只能在路边打野呵，所以其表演的艺术形式相对简单、

---

① 周密. 武林旧事 [M] //周密集：第二册. 杨瑞，点校. 杭州：浙江古籍出版社，2015：147-158.

② 周密. 武林旧事 [M] //周密集：第二册. 杨瑞，点校. 杭州：浙江古籍出版社，2015：130.

③ 关汉卿. 关汉卿集校注 [M]. 蓝立蓂，校注. 北京：中华书局，2018：57.

④ 西湖老人. 繁胜录 [M] //全宋笔记：第八三册. 黄纯艳，整理. 郑州：大象出版社，2019：116.

⑤ 吴自牧. 梦粱录 [M] //全宋笔记：第九六册. 黄纯艳，整理. 郑州：大象出版社，2019：261.

灵活、粗糙。如《武林旧事》卷三"西湖游幸"条云：

> 至于吹弹、舞拍、杂剧、杂扮、撮弄、胜花、泥丸、鼓板、投壶、花弹、蹴鞠、分茶、弄水、踏混木、拨盆、杂艺、散耍、讴唱、息器、教水族飞禽、水傀儡、鬻水道术、烟火、起轮、走线、流星、水爆。风筝，不可指数，总谓之"赶趁人"，盖耳目不暇给焉。①

《武林旧事》卷三"祭扫"条载，在寒食节的时候，杭州城内的玉津、富景御园，包家山之桃，关东青门之菜市，东西马塍，尼庵道院等地，也随处可见有"买卖赶趁等人"。②

当然，很多时候冲州撞府式的演出会以家班的形式出现，所谓"又有村落百戏之人拖儿带女，就街坊桥巷呈百戏伎艺，求觅铺席宅舍钱酒之贵。"③ 也有个别艺人比较知名，深受民众欢迎。如《梦粱录》卷二十"百戏伎艺"条记载，表演百戏为主的"有路歧人名十将宋喜、常旺两家"。④

（六）青楼妓馆中的乐人

两宋时期民间妓馆非常发达，青楼妓馆往往位于城市的繁华热闹之处。金盈之在《醉翁谈录》卷七《平康巷陌记》就描绘了当时的妓馆情况：

> 平康里乃诸妓所居之地也。自城北门而入，东回三曲。妓中最胜者，多在南曲。其曲中居处，皆堂宇宽静，各有三四厅事，前后多植花卉，或有怪石盆池、左经右史、小室垂帘、茵榻帷幌之类。凡举子及新进士、三司幕府，但未通朝籍、未直馆殿者，咸可就游，不吝所费，则下车水陆备矣。其中诸妓多能文词、善谈吐，亦平衡人物，应对有度。及膏梁子弟来游者，仆马繁盛，宴游崇侈，以同年俊少者为两街探花使。有登甲乙第者，关送。天官氏设春闱，天官氏，礼部侍郎。近

---

① 周密. 武林旧事［M］//周密集：第二册. 杨瑞，点校. 杭州：浙江古籍出版社，2015：51.

② 周密. 武林旧事［M］//周密集：第二册. 杨瑞，点校. 杭州：浙江古籍出版社，2015：55.

③ 吴自牧. 梦粱录［M］//全宋笔记：第九六册. 黄纯艳，整理. 郑州：大象出版社，2019：421.

④ 吴自牧. 梦粱录［M］//全宋笔记：第九六册. 黄纯艳，整理. 郑州：大象出版社，2019：421.

年多延至中夏。新贵眷恋，狂游稍久。①

显然，按照《醉翁谈录》的记载，三曲之中，乐舞水平最高的在南曲，中曲为散乐杂班所居。妓馆中的乐人大都出身贫民之家，被鸨母买去后入娼籍，或流落在城市的酒楼妓馆，从小要经受严格的乐舞技艺训练，所谓：

> 妓之母皆假母也，以妓色苍、狡悍者为之。诸女自幼丐育，或佣其下里。佣，雇也。贫家常有无无之赖，潜为渔猎。亦有良家子，为其家聘之，后以转求厚赂，误缠其中，则无以自脱。且教之歌，久而卖之。其日赋甚急，微涉退怠，鞭扑备至。年及十二三者，盛饰衣眼，即为娱宾之备矣。②

他们尤擅丝竹管弦艳歌妙舞，日常的乐舞生活状况是：

> 凡朝贵有宴聚，一见曹署行牒，皆携乐器而往，所赠亦有差。暇日群聚，金莲棚中各呈本事，来观之者皆五陵年少及豪贵子弟。就中有妖艳入眼者，俟散，访其家而宴集焉。其循墙一曲，卑下凡杂之妓居焉。③

（七）行会人员及其他

两宋时期，由于各种说唱、戏剧、歌唱艺术的蓬勃发展，城镇出现了各种行会组织。据西湖老人《繁胜录》，都城临安有四百十四行，如书会是专门为说话人、戏剧演员编写话本和脚本的行会组织，成员一般被称为"书会先生"或"社会才人"，主要是由科举失意的文人组成，他们具有一定的才学和丰富的社会阅历。也有一部分来自低级官吏、医生、商人及较有才学和演唱经验的艺人。在南戏的诞生地温州地区有著名的永嘉书会和九山书会，在临安有武林书会和古杭书会。《武林旧事》卷六"诸色伎艺人"条记载了当时的书会艺人：李霜涯（作赚绝伦）、李大官人（弹词）、

---

① 金盈之. 新编醉翁谈录［M］//全宋笔记：第八五册. 胡绍文，整理. 郑州：大象出版社，2019：253.

② 金盈之. 新编醉翁谈录［M］//全宋笔记：第八五册. 胡绍文，整理. 郑州：大象出版社，2019：254.

③ 金盈之. 新编醉翁谈录［M］//全宋笔记：第八五册. 胡绍文，整理. 郑州：大象出版社，2019：253-254.

叶庚、周竹窗、平江周二郎（猢狲）、贾廿二郎。①

社会也是一种行会组织，由专门从事表演艺术的职业艺人组成。它的出现体现了两宋时期社会表演艺术群体的庞大，需要专门的协会组织进行协调和管理，以利于乐舞的表演和创作。《武林旧事》卷三"社会"条记载，在南宋临安城中的社会有数十个，每个社会中的艺人数量不等，平均在100—300人。如杂剧艺人的行会组织——绯绿社，唱赚艺人的行会组织——遏云社，耍词艺人的行会组织——同文社，清乐艺人的行会组织——清音社，小说艺人的行会组织——雄辩社，影戏艺人的行会组织——绘革社，吟叫艺人的行会组织——律华社，撮弄艺人的行会组织——云机社，等等。②

这些社会中艺人众多，大部分艺人是在瓦舍勾栏中日日作场，也有很多艺人组织只是临时在风俗节庆日演出。西湖老人《繁盛录》就记载了在国祭日、元宵节等节庆日从事乐舞生产的社会组织："清乐社。有数社，每不下百人……福建鲍老一社有三百余人，川鲍老亦有一百余人。"③ 可见其规模之庞大。《都城纪胜》"瓦舍众伎"条也有类似记载：

> 今街市有乐人三五为队，专赶春场、看潮、赏芙蓉及酒坐祗应，与钱亦不多，谓之荒鼓板。④

两宋时期还有一种现象，即社会上一些无成子弟或失业的市民，也专门学习音乐技能，尤其是弹琴奏乐。他们通过陪伴富家子弟或外地来的官员进行游宴活动，以获得经济收入。如《都城纪胜》"闲人"条云：

> 有一等是无成子弟失业次，人颇能知书、写字、抚琴、下棋及善音乐，艺俱不精，专陪涉富贵家子弟游宴，及相伴外方官员到都干事。⑤

---

① 周密. 武林旧事［M］//周密集：第二册. 杨瑞，点校. 杭州：浙江古籍出版社，2015：147.

② 周密. 武林旧事［M］//周密集：第二册. 杨瑞，点校. 杭州：浙江古籍出版社，2015：54.

③ 西湖老人. 繁胜录［M］//全宋笔记：第八三册. 黄纯艳，整理. 郑州：大象出版社，2019：107.

④ 耐得翁. 都城纪胜［M］//全宋笔记：第八八册. 汤勤福，整理. 郑州：大象出版社，2019：13.

⑤ 耐得翁. 都城纪胜［M］//全宋笔记：第八八册. 汤勤福，整理. 郑州：大象出版社，2019：19.

《梦粱录》卷六"十二月"条也记载了南宋临安城内,每到十二月,街市中就有贫困者或乞丐们,三五人为一队,装神鬼、判官、锤馗、小妹等形状,敲锣击鼓,沿门乞钱,意为驱傩,俗呼为"打夜胡"。①

从事乐器生产与销售的人在两宋时期也普遍存在,并形成了专门的职业。如《都城纪胜》云:"市肆谓之'行'音杭。者,因官府科索而得此名,不以其物小大,但合充用者皆置为行,虽医卜亦有,……都下市肆名家驰誉者,……候潮门顾四笛、大瓦子丘家箜篌之类。"② 显然,顾四笛、丘家箜篌是这一时期从事乐器生产与销售的佼佼者。对此,西湖老人《繁胜录》在"诸行市"条也有记载,其云都城有四百四十行,而与乐器生产销售有关的是做诨裹、葫芦笛、卖字本、笛谱儿等行。③

二、音乐生产与消费的场所、方式、目的、成本

(一) 瓦舍勾栏中的音乐生产与消费

两宋时期,瓦舍勾栏是民间商业性乐舞生产与消费的主要场所。尤其是南宋以来,在临安城外驻扎了大量的军队,为了满足南渡士兵和市民的娱乐需求,在临安建立了大量的瓦舍勾栏。《武林旧事》卷六"瓦子勾栏"条记载,南宋临安的瓦舍大大小小有二十余座,有南瓦、中瓦、大瓦、北瓦、蒲桥瓦、便门瓦、候潮门瓦、小堰门瓦、新门瓦、荐桥门瓦、菜市门瓦、钱湖门瓦、赤山瓦、行春桥瓦、北郭瓦、米市桥瓦、旧瓦、嘉会门瓦、北关门瓦、艮山门瓦、羊坊桥瓦、王家桥瓦、龙山瓦等。每个瓦舍中有多个勾栏,如北瓦之中就有十三座勾栏,最为繁盛,虽然每个勾栏所能容纳的人数从几十人到几百人不等,但有演出时则是日日爆棚,足见勾栏乐舞消费者数量之多。

由此,大量瓦舍勾栏的存在保证了城市商业性乐舞演出的固定性和连续性,所谓"不以风雨寒暑,诸棚看人,日日如是"④。去勾栏中进行乐舞

---

① 吴自牧. 梦粱录 [M] //全宋笔记:第九六册. 黄纯艳,整理. 郑州:大象出版社,2019:261.

② 耐得翁. 都城纪胜 [M] //全宋笔记:第八八册. 汤勤福,整理. 郑州:大象出版社,2019:7.

③ 西湖老人. 繁胜录 [M] //全宋笔记:第八三册. 黄纯艳,整理. 郑州:大象出版社,2019:123-124.

④ 孟元老. 东京梦华录 [M] //全宋笔记:第三八册. 伊永文,整理. 郑州:大象出版社,2019:38.

消费也成为市民生活的一种常态,所谓"深冬冷月无社火看,却于瓦市消遣"① 就是两宋市民生活的生动写照。

从生产的角度来看,在瓦舍勾栏中从事乐舞生产的群体,主要来自政府管辖的在籍乐人,具有较高的技艺水平,音乐生产的方式主要以乐人个体和班社两种形式为主导。前者是社会上知名的乐人,受雇于瓦舍勾栏,日日作场,乐人在表演内容上具有较大自主权,表演形式主要以歌唱、说唱为主。后者则以血缘关系或师徒关系来构建班社,表演的艺术形式和内容相对复杂,如诸宫调、唱赚、杂剧等需要人数较多、技艺和情节较突出的艺术形式。乐人驻棚表演的根本目的是获得商业利润,从而能够保障生活及购买继续从事乐舞生产所需的工具、服饰等。

从消费的角度来看,瓦舍勾栏中的顾客主要是都人子弟、普通民众和士兵。如《都城纪胜》"瓦舍众伎"条云:"瓦者,野合易散之意也,不知起于何时。但在京师时,甚为士庶放荡不羁之所,亦为子弟流连破坏之地。"② 顾客消费的目的以娱乐休闲、猎奇为主,由于是市民艺术,勾栏中乐舞消费的成本相对低廉。如元杜仁杰在《耍孩儿·庄家不识构栏》中描绘了庄稼人到城市勾栏里观看杂剧表演的情况及其乐舞消费成本:

> 风调雨顺民安乐,都不似俺庄家快活。桑蚕五谷十分收,官司无甚差科。当村许下还心愿,来到城中买些纸火。正打街头过,见吊个花碌碌纸榜,不似那答儿闹穰穰人多。
>
> 【六煞】见一个人手撑着椽做的门,高声的叫请、请,道迟来的满了无处停坐。说道前截儿院本调风月,背后么末敷演刘耍和。高声叫,赶散易得,难得的妆哈。
>
> 【五】要了二百钱放过咱,入得门上个木坡,见层层叠叠团圝坐。抬头觑是个钟楼模样,往下觑却是人旋窝。见几个妇女向台儿上坐,又不是迎神赛社,不住的擂鼓筛锣。③

显然,该曲牌生动地刻画了庄稼人到城里勾栏中进行乐舞消费的详细

---

① 西湖老人. 繁胜录 [M] // 全宋笔记:第八三册. 黄纯艳,整理. 郑州:大象出版社,2019:120.
② 耐得翁. 都城纪胜 [M] // 全宋笔记:第八八册. 汤勤福,整理. 郑州:大象出版社,2019:12.
③ 刘崇德. 全宋金曲:上册 [M]. 北京:中华书局,2020:254-255.

场景，勾栏的表演门票是两百钱，普通的乡下人都能付得起，显然说明当时勾栏的乐舞消费水平并不高。

（二）茶楼酒肆中的音乐生产与消费

茶楼酒肆也是商业性乐舞生产与消费的重要场所，从文献记载来看，两宋时期城市经济的快速发展使得城镇之中涌现了大量的茶楼酒肆。北宋张择端《清明上河图》就真实地再现了北宋汴京茶楼酒肆比邻而立、富丽堂皇，顾客络绎不绝的繁荣景象。《东京梦华录》卷二载：

> 凡京师酒店门首，皆缚彩楼欢门，唯任店入其门，一直主廊约百余步，南北天井两廊皆小阁子，向晚，灯烛荧煌，上下相照。浓妆妓女数百，聚于主廊檐面上，以待酒客呼唤，望之宛若神仙。①

南宋时期的都城临安城内茶楼酒肆数量更胜前代。《武林旧事》卷六"歌馆"条记载了南宋临安的各个茶楼，知名者有清乐茶坊、八仙茶坊、珠子茶坊、潘家茶坊、连三茶坊、连二茶坊等。同卷"酒楼"条亦记载了南宋临安城内有很多著名的酒楼，诸如熙春楼、三元楼、五间楼、赏心楼、严厨、花月楼、银马杓、康沈店、翁厨、任厨、陈厨、周厨、巧张、日新楼、沈厨、郑厨等。针对不同的消费群体，茶楼酒肆的规格也"各有等差"，但"莫不靓妆迎门，争妍卖笑，朝歌暮弦，摇荡心目"②。所以，无论是市民还是文人墨客、达官贵族、豪绅富商都把茶楼酒肆作为日常娱乐的重要场所。每遇节日，民间市井百姓则争先恐后出入于酒楼茶肆之中，通宵达旦，丝竹之声不绝于耳。

茶楼酒肆数量众多必然会导致激烈的商业竞争，商人们迫于市场的压力，不得不增强茶楼酒肆的娱乐性来满足顾客的需求。如临安的各个酒楼都有固定的乐妓作为"卖客"，官方酒肆有官妓，私家酒楼则有私妓，一般在十余人左右，"皆时妆袨服，巧笑争妍。夏月茉莉盈头，春满绮陌。凭槛招邀"③。也有不呼而至的小鬟（流浪艺人），在客人吃饭饮酒、喝茶之际，

---

① 孟元老. 东京梦华录［M］//全宋笔记：第三八册. 伊永文，整理. 郑州：大象出版社，2019：19–20.

② 周密. 武林旧事［M］//周密集：第二册. 杨瑞，点校. 杭州：浙江古籍出版社，2015：132–133.

③ 周密. 武林旧事［M］//周密集：第二册. 杨瑞，点校. 杭州：浙江古籍出版社，2015：132.

歌吟强聒,以求赏银,谓之"擦坐"。或者是一些吹箫、弹阮、息气、锣板、歌唱、散耍的"赶趁人",临时在茶楼酒肆中进行乐舞表演,以获得店家的佣金或顾客的观赏钱。总的来说,茶楼酒肆的乐舞消费是"歌管欢笑之声,每夕达旦,往往与朝天车马相接。虽风雨暑雪,不少减也"[1]。

当然,一些知名乐人在茶楼酒肆中的收入是比较丰厚的。如《武林旧事》卷六"歌馆"条载:

> 如赛观音、孟家蝉、吴怜儿等甚多,皆以色艺冠一时,家甚华侈。近世目击者,惟唐安安最号富盛,凡酒器、沙锣、冰盆、火箱、妆合之类,悉以金银为之。帐幔茵褥,多用绵绮。器玩珍奇,它物称是。下此虽力不逮者,亦竞鲜华,盖自酒器、首饰、被卧、衣服之属,各有赁者。[2]

即便是一些艺术水平低下的流浪艺人,也是"浮费颇多"。

因此,茶楼酒肆中的乐舞生产主要是以个体为主导的生产方式,表演内容以顾客的审美需求、趣味和配合喝茶饮酒氛围为主要导向。此类场所的乐舞表演虽不如瓦舍勾栏专业,但在两宋时期的城镇之中极具普及性和广泛性。

从消费的角度来看,茶楼酒肆之中的乐舞消费者相对复杂,既有底层的普通民众,也有文人墨客、达官贵族、豪绅富商,甚至也有一些皇室成员。当然,能够经常进行乐舞表演的茶楼酒肆规格相对较高,消费群体一般以文人墨客、达官贵族和豪绅富商为主。

(三)青楼妓馆中的音乐生产与消费

青楼妓馆在两宋时期,遍布州府的各个城镇。如《东京梦华录》记载汴京城内"东西两巷,谓之'大小货行',皆工作伎巧所居,小货行通鸡儿巷妓馆"。同书卷三"寺东门街巷"条载:"寺南即录事巷妓馆,绣巷皆师姑绣作居住。北即小甜水巷,巷内南食店甚盛,妓馆亦多。向北李庆糟姜铺。直北出景灵宫东门前,又向北曲东税务街、高头街、姜行后巷,乃脂皮画曲妓馆。"同卷"上清宫"条载:"景德寺在上清宫背,寺前有桃花洞,

---

[1] 周密. 武林旧事[M]//周密集:第二册. 杨瑞,点校. 杭州:浙江古籍出版社,2015:132.

[2] 周密. 武林旧事[M]//周密集:第二册. 杨瑞,点校. 杭州:浙江古籍出版社,2015:133.

皆妓馆。"卷六"收灯都人出城探春"条载："直过金明池西道者院，院前皆妓馆。"这些妓馆"争以侈靡相向"。①

妓馆之中的乐舞生产者由馆中的老鸨进行组织、管辖。此类乐舞生产者大多出身贫困，或因各种原因流落至青楼妓馆，失去人身自由。老鸨对乐人从小进行各种歌舞技能的训练，成年之后，这些乐人严格按照老鸨的要求进行乐舞表演活动，以色艺娱人，获取顾客的宠爱和资费，从而使个人和妓馆获取高额的利润。因此，此类乐人等同于娼妓，是一个相对封闭的群体，主要生活在青楼妓馆之中，其日常的生活消费都由妓馆老鸨提供。

青楼妓馆的消费群体在两宋时期主要是文人、贵族、官员，尤其是文人与青楼妓馆中的娼妓们有着密切的关联。因此，宋人词曲和笔记小说中留下了大量有关文人与娼妓的故事。

（四）宫廷及地方州府衙门的音乐生产与消费

皇室和地方州府所进行的乐舞生产与消费总体上属于非商业性，即乐人是政府在籍人员，受皇室和地方州府管理，在宫廷和地方州府中进行的乐舞活动属于应差。但南宋时期宫廷教坊机构并不健全，宋、金之间的战争导致南宋经济羸弱，无力去蓄养更多的乐舞人员。而此时社会上商业性乐舞蓬勃发展，诸如杂剧、唱赚等新兴艺术在城镇中迅速传播，深受各个阶层民众的喜爱。于是南宋宫廷开始实行和雇制度，每遇到朝廷中举行各种宴飨、礼仪等活动需要乐舞时，便通过纯粹商业性的雇佣方式，从瓦舍勾栏中雇佣知名乐妓进宫演出，朝廷给予一定的俸禄、酬金或赏赐。这就形成了一种宫廷雇佣，教坊（教乐所）人员负责组织、排练和演出的一种商业性乐舞生产方式。如在重要的节庆日元夕时，皇室举行隆重的庆祝活动，乐舞生产则是由宫廷乐人与民间和雇艺人同台献艺：

> 至二鼓，上乘小辇，幸宣德门，观鳌山。擎辇者皆倒行，以便观赏。金炉脑麝，如祥云五色，荧煌炫转，照耀天地。山灯凡数千百种，极其新巧，怪怪奇奇，无所不有，中以五色玉栅簇成"皇帝万岁"四大字。其上伶官奏乐，称念口号、致语。其下为大露台，百艺群工，竞呈奇伎。内人及小黄门百余，皆巾裹翠蛾，效街坊清乐傀儡，缭绕

---

① 孟元老. 东京梦华录[M]//全宋笔记：第三八册. 伊永文，整理. 郑州：大象出版社，2019：20，25，26，48.

于灯月之下。既而取旨，宣唤市井舞队及市食盘架。①

遇到朝会、圣节等重要的政治活动时，皇室和地方州府不仅雇佣勾栏乐人，还雇佣大量的百戏艺人进行乐舞表演。如《梦粱录》卷二十"百戏伎艺"条载：

> 百戏踢弄家，每于明堂、郊祀年分，丽正门宣赦时，用此等人，立金鸡竿，承应上竿，抢金鸡，兼之百戏，能打筋斗，踢拳，踏跷上索，打交辊脱索，索上担水，索上走，装神鬼，舞判官，斫刀蛮牌，过刀门，过圈子等。……有踢弄人如谢恩、张旺、宋宝哥、沈家强、自来强、宋达、杨家会、宋赛歌、宋国昌、沈喜……宋庆哥、汤家俊等，遇朝家大朝会、圣节，宣押殿庭承应。则官府公筵、府第筵会点唤供筵，俱有犒。②

当然，皇室宴飨和雇的艺人都具有高超的乐舞表演水平。《武林旧事》卷四"乾淳教坊乐部"条记载了当时宫廷和雇的不同乐舞形式的艺人：

杂剧色有：

刘庆次刘衮　梁师孟　朱和次贴衙前鳝鱼头　宁贵宁镶　蒋宁次贴衙前利市头　司进丝瓜儿　郝成次衙前小锹　高门兴　高门显羔儿头　高明灯搭儿　刘贵　段世昌段子贵　司政仙鹤儿　张舜朝　赵民欢　龚安节　严父训　宋朝清　宋昌荣二名守衙前　周旺丈八头　卞畤　宋吉　伊俊　汪泰　王原全次贴衙前　王景　郑乔　王来宣　张显守阙祗应黑俏　焦喜焦梅头

琵琶色有：

吴良辅　豪士英　曹彦国

箫色有：

朱世良兼筝　王谨　刘宗旺　周亨　陈箫

嵇琴色有：

---

① 周密.武林旧事[M]//周密集：第二册.杨瑞，点校.杭州：浙江古籍出版社，2015：42.

② 吴自牧.梦粱录[M]//全宋笔记：第九六册.黄纯艳，整理.郑州：大象出版社，2019：421.

刘运成　赵进杖鼓兼　惠和　冯师贤　王处仁

笙色有：

张世荣　康彦和　王兴祖

觱篥色有：

于庆兼舞　冯宣　王椿　倪润　李祥守阙节级　陈继祖　季伦　张彦明　陈良畤　冯昇　商翼　时世显　王文信　王延庆　谢润　张荣第三名守阙衙前　时显祖　费仍裕　任再兴　李乐正　蔡邦彦　郑彬　时允恭　金润　王寿　王思齐　于成　孙良辅　崔显　卢茂春　王师忠　宋康宁　张端　顾宣　王仲礼　郭达宗　刘顺守阙衙前

笛色有：

张亿　苅庆　张师颜　刘国臣　赵昌　张广　元舜臣　沈琮杖鼓　胡良臣　王师仲　徐亨　张义　林显　郑青　陈士恭　巫彦　朱世荣　朱绍祖　翟义　张孝恭　汪定　费兴　李昇　冯士恭　陈宝　杨善　尹师授　张介　贺宣　朱荣　朱元守阙衙前　轩定鼓板　张成鼓板　阎兴鼓板　王和鼓板　陈焕　张世亨　许珍　张渊　孙显宗　崔成守阙衙前

方响色有：

马重荣　尹朝　于通　刘才高

杖鼓色有：

张士成　张润　张义　张世昌　张世显　孙荣　段锦新　蔡显忠　齐宗景　郭兴祖　时康宁　高润　张皋　傅良佐　李晋臣　思芸　范琦　段锦

大鼓色有：

赵庆鼓儿　刘成　孙成鼓儿。习学大鼓。　王富勾般。习学大鼓。　尹师聪鼓儿　张守道唱道情　张昇鼓儿　宋棠掌仪下书写文字　喻祥小唱　钱永守阙衙前

舞旋有：

于庆

鼓板有：

笛张成 老僧　阎俊望 伯　张喜　鼓儿张昇　笛王和 小四　鼓儿孙成 换僧　拍张荣 狗儿①

如此众多的和雇艺人，充分说明了宋代宫廷商业性乐舞生产与消费的繁盛。和雇艺人的表演内容则根据运用场合、功能、对象的不同而有所变化，表演形式则以民间盛行的艺术种类为主。

宫廷的和雇制度也必然影响到地方州府和军营，每遇到重要活动，从民间聘请乐舞人员进行表演在地方州府和军营之中也成为一种普遍现象。如南宋临安京尹在配合皇室举行元夕节庆乐舞活动时，组织了大量的民间乐人进行歌唱、队舞、傀儡、鼓吹等形式的表演，所耗费用除了部分是由邀请乐人的富庶人家支付外，更多的是由地方州府来承担：

> 先是，京尹预择华洁及善歌叫者谨伺于外，至是歌呼竞入。……都城自旧岁冬孟驾回，则已有乘肩小女、鼓吹舞绾者数十队，以供贵邸豪家幕次之玩。而天街茶肆，渐已罗列灯球等求售，谓之"灯市"。自此以后，每夕皆然。三桥等处，客邸最盛，舞者往来最多。每夕楼灯初上，则箫鼓已纷然自献于下。酒边一笑，所费殊不多。往往至四鼓乃还。自此日盛一日。……至节后，渐有大队如四国朝、傀儡、杵歌之类，日趋于盛，其多至数千百队。天府每夕差官点视，各给钱酒油烛，多寡有差。且使之南至升旸宫支酒烛，北至春风楼支钱。终夕天街鼓吹不绝。……至五夜，则京尹乘小提轿，诸舞队次第簇拥前后，连亘十余里，锦绣填委，箫鼓振作，耳目不暇给。吏魁以大囊贮楮券，凡遇小经纪人，必犒数千，谓之"买市"。至有黠者，以小盘贮梨藕数片，腾身送出于稠人之中，支请官钱数次者，亦不禁也。②

当然，宋代还有一种情况也属于商业性的乐舞活动，即地方州府组织实施的官方卖酒。每到买酒的时节，地方州府会统一组织所辖乐人为配合

---

① 周密. 武林旧事［M］//周密集：第二册. 杨瑞，点校. 杭州：浙江古籍出版社，2015：74－86.

② 周密. 武林旧事［M］//周密集：第二册. 杨瑞，点校. 杭州：浙江古籍出版社，2015：42－43.

卖酒的活动而进行乐舞表演，以此作为营销手段，促进官酒的销量。对此，《武林旧事》卷三"迎新"条记载尤详：

> 户部点检所十三酒库，例于四月初开煮，九月初开清，先至提领所呈样品尝，然后迎引至诸所隶官府而散。每库各用匹布书库名高品，以长竿悬之，谓之"布牌"。以木床铁擎为仙佛鬼神之类，驾空飞动，谓之"台阁"。杂剧百戏诸艺之外，又为渔父习闲、竹马出猎、八仙故事。及命妓家女使裹头花巾为酒家保，及有花窠五熟盘架、放生笼养等，各库争为新好。库妓之琤琤者，皆珠翠盛饰，销金红背，乘绣鞯宝勒骏骑，各有皂衣黄号私身数对，诃导于前，罗扇衣笈，浮浪闲客，随逐于后。少年狎客，往往簇钉持杯争劝，马首金钱彩段，沾及舆台，都人习以为常，不为怪笑。所经之地，高楼邃阁，绣幕如云，累足骈肩，真所谓"万人海"也。①

需要说明的是此类乐舞生产形式中，从生产者自身来讲属于应官差，并不能直接从乐舞生产活动中得到经济回报。但从地方州府的角度来说，组织者是在从事着典型的商业性生产活动，因为此种经济活动中，乐人在本质上属于州府的生产资料之一。

（五）街头巷尾等场所流动式的音乐生产与消费

两宋时期音乐经济的发展促使社会乐舞的生产与消费呈现分层现象，艺人们在经济活动中优胜劣汰，不能受雇于固定场所演出的乐人、家班，因为贫困而临时性卖艺的非职业乐人，等等，为了生计只能走街串巷，四处流浪卖艺，借此进行音乐的商业行为。如北宋汴京说诨话艺人张山人所说："某乃于都下三十余年，但生而为十七字诗，鬻钱以糊口。"《武林旧事》卷三"西湖游幸"条对此类乐人群体的乐舞生产方式有着明确的描述：

> 至于吹弹、舞拍、杂剧、杂扮、撮弄、胜花、泥丸、鼓板、投壶、花弹、蹴鞠、分茶、弄水、踏混木、拨盆、杂艺、散耍、讴唱、息器、教水族飞禽、水傀儡、鬻水道术、烟火、起轮、走线、流星、水爆、风筝，

---

① 周密. 武林旧事［M］//周密集：第二册. 杨瑞，点校. 杭州：浙江古籍出版社，2015：56.

不可指数，总谓之"赶趁人"，盖耳目不暇给焉。①

《都城纪胜》"市井"条也记载了南宋临安城中乐人流动作场的情景：

> 此外如执政府墙下空地，诸色路岐人在此作场，尤为骈阗。又皇城司马道亦然。侯潮门外殿司教场，夏月亦有绝伎作场。其他街市如此空隙地段，多有作场之人。如大瓦肉市、炭桥药市、橘园亭书房、城东菜市、城北米市。②

由此可见，这是一种典型的流动式乐舞生产与消费，生产者往往是一人或拖家带口的班社，他们选择人口密集的街道、寺庙等场所进行临时的、即兴式表演，为了能够在短时间内吸引往来的人群，往往表演一些贴近民众审美的生动活泼、惊险万分、风趣诙谐的节目。如《梦粱录》卷二十"百戏伎艺"条记载了来自乡野农村的乐人，拖家带口地在大街小巷作场表演百戏的情景。③ 由于观众都是流动式的，因此这些路歧人的收入并不稳定。正如周南《山房集》卷四"刘先生传"所云："每会聚之冲闉咽之市，官府听讼之旁，迎神之所，画为场，资旁观者笑之。自一钱以上皆取焉。"④

街头巷尾的流动式乐舞生产还存在另外一种典型方式，即在政府规定的节庆活动中、全城欢庆的场域下，无数专职、兼职或者业余的乐人纷纷结伙组队，走向街头，进行乐舞表演以期获得政府的赏赐。如《梦粱录》卷一"元宵"条就记载了元宵节庆日时，临安城内各类乐舞艺人纷纷走向街头巷尾进行乐舞生产，地方政府则在固定时间发放钱酒以犒劳他们的场景：

> 今杭城元宵之际，州府设上元醮，诸狱修净狱道场，官放公私僦屋钱三日，以宽民力。舞队自去岁冬至日便呈行放。遇夜，官府支散钱酒犒之。元夕之时，自十四为始，对支所犒钱酒。十五夜，帅臣出街弹压，遇舞队照例特犒。……此岁岁州府科额支行，庶几体朝廷与

---

① 周密. 武林旧事［M］//周密集：第二册. 杨瑞，点校. 杭州：浙江古籍出版社，2015：51.

② 耐得翁. 都城纪胜［M］//全宋笔记：第八八册. 汤勤福，整理. 郑州：大象出版社，2019：6.

③ 吴自牧. 梦粱录［M］//全宋笔记：第九六册. 黄纯艳，整理. 郑州：大象出版社，2019：421.

④ 转引自孟元老. 东京梦华录笺注［M］. 伊永文，笺注. 北京：中华书局，2007：468.

民同乐之意。姑以舞队言之，如清音、遏云、掉刀、鲍老、胡女、刘衮、乔三教、乔迎酒、乔亲事、焦锤架儿、仕女、杵歌、诸国朝、竹马儿、村田乐、神鬼、十斋郎，各社不下数十。更有乔宅眷、浑龙船、踢灯、鲍老、驼象社，官巷口、苏家巷二十四家傀儡，衣装鲜丽，细旦戴花朵肩，珠翠冠儿，腰肢纤袅，宛若妇人。①

从消费的角度来看，由于是在闹市，人流较多，路过的人便会被乐人的表演吸引，驻足观看。社会群体对乐舞生产者的商业性行为普遍认可，这些观众流动性极强，乐人临时作场，有一部分人会缴纳相应的费用作为对乐舞表演者的回报；而在重要的节庆日时，政府则会承担乐人的生产支出。

（六）富庶之家、河边画舫、寺院等场所的音乐生产与消费

两宋时期商业性的音乐生产与消费，除了集中体现在上述所列举的勾栏瓦舍、茶楼酒舍、青楼妓馆等场所外，一些豪绅富商、贵族官员、富裕民众之家也是商业性乐舞生产消费的重要场所。正如《都城纪胜》"四司六局"条记载："常时人户每遇礼席，以钱倩之，皆可办也。"②《梦粱录》卷二十"妓乐"条亦云："如府第富户，多于邪街等处择其能讴妓女，顾倩祗应。"③《武林旧事》卷二"元夕"条记载了南宋临安城内元夕时，富贵人家邀请市井乐人、舞者、鼓吹等家中进行演出，并支付一定费用的情景：

> 都城自旧岁冬孟驾回，则已有乘肩小女、鼓吹舞绾者数十队，以供贵邸豪家幕次之玩。……自此以后，每夕皆然。三桥等处，客邸最盛，舞者往来最多。每夕楼灯初上，则箫鼓已纷然自献于下。酒边一笑，所费殊不多。往往至四鼓乃还。自此日盛一日。姜白石有诗云："灯已阑珊月色寒，舞儿往往夜深还。只应不尽婆娑意，更向街心弄影看。"又云："南陌东城尽舞儿，画金刺绣满罗衣。也知爱惜春游夜，舞落银蟾不肯归。"吴梦窗《玉楼春》云："茸茸狸帽遮梅额，金蝉罗

---

① 吴自牧. 梦粱录［M］//全宋笔记：第九六册. 黄纯艳, 整理. 郑州：大象出版社，2019：210－211.

② 耐得翁. 都城纪胜［M］//全宋笔记：第八八册. 汤勤福, 整理. 郑州：大象出版社，2019：11.

③ 吴自牧. 梦粱录［M］//全宋笔记：第九六册. 黄纯艳, 整理. 郑州：大象出版社，2019：420.

翦胡衫窄。乘肩争看小腰身，倦态强随闲鼓笛。问称家在城东陌，欲买千金应不惜。归来困顿䭉春眠，犹梦婆娑斜趁拍。"深得其意态也。……邸第好事者，如清河张府、蒋御药家，间设雅戏烟火，花边水际，灯烛灿然，游人士女纵观，则迎门酌酒而去。……或戏于小楼，以人为大影戏，儿童喧呼，终夕不绝。此类不可遽数也。①

当然，从文献来看，富庶之家在日常婚丧嫁娶活动中的乐舞消费相对奢侈，成本较高。如《武林旧事》卷三"西湖游幸"条云：

> 而都人凡缔姻、赛社、会亲、送葬、经会、献神、仕宦、恩赏之经营、禁省台府之嘱托，贵珰要地，大贾豪民，买笑千金，呼卢百万，以至痴儿骏子，密约幽期，无不在焉。日糜金钱，靡有纪极。故杭谚有"销金锅儿"之号，此语不为过也。②

《梦粱录》卷二十"嫁娶"条也记载了富庶之家婚嫁中的乐舞消费情景：

> 至迎亲日，男家刻定时辰，……及顾借官私妓女乘马及和倩乐官鼓吹，引迎花檐子或棕檐子、藤轿，前往女家迎取新人。其女家以酒礼款待。行郎散花红、银楪、利市钱，会讫，然后乐官作乐催妆，……求利市钱酒毕，方行起檐作乐。迎至男家门首，时辰将正，乐官妓女及茶酒等人互念诗词，拦门求利市钱红。……方请新人下车，一妓女倒朝车行，捧镜，又以数妓女执莲炬花烛导前迎引，……众手争扯而去，谓之利市缴门，争求利市也。③

南宋时期戏曲艺术逐渐形成并四处传演，为了方便不同层级的观众欣赏，人们往往会在城镇乡村的开阔之处、寺院的毗邻之地，或江河水道之旁戏楼、戏船中进行演出。这在早期南戏作品《张协状元》中已经露出端倪，如剧本中多次提到"净在戏房作犬吠""生在戏房唱"，说明当时戏曲

---

① 周密. 武林旧事［M］//周密集：第二册. 杨瑞，点校. 杭州：浙江古籍出版社，2015：42－44.

② 周密. 武林旧事［M］//周密集：第二册. 杨瑞，点校. 杭州：浙江古籍出版社，2015：52.

③ 吴自牧. 梦粱录［M］//全宋笔记：第九六册. 黄纯艳，整理. 郑州：大象出版社，2019：415－416.

表演时已经是在固定场所进行，而非单纯在瓦舍勾栏。

江南之地为都市水乡，游船画舫也成为商业乐舞生产消费之所，最典型的如《武林旧事》"西湖游幸"条中所云：

> 既而小泊断桥，千舫骈聚，歌管喧奏，粉黛罗列，最为繁盛。……张武子诗云："帖帖平湖印晚天，踏歌游女锦相牵，都城半掩人争路，犹有胡琴落后船。"最能状此景。①

佛寺、道观也成为市民聚集的重要场所，城市经济的繁荣也渐趋形成以寺院为中心的乐舞消费市场，商业性乐舞消费也开始在寺院及其周边的空旷之处形成。如《武林旧事》卷二"元夕"条就记载了南宋时期，临安城内各个寺院成为市井乐人竞相卖艺场所的场景：

> 西湖诸寺，惟三竺张灯最盛，往往有宫禁所赐，贵珰所遗者。都人好奇，亦往观焉。……元夕节物，妇人皆戴珠翠、闹蛾、玉梅、雪柳、菩提叶、灯球、销金合、蝉貂袖、项帕，而衣多尚白，盖月下所宜也。游手浮浪辈，则以白纸为大蝉，谓之"夜蛾"。……簇插飞蛾红灯彩盏，歌叫喧阗。幕次往往使之吟叫，倍酬其直。白石亦有诗云："贵客钩帘看御街，市中珍品一时来。帘前花架无行路，不得金钱不肯回。"竞以金盘钿盒簇钉馈遗，谓之"市食合儿"。翠帘销幕，绛烛笼纱，遍呈舞队，密拥歌姬，脆管清吭，新声交奏，戏具粉婴，鬻歌售艺者，纷然而集。至夜阑则有持小灯照路拾遗者，谓之"扫街"。遗钿堕珥，往往得之。亦东都遗风也。②

三、音乐生产与消费的产品类型

唐宋之间的文化转型，宋代市民阶层的崛起，消费群体的复杂性，使得两宋时期的商业性乐舞生产与消费的产品类型极为庞杂。归纳起来，主要有说唱、戏剧、词曲、舞蹈、杂耍等几种类型，下面分而述之。

---

① 周密. 武林旧事［M］//周密集：第二册. 杨瑞，点校. 杭州：浙江古籍出版社，2015：53.
② 周密. 武林旧事［M］//周密集：第二册. 杨瑞，点校. 杭州：浙江古籍出版社，2015：44.

（一）说唱类

两宋时期说唱艺术随着市民阶层的壮大而快速发展，呈现出多样化的态势。从表演形式来看，又分为以说为主和以唱为主两类。以说为主的说唱艺术统称为说话，包括小说、说铁骑儿、说经、讲史、说诨话等。《武林旧事》将其主要分为四家：小说、说公案说铁骑儿、说经说参请、讲史书。其中小说由银字笙或银字觱篥伴奏，故又名"银字儿"，主要说唱烟粉、灵怪、传奇等哀艳动人的故事；说公案及说铁骑儿主要是说唱朴刀杆棒、铁马金戈的故事；说经说参请主要说唱佛经教义及故事；讲史书主要说唱历史兴衰与战争，篇幅较长。《武林旧事》卷六"诸色伎艺人"条记载了当时临安都城勾栏及宫廷中演史艺人有23人，小说艺人有52人，说经诨经艺人有17人。① 而大量的说话艺人属于冲州撞府式的，并没有被一一记录。

以演唱故事为主类的艺术形式，主要包括诸宫调、叫卖调、陶真、涯词等。诸宫调为北宋时期汴京瓦舍勾栏中的乐人孔三传所创立的一种有说有唱、说唱相间、以唱为主，能表演情节复杂的长篇故事的音乐形式。② 南宋时期诸宫调流传到南方得到进一步发展，成为临安城内瓦舍勾栏盛行的表演体裁之一。如《梦粱录》卷二十"妓乐"条记载：

> 说唱诸宫调，昨汴京有孔三传编成传奇灵怪，入曲说唱。今杭城有女流熊保保及后辈女童皆效此，说唱亦精，于上鼓板无二也。③

《武林旧事》卷六"诸色伎艺人"条也记载了临安城内唱诸宫调传奇的四个艺人：高朗妇、黄淑卿、王双莲、袁太道。④ 宋代永嘉九山书会创作的戏文作品《张协状元》的第一出曾有这样的叙述：

> 《状元张协传》，前回曾演，汝辈搬成。这番书会要夺魁名，占断东瓯盛事。诸宫调唱出来因。厮罗响，贤门雅静，仔细说教听。（唱）⑤

---

① 周密. 武林旧事 [M] //周密集：第二册. 杨瑞，点校. 杭州：浙江古籍出版社，2015：147－149.

② 孙继南，周柱铨. 中国音乐通史简编 [M]. 济南：山东教育出版社，1993：127.

③ 吴自牧. 梦粱录 [M] //全宋笔记：第九六册. 黄纯艳，整理. 郑州：大象出版社，2019：420.

④ 周密. 武林旧事 [M] //周密集：第二册. 杨瑞，点校. 杭州：浙江古籍出版社，2015：152.

⑤ 刘崇德. 全宋金曲 [M]. 北京：中华书局，2020：433.

《夷坚志》"合生诗词"中也有关于诸宫调的描述,云:

> 予守会稽,有歌宫调女子洪惠英正唱词次,忽停鼓白曰:"惠英有述怀小曲,愿容举似。"①

诸宫调在北方形成之后,随着政权的交替,北人南下,诸宫调在浙江一带非常盛行,后来被南戏和地方说唱艺术吸收运用。

叫卖调,宋人称之为"吟叫百端",包括吟叫、货郎、叫果子、卖花声等。源自都市中的叫卖声,如《东京梦华录》卷五"叫果子"条云:

> 京师凡卖一物。必有声韵。其吟哦俱不同。故市人采其声调。间以词章。以为戏乐也。今盛行于世。又谓之吟叫也。②

到南宋时期,"今街市与宅院往往效京师叫声,以市井诸色歌叫卖物之声,采合宫商成其词也"③。《武林旧事》卷三"社会"条也记载了吟叫艺人的行会组织——律华社,临安城内著名的吟叫艺人有姜阿得、锺胜、吴百四、潘善寿、苏阿黑、余庆等。④

陶真、涯词是民间路歧人表演的主要形式。《繁胜录》记载路歧人在临安军队的大校场等宽阔处表演时,有"唱涯词只引子弟听,淘真尽是村人"的描述,也说出了二者的区别。大诗人陆游也曾写诗描绘了农村艺人表演陶真广受欢迎的场景:

> 斜阳古柳赵家庄,负鼓盲翁正作场。
> 死后是非谁管得,满村听说蔡中郎。⑤

合生也比较盛行,如《夷坚乙志》卷六记载:

> 江浙间路歧伶女,有慧黠,知文墨,能于席上指物题咏,应命辄

---

① 洪迈. 夷坚志 [M] //程毅中,等. 古体小说钞. 北京:中华书局,2021:402.
② 孟元老. 东京梦华录注 [M]. 邓之诚,注. 北京:中华书局,1982:142.
③ 吴自牧. 梦粱录 [M] //全宋笔记:第九六册. 黄纯艳,整理. 郑州:大象出版社,2019:421.
④ 周密. 武林旧事 [M] //周密集:第二册. 杨瑞,点校. 杭州:浙江古籍出版社,2015:158.
⑤ 陆游. 小舟游近村舍舟步归 [M] //陆游全集校注. 钱仲联,马亚中. 杭州:浙江古籍出版社,2015:211.

成者，谓之合生。其滑稽含玩讽者，谓之乔合生。盖京都遗风也。①

（二）戏剧、戏曲类

两宋时期戏曲得到极大发展，如宋杂剧、南戏、傀儡戏、影戏等作为新兴戏曲艺术形式，深受社会各阶层群众的欢迎，是商业性乐舞生产消费的重要产品类型。

宋杂剧是在隋唐歌舞戏、参军戏、词乐、歌舞大曲及说唱艺术的基础之上逐渐形成的一种综合性的戏剧艺术形式，主要有两种类型：一种是以歌舞为主的歌舞戏，一种是以对白为主的滑稽戏。表演结构通常分三部分：首先是艳段，表演寻常熟事；其次是正杂剧，表演复杂故事，通常分两段敷演；最后是散段，也称杂扮，以模拟、滑稽为主。表演角色形成了固定的行当，主要有副净、副末、引戏、装孤等。

南宋时期宋杂剧得到进一步发展，上至宫廷，下至民间无不对其喜闻乐见。《武林旧事》卷十"官本杂剧段数"条记录了当时在临安城内瓦舍勾栏和宫廷盛行的杂剧名目，亦称官本杂剧段数，具体有《争曲六幺》《扯拦六幺》《教声六幺》《鞭帽六幺》《衣笼六幺》《厨子六幺》《孤夺旦六幺》《王子高六幺》《三索梁州》《诗曲梁州》《头钱梁州》《领伊州》《错取薄媚》《传神薄媚》《新水爨》《三十拍爨》《天下太平爨》《四孤夜宴》《四孤好》《四国朝》《四脱空》《四教化》等二百八十段，②足见其作品之丰富，内容之多样。

南戏被誉为中国最早的戏曲形式，产生于两宋之际的浙江温州永嘉，抑或更早。最初是在浙江温州一带民间歌舞小戏的基础上综合唐宋大曲、宋杂剧、唱赚、词调等艺术发展而来的，与魏晋南朝和隋唐时期江南的歌舞小戏有着密切关系。明祝允明《猥谈》云：

> 南戏出于宣和之后，南渡之际，谓之"温州杂剧"。予见旧牒有赵闳榜禁，颇著名目，如《赵贞女》《蔡二郎》等，亦不甚多。③

从文献来看，南宋时期的南戏作品大多是书会才人和艺人创作的，相

---

① 转引自唐圭璋. 宋词纪事［M］. 北京：中华书局，2008：246.
② 周密. 武林旧事［M］//周密集：第二册. 杨瑞，点校. 杭州：浙江古籍出版社，2015：212－217.
③ 转引自翟灏. 通俗编［M］//翟灏. 翟灏全集：第五册. 颜春峰，点校. 杭州：浙江古籍出版社，2016：709.

对粗鄙,比较知名的书会有九山书会、永嘉书会、武林书会、古杭书会等。艺人们竞相传演的早期南戏作品主要有《赵贞女蔡二郎》《王魁负桂英》《王焕》《乐昌分镜》《张协状元》等。

傀儡戏和影戏是两宋时期艺人创作表演的主要戏剧形式,傀儡戏在长期的表演实践中还形成了不同类型,诸如悬丝傀儡、杖头傀儡、药法傀儡、水傀儡、肉傀儡等。《都城纪胜》"瓦舍众伎"条云:

> 凡傀儡敷演烟粉、灵怪故事、铁骑公案之类,其话本或如杂剧,或如崖词,大抵多虚少实,如巨灵神、朱姬大仙之类是也。①

《武林旧事》卷一"圣节"条记载"理宗朝禁中寿筵乐次"中再坐第七盏、第十三盏、第十九盏均有傀儡戏,弄傀儡表演者有卢逢春等六人。②

影戏,《都城纪胜》"瓦舍众伎"条云:

> 凡影戏乃京师人初以素纸雕镞,后用彩色装皮为之,其话本与讲史书者颇同,大抵真假相半,公忠者雕以正貌,奸邪者与之丑貌,盖亦寓褒贬于市俗之眼戏也。③

《武林旧事》卷六"诸色伎艺人"条也记载了大量的影戏艺人,诸如:贾震、贾雄、尚保义、三贾贾伟、贾仪、贾佑、三伏伏大、伏二、伏三、沈显、陈松、马俊、马进、王三郎、朱祐、蔡咨、张七、周端、郭真、李二娘、王润卿。④

(三)词曲类

宋代词乐(曲子)创作已成为社会的主流,创作新的词曲或改编来自民间的曲子成为当时文人的重要音乐活动。而与文人关系密切的乐妓也常常以演唱文人最新创作的词曲或民间曲子作为商业性乐舞活动的重要内容。诸如在茶楼酒肆、青楼妓馆到处传唱的柳永词乐。柳永,也称柳三变、柳

---

① 耐得翁. 都城纪胜 [M]//全宋笔记:第八八册. 汤勤福,整理. 郑州:大象出版社,2019:14-15.
② 周密. 武林旧事 [M]//周密集:第二册. 杨瑞,点校. 杭州:浙江古籍出版社,2015:19-28.
③ 耐得翁. 都城纪胜 [M]//全宋笔记:第八八册. 汤勤福,整理. 郑州:大象出版社,2019:15.
④ 周密. 武林旧事 [M]//周密集:第二册. 杨瑞,点校. 杭州:浙江古籍出版社,2015:149.

七，早年字景庄，后字耆卿，福建人。年轻时流寓临安、姑苏，沉醉于青楼酒肆之中，后进京参加科考，三次落榜之后又回到江南，壮年入仕后又被委任为余杭县令。因此，柳永的大量词作都是在苏杭青楼酒肆中与女伎的乐舞生活中谱写出来的，诸如《望海潮·东南形胜》《玉蝴蝶·渐觉芳郊明媚》《双声子·晚天萧索》《临江仙·鸣珂碎撼都门晓》等，被广为传唱，世人称"凡有井水处，皆能歌柳词"。此外，南宋词人姜夔也创作了大量的词乐作品被歌妓们传唱，诸如《扬州慢·淮左名都》《杏花天影·绿丝低拂鸳鸯浦》《暗香·旧时月色》等。当然，很多乐工也改编民间音乐进行商业演出，如《宋史》所云"民间做新声者甚众"。

唱赚被认为是宋代艺术水平最高的一种歌唱形式，北宋时已经产生，南宋绍兴年间临安勾栏艺人张五牛将其进一步发展，创作了一种新的、独特的曲牌【赚】，以散板为主，在刚进入定板时突然结束，极为优美动听。《都城纪胜》云："令人正堪美听，不觉已至尾声。"唱赚的音乐极为丰富，表演难度大，伴奏乐器固定为鼓、笛、板。后又出现了演唱长篇爱情和英雄故事的覆赚，音乐结构更为复杂。宋陈元靓《事林广记》记载了两套唱赚中吕宫【圆里圆】和黄钟宫【愿成双】；同时有一幅描绘唱赚艺人表演时的图画，画中一人吹笛，一人击拍板，一人边击鼓边唱。《梦粱录》卷二十"妓乐"条也记载了在临安城内的大量从事唱赚的表演艺人，诸如窦四官人、离七官人、周竹窗、东西两陈九郎、包都事、香沈二郎、雕花杨一郎、招六郎、沈妈妈等。①

嘌唱也是南宋时期民间艺人常常表演的一种歌唱形式，风格轻柔。宋程大昌《演繁露》卷九"嘌"条云："凡今世歌曲，比古郑、卫又为淫靡，近又即旧声而加泛艳者，名曰'嘌唱'。"②《梦粱录》卷二十"妓乐"条对嘌唱的表演形式进行了解释："盖嘌唱为引子四句就入者，谓之下影带。无影带名为散呼。若不上鼓面，止敲盏儿，谓之打拍。"③《都城纪胜》"瓦舍众伎"条又进一步对嘌唱的表演形式和表演场所做了说明："嘌唱，谓上鼓面唱令曲小词，驱驾虚声，纵弄宫调。与叫果子、唱耍曲儿为一体，本只

---

① 吴自牧. 梦粱录［M］//全宋笔记：第九六册. 黄纯艳，整理. 郑州：大象出版社，2019：420.
② 程大昌. 演繁露［M］//全宋笔记：第四三册. 许沛藻，刘宇，整理. 郑州：大象出版社，2019：154.
③ 吴自牧. 梦粱录［M］//全宋笔记：第九六册. 黄纯艳，整理. 郑州：大象出版社，2019：420.

街市，今宅院往往有之。"①

小唱亦是民间艺人进行商业性演出的歌唱类型之一。宋张炎在《词源·音谱》中提到，"惟慢曲引近则不同。名曰小唱，须得声字清圆，以哑筚篥合之，其音甚正"。显然，小唱与词调音乐基本类似。《都城纪胜》"瓦舍众伎"条解释说："唱叫：小唱。谓执板唱慢曲、曲破，大率重起轻杀，故曰浅斟低唱。"小唱的盛行从宋元之际的南戏《宦门子弟错立身》的第四出戏文"不要砌末，只要小唱"就可看出。

（四）乐舞类

乐舞也是两宋时期乐人进行商业性音乐活动的表演内容之一。由于唐宋之间的文化转型，宋代已很少出现类似隋唐宫廷的庞大歌舞大曲，取而代之的是结构短小、表演人数较少的大曲摘遍和队舞。尤其是民间商业性的乐舞演出，表演者多为瓦舍勾栏中的乐人或民间艺人，乐舞的形式和规模逐渐缩小。《东京梦华录》卷七记载，在清明节的时候，汴京城内市民"或园囿之间，罗列杯盘，互相劝酬。都城之歌儿舞女，遍满园亭，抵暮而归"，"池苑内，除酒家、艺人占外，多以彩幕缴络，铺设珍玉、奇玩……歌姬、舞女皆约以价而扑之。出九和合，有名者任大头、快活三之类，余亦不数"②。《繁胜录》也提到，在元宵节时期，临安城内"诸色舞者多是女童。先舞于街市"③。《武林旧事》卷六记载了当时盛行的舞绾百戏艺人，有张遇喜、刘仁贵、宋十将、常十将、错安头、欢喜头、柴小昇哥、琳赛哥、张名贵、花念一郎、花中宝。④

（五）杂耍类

此类内容较多，前代多归为散乐百戏。从文献来看，两宋时期参与商业性活动的百戏形式主要有踢瓶、弄碗、踢磬、踢缸、踢钟、弄花鼓槌、踢墨笔、壁上睡、虚空挂香炉、弄花球儿、拶筑球、弄斗、打硬、烧火、射弩端、亲背、藏人、吃针、藏剑、攒壶瓶、吐五色水、教虫蚁、弄熊、

---

① 耐得翁．都城纪胜［M］//全宋笔记：第八八册．汤勤福，整理．郑州：大象出版社，2019：13．

② 孟元老．东京梦华录［M］//全宋笔记：第三八册．伊永文，整理．郑州：大象出版社，2019：50，58．

③ 西湖老人．繁胜录［M］//全宋笔记：第八三册．黄纯艳，整理．郑州：大象出版社，2019：120．

④ 周密．武林旧事［M］//周密集：第二册．杨瑞，点校．杭州：浙江古籍出版社，2015：153－154．

猴呈百戏、鱼跳刀门、使唤蜂蝶、追呼蝼蚁等。

《武林旧事》卷六"诸色艺人"条记载了南宋临安的各类散乐百戏杂耍艺人，如：

覆射：女郎中；

沙书：余道、姚遇仙、李三郎；

头钱：包显、包喜、包和、黄林；

踢弄：吴金脚、耍大头、吴鹞子；

顶橦踏索：李赛强、一块金、李真贵、闲生强；

教走兽：冯喜人、李三；

教飞禽虫蚁：赵十一郎、赵十七郎、猢狲王；

乔相扑：元鱼头、鹤儿头、鸳鸯头、一条黑、一条白、斗门乔、白玉贵、何白鱼、夜明珠；

女飐：韩春春、绣勒帛、锦勒帛、赛貌多、侥六娘、后辈侥、女急快；

使棒：朱来儿、乔使棒高三官人；

打硬：孙七郎、酒李一郎；

举重：天武张、花马儿、郭介、端亲、王尹生、陆寿；

打弹：俞麻线、杨宝、姚四、白肠吴四、蛮王、林四九娘；

蹴球：黄如意、范老儿、小孙、张明、蔡润；

泥丸：王小仙、施半仙、章小仙、袁丞局；

射弩儿：周长、康沈、杏大、林四九娘、黄一秀；

散耍：杨宝、陆行、庄秀才、沈喜、姚菊等。①

如此众多的形式和表演者，充分说明了此类活动的繁多和兴盛。

第三节　两宋时期音乐经济总体特征

一、商业性音乐生产与消费在社会的多个维度蓬勃发展

两宋时期社会音乐经济得到巨大发展，相对于固定地受政府管辖的在籍乐人、文人商贾的家妓等音乐生产者的非商业性音乐行为来说，商业性

---

① 周密. 武林旧事[M]//周密集：第二册. 杨瑞，点校. 杭州：浙江古籍出版社，2015：153–158.

的音乐生产与消费得到迅猛发展，甚至在整个社会音乐活动中居于主导地位。这主要表现在商业性的音乐生产与消费活动已经在社会的各个维度上展开，并得到显著发展。

具体来说，商业性的乐舞生产与消费首先在民间广泛出现。以城镇为例，它既出现在城镇的商业活动场所——瓦舍乐棚中，更出现在城镇的娱乐生活场所——茶楼酒肆、青楼妓馆中，甚至连城镇中的大街小巷都会出现赶趁人频繁进行的乐舞活动。同时，商业性的乐舞活动也出现在文人贵族、商贾之家和民众的节庆之日、风俗场所之中。当江南的临安成为全国经济文化中心的时候，宫廷的重要活动也深受影响，和雇制度的实施促使大量的民间乐人走向宫廷从事商业性的乐舞生产。

从消费的角度来看，不同社会阶层的人都在商业性的乐舞消费中获得自己所需，所谓"唱涯词只引子弟听，淘真尽是村人"①。

二、音乐产品类型呈现多元化、大众化

音乐产品的多元化、大众化是这一时期社会音乐经济的典型特征。所谓多元化是指在商业性和非商业性的音乐活动中，乐人表演的艺术形式呈现出多样化的状态。从现有的文献就可以确知，有以歌唱为主的艺术形式，如词调音乐、散曲、小曲；有以戏剧表演为主的艺术形式，如杂剧、南戏、傀儡戏等；有以舞蹈为主的艺术形式，如队舞、舞旋、剑舞、车船舞等；有以惊险技艺、杂耍为主的艺术形式，诸如踢瓶、弄碗、踢磬、踢缸、踢钟、弄花钱、花鼓、槌踢笔墨、壁上睡、虚空挂香炉、弄花球儿、拶筑球、弄斗、打硬、烧火等。当然还有前代沿承下来的歌舞大曲、参军戏、歌舞戏等。《武林旧事》卷六还把缠令、耍令、琴阮咸、开笛、青色笙、鞔鼓、口簧等音乐技艺归为"小经纪"，并云："每一事率数十人，各专借以为衣食之地，皆他处之所无也。"② 显然，多元化艺术形式的勃发，极大程度上满足了不同阶层消费者的需求，丰富了从宫廷帝王到城镇市民的娱乐生活。

大众化是大江南北蓬勃发展的各种商业性艺术活动的共同特点，即表演形式和表演内容上的大众化、通俗化。如各种类型的散乐百戏表演内容

---

① 西湖老人. 繁胜录 [M]//全宋笔记：第八三册. 黄纯艳, 整理. 郑州：大象出版社，2019：116－117.

② 周密. 武林旧事 [M]//周密集：第二册. 杨瑞, 点校. 杭州：浙江古籍出版社，2015：146.

惊险万分，极大程度上满足了普通民众的猎奇心理；而杂糅参军戏、歌舞戏、说唱于一体的官本杂剧既可以表现寻常俗事，又可以表现风花雪月；既有插科打诨、戏谑调侃，又有吟柔歌唱；更为重要的是通过各种手段来表演引人入胜的故事，极大地贴近普通民众的审美心理。作为成熟戏曲代表之一的南戏，本身就是在温州永嘉地方民歌的基础上萌发的，在随后的发展中又错用乡音，改调歌之，衍生出众多的地域声腔。更不用说大量的说唱艺术，其本身就是从普通民众中诞生出来的，是底层民众最喜闻乐见的艺术形式。

可以说，音乐艺术的多元化与大众化保障了它的旺盛生命力，有力地促进了说唱戏曲艺术的发展与成熟，也有力地推动了两宋音乐经济的繁荣发展。

三、政府参与商业性的乐舞经济活动

两宋时期社会音乐经济的繁荣发展、商业性乐舞生产与消费深入人心的一个重要体现就是，地方州府也主动地参与这一经济活动之中。政府参与商业性乐舞经济的行为表现在两个方面：

一是以国家政令的形式规定在籍乐人的音乐表演为政府开展经济活动的重要内容，如官卖酒制度。在官卖酒的商业行为过程中，从都城到地方州府都会组织所辖乐人围绕销售各类酒水进行乐舞表演，并将此作为一种营销手段，从而获取商业利润。

二是政府、军队在需要乐舞表演的时候，会雇佣瓦舍勾栏、茶楼酒肆中的职业乐人。最典型的是南宋皇室常常实施的和雇制度，大大削减了皇室教坊人员，并废除了部分宫廷音乐管理机构，仅以教乐所及其乐人来维持宫廷日常所需，每遇到重要宴飨活动则直接从社会上聘请乐人表演。如赵升《朝野类要》卷一"教坊"条所载，朝廷接受王十朋的建议，于绍兴末年开始省罢教坊，除了部分乐妓留充德寿宫外，其余多归临安府衙前乐，将教坊隶属修内司教乐所。遇到朝廷大宴等重要活动时，则以差衙前乐人员为主，和雇市人为辅。但后来连衙前乐中也充斥了大量的市井歧路乐人。①

---

① 赵升. 朝野类要［M］//全宋笔记：第六八册. 王瑞来，整理. 郑州：大象出版社，2019：227.

四、音乐产品营销方式的多样化

两宋时期音乐经济发达的另一个特征是从事商业乐舞活动的乐人或班社开始注重营销活动,并积极采用各类营销方式来获取高额的经济回报。具体来看,这一时期乐人或组织乐人从事乐舞生产的商家采取的营销方式主要有三种类型:

第一,张贴"招子"。北宋汴京、南宋临安城中的瓦舍勾栏数量极多,驻棚乐人人数也极为庞大,为了争取、吸引观众,提升竞争力,获取商业演出利益的最大化,商家常常采取张贴"招子"的方式进行宣传。即在演出之前,商家往往会在瓦舍勾栏的门口张贴一张彩色"招子",上面标注即将表演的节目、表演者、表演地点和演出内容等基本信息,以提醒观众。知名演员的名字、精彩剧目的名称更是放在显要位置,从而吸引观众入棚观看。

当然,从另一方面来说,"招子"的出现在实现乐人营销目的的同时,也让观众具有了选择的权利,观众可以根据自己的审美需求和兴趣爱好来进行选择性的乐舞消费,促使乐舞消费理性化。

第二,叫卖吆喝。叫卖吆喝是两宋时期城镇中商人从事销售活动的一种常见营销手段,正如《梦粱录》卷十三"天晓诸人出市"条所描绘的,南宋临安的叫卖吆喝声"填塞街市,吟叫百端,如汴京气象,殊可人意"[①]。因此,此种简单易行的营销手段也常常运用在瓦舍勾栏、茶楼酒肆中的乐舞生产与消费中,成为商业性乐舞活动的营销方式之一。这种叫卖吆喝一方面通过大的音量来引起观众的注意,另一方面通过抑扬顿挫的音调来传递乐舞演出的基本信息,从而起到营销作用。

第三,装点门面。为了吸引顾客,两宋时期的茶楼酒肆、歌馆妓馆常常会对店铺的门面进行装饰,力图通过鲜艳夺目的色彩来营造一种喜庆的氛围,以达到吸引顾客的效果。如《东京梦华录》所载城市内各个酒楼门首"皆缚彩楼欢门"[②]。《梦粱录》载:"店门首彩画欢门,设红绿杈子,绯

[①] 吴自牧. 梦粱录[M]//全宋笔记:第九六册. 黄纯艳,整理. 郑州:大象出版社,2019:338.

[②] 孟元老. 东京梦华录[M]//全宋笔记:第三八册. 伊永文,整理. 郑州:大象出版社,2019:19.

绿帘幕，贴金红纱、栀子灯装饰厅院廊庑。花木森茂，酒座潇洒。"① 这无一不显示出商家为了招揽生意而强化对店铺的装饰，体现了商家别出心裁的宣传手段。

从事商业性乐舞表演的乐人更强调自身的"门面"，所以，勾栏内、酒肆中的歌妓常常是衣着奢华、光彩照人，道具精美。即便是市井中的一些行会组织，诸如清音社、绯绿社等也很注重演员服饰及道具装饰，所谓："首饰衣装，相矜侈靡，珠翠锦绮，眩耀华丽，如傀儡、杵歌、竹马之类，多至十余队。"②《梦粱录》卷一"元宵"条也记载，元宵之夜，走上街头的官巷口、苏家巷二十四家傀儡"衣装鲜丽，细旦戴花朵肩、珠翠冠儿，腰肢纤袅，宛若妇人"。③ 当然，市井艺人如此装饰则是希望在节庆之日能够被人聘用，从而获得商业回报，如《武林旧事》卷三"西湖游幸"所载，在先贤堂、三贤堂、四圣观等最为繁盛之处，"歌妓舞鬟，严妆自炫，以待招呼者，谓之'水仙子'"④。

五、音乐生产消费行为的雅俗两极分化

两宋时期无论是以帝王为首的乐舞生产与消费，还是以文人士大夫为首的乐舞生产与消费，都呈现出乐舞消费行为和消费内容的雅俗两极化现象。这具体表现在两个维度。一是以帝王为首的宫廷乐舞生产消费行为的雅俗两极分化。此类生产消费行为一方面极力彰显雅化，体现"崇雅""复古"意识，如帝王从建国初期就高度重视国家礼乐建设，亲自创作雅乐登歌，并成立规模庞大的乐舞机构，组织乐舞人员进行宗庙祭祀等重要的乐舞生产与消费。与此同时，帝王亲自确定琴瑟之乐在雅乐建设中的地位，亲自策划、组织、召令开展琴器、琴乐的改革、创新，并以舜之琴乐为典范。两宋宫廷多次进行礼乐改革，其核心依然是崇雅，注重礼乐教化。另一方面又极力表现出"好俗"之趣，注重教坊机构建设，教坊之散乐百戏、

---

① 吴自牧. 梦粱录 [M] //全宋笔记：第九六册. 黄纯艳，整理. 郑州：大象出版社，2019：363.

② 周密. 武林旧事 [M] //周密集：第二册. 杨瑞，点校. 杭州：浙江古籍出版社，2015：46.

③ 吴自牧. 梦粱录 [M] //全宋笔记：第九六册. 黄纯艳，整理. 郑州：大象出版社，2019：211.

④ 周密. 武林旧事 [M] //周密集：第二册. 杨瑞，点校. 杭州：浙江古籍出版社，2015：51.

杂剧、队舞在帝王宴飨乐舞表演中居于极为重要的地位。而且从北宋到南宋，宫廷宴飨之中的乐舞内容越来越世俗化，瓦舍勾栏乐人所表演的杂手艺、说唱等民间新兴艺术形式越来越多地出现在宫廷，这无一不体现出宫廷乐舞消费的"俗化"。

二是文士阶层乐舞生产消费行为的雅俗两极化。文人墨客一方面高举"古琴为天下第一"的理念，将奏琴、听琴作为文人的基本标配，通过琴乐的演奏来实现乐舞消费的"雅化"，彰显个人的雅致与雅韵；另一方面则是携妓出游、纵情山水，或流连青楼酒肆、勾栏乐棚，去追逐杂剧、诸宫调、唱赚、词调、傀儡戏等新兴俗乐艺术，彰显个人审美娱乐的"俗化"。

从社会阶层来看，以帝王为首的宫廷贵族和文人士大夫都是两宋社会的精英阶层，其乐舞生产消费行为的雅俗两极化也代表着整个社会音乐发展的两极化，这显然具有独特的时代特征，与唐宋音乐文化的转型有着密切的关联，抑或是中国古代音乐从以宫廷歌舞大曲为代表的中古伎乐阶段向以戏曲为代表的世俗音乐阶段转变的必然体现。

第二章　元代的音乐经济

1206年，成吉思汗崛起，开始统一蒙古各部，建立蒙古汗国。1234年，蒙古与南宋联合灭金，进一步稳固了在北方的政权，扩大了疆域，但随后二者之间爆发战争。1260年，忽必烈称帝，定都上都，建元"中统"；1271年，改国号为"大元"；1272年，定都大都。1276年，元军攻占临安。1279年，崖山海战后南宋最终灭亡，元朝统一中原及江南，彻底结束了自唐末以来长期分裂割据的局面，实现了空前的民族大融合和经济文化的大交流。1368年，朱元璋建立明朝，元朝政府退居漠北，史称"北元"，直至1402年灭亡。元朝自1271年建国到1368年被明朝取而代之，共计98年，是我国历史上第一个由少数民族建立的大一统王朝，其疆域"北逾阴山，西极流沙，东尽辽左，南越海表"①，在几千年的中国历史长河中留下了浓重的一笔。

元代中央与地方的财政关系总体上是通过赋税聚富于中央，实现财政的高度集权。频繁的战争也导致元代赋税普遍较重，政府在赋税制度上虽然继承、综合了两宋和金的赋税制度，但增加了人头税和劳役税，导致赋税制度相对不合理。当然，元代社会经济贸易的发达为国家征收重税提供了基本支持，为频繁的战争提供了物质条件。《元史》卷九十四"酒醋昔

---

① 宋濂，等. 元史[M]. 中华书局编辑部，点校. 北京：中华书局，1976：1345.

课"条记载了至大三年（1310年）的国家税收情况，"酒课：腹里，五万六千二百四十三锭六十七两一钱。……江浙行省，一十九万六千六百五十四锭二十一两三钱"，"醋课：腹里，三千五百七十六锭四十八两九钱。……江浙行省，一万一千八百七十锭一十九两六钱"。① 足见数额之庞大，而且江浙一带是税收的重要区域，这也说明当时南方相对富饶。所以，元代"百司庶府之繁，卫士编民之众，无不仰给于江南"②。

从农业发展来看，元代统一后，统治者一改武力统一过程中屠杀居民、毁坏农田的行为，逐步放弃了游牧生产方式，积极学习中原农耕政策，强调"国以民为本，民以衣食为本，衣食以农桑为本"，积极恢复和发展农业生产，多次下诏"敦谕劝课农桑"，并采取一系列具体措施。诸如设置"劝农司""司农司""大司农司"等专门机构，颁布诏令奖励垦荒，所谓"募民能耕江南旷土及公田者，免其差役三年，其输租免三分之一"③，"诏于甘、肃两界，画地使耕，无力者则给以牛具农器"④。同时，政府组织大规模的屯田，包括军屯、民屯、军民合屯等多种形式，所谓"内而各卫，外而行省，皆立屯田，以资军饷"⑤。当然，屯田制度的推行，一方面快速地扩大了耕地面积，另一方面也促进了人口的流动，所以有元一代人口南北迁徙规模非常庞大。据记载，漠北蒙古地区成吉思汗统治时期人口约有60万，但到元武宗时北部和林诸部落降者就有百余万，可见中原人口大量北迁，如成吉思汗时，河北汉人十余万家北迁至漠北，元世祖时发军士万人屯田称海，元武宗时又使汉军万人屯田和林。⑥ 设置都水监和河渠司掌管水利，大规模兴修水利，先后开凿胶东河、神山河、汇通河、通惠河等大型水利工程，极大地促进了农业灌溉和交通运输，保障了农业的快速发展。所以很多学者就指出，元人最善治水，耕地面积进一步扩大，全国的平均亩产量普遍高于前代。⑦ 在手工业领域，粮食的商品化得到发展，南北、东西流通极为频繁。当然，农业的发展也得益于元代农学的发展，这一时期

---

① 宋濂，等. 元史 [M]. 中华书局编辑部，点校. 北京：中华书局，1976：2395 – 2397.
② 宋濂，等. 元史 [M]. 中华书局编辑部，点校. 北京：中华书局，1976：2364.
③ 宋濂，等. 元史 [M]. 中华书局编辑部，点校. 北京：中华书局，1976：308.
④ 宋濂，等. 元史 [M]. 中华书局编辑部，点校. 北京：中华书局，1976：366.
⑤ 宋濂，等. 元史 [M]. 中华书局编辑部，点校. 北京：中华书局，1976：2558.
⑥ 舒顺林. 元朝大漠南北与中原内地的经济文化交流 [J]. 内蒙古师大学报（哲学社会科学版），1985（3）：62 – 70.
⑦ 陈春贤. 元代粮食亩产探析 [J]. 历史研究，1995（4）：175 – 180.

涌现了一批农业科技巨著，其中比较具有代表性的是司农司编撰的《农桑辑要》，王祯编写的《农书》，鲁明善编写的《农桑衣食撮要》。因此，到元仁宗和元文宗时期，社会相对稳定和繁荣。①

从政治体制来看，元代建立了一套相对合理的决策和管理体系。确立了行省制度，全国共设十个行省，又有路、府、州、县之分；中央有中书省处理全国行政事务，还有枢密院主管军政，御史台主管监察；地方则有行中书省，即便是漠北蒙古地区、西部边陲及新占领欧洲地域也设置了行政管理机构。在官僚体系上，有斡耳朵宫帐制、投下分封制、怯薛制度等，这些制度既继承了蒙古草原传统特色的政治体系，也吸收融入了汉唐的官僚管理体系。

为了加强统治和促进经济发展，元代修建了从蒙古到中原的交通要道，大兴驿站建设，全国各地站赤林立，道路畅通。同时，元朝政府积极拓展水上交通，开凿了全长1 500公里的大运河。《马可波罗行纪》记载，当时全国有驿站上万所，配备马匹三十万。发达的交通网络极大地推动了商业贸易的发展，呈现出"舟车毕通，无所底滞""单车掉臂，若在庭户"的现象。由于疆域横跨欧亚大陆，元代非常注重对外交通建设，中西贸易的蓬勃发展呈现出水陆并行的盛况。如陆路从大都开始，北穿东欧，西贯伊朗；水路从泉州出发，历经东南亚各国，直抵波斯湾，商队贸易络绎不绝。以至后人评价"适千里者，如在户庭，之万里者，如出邻家"。

元代城市建设也获得了发展，有学者指出，12世纪至14世纪中叶的二百年间是我国古代城市飞跃发展的时期。此时城市市政建制的广泛出现使城市行政管理走向专门化。② 如元代建设了城市警巡院与录事司。由于政治疆域的变化和国家治理的需要，元代先后建设了多个政治和经济中心，如哈剌和林、上都、大都与中都。早期的都城和林城有人口数十万，手工业极为发达，后续的几个都城也都极为繁华，远超前者。交通的发达使得水路交通的要塞之地涌现了一大批商业都市，如运河沿岸有大都、临清、济州、扬州、镇江、苏州，沿海城市有刘家港（今太仓）、直沽、庆元（宁波）、上海、澉浦、温州、泉州、广州等。其中泉州是当时世界上最大的国

---

① 师道刚，孙益力，王朝中. 从三部农书看元朝农业生产［J］. 山西大学学报（哲学社会科学版），1979（3）：74-87.

② 张国旺，葛文玲. 1993—2000年元代经济史研究综述［J］. 中国史研究动态，2003（9）：16-23.

际贸易港之一。广州在元大德八年（1304年）人口增加到一十八万八百七十三户，处处呈现出"万舶集奇货"的盛景。杭州的繁华程度超过了大都，到至元二十七年（1290年），人口增加到"户三十六万八百五十，口一百八十三万四千七百一十"①。

很多学者指出，元朝的政权统治具有典型的"家天下"特征，即"皇权独尊，臣僚奴化，宗亲分封，家臣执政"。由此，进一步强化了对普通百姓的人身控制。如政府根据民众的职业标准将其划分为若干种类，称之为"诸色户计"，包括民户、军户、匠户、站户、灶户等，要求"各物本业""各有定籍"。为了进一步强化统治，元朝政府又实行了"四等人制"，即第一等为蒙古人，第二等为色目人，第三等为汉人，第四等为南人。这也表明在元代社会政治生活中，占据主导支配地位的是蒙古贵族，这也是由元朝统治者"内北国而外中国""内北人而外南人"的执政理念所决定的。②

从商业发展来看，元代疆域辽阔，交通便利，从统治阶层到贵族群体，普遍"重商"，被认为是我国历史上第一个在全国范围内施行纸币制度的朝代。元代工商业的发达首先体现在棉纺织业的勃兴，它有效促进了区域商品经济的发展和城市的繁荣，为了兴盛棉业，元朝政府在浙东、江东、江西、湖广、福建等省设置"木棉提举司"。《马可波罗行纪》载，当时的大都仅丝一项，每日入城，计有千车。制陶业也获得突出发展，陶瓷的生产工艺获得进一步提高，元青花成为后世陶瓷工艺的典范。其他诸如造船业、盐业、茶业等均得到发展。据记载，元朝的官办手工业有二十二类之多，如庐帐、兵器、卤簿、玉工、金工、木工、抟埴、石工、丝臬、皮工、毡厨、画塑、诸匠等。③元代回回商人在商业活动中占有举足轻重的地位，出现了私营高利贷行业，说明民间借贷现象的存在。海外贸易也空前发达，诸如茶业、丝织品、陶瓷、金银铁器、水银硫黄等都是大量物品出口，一些政府官员兼营海舶，获利丰厚。民间商人也因海外贸易致富无数，诸如"嘉定州大场沈氏，因下番买卖致巨富"。但元代中后期形成的三种官营航海贸易制度（使臣贸易、斡脱贸易和官本船贸易）在一定程度上也阻碍了海外贸易的发展。④随着中西贸易的发展及丝绸之路经贸的往来，文化的交流

---

① 宋濂, 等. 元史 [M]. 中华书局编辑部, 点校. 北京: 中华书局, 1976: 1491.
② 张帆. 论蒙元王朝的"家天下"政治特征 [J]. 北大史学, 2001 (0): 50 - 75.
③ 韩儒林. 元朝史 [M]. 北京: 人民出版社, 2008: 362.
④ 廖大珂. 元代官营航海贸易制度述略 [J]. 中国经济史研究, 1998 (2): 98 - 102.

日趋频繁，中国的罗盘、火药、印刷术开始传入欧洲，而欧洲的天文学、医学、算学也传入中国。

元代疆域辽阔，横跨欧亚大陆，域内民族众多，宗教信仰纷繁复杂。如原西夏统治区域民众多信奉佛教，还有部分信仰景教和伊斯兰教；契丹统治区域多信奉偶像教；欧洲部分疆域多信奉基督教；蒙古族聚集区则主要信奉萨满教；中原和江南地区主要信奉道教，其中北方以全真道、太一道、真大道为盛，南方以三山符箓派为主。佛教在元代产生了天台禅、华严禅、念佛禅等新的支派，尤以禅宗的临济宗和曹洞宗最为昌盛。所以，能否维持不同宗教之间的平衡，关系到社会的稳定和国家的安全。释道的争执及此消彼长的事态贯穿整个元代。如成吉思汗支持道教，导致全真教成为国教，佛教则处于被打压的状态，所谓自"金南渡后，名蓝精刹，半就荒芜，全真代兴，辄改为观"。忽必烈则首创帝师制度，佛教成为国教。当然，大一统的元代也形成了多元的宗教格局，确立了兼容并蓄的宗教政策，总体上则是以道教为中心。为此，元朝政府贯彻执行"诸教色人户各依本俗"的理念，出台了一系列的宗教法律，诸如《至元新格》《大德律令》《风宪宏纲》《大元通制》等。针对佛教、道教、基督教和伊斯兰教，设立了宣政院、集贤院、崇福司和回回哈的司等宗教管理机构。与此同时，民间宗教也繁杂多样，诸如祈仙、祷圣、赛神、赛社，民众常常昼伏夜出、夜聚晓散，甚至扰乱社会秩序，导致政府多次出台禁令，所谓"祈赛神社已有禁例外，戏撺龙船、抬舁木偶、敛钱扰民事理，合行禁约"①。总的来说，不同的宗教信仰促进了民族、国家间交流的频繁，文化事业的发展，艺术的多样性和繁荣。

元代一度重视儒学建设，开展尊孔倡儒活动，给儒生提供一系列优惠政策，诸如脱奴籍免赋税、实行学田政策、制定儒户户籍、推行儒户免役等。太宗八年（1236年），耶律楚材领导建立编修所，积极修国史、典制诰，后又成立翰林兼国史院。中统元年（1260年）又设立太常寺，进行宗庙礼乐建设。至元二十四年（1287年），忽必烈在中央设立国子监，承担国家教育管理职能，各路府州县均设立儒学提举司和地方庙学机构，实行庙学合一，并将《小学》及《四书章句集注》等理学著作作为中央和地方教育的主要内容，使理学在全国迅速普及。成宗大德六年（1302年），修文宣

---

① 方龄贵，校注. 通制条格校注 [M]. 北京：中华书局：2011：676.

王庙，确立了文庙制度，并于大德十一年（1307年）将孔子加封为"大成至圣文宣王"，并以太牢礼祀之。皇庆二年（1313年）正式下诏重开科举，考试内容则是依据程朱理学的内容，将朱熹的《四书章句集注》作为科举考试的标准。①

元朝虽然短暂，但文化管理相对宽松，这导致元人在文化思想上有两个显著特点，一是兼容并蓄，二是不尚虚文。这也为中国传统文化的发展提供了相对优渥的生存土壤，所以，以散曲、杂剧、小说为代表的文学形式在元代发展得极为突出。其中最典型的是"一代之绝艺"元曲的勃兴和高度成熟，代表性人物有关汉卿、马致远、王实甫、白朴、杜善夫、乔吉甫、郑光祖等。后人将元代文学的精神特质总结为"真情俗趣"，王国维总结为"率真"。在文化转型的过程中，多元文化并存取代了汉唐儒家文化的独尊地位，"俗文学""俗文化"取代"雅文化"成为元代文化发展的标志。

综上，疆域广大、宗教情况复杂的大一统元朝开创了各民族文化全面交流的新局面，构建了多元一体的文化格局，为中华民族共同体的形成奠定了坚实的基础。因此，系统探索这一时期的音乐经济发展具有特殊的历史意义。

第一节　元代非商业性的音乐生产与消费

一、生产者

元代具有严格的等级制度，以上层贵族阶层为主，形成鲜明的等级分化，乐人作为音乐生产的主要承担者，为社会各阶层提供各类音乐服务以满足其审美需求。从事非商业性音乐生产的主要是在籍乐人和文人贵族，具体如下。

（一）宫廷职业乐人

论及元代宫廷音乐生产者，主要以元代宫廷内职业乐人为代表，其主要服务对象为元代皇室人员或贵族成员。从现存文献和研究成果来看，元代宫廷职业乐人主要分为以下几种类型。

---

① 张展. 蒙·元王朝多元化宗教生态研究［D］. 广州：暨南大学，2017.

1. 太常寺乐人及乐官

太常寺,为太常礼仪院,唐宋时期原是各自独立存在的机构,至元代合二为一,是国家重要的礼乐机构,主要负责掌管大礼乐、祭享宗庙社稷、封赠谥号等事务。下设太庙署、郊祀署、社稷署、大乐署四个机构,其中太庙署与郊祀署分别掌管宗庙祭祀与郊祀等事务,并兼职掌管廪牺署事宜。元代太常寺乐官的最高品级一般是二品,内辖乐官职能相对清晰。如《元史》卷八十八"太常礼仪院"条载,"天历二年,复升正二品。……属官:博士二员,正七品;奉礼郎二员,奉礼兼检讨一员,并从八品;协律郎二员,从八品;太祝十员,从八品;礼直管勾一员,从九品;令史四人,通事、知印、译史各二人,宣使四人,典吏三人"①。

从文献来看,元代太常寺的主管乐官多为士人和儒生。如《元史》卷六十七"制朝仪始末"条载,中统二年(1261年),委任东平府详议官王镛兼充礼乐提举,兼太常少卿。元世祖至元八年(1271年),开始制定朝会礼仪,诏令"太常卿徐世隆,稽诸古典,参以时宜,沿情定制,而肄习之,百日而毕"②。至元十三年(1276年),脱忽思为太常卿。《元史》卷六十八记载了这一时期的太常卿是忽都于思,大乐令是完颜椿;至元十五年(1278年),伯麻思为太常少卿;至元二十三年(1286年),太常太卿是香山,大乐令为毛庄;至元二十八年(1291年),委任撒里蛮、老寿并为大司徒,领太常寺;至治元年(1321年),命宦者字罗台为太常署令;窝阔台末年,任命宋子贞为参议东平路事,并兼任提举太常礼乐一职。③ 世代为蒙古族贵族的家族,且祖辈皆有功勋者,也可通过会试、乡试直接考取太常寺乐官。如《元进士考》载,"朵列图,贯曹州济阳县乞失里台人氏。……父完者都,忠显校尉。母亦乞烈真氏。具庆下。娶未。乡试东平第一名。会试第四十三名。授太常礼仪院大祝","斡罗台氏,字世杰,行,年廿六,二月初五日子时。曾祖八郎,千户。祖丑妮子千户。……乡试大都第三名。会试第十七名,授礼仪院大祝"。④ 而太常协律郎、太常博士不仅为儒生,还要求精通典律、音律,以维持礼乐礼法的制定。如孔元措原本是金朝的太常博士,金朝灭亡后,元代初期,孔元措奉蒙军大帅窝阔台之命返回故

---

① 宋濂,等. 元史[M]. 中华书局编辑部,点校. 北京:中华书局,1976:2217-2218.
② 宋濂,等. 元史[M]. 中华书局编辑部,点校. 北京:中华书局,1976:1665.
③ 宋濂,等. 元史[M]. 中华书局编辑部,点校. 北京:中华书局,1976:3736.
④ 钱大昕. 元进士考[M]//嘉定钱大昕全集:增订本. 南京:凤凰出版社,2016:21,23.

里，仍袭封衍圣公，主持孔庙祭祀事，并亲自主持收集前代礼乐器、文献和相关乐人，向元统治者推荐合适的音乐人才，为元代礼乐制定提供借鉴。

元代太常寺乐工人数众多，如初期"太祖征用旧乐于西夏，太宗征金太常遗乐于燕京，及宪宗始用登歌乐，祀天于日月山"。中统元年（1260年）春正月，召太常礼乐人至燕京时，预祭官及礼乐人有一百四十九人。元世祖至元三年（1266年），"太常寺以新拨宫县乐工、文武二舞四百一十二人，未习其艺，遣大乐令许政往东平教之"①。至元十三年（1276年），"戊寅，敕诸路儒户通文学者三千八百九十，并免其徭役；其富实以儒户避役者为民；贫乏者五百户，隶太常寺"②。至元十八年（1281年），又把所虏获的宋太常乐人交付给太常寺。元太宗十年（1238年）十一月，更是明确下诏搜集乐人填充太常，曰：

"今礼乐散失，燕京、南京等处，亡金太常故臣及礼册、乐器多存者，乞降旨收录。"于是降旨，令各处管民官，如有亡金知礼乐旧人，可并其家属徙赴东平，令元措领之，于本路税课所给其食。十一年，元措奉旨至燕京，得金掌乐许政、掌礼王节及乐工翟刚等九十二人。十二年夏四月，始命制登歌乐，肄习于曲阜宣圣庙。③

2. 大乐署乐人及乐官

元代大乐署是太常登歌乐、宫悬乐的管理部门，隶属于太常寺管辖，是元代宫廷最主要的音乐机构之一，所在位置是太社太稷二坛"外垣南门西壝垣西南，北向屋三间，曰大乐署。其西，东向屋三间，曰乐工房"④。《元史》载，大乐署有令二人、丞一人，"大乐署，秩从六品。中统五年始置。令二员，从六品；丞一员，从七品。掌管礼生乐工四百七十九户"⑤。至元年间，有记载的大乐署乐官有许政、完颜椿、陈革等；至大四年（1311年），谢世宁为乐正，作《威成之曲》；延祐七年（1320年），刘琼为乐正，作《歆成之曲》。此外，曾在金章宗承安二年（1197年）"太常礼乐科"高中登歌甲首的赵侃，也出任过元大乐丞，"袭封衍圣公孔元措，荐府

---

① 宋濂，等. 元史 [M]. 中华书局编辑部，点校. 北京：中华书局，1976：1694-1695.
② 宋濂，等. 元史 [M]. 中华书局编辑部，点校. 北京：中华书局，1976：180-181.
③ 宋濂，等. 元史 [M]. 中华书局编辑部，点校. 北京：中华书局，1976：1691.
④ 宋濂，等. 元史 [M]. 中华书局编辑部，点校. 北京：中华书局，1976：1880.
⑤ 宋濂，等. 元史 [M]. 中华书局编辑部，点校. 北京：中华书局，1976：2218.

君（赵侃）于朝，摄大乐丞，乘传遍历四方，搜访前代礼官乐师祭器图集，备预制作"①。

这一时期大乐署的乐人主要是礼乐户，他们属于"非贱民"阶级，是户籍制度中专门设立的一种，多数是取得功名者、进士及第者。如"张颐，贯恩州，附籍太常礼仪院礼乐户。……曾祖天翼，从仕郎按察司经历。祖衍，承务郎吏部主事。父友谅，中顺大夫知府。……己巳东平第四名，壬申第二名，会试第廿一名。授太常礼仪院大（太）祝"②。他们虽为等级较低的汉人、南人礼乐户，但此类礼乐户之祖上通常为官员儒士，其后代可通过选拔考试成为朝廷官员，与"贱民"阶级的乐户有巨大的区别。

从文献来看，元代的礼乐户数量较多，而且相对稳定。如至元八年（1271年），"又照得太常寺旧例，奉行典礼之司，初无户口统属。今太常卿哈坦所管礼乐户近五伯户，翰林在今日为衣冠之表率，使之管领诸路儒户，亦为有例"③。可见元代后期虽政局不稳，社会动荡，但统治者仍注重礼乐的正常实施，对掌管的礼乐户人员无缺无逃的乐官给予丰厚的赏赐。

元朝政府规定，大乐署掌管礼生乐工四百七十九户。其中郊社、宗庙祭祀时所用乐工有三百六十一人；祭社稷所用登歌乐工五十一人。这四百一十二人中，歌工有三十二人，文郎有六十四人，武郎有六十四人，舞师二人，器簸、双铎、单铎、铙、錞、钲、相鼓、雅鼓演奏者共二十人。④

由于帝王对礼乐的忠实，政府出台了很多针对礼乐户的优惠政策，最典型的是免除赋税和杂役。如至元二十九年（1292年）八月，政府诏令，"敕礼乐户仍与军站、民户均输赋"⑤。《庙学典礼》也记载："元钦奉圣旨，止该军、站、礼乐户及弘州纳面户计，和顾和买一例均当，别不曾该载儒户，亦无杂泛差役语句。"⑥另外，礼乐户还会得到皇帝额外的赏赐，且颇为丰盛。如元贞二年（1296年）十一月，"赐太常礼乐户钞五千余锭"；至大二年（1309年）十二月，"赐太庙礼乐户钞帛有差"。⑦

---

① 李修生. 全元文：第6册 [M]. 南京：江苏古籍出版社，1998：340.
② 钱大昕. 元进士考 [M] //嘉定钱大昕全集：增订本. 南京：凤凰出版社，2016：28.
③ 李修生. 全元文：第8册 [M]. 南京：江苏古籍出版社，1998：424.
④ 宋濂，等. 元史 [M]. 中华书局编辑部，点校. 北京：中华书局，1976：1767-1768.
⑤ 宋濂，等. 元史 [M]. 中华书局编辑部，点校. 北京：中华书局，1976：365.
⑥ 王颋，点校. 庙学典礼（外二种）[M]. 杭州：浙江古籍出版社，1992：79.
⑦ 宋濂，等. 元史 [M]. 中华书局编辑部，点校. 北京：中华书局，1976：407，519.

3. 教坊司乐人及乐官

教坊之制，隋唐已有，元代建立后，遵循前代旧制，在宫廷设立教坊，主要职能为散乐百戏及承应宫廷表演。《草木子》曾对元代教坊司及其职能有详细记载："惟郊天则修大驾而用辇。其余巡行两都。多用毡车。散乐则立教坊司。掌天下妓乐。有驾前承应杂戏飞竿走索踢弄藏橛等伎。"① 《元史》卷八十五明确记载了教坊司的职官级别、内部设置和变化情况：

> 教坊司，秩从五品，掌承应乐人及管领兴和等署五百户。中统二年始置。至元十二年，升正五品。十七年，改提点教坊司，隶宣徽院，秩正四品。二十五年，隶礼部。大德八年，升正三品。延祐七年，复正四品。达鲁花赤一员，正四品；大使三员，正四品；副使四员，正五品；知事一员，从八品。令史四人，译史、知印、奏差各二人，通事一人。其属二：
>
> 兴和署，秩从六品。署令二员，署丞二员，管勾二员。
> 祥和署，秩从六品。署令一员，署丞一员，管勾一员。
> 广乐库，秩从九品。大使一员，副使一员。②

同时，教坊司还设置散官十五，具体如下：

云韶大夫
仙韶大夫 以上从三品
长宁大夫
德和大夫 以上正四品
协律大夫 从四品
嘉成大夫 正五品
纯和郎 从五品
调音郎 正六品
司乐郎 从六品
协乐郎 正七品
和乐郎 从七品
司音郎

---

① 叶子奇. 草木子［M］. 中华书局编辑部，点校. 北京：中华书局，1959：65.
② 宋濂，等. 元史［M］. 中华书局编辑部，点校. 北京：中华书局，1976：2139-2140.

司律郎 以上正八品
和声郎
和节郎 以上从八品

右教坊品秩一十五阶，自云韶至和节，由从三品至从八品，其除授具前。①

元代文献也记载了部分教坊司的乐官姓名，如大德三年（1299年），达鲁花赤沙的为教坊司主管；天历元年（1328年），达鲁花赤撒剌儿主管教坊司。教坊设置色长一职，有曹娥秀、武光头、刘耍和，他们同时也是演技超群的杂剧演员，如元人高安道散曲【般涉调】《哨遍·嗓淡行院》云："梁园中可惯经，桑园里串的熟，似兀的武光头刘色长曹娥秀。则索赶科地沿村转瞳走。"②

根据史料记载，元代教坊司乐人众多，如《元史》卷八载："帝命究治之。起阁南直大殿及东西殿，增选乐工八百人，隶教坊司。"③ 同书卷七十七亦载："教坊司云和署掌大乐鼓、板杖鼓、筚篥、龙笛、琵琶、筝、纂七色，凡四百人。兴和署掌妓女杂扮队戏一百五十人，祥和署掌杂把戏男女一百五十人。"④ 其中有名有姓者也很多，如至元六年（1269年），元世祖下令搜寻前代乐人，"得杖鼓色杨皓、笛色曹楫、前行色刘进、教师郑忠，依律运谱，被诸乐歌。六月而成，音声克谐"⑤。乐人郭芳卿，艺名顺时秀，"性资聪敏，色艺超绝，教坊之白眉也"⑥。《听教坊旧妓郭芳卿弟子陈氏歌》歌词生动地反映了顺时秀被传入宫中表演的情景，可谓歌舞曼妙、娇喉莺语，惊艳四座，其词曰：

文皇在御升平日，上苑宸游驾频出。仗中乐部五千人，能唱新声谁第一？燕国佳人号顺时，姿容歌舞总能奇。中官奉旨时宜唤，立马门前催画眉。建章宫里长生殿，芍药初开敕张宴。龙笙罢奏凤弦停，共听娇喉一莺转。遏云妙响发朱唇，不让开元许永新。绣陛花惊飘艳雪，文梁风动委芳尘。翰林才子山东李，每进新词蒙上喜。当筵按罢谢天恩，捧

---

① 宋濂，等. 元史[M]. 中华书局编辑部，点校. 北京：中华书局，1976：2324-2325.
② 隋树森. 全元散曲：下[M]. 北京：中华书局，1964：1111.
③ 宋濂，等. 元史[M]. 中华书局编辑部，点校. 北京：中华书局，1976：158.
④ 宋濂，等. 元史[M]. 中华书局编辑部，点校. 北京：中华书局，1976：1926.
⑤ 宋濂，等. 元史[M]. 中华书局编辑部，点校. 北京：中华书局，1976：1665.
⑥ 陶宗仪. 元明史料笔记丛刊：南村辍耕录[M]. 北京：中华书局，1959：235.

赐缠头蜀都绮。①

此外，三圣奴是"清歌妙舞世间无，"②深受元顺帝喜爱，藏于内室之中；文殊奴，对舞蹈有着惊人的演绎，且在弹筝、合笙方面也有高超的技艺，《宫词》载："月夜西宫听按筝，文殊指拨太分明。清音刘亮天颜喜，弹罢还教合凤笙。"③丽姝是表演宫廷摆字舞的领舞人，"又是宫车入御天，丽姝歌舞太平年。侍臣称贺天颜喜，寿酒诸王次第传"④。教坊乐人中也有少数民族乐人，如西河伶人火倪赤以擅长弹奏《白翎雀歌》而闻名，又"能以丝声代禽臆。象牙指拨十三弦，宛转繁音哀且急"⑤。

4. 仪凤司乐人与乐官

元代仪凤司是至元二十年（1283年）设立，二十一年（1284年）隶属卫尉院管辖。政府一度升仪凤司为玉宸乐院，秩从二品，后又恢复为仪凤司，秩正四品。主要职能是掌管乐工、供奉、祭飨之事，及承应卤簿、宴飨仪式用乐。《元史》卷八十五"礼部"条载：

> 至元八年，立玉宸院，置乐长一员，乐副一员，乐判一员。二十年，改置仪凤司，隶宣徽院。置大使、副使各一员，判官三员。二十五年，归隶礼部，省判官三员。三十一年，置达鲁花赤一员，副使一员。大德十一年，改升玉宸乐院，秩从二品。置院使、副使、佥事、同佥、院判。至大四年，复为仪凤司，秩正三品。延祐七年，降从三品。定置大使五员，从三品；副使四员，从四品。首领官：经历一员，从七品；知事一员，从八品。吏属：令史二人，译史、通事、知印各一人。⑥

大德十一年（1307年），玉宸乐院大使是火失海牙、铁木儿不花和达鲁花赤沙的。下设云和署、安和署、常和署、天乐署、广乐库。云和署与安和署职能相同，主要掌乐工调音律及部籍更番之事，均为秩正七品；内设职官也相同，均是署令二员，署丞二员，管勾二员，协音一员，协律一员，

---

① 钱谦益. 列朝诗集：第二册 [M]. 许逸民，林淑敏，点校. 北京：中华书局，2007：976.
② 钱谦益. 列朝诗集：第一册 [M]. 许逸民，林淑敏，点校. 北京：中华书局，2007：62.
③ 钱谦益. 列朝诗集：第一册 [M]. 许逸民，林淑敏，点校. 北京：中华书局，2007：62.
④ 杨镰. 全元诗：第六十册 [M]. 北京：中华书局，2013：404.
⑤ 杨镰. 全元诗：第四十四册 [M]. 北京：中华书局，2013：24.
⑥ 宋濂，等. 元史 [M]. 中华书局编辑部，点校. 北京：中华书局，1976：2138.

书史二人,书吏四人,教师二人,提控四人。常和署是皇庆元年(1312年)设置,初名管勾司,秩正九品,主要掌管回回乐人。延祐三年(1316年),升从六品。有署令一员,署丞二员,管勾二员,教师二人,提控二人。天乐署是至元十七年(1280年)设置,初名昭和署,秩从六品,主要掌管河西乐人。大德十一年(1307年),升正六品。至大四年(1311年),改为天乐署。皇庆元年(1312年),升从五品。下设署令二员,署丞二员,管勾二员,协音一员,协律一员,书史二人,书吏四人,教师二人,提控四人。广乐库是皇庆元年(1312年)设置,掌管乐器等物,秩从九品,下设大使一员,副使一员。①

仪凤司所辖乐人规模在400人左右,如《元史》卷七十七载:"仪凤司掌汉人、回回、河西三色细乐,每色各三队,凡三百二十四人。"有很多乐人知名度极高,如张淳,世代为乐户:

> 淳早孤,学轧筝,即知求巧。既长,名贯京师。凡为调,曲尽声韵,玄妙入神,……淳戛新声,四坐为倾。然非其意不可召也,名在上所为管勾、为安和署丞矣。仁宗皇帝曲宴,淳必在,一宴一蒙赉。置玉宸乐院,特授奉训大夫、玉宸判官。降玉宸院为仪凤司,进淳阶中顺,迁仪凤少卿。②

《赠仙音院乐籍侍儿》诗对其乐舞生产也有生动描述:

> 著名仙籍擅芳春,料理霓裳纪见闻。
> 咳唾随风落珠玉,笑谈倾座播兰熏。
> 龙酣醉笛吟秋水,凤咽歌楼遏暮云。
> 唤起沉香亭上梦,海棠花睡月纷纷。③

李宫人,元代著名琵琶演奏家,元世祖至元十九年(1282年)以良家子身份入宫,《李宫人琵琶引》其辞曰:

> 茫茫青冢春风里,岁岁春风吹不起。
> 传得琵琶马上声,古今只有王与李。

---

① 宋濂,等. 元史[M]. 中华书局编辑部,点校. 北京:中华书局,1976:2138-2139.
② 李修生. 全元文:第24册[M]. 南京:江苏古籍出版社,1998:322.
③ 杨镰. 全元诗:第四册[M]. 北京:中华书局,2013:63.

  李氏昔在至元中，少小辞家来入宫。
  一见世皇称艺绝，珠歌翠舞忽如空。
  君王岂为红颜惜，自是众人弹不得。
  玉觞为举乐乍停，一曲便觉千金值。
  广寒殿里月流辉，太液池头花发时。
  旧曲半存犹解谱，新声万变总相宜。
  三十六年如一日，长得君王赐颜色。
  形容渐改病相寻，独抱琵琶空叹息。
  兴圣宫中爱更深，承恩始得遂归心。
  时时尚被宫中召，强理琵琶弦上音。
  琵琶转调声中涩，堂上慈亲还伫立。
  回看旧赐满床头，落花飞絮春风急。①

  可见作为承应宴飨活动的仪凤司乐人不仅长相俱佳，技艺更是精湛，这样才能深受皇室贵族喜爱，哪怕容貌衰败，仍被宫中召回演奏。

  此外，虽然教坊司、仪凤司的最高官制为二品或三品，隶属礼部管辖，但其实际地位并非如此。《山居新语》中载，"教坊司、仪凤司旧例：依所受品级列于班行。文皇朝令二司官立于班后。至正初，仪凤司复旧例，教坊司迄今不令入班"②。天历二年（1329年），礼部主事陈思谦奏称："教坊、仪凤二司，请并入宣徽，以清礼部之选。其官属不当与文武臣并列朝会，宜置百官之后、大乐之前。"③ 可知仪凤司官员按照品级位列于朝令官之后，而教坊司官员不能入班，参与出席仪式活动，这也充分说明仪凤司地位的特殊性。

（二）地方州府在籍乐人

  元代州府所管辖在籍乐人数量也极为庞大。《元史》卷七十七描述了元代游皇城活动的盛况："自后每岁二月十五日，于大明殿启建白伞盖佛事，用诸色仪仗社直，迎引伞盖，周游皇城内外，云与众生祓除不祥，导迎福祉。……大都路掌供各色金门大社一百二十队，教坊司云和署掌大乐鼓、板杖鼓、筚篥、龙笛、琵琶、筝、纂七色，凡四百人。兴和署掌妓女杂扮

---

① 杨镰．全元诗：第二十七册［M］．北京：中华书局，2013：198．
② 杨瑀．元明史料笔记丛刊：山居新语［M］．余大钧，点校．北京：中华书局，2006：223．
③ 宋濂，等．元史［M］．中华书局编辑部，点校．北京：中华书局，1976：4237．

队戏一百五十人,祥和署掌杂把戏男女一百五十人,仪凤司掌汉人、回回、河西三色细乐,每色各三队,凡三百二十四人。"① 游皇城作为元代皇家举办的重要宗教性音乐活动,参与机构众多,承应表演乐人高达四千人之多,其中不乏教坊司管辖下州府在籍乐人承担表演任务的情况。

1. 行教坊司乐人

元代宫廷教坊内分部色,地方设有行教坊司,主管承应乐人,参与宫廷仪式性演出,从事宫廷演剧与创作。《元史》载,至元二十七年(1290年)九月丁卯,"命江淮行省钩考行教坊司所总江南乐工租赋。置四巡检司于宿迁之北"②。这条文献明确指出了元代所设置的行教坊司,其主要职能是掌管地方州府在籍乐人。

地方行教坊司设立情形在元人杂剧戏本中曾多处提及。如《杜牧之诗酒扬州梦杂剧》第一折中正末所唱:"看官场,惯弹袖,垂肩蹴鞠;喜教坊,善清歌。妙舞俳优。大都来一个个着轻纱、笼异锦;齐臻臻的按春秋、理繁弦、吹急管;闹吵吵的无昏昼。"③ 杨允孚《滦京杂咏》:"别却郎君可奈何,教坊有令趣兴和。当时不信邮亭怨,始觉邮亭怨转多。"④

元杂剧中也记载了行教坊司中的许多知名乐人,如杂剧《江州司马青衫泪》第一折中正旦云:"妾身裴兴奴是也,在这教坊司乐籍中见应官妓。虽则学了几曲琵琶,争奈叫官身的无一日空闲。"⑤《青楼集》载:"玉莲儿,端丽巧慧,歌舞谈谐,悉造其妙;尤善文楸、握槊之戏。尝得侍于英庙,由是名冠京师。"⑥ 杂剧《宦门子弟错立身》第四出记载王金榜一家世代都为戏园人员,为承应官身被迫取消勾栏表演的情况:"(虔上唱)【紫苏丸】伶伦门户曾经历,早不觉鬓发霜侵。孩儿一个干家门,算来总是前生定。……【桂枝香】莫是我的孩儿,想是官身出去? 你娘儿两个,休闲争气,休闲争气。……适蒙台旨,教咱来至。如今到得它家,相公安排了筵席。"⑦

元代官吏在乐妓承应表演时常有狎妓之行径,而这些乐妓一般都是地

---

① 宋濂,等. 元史 [M]. 中华书局编辑部,点校. 北京:中华书局,1976:1926.
② 宋濂,等. 元史 [M]. 中华书局编辑部,点校. 北京:中华书局,1976:340.
③ 臧懋循. 元曲选 [M]. 北京:中华书局,1958:795.
④ 杨镰. 全元诗:第六十册 [M]. 北京:中华书局,2013:409.
⑤ 臧懋循. 元曲选 [M]. 北京:中华书局,1958:882.
⑥ 中国戏曲研究院. 中国古典戏曲论著集成:二 [M]. 北京:中国戏剧出版社,1959:25.
⑦ 钱南扬. 永乐大典戏文三种校注 [M]. 北京:中华书局,2009:227-228.

方乐人。如《云林遗事》载："杨廉夫耽好声色。一日与元镇会饮友人家，廉夫脱妓鞋，置酒杯其中，使坐客传饮，名曰'鞋杯'。元镇素有洁疾，见之大怒，翻案而起，连呼齷齪而去。"① 而狎妓留宿更是时有发生，如"灉州倡女李哥，……自是不粉泽，不茹荤，所歌多仙曲道情。有召者，必先询主客姓名，然后往。人亦预相戒，毋戏狎。哥凝立筵前，酒行歌阕，目不流盼。与之酒，勿饮。州判官尝忤哥，径还，誓不与见"②。

2. 府州县礼乐户

元代统治者为了进一步巩固政权，确保中央集权，实施行省制度，以路、府、州、县分级进行管理。从国家自上而下的管理体系来说，在元代帝王重视礼乐建设的背景下，路、府、州、郡、县均有所辖从事礼乐的乐舞生产者，这个数量从全国总体来看，应该是极为庞大的。对此文献记载颇多。府级礼乐户设置以江浙行省下属松江府为例，松江府于仁宗延祐年间制备雅乐，至正三年（1343年），松江府学"作释奠礼器、雅乐，征乐师以教生徒"③。州级礼乐户设置以江浙行省嘉兴路海盐州为例，《海盐州新作大成乐记》云："至正元年夏四月，陈侯某来知是州，首务兴举学政。……问其春秋之事，则有牲币而无乐。侯为之惕然，与僚佐延诸儒以图之。……集诸生三十有二人，教之肄习，而以明年春二月上丁合奏焉。在列者无不欣豫。"④ 显然，从至元初年起，海盐州任命本州儒学学生承应州学祭孔雅乐，以保障其对民众进行礼仪教化的社会功能。

郡级礼乐户之设置也多有记载，如欧阳玄《真定路学乐户记》所云："镇阳郡学礼乐生，通七十有八户……既复其户，凡诸征繇，无所与于有司矣。……按郡学始建，置乐生十有六人，春秋二仲上丁释奠，犹用俗乐。延祐五年改作雅乐，增置四十有五人。至顺二年，援乐生例，请设相礼及诸执事者，又置礼生二十有五人。寻增置八人，然后声容文物烨然，最圻内诸郡。"⑤ 县级礼乐户的设置，如江浙行省集庆路句容县记载至元初年的情况，"遴选隽雅子弟"形成县级礼乐户队伍，各级自行选拔、任命、管理、实施。

---

① 顾元庆. 云林遗事 [M] //明代笔记日记绘画史料汇编. 张小庄，陈期凡. 上海：上海书画出版社，2019：77.

② 陶宗仪. 元明史料笔记丛刊：南村辍耕录 [M]. 北京：中华书局，1959：331.

③ 孙星衍，莫晋. 嘉庆松江府志：卷三十 [M]. 清嘉庆二十三年（1818）刻本.

④ 李修生. 全元文：第1册 [M]. 南京：江苏古籍出版社，1998：276-277.

⑤ 李修生. 全元文：第35册 [M]. 南京：江苏古籍出版社，1998：529-530.

隶属地方的礼乐户在政府的组织下系统学习雅乐礼仪，其主要功能是承应官府祭祀活动。如柳贯《建德路学新制乐器记》载，元统二年（1334年）春，地方州府组织礼乐户开展乐舞生产的案例：

> 躬执祀事于廷，……于是教授潘子阳进复于公："昔前任人尝范金伐石为钟磬，各十有六，藏之尊爵之府，而丝管陶革诸器色犹缺。今当辑费，求之杭市，并致工师。选弟子员，肄其考击弦歌之节。惟奔走率职子阳事也，而敢以累公。"公曰："诺。"不逾时，舟来，得琴一弦、三弦、五弦、七弦、九弦各一，瑟一，篪、麓、笛、箫各一，巢笙、和笙各二，埙一，搏拊、柷、敔各一，而若钟磬之编，簨虡、崇牙，流苏杂饰，与柷、敔之椎、籈咸具。率师弟子朝夕肄习，及秋艺成。会上丁释奠，出而荐之，音节允谐，仪文毕举，官师在位，诸生缀行，莫不竦耳动心，知召和之有道，而致飨之有容。①

（三）宗教活动中的乐舞生产者

元代宗教文化复杂，针对民众的宗教活动，政府推行"兼容并蓄，广事利用"的宗教政策，因此这一时期的宗教文化活动极为丰富。在此背景下，宗教活动中的乐舞生产者群体也相对庞杂，整体上以非专职的、具有乐舞特长的僧道人员为主体。明释镇澄《清凉山志》卷三就记载了著名僧人擅长宗教乐舞生产的现象：

> 明宝金，字璧峰，乾州石氏子……岁旱元帝诏祈雨，……赐号寂照圆明大师。……洪武戊申，上诏至奉天殿，应对称旨，命居天界，日接天颜，训唱法义，……一日示疾，著衣危坐，唱别。……师尝制华严佛事，梵音清雅，四十二奏，盛行与世。②

元代统治者一度崇尚佛事，"诣在诵经念佛，求佛'保佑'"③。元世祖忽必烈创设"释教总统所"为中央佛教事务管理机构，以帝师八思巴任中原"僧总统"，在地方则设"诸路释教总统所"。因此，无论是大规模的佛事活动，还是法事仪式活动在元代都得到前所未有的壮大与发展。如元世祖在位三十五年，在五台山、万寿山等地设会斋僧，诵经念佛，作大佛会

---

① 李修生. 全元文：第26册 [M]. 南京：江苏古籍出版社，1998：278.
② 转引自韩军. 五台山佛教音乐 [M]. 上海：上海音乐出版社，2004：21.
③ 转引自韩军. 五台山佛教音乐 [M]. 上海：上海音乐出版社，2004：19.

五十余次。① 至治三年（1323年）夏四月，又"敕……五台万圣祐国寺，作水陆佛事七昼夜"②。文宗皇帝"在位仅仅五年，就在台山大作佛事三次。"③ 频繁大规模的佛事活动为元代佛教音乐的发展提供了条件。

同样，道教在元代也获得了突出发展。从三十六代张宗演至四十一代张正言，均受元廷尊崇，被封为真人、尊称天师，获命掌江南道教，为政府提供祈福、禳灾、除疫等宗教服务，以发挥安抚人心的作用。除了佛教、道教之外，基督教、伊斯兰教等也存在各类宗教活动，以音声、诵读、唱诵、仪式的形式向群众传达教义。

（四）文人

元代实行了严格的等级制度，文人地位相对弱化，所谓"我大元制典，人有十等，一官、二吏。先之者，贵之也；贵之者，谓有益于国也。七匠、八娼、九儒、十丐，后之者，贱之也；贱之者，谓无益于国也"④。因此，在仕途无望，社会腐败、黑暗的背景下，无数文人或隐居山林，或纵情享乐，或投身音乐、戏曲的创作。因此，元代文人参与乐舞生产极为普遍，成为社会乐舞生产的重要群体，这使得元代散曲、剧曲勃兴，元杂剧成为"一代之绝艺"。贾仲明《录鬼簿》中记载有大量的散曲、元杂剧作家之籍贯、职位、作品等情况，现统计如表2-1。

表2-1 文人杂剧作家与职位

身份	杂剧作家
罕见职官	史九散仙（武昌万户）、王廷秀（淘金千户）
高级职官	曹以斋（尚书）、白仁甫（太常太卿）、班恕斋（知州）、陈草庵（中丞）、张子益（平章）、不忽木（平章政事）、王继学（中丞）、姚牧庵（参政）、李时中（中书省椽）
一般职官	赵公辅（儒学提举）、马昂夫（总管）、萨天锡（照磨）、高克礼（县尹）、李文蔚（江州路瑞昌县尹）、李寿卿（县丞）、李子中（知事除县尹）、庚吉甫（中山府判）、姚守中（平江路吏）、郑光祖（杭州路吏）、张可久（路吏）、顾德润（杭州路吏）、曹明善（衢州路吏）、鲍天祐（昆山州吏）、黄天泽（昆山听补吏）、马致远（江浙行省务官）、尚仲贤（江浙行省务官）、戴善甫（江浙行省务官）、赵子昂（承旨）、

---

① 转引自韩军. 五台山佛教音乐 [M]. 上海：上海音乐出版社，2004：19.
② 宋濂，等. 元史 [M]. 中华书局编辑部，点校. 北京：中华书局，1976：630.
③ 转引自韩军. 五台山佛教音乐 [M]. 上海：上海音乐出版社，2004：19.
④ 李修生. 全元文：第355册 [M]. 南京：江苏古籍出版社，1998：99.

续表

身份	杂剧作家
一般职官	刘中庵（承旨）、杨西庵（参政）、胡紫山（宣慰）、徐子方（宪使）、荆汉臣（参政）、张梦符（宪使）、陈国宝（宪使）、马彦良（都事）、滕玉霄（应奉）、邓玉宾（同知）、冯海粟（待制）、刘时中（待制）、冯雪芳（府判）、梁进之（知州）、金仁杰（建康崇宁务官）、陈无妄（浙东宪吏）、黄公望（浙西宪令）、吴仁卿（府判致仕）、汪勉之（浙东帅府令史）、张鸣善（宣慰司令史）、关汉卿（太医院户）
文职官吏学士	商政叔（学士）、阎仲章（学士）、王和卿（学士）、盍志学（学士）、卢疏斋（学士）、阚彦举（学士）、白无咎（学士）、贯酸斋（学士）、曹光辅（学士）、李溉之（学士）、曹子贞（学士）、赵善庆（学正）
教坊官	赵文殷（教坊色长）、张国宝（教坊管勾）
普通职业	杜善夫（散人）、高文秀（府学生员）、宫天挺（学官）、张时起（府学生员）、李进取（官医大夫）、萧德祥（医生）、顾仲清（清泉场司令）、刘唐卿（皮货所提举）、王庸（芦花场司令）
未载职业	董解元、刘秉忠、史中丞、张九元帅、郑廷玉、李直夫、王实甫、武汉臣、王仲文、石君宝、杨显之、纪天祥、于伯渊、费唐臣、赵子祥、李好古、王伯成、孙仲章、赵明道、岳伯川、康进之、石子章、侯正卿、孟汉卿、李行甫、费君祥、汪泽民、陈宁甫、陆显之、狄君厚、彭伯威、范康、曾瑞、沈和甫、陈以仁、范居中、沈拱、赵良弼、廖毅、乔吉甫、睢景臣、吴本世、周文欣、胡正臣、李显卿、王思顺、苏彦文、屈彦英、李齐贤、李用之、刘宣子、顾德玉、俞仁夫、张以仁、秦简夫、钱霖、徐再思、屈子敬、陆登善、朱凯、王晔、王仲元、吴朴、孙子羽、高可通、董君瑞、李邦杰、高安道、吴昌龄、郝新庵、张洪范、红字李二、花李郎

由表2-1可知，《录鬼簿》记载的152位剧作家中为官者占多数，例如江浙行省务官、府判、州吏、路吏、宪令、参政、中丞、都事、县丞等；其次出现数量较多的就是文职官吏学士一职；另外有60余人未记载其身份。从《录鬼簿》的编排来看，上卷三组中，共97位剧作家，除25位为"不相知"外，以大都为代表的北方地区人员居多；下卷四组中，杭州籍贯剧作家最多，有35位，而北方地区剧作家无几。

（五）私家乐人

私家乐人作为重要的乐舞生产者，历代均有。元代贵族的奢靡生活使私家蓄妓之风盛行，当时日日娱乐、夜夜欢歌的现象极为普遍，以致政府要通过制定法律来制止豪绅贵族过分享乐的现象。如元代法律规定"诸职官父母亡,匿丧纵宴乐,遇国哀,私家设音乐,并罢不叙"①。

从史料来看,元代的私家乐人从来源来说,主要有三种情况:

其一,家主个人独立蓄养的乐人奴婢。元代等级森严的社会层级和贫富的两极分化,导致很多蒙古族贵族私自蓄养大量奴婢,这些奴婢中善乐舞者成为私家乐人的重要组成部分。当然,奴婢与乐人一样,都属于"贱民"阶层,地位十分低贱,没有独立性,任由家主随意处置。

其二,帝王赐赠或友人赠送。如元杂剧【仙吕】《点绛唇·赠妓》词中云:"【混江龙】妙舞几番银烛暗,清歌一曲彩云低。朝朝宴乐,夜夜佳期。偎红倚翠,绣幌罗帏。生在这锦营花阵繁华地。逞风流在销金帐里,叙幽情在燕子楼西。……【金盏儿】费追陪,笑相随,东家会了西家会。每日逢场作戏强支持,擎杯淹翠袖,翻酒污罗衣。抵多少惜花春起早,爱月夜眠迟。"②当然,在元代赠送乐人的现象极为普遍,这也是社会腐败的一个重要体现:"始以口味相遗,继以追贺馈送,窥其所好;渐以苟苴,爱声色者献之美妇,贪财利者赂之玉帛,好奇异者与之玩器。日渐一日,交结已深,不问其贤不肖,序齿为兄弟。"③

其三,强取豪夺。元代的社会结构是四等人制,这致使上层贵族生活极尽奢侈,手段极为粗鲁、残忍,多通过掠夺抢取的手段获得乐人供自己娱乐。如《元史》载星吉"多萃名倡巨贾以网大利,有司莫敢忤。……有胡僧曰小住持者,服三品命。恃宠横甚,数以事凌轹官府。星吉命掩捕之,得妻妾女乐妇女十有八人,狱具,罪而籍之"④。更有僧人公开掠夺良家女为娼妓,"诏以西天僧为司徒,西蕃僧为大元国师。其徒皆取良家女,或四人、或三人奉之,谓之供养。于是帝日从事于其法,广取女妇,惟淫戏是乐"⑤,或掠取良家子为其表演十六天魔舞供应个人享乐。

当然,由于私家乐人的特殊性,元代社会也出现了很多商贾贵族或政府官员娶乐人为妻妾的现象,甚至不惜代价。如陶宗仪《南村辍耕录》载:"李翠娥,维扬名倡也,石九山万户,纳置别业。石没,李誓不适他姓以辱身,终日闭阁诵经而已。"⑥为了制止这一现象,元朝政府出台了不准官员

---

① 宋濂,等. 元史 [M]. 中华书局编辑部,点校. 北京:中华书局,1976:2615.
② 隋树森. 全元散曲:下 [M]. 北京:中华书局,1964:1797-1798.
③ 转引自周良霄. 元史 [M]. 上海:上海人民出版社,2019:575.
④ 宋濂,等. 元史 [M]. 中华书局编辑部,点校. 北京:中华书局,1976:3438-3439.
⑤ 宋濂,等. 元史 [M]. 中华书局编辑部,点校. 北京:中华书局,1976:4583.
⑥ 陶宗仪. 元明史料笔记丛刊:南村辍耕录 [M]. 北京:中华书局,1959:180.

娶乐人为妻妾的政策,《元典章》记载:

> 今后乐人只教嫁乐人,咱每根底近行的人,并官人每,其余的人每,若娶乐人做媳妇呵,要了罪过,听离了者。①

二、元代非商业性音乐生产与消费的方式与成本

由于音乐生产者身份多样,随着音乐活动场所的变化,音乐生产的目的与方式也相应发生变化。皇室宫廷主导下及州府管辖下的音乐活动多为庆典和祭祀、郊庙礼仪等,彰显等级和规程;宗教性质音乐活动主要是凸显娱乐和教化民众;贵族或商贾的私家乐舞则是为了满足主人的娱乐需求;文人雅集行为则凸显个人内在精神审美需要。

(一)皇室宫廷主导下的音乐生产与消费

元代宫廷主导下的音乐生产与消费主要指以皇室为代表的乐舞生产与消费,主要集中在大都、上都、中都的皇室居所及皇室成员的活动之地,乐舞生产由皇室来组织完成,是一种以帝王为核心的国家乐舞生产行为,主要内容是国家五礼用乐,所谓"乐则郊祀天地,祭宗庙,祀先圣。大朝会用雅乐,盖宋徽宗所制大晟乐也。曲宴用细乐胡乐。驾行,前部用胡乐。驾前用清乐大乐,其部队遵依金制。驾后用马军。栲栲队,其俗有十六天魔舞,盖以朱缨盛饰美女十六人,为佛菩萨相而舞。"② 其主要生产者为宫廷所辖的在籍乐官、乐户和舞郎,他们分属于不同的音乐机构,并通过皇室统一进行资源分配。以皇室宫廷为主导的乐舞生产,其目的是满足统治阶级的娱乐需求、政治需要,生产和消费成本主要表现在乐人薪酬、服装、乐器、礼器、乐谱制作、场所建设等方面。

当然,需要指出的是元代统治者制定雅乐时"以本俗为主""征召汉儒制乐",这并非传统意义上的雅乐,所谓"元之五礼,皆以国俗行之,惟祭祀稍稽诸古"③。这说明元代唯有郊祀稍仿效中原之礼,其他诸礼依旧尊蒙古传统习俗,如"祖宗祭享之礼,割牲、奠马湩,以蒙古巫祝致辞,盖国俗也"④。

---

① 转引自武丹. 中国妓女生活史 [M]. 长沙: 湖南文艺出版社, 1990: 130.
② 叶子奇. 草木子 [M]. 中华书局编辑部, 点校. 北京: 中华书局, 1959: 65.
③ 宋濂, 等. 元史 [M]. 中华书局编辑部, 点校. 北京: 中华书局, 1976: 1779.
④ 宋濂, 等. 元史 [M]. 中华书局编辑部, 点校. 北京: 中华书局, 1976: 1831.

凸显蒙古传统习俗不仅仅在雅乐祭祀中，在宴飨乐舞的生产中也依然如此。如《元史》卷六十七载："元之有国，肇兴朔漠，朝会燕飨之礼，多从本俗。"① 作为宫廷最盛大的宴飨活动，"祖宗诈马宴滦都，桐酒哼哼载憨车。向晚大安高阁上，红竿雉帚扫珍珠"②。这些衣香鬓影、亭台楼阁、灯红酒绿、五彩斑斓的场景，鲜明地折射出元代统治阶级生活的纸醉金迷、穷奢极欲、腐化糜烂。《诈马行》序对元代皇室宗亲的宴飨乐舞生产的消费场景进行了生动描绘："乃大张宴为乐，惟宗王戚里、宿卫大臣，前列行酒，余各以所职叙坐合饮，诸坊奏大乐，陈百戏，如是者凡三日而罢。"③ 参加此宴的贵族和大臣必须有皇帝亲赐"质孙"衣服方可进入，需遵循礼仪程序，大宴前一定要由掌管金匮之书的大臣，捧出成吉思汗大札撒，诵读其中若干条文，后才开始饮酒作乐。元代文人的很多诗作描写了皇室贵族"诈马燕"的奢华场景。如贡师泰《上都诈马大燕》曰：

  紫云扶日上璇题，万骑来朝队仗齐。
  织翠绺长攒孔雀，镂金鞍重嵌文犀。
  行迎御辇争先避，立近天墀不敢嘶。
  十二街头人聚看，传言丞相过沙堤。④

杨允孚《滦京杂咏》云：

  千官万骑到山椒，个个金鞍雉尾高。
  下马一齐催入宴，玉阑干外换宫袍。⑤

柯九思《宫词》云：

  万里名王尽入朝，法官置酒奏箫韶。
  千官一色真珠袄，宝带攒装稳称腰。⑥

（二）州府管辖下的音乐生产与消费

所谓州府管辖下的音乐生产与消费是指这一时期地方州府组织进行的

---

① 宋濂，等. 元史 [M]. 中华书局编辑部，点校. 北京：中华书局，1976：1664.
② 杨镰. 全元诗：第四十四册 [M]. 北京：中华书局，2013：50.
③ 杨镰. 全元诗：第四十册 [M]. 北京：中华书局，2013：345.
④ 杨镰. 全元诗：第四十册 [M]. 北京：中华书局，2013：284.
⑤ 杨镰. 全元诗：第六十册 [M]. 北京：中华书局，2013：405.
⑥ 杨镰. 全元诗：第三十六册 [M]. 北京：中华书局，2013：2.

乐舞生产消费行为。从史料来看，元代地方州府组织的乐舞生产，其主要生产者由两类人员组成，一是政府所辖在籍乐人，一是地方政府临时或固定召集的礼乐户（乐舞生）。实际上，地方州府组织的礼乐户一方面要承应宫廷的祭祀活动，另一方面也要承担地方州府自行组织的礼乐活动。因此，隶属地方州府的礼乐户规模相对庞大。如至元三年（1266年）十二月，"籍近畿儒户三百八十四人为乐工。先是，召用东平乐工凡四百一十二人。中书以东平地远，惟留其户九十有二，余尽遣还，复入民籍"①。"中书以东平等处礼乐户道远，资粮费重，止留九十有二户，余遣之还，取京师旁近诸生三百八十有四人补其数"②。这两条文献明确指出地方州府所辖礼乐户进京应差人数有400余人，较中统元年（1260年）东平礼乐户进京应差人数增长两倍之多，可见前期元代的礼乐建设尚处在摸索阶段。

在国家所规定范围内，剧团、娼家都须承应官府使唤，叫作"唤官身"，③ 这是地方州府所辖在籍乐人的主要职责。州府作为在籍乐人的主要管理者，经常要求乐人为官府表演歌舞、散曲、杂剧等。元杂剧《汉钟离度脱蓝采和》第二折就描述了元代地方乐舞生产者从事应侍服务的现象：蓝采和正在家里高兴过生日喝酒时，官府一声"官身"，他必须立即行动，结果仍因"不遵官府，失误官身，拿下去扣厅打四十"④。即便是脱离乐籍之人，也会随时接到州府的应差要求。如元杂剧《玎玎珰珰盆儿鬼》第四折的唱词："［净上云］唤我的是那个？［张千云］你妻子在那里？［净云］他是乐户，除名久了也，还要唤官身哩？［张千云］嗯！包爷有勾，快叫他出来。"⑤ 这充分说明了乐籍制度的严酷性，以及地方州府对乐舞生产者的束缚，地方州府属于典型的恩主身份，乐人处于被奴役的状态。

州府管辖下的地方在籍乐人承应表演一般分为两种情况：

其一为迎新官上任的演出，对此，元杂剧《钱大尹智宠谢天香》描述得极为生动：

楔子：

> ［净张千上云］小人张千，在这开封府做着个乐探执事。我管的是

---

① 宋濂. 元史［M］. 中华书局编辑部，点校. 北京：中华书局，1976：1695-1696.
② 李修生. 全元文：第48册［M］. 南京：江苏古籍出版社，1998：323.
③ 钱南扬. 永乐大典戏文三种校注［M］. 北京：中华书局，2009：230.
④ 钱南扬. 永乐大典戏文三种校注［M］. 北京：中华书局，2009：230.
⑤ 臧懋循. 元曲选［M］. 北京：中华书局，1958：1408.

那僧尼道俗乐人，迎新送救。都是小人该管。如今新除来的大尹姓钱。一应接官的都去了。止有妓女每不曾去。此处有个行首是谢天香。他便管着这班门户人。须索和他说一声去。来到门首也。谢大姐在家么。

　　［旦见科云］哥哥，叫做什么？

　　［张千云］大姐，来日新官到任。准备参官去。

　　［旦云］哥哥，这上任的是什么新官？

　　［张千云］是钱大尹。

　　［旦云］莫不是波厮钱大尹么？

　　［张千云］你休胡说，唤大人的名讳。我去也，谢大姐，明日早来参官。①

第一折：

　　［外扮钱大尹引张千上诗云］……今日升堂坐起早衙。张千，有该佥押的文书将来我发落。

　　［张千云］禀的老爷知道，还有乐人每未曾参见哩。

　　［钱大尹云］前官手里曾有这例么？

　　［张千云］旧有此例。

　　［钱大尹云］既是如此，着他参见。

　　［张千云］参官乐人走动。②

由上可知，钱大尹听说有乐人参见，遂问张千："前官手里曾有这例么。"张千回答："旧有此例。"这充分说明，在官员的辞旧迎新重要场合中进行乐舞承应演出，是元代州府在籍乐人的一种重要乐舞生产形式。

其二为日常娱乐侑觞。地方州府官员在日常宴飨娱乐中，召唤所辖乐人随时进行乐舞演出活动是非常普遍的，这也是州府所辖在籍乐人的主要工作。如元杂剧《宦门子弟错立身》第十四出中，完颜寿马被其父颜皓首唤承应表演，就属于此种类型：

　　［外净上］［外白］老夫苍颜皓首，身为重职。深感吾皇，赐金紫双鱼，托赖洪福，采访五湖四海。真个能教官吏如冰洁，解使民心似水清。六儿，我如今在此闷倦，你与我去叫大行院来，做些院本解闷。

---

① 臧懋循. 元曲选［M］. 北京：中华书局，1958：141.
② 臧懋循. 元曲选［M］. 北京：中华书局，1958：141-142.

【三叠排歌】告恩官，听拜启：当日书房里，一意会佳期。蓦忽撞着伊公相，一时见却怒起，令人星夜捍分离。怎知道，今日做夫妻，谢得恩官作主议。①

此类乐舞生产消费的主体是州府官员，场所主要为州府宴飨之地，在此过程中乐人并没有获得商业回报，属于义务服务、职责所在。即便对"唤官身"的乐舞生产极为不满、排斥，不愿意参加，但由于担心失去人身自由，只能忍气吞声，无条件服务于地方州府的各类需求。元杂剧套数【般涉调】《耍孩儿·拘刷行院》描写了艺人被教坊乐官叫去应官身的过程以及艺人怀着复杂的心情去进行各种表演的状态：

昨朝有客来相访，是几个知音故友。道我数载不疏狂，特地来邀请闲游。自开宝匣抬乌帽，遂掇雕鞍辔紫骝。联辔儿相驰骤，人人济楚，个个风流。

【十三煞】穿长街蓦短衢，上歌台入酒楼。忙呼乐探差祗候：众人暇日邀官舍，与你几贯青蚨唤粉头。休辞生受，请个有声名旦色，迭标垛娇羞。

【十二】霎儿间羊宰翻，不移时雁煮熟，安排就。玉天仙般作念到三千句，救命水似连吞了五六瓯。盼得他来到，早涎涎澄澄，抹抹彪彪。

【十一】待呼小卿不姓苏，待唤月仙不姓周。你桂英性子实村纣，施施所事皆无礼，似盼盼多应也姓刘。满饮阑门酒，似线牵傀儡，粉做骷髅。

【十】黑鼻凹扫得下粉，歪髻子扭得出油，胭脂抹就鲜红口。摸鱼爪老粗如扒齿，担水腰肢脐似碌轴。早难道耽消瘦，不会投壶打马，则惯拨麦看牛。

【九】有玉箫不会品，有银筝不会揸，查沙着一对生姜手。眼挫间准备钳肴馔，酩子里安排捯按酒。立不住腔腔嗽，新清来的板齿，恰刷起黄头。

【八】青哥儿怎地弹，白鹤子怎地讴，燥躯老第四如何纽。恁胸怀休想我一缕儿顽涎退，白珠玉别得他浑身拙汗流。倒敢是十分丑。匾

---

① 钱南扬. 永乐大典戏文三种校注［M］. 北京：中华书局，2009：254-255.

扑沙拐孤撒尺,光笃鹿瓠子髑髅。

【七】家中养着后生,船上伴着水手,一番唱几般偷量酒。对郎君划地无和气,背板凳天生忒惯熟,把马的都能够。子宫久冷,月水长流。

【六】行咽作不转睛,行交谈不住手,颠倒酒淹了他衫袖。狐朋狗党过如打掳,虎咽狼餐胜似趁熟,谨得十分透。鹅脯儿砌末包裹,羊腿子花篓里忙收。

【五】张解元皱定眉,李秀才低了头,不堤防这样淹偨僽。他做女娘尽世儿夸着嘴,俺做子弟今番出尽丑。则索甘心受,落得些短吁长叹,怎能够交错觥筹。

【四】忍不得腹内饥,揣不得脸上羞,休猜做饱谙世事慵开口。俺座间虽无百宝妆腰带,您席上怎能够真珠络臂鞲。闻不得腥臊臭,半年两番小产,一日九遍昏兜。

【三】江儿里水唱得生,小姑儿听记得熟。入席来把不到三巡酒,索怯薛侧脚安排趄,要赏钱连声不住口。没一盏茶时候,道有教坊散乐,拘刷烟月班头。

【二】提控有小朱,权司是老刘,更有那些随从村禽兽。諕得烟迷了苏小小夜月莺花市,惊得云锁了许盼盼春风燕子楼。慌煞俺曹娥秀,抬乐器眩了眼脑,觑幅子叫破咽喉。

【一】上瓦里封了门,下瓦里觅了舟。他道眼睁睁见死无人救。比怕阎罗王罪恶多些人气,似征李志甫巡军少个犯由。恰便似遭遗漏,小王抗着毡缕,小李不放泥头。

【尾】老卜儿藉不得板一味地赸,狠撅丁夹着锣则顾得走。也不是沿村串疃钻山兽,则是喑气吞声丧家狗。①

(三) 宗教活动中的音乐生产与消费

元代是宗教信仰相对自由的朝代,统治者一度信奉藏传佛教,对佛事活动表示无条件支持。《祭祀志》载,大德七年(1303年),佛事消耗多达五百余种,如大婚、出行,凡百兴作,无不受戒,亦无不作好事。如祈雨、祈风、止雨、镇雷、荧星、修疫、超度等,须要番僧佛事祈祷。直至天历

---

① 隋树森. 全元散曲:下 [M]. 北京:中华书局,1989:1821-1822.

二年（1329年）春，"佛事岁费，以今较旧，增多金千一百五十两、银六千二百两、钞五万六千二百锭、币帛三万四千余匹"①。元廷佛事活动之繁杂、耗资之巨，每年固定二月左右举行的游皇城活动体现得淋漓尽致。至元四年（1267年）二月八日：

> 南北二城，行院、社直、杂戏毕集，恭迎帝坐金牌与寺之大佛游于城外，极甚华丽……其例于庆寿寺都会，先是得旨，后中书札下礼部，行移各属所司，默整教坊诸等乐人、社直，鼓板、大乐、北乐、清乐，仪凤司常川提点，……于以见京师极天下之壮丽，于以见圣上兆开太平与民同乐之意。……盖一以奉诏，二以国殷，故内帑所费，动以二三万计。②

显然，从城内至城外，从教坊至仪凤，从鼓吹至杂部，从千优至万军，从宝车至舞马，从红衣舞裙至白色伞盖，从蚩氓挥雨至士女簇坐，极大显示出统治者"崇尚其教而敬礼之，日盛月益，大抵为宗社生灵计也"③。也充分说明佛事活动中乐舞生产消费之庞大和隆重。

萨满教作为蒙古族原始宗教，常常负责占卜、祭祀事务。每年十二月十六日后，太祝、巫祝会选取合适日期，用白、黑羊毛为线，将帝后与太子从头顶至手足皆用羊毛线缠绕，坐于寝殿。巫祝念咒语，拿银槽贮火，将米糠置于其中，握以酥油，用烟熏帝之身，断所系毛线，纳诸槽内。又以红帛数寸，由帝手裂碎，唾三，并投火中。帝后与太子解开所穿衣帽交给巫祝，有解脱旧灾、迎新福的寓意。"萨满在跳神中，举凡神鬼天人的喜、怒、哀、乐，场面的热烈、阴森、欢腾、恐怖以及各种情感的表现，都离不开鼓点的渲染和烘托。"④ 元代诗人吴莱《北方巫者降神歌》生动地描写了萨满驱神活动中的乐舞生产盛况：

> 天深洞房月漆黑，巫女击鼓唱歌发。
> 高梁铁镫悬半空，塞向墐户迹不通。
> 酒肉滂沱静几席，筝琵朋挏凄霜风。

---

① 宋濂，等. 元史 [M]. 中华书局编辑部，点校. 北京：中华书局，1976：728.
② 熊梦祥. 析津志辑佚 [M]. 北京图书馆善本组，辑. 北京：北京古籍出版社，1983：214-215.
③ 李修生. 全元文：第25册 [M]. 南京：江苏古籍出版社，1998：454.
④ 田青. 中国宗教音乐 [M]. 北京：宗教文化出版社，1997：268.

> 暗中铿然那敢触，塞外袄神唤来速。
> 陇坻水草肥马群，门巷光辉耀狼纛。
> 举家侧耳听语言，出无入有凌昆仑。
> 妖狐声音共叫啸，健鹘影势同飞翻。①

元代的道教音乐随着道教的兴盛而得到快速发展。道教中的很多教主多出自文人儒士，他们弹琴饮茶、喝酒吹笙、吟诗雅集、相互唱和的生活方式影响了道教音乐的风格，促进了道教音乐的雅致化。元代诗人张雨在《奔月卮歌答铁崖所作》一诗中描述了道士的生活状态：

> 蜃物还来作饮器，日夜雄虹绕林屋。
> 一扇桃核宽有余，半叶蕉心卷未舒。
> 饮非其人跃如水，怪雨盲风生坐隅。
> 置之天上白玉盘，斗柄挹酒长阑干。
> 李白跳下鲸鱼背，持劝我饮相交欢。②

同样，作者的另一首诗《玉笙谣》也描写了道士吹笙的宗教乐舞生活：

> 我有紫霞想，爱闻白玉笙。
> 悬匏比竹无灵气，昆丘采此十二茎。
> 凰咮衔明珠，皇翼排素翎。
> 荷华陆郎妙宫徵，子晋仙人初教成。
> 月下吹参差，群雄亦和鸣。
> 缑氏山头白云起，七月七日来相迎。
> 长谢时人一挥手，飘下满空鸾鹤声。③

在宗教活动中从事乐舞生产的群体由政府管辖的职业乐人和僧道之人组成，消费主体是参与乐舞活动的信教之徒、普通民众，表演内容以宣传教义和自我体悟为核心。

（四）民俗活动中的音乐生产与消费

元代虽实施等级制度，汉人与南人处于下等位，但民间习俗活动仍采

---

① 杨镰. 全元诗：第四十册[M]. 北京：中华书局，2013：17.
② 杨镰. 全元诗：第三十一册[M]. 北京：中华书局，2013：352.
③ 杨镰. 全元诗：第三十一册[M]. 北京：中华书局，2013：314.

用汉俗旧历。元宵这一天，街上灯火通明、锣鼓喧天，张灯结彩，人们身穿华服纷纷出行游街，神庙前有女乐歌舞，戏台有路歧人表演管箫之声。郑玉《元宵诗用仲安韵》生动地刻画了元宵节民众乐舞生产消费的情景：

> 赏罢花灯步月归，自将拄杖叩柴扉。
> 回头形影惊相吊，但觉从前百事非。
> 天下承平近百年，歌姬舞女出朝鲜。
> 燕山两度逢元夕，不见都人事管弦。
> 市上灯张玉井莲，门前箫鼓更喧天。
> 先生懒向儿童语，闭户高居但欲眠。①

商衟散曲套数【南吕】《梁州第七·戏三英》也形象地描述了元代元宵节都城民众的乐舞生产消费盛况：

> 暖律回春过腊，融和布满天涯。禁城元夜生和气，况金吾不禁，良宵欢洽。九衢三市，万户千门。重重绣帘高挂，列银烛荧煌家家斗骋奢华。玉帘灯细撚琼丝，金莲灯匀排艳葩，栀子灯碎剪红纱。壁灯儿，巧画。过街灯照映纱灯戏灯机关妙，滚灯转甕灯耍。月灯高悬水灯戏，将天地酬答。
>
> 【幺】彩结鳌山对耸，箫韶鼓吹喧哗。仕女王孙知多少？宝鞍锦轿，来往交叉。酒豪诗俊，谢馆秦楼。会传杯笑饮流霞，见游女行歌尽落梅花。向杜郎家酒馆里开樽，王厨家食店里饭罢，张胡家茗肆里分茶。玉人，娇姹。爱云英辨利绛英天然俊，共联臂同把。偶过平康赏茗妓，越女吴姬。
>
> 【赚煞】绮罗珠翠金钗插，兰麝风生异香撒，弦管相煎声咿哑。民物熙熙，谁道太平无象？听歌舞见风化，酩酊归来，控玉骢不记得还家。唱道玉漏沉沉，楼头仿佛三更打。灯影伴月明下，醉醺醺婉英扶下马。②

显然，在民俗活动、节庆活动中，从宫廷至乡村皆有歌舞表演，正如《元夕观傀儡》所言："一曲太平钱舞罢，六街人唱看灯词。"③

---

① 杨镰. 全元诗：第四十册[M]. 北京：中华书局，2013：231.
② 隋树森. 全元散曲：上[M]. 北京：中华书局，1964：20.
③ 杨镰. 全元诗：第十八册[M]. 北京：中华书局，2013：89.

元代清明节与寒食节为同一天，据《析津志辑佚》，节日时都城内"上自内苑，中至宰执，下至士庶，俱立秋千架，日以嬉游为乐"①。市民、贵族皆着金绣衣襦，制作香囊，举办宴席。其娱乐活动是"邻姬每门来邀会，去年时没人将我拘管收拾，打千秋，闲斗草，直到个昏天黑地"②。元杂剧《逞风流王焕百花亭》第一折描述了当时的乐舞生产与消费情形：

> 时遇清明节令，不免到城外陈家园百花亭上游玩一遭。
> ［做行科云］你看这郊外，果然是好景致。只见香车宝马，仕女王孙，蹴鞠秋千，管弦鼓乐，好不富贵也呵！③

元无名氏所写【中吕】《四换头》描写了清明节江南民间的乐舞生活：

> 清明时候，才子佳人醉玉楼。纷纷花柳，飘飘襟袖。行歌载酒，花老人依旧。
> 西湖烟岸，莲荡风生六月寒。邻船歌板，诗囊文翰。醉余兴阑，悲有限欢无限。④

元代端午节又称"蕤宾节"，都城内"曾齐唱，端午词，香艾插交枝。琼酥腕，系彩丝。酒浓时，压匾了黄金钏儿"⑤。《析津志辑佚》载，大都"南北城人于是日赛关王会，有案，极侈丽。貂鼠局曾以白银鼠染作五色毛，缝砌成关王画一轴，盘一金龙，若鼓乐、行院，相角华丽，一出于散乐所制，宜其精也"⑥。元杂剧《四丞相高会丽春堂》第一折也生动描绘了民间和宫廷在端午节时的乐舞生活：

> 【混江龙】端的是走轮飞鞚，车如流水马如龙。绮罗香里，箫鼓声中，盛世黎民歌岁稔，太平圣主庆年丰。正遇着蕤宾节届，今日个宴赏群公。光禄寺醅江酿海，尚食局炮凤烹龙，教坊司趋跄妓女，仙音院整理丝桐，都一时向御苑来供奉。恰便似众星拱北，万水朝东。⑦

---

① 转引自李金龙. 北京民俗文化考：上［M］. 北京：北京邮电大学出版社，2017：271.
② 关汉卿. 关汉卿集校注：第一册［M］. 蓝立蓂，校注. 北京：中华书局，2018：32.
③ 臧懋循. 元曲选［M］. 北京：中华书局，1958：1425.
④ 隋树森. 全元散曲：下［M］. 北京：中华书局，1964：1706.
⑤ 隋树森. 全元散曲：下［M］. 北京：中华书局，1964：1724.
⑥ 转引自李金龙. 北京民俗文化考：上［M］. 北京：北京邮电大学出版社，2017：392.
⑦ 臧懋循. 元曲选［M］. 北京：中华书局，1958：900.

总的来看，元代民间风俗活动中的乐舞生产者以职业乐人或半职业乐人为主。在不同民族风俗习惯的主导之下，受政府组织或商贾、官宦人家的资助，不同类型的乐舞活动出现在都市、街道、乡村等场地，社会各个阶层的民众都会参与其中，其内容丰富多样，以满足民众娱乐、举办仪式的需求和宣泄情感。

（五）贵族私家中的音乐生产与消费

元代私家中的乐舞生产与消费盛行，贵族世家有蓄妓之风。注重享受的贵族、商贾常常在家中宴飨，在吟诗唱和、推杯换盏的过程中沉迷于声色之娱。

元代贵族私家的乐舞生产与消费之豪奢令同是朝中显贵的文士不由得发出"富贵之家，姬妾之盛，珠翠绮绣之繁，声乐肴馔之侈，何可当也！"①的感慨。元人姚桐寿在《乐郊私语》中也记载了这种盛况，如浙江海盐人，曾任嘉仪大夫、杭州路总管的杨梓家中就蓄有家僮数千，无有不善南北曲者。《元史》卷一百四十四"星吉"条记载了镇守武昌的威顺王"起广乐园，多萃名倡巨贾以网大利，有司莫敢忤"②。

显然，豪绅贵族私家乐舞生产与消费的对象为他们所蓄养或雇佣的乐人，有些乐人盛名于世。如被誉为"园池、声伎之盛，甲于天下"的顾阿瑛，他恩主家中先后有天香秀、丁香秀、南枝秀、小桃红、小瑶池，小琼华和小琼英等知名乐人。从类型来看，有擅长歌舞的，也有擅长表演杂剧的，种类繁多。③

现存元代壁画也为考证这一时期贵族私家乐舞生产与消费提供了充分证据。如陕西省出土的洞耳村元墓，其中墓室的东壁和东南壁有《醉归乐舞图》（图2-1），生动表现了蒙古贵族醉酒欲归，随侍乐舞相娱的场面。画面人物共6个，其中有乐人头戴黑色斗行笠帽，着左衽红衣、系带蹬靴，怀抱四弦"火不思"进行演奏。④

---

① 转引自楼含松. 中国历代家训集成：2 [M]. 杭州：浙江古籍出版社，2017：1255.
② 宋濂，等. 元史 [M]. 中华书局编辑部，点校. 北京：中华书局，1976：3438.
③ 谭帆. 优伶史 [M]. 上海：上海文艺出版社，1995：47.
④ 陕西省考古研究院. 陕西蒲城洞耳村元代壁画墓 [J]. 考古与文物，2000（1）：16−21.

图 2-1　陕西洞耳村元墓东壁、东南壁《醉归乐舞图》

山西省运城市西里庄元墓壁画（图 2-2、图 2-3）则描绘了富庶之家雇佣家班为其表演的场景。长方形墓室四壁绘满壁画，其中北边绘制的墙壁为墓主人神主所在，有香炉、烛台、幔帐及侍女。东西两边墙壁则绘制了艺人们的演出图，12 个艺人或演奏乐器，或扮演作场。艺人们都朝向北面的墙壁，为墓主人演奏。尤其是东壁第一人为小孩，所绘三男二女，各持竹竿、琵琶、横笛、拍板、觱篥，与西壁戏剧壁画相对，正在为戏剧的演出伴奏。

图 2-2　山西运城西里庄元墓西壁奏乐壁画

图 2-3　山西运城西里庄元墓东壁奏乐壁画

当然，在贵族私家的乐舞生产中，也存在一种比较特殊而又普遍的现象，即由贵族豪绅的妻妾取代乐妓奴婢进行演出，强调自家妻妾的歌舞佐乐能力。如元代潘七的妾室皆年轻貌美，善于撰词组曲，诗人陈基在《群珠碎伤吴帅潘元绍众妾作》一诗中描述了潘七的妻妾日常乐舞画面：

> 翠靴踏云云帖妥，海棠露湿胭脂朵。
> 冶情纷作蝶恋春，新曲从翻玉连琐。
> 画堂银烛天沉沉，扬眉一笑轻千金。
> 明珠买得绿珠心，欲挥鱼肠扫妖彗。
> 主君勿疑心似醉，一宵痛击群珠碎。
> 门前铁骑嘶寒风，奇勋解使归元戎。①

诗人黄庚在《修竹宴客东园次韵》一诗中也描述了他本人携妻妾为宾朋进行乐舞佐食的现象：

> 二月韶光泼眼浓，携樽宴客小亭东。
> 酒当半醉半醒处，春在轻寒轻暖中。
> 拂槛柳添吟鬓绿，压阑花妒舞衣红。
> 晚来听唱梁州曲，声绕吴姬扇底风。②

---

① 杨镰. 全元诗：第五十五册[M]. 北京：中华书局，2013：266.
② 杨镰. 全元诗：第十九册[M]. 北京：中华书局，2013：51.

贾仲明在杂剧《铁拐李度金童玉女》的第一折也有类似描述：

你看那梅香小玉，了鬟使数，相随相从。鸾箫吹，象板敲；皓齿歌，细腰舞；琉璃钟，琥珀酦，呀！①

显然，贵族私家的乐舞消费场所主要集中在蓄妓的恩主家中，表演内容以满足恩主个人喜好为主，乐舞的消费对象则是恩主及受邀参加宴会的友客，其目的更多是满足恩主个人的享乐需求。

（六）文人雅集活动中的音乐生产与消费

文人雅集活动主要以游山玩水、诗酒唱曲及琴曲欣赏为主，凸显以文会友、切磋技艺、娱乐至上的目的，因此表演场所比较随意。乐舞生产的主体依然是乐妓，从文献来看，更多的是社会知名乐人、行首，他们在筵席中进行唱曲表演，佐酒侑觞，表演内容以即兴技艺为主。

每逢佳节倍思亲，多愁善感之文人在佳节之际，常常喜邀二三好友，用诗酒助兴以表达对亲友的思念之情；或与三五知己促膝长谈，远离喧嚣与名利，把酒言欢。元代词人胡祗遹《木兰花慢》一词生动地刻画了这一时期文人的这种乐舞生活状态：

爱玲珑红玉，光照夜，满庭春。更翠焰浮空，朱明射月，和气留人。河东上元佳节，念客怀、谁与作情亲。喜二三更雅集，清欢满意殷勤。

人生元夜几番新。贤主亦佳宾。尽月转参横，香残烛烬，犹胜芳晨。团圞膝前儿女，放杯行、到手莫辞频。灯火佳庭此夕，明朝世务红尘。②

无须为名利所扰的雅集活动多以清雅、自在、畅意为前提。如《南村辍耕录》载，"龙麟洲先生过福建，宪府设宴，命官奴小玉带佐觞。酒半，宪使举杯请曰：'今日之欢，皆玉带为也，愿先生酬之以诗，先生其毋辞。'"③显然，雅集之中，诗、酒、乐浑然一体，文雅之至，满席皆欢，一时风致可想而知，非野儒俗士所能及。这也致使很多文人流连忘返，日思夜想，所谓：

---

① 臧懋循. 元曲选［M］. 北京：中华书局，1958：1094.
② 杨镰. 全元词：上册［M］. 北京：中华书局，2019：341.
③ 陶宗仪. 元明史料笔记丛刊：南村辍耕录［M］北京：中华书局，1959：274.

菡萏池边风满衣，木犀庭下雨霏霏。
老夫记得坡仙语，病体难禁玉带围。①

一些行首、名角也常常被邀请参加文士的雅集活动。如夏庭芝《青楼集》载："一分儿，姓王氏，京师角妓也。歌舞绝伦，聪慧无比。一日，丁指挥会才人刘士昌、程继善等于江乡园小饮。王氏佐樽。"② 元许有孚《嘉莲亭宴罢，奉陪泛舟，夜分始归，赋诗三十韵。是日之宴，渤海县尹吴安之以使来具也》一诗也描述了此种现象：

池亭秩芳筵，落日船始放。晴空散余霞，秋水净氛埃。
…… ……
侑以二名姬，朱弦倚清唱。凝云响空翠，幽禽或翙翙。
所愧杯行迟，负此百川量。须臾群动息，露气白沆砀。
洒然毛骨轻，不独情绪畅。灯火空蒙中，仿象江湖上。
陋彼西园游，飞盖何冗长。云胡渼陂行，亦复怯风浪。
而我方扣舷，冯虚恣摇荡。吾兄严郑流，高节张邴亢。
少饮如醉翁，浮此斋画舫。③

此外，雅集之中，文人也常常亲自参与乐舞生产，并与艺人相互切磋技艺。如诗人朱德润在《和杨廉夫县尹游山诗韵》中云：

青山倚天高，崖谷入晦冥。
虎豹踞九关，无繇闭岩扃。
企想贤哲士，寥落如晨星。
寒风健鸟翮，暑雨吹鱼腥。
竹枝变韶舞，羯鼓如震霆。
黄流浑淳源，浮尘淬沧溟。
凤去几千载，苍梧山更青。④

《山居新语》卷四记载了元代吴人黄子久与友人游孤山，竞相吹奏铁笛

---

① 陶宗仪. 元明史料笔记丛刊：南村辍耕录 [M]. 北京：中华书局，1959：274.
② 夏庭芝. 青楼集 [M] //中国戏曲研究院. 中国古典戏曲论著集成：二. 北京：中国戏剧出版社，1959：37.
③ 杨镰. 全元诗：第三十六册 [M]. 北京：中华书局，2013：58－59.
④ 杨镰. 全元诗：第三十七册 [M]. 北京：中华书局，2013：134.

的雅事：

> 黄子久……阎子静、徐子方、赵松雪诸名公莫不友爱之。一日与客游孤山，闻湖中笛声。子久曰："此铁笛声也。"少顷，子久亦以铁笛自吹下山。游湖者吹笛上山，乃吾子行也。二公略不相顾，笛声不辍，交臂而去。一时兴趣又过于桓伊也。①

当然，文人寄情山林，热爱雅集，在酒宴之中恣意洒脱、远离名利、适性自在，并将其作为一种生活常态，实际上体现了文士阶层在社会矛盾之下，在深受压迫、歧视，报国无门的痛苦中，只能在夹缝中求生存，借助酒乐来消解内心苦闷，以求获得精神世界的满足。

三、元代非商业性音乐生产与消费的主要产品类型

（一）宫廷雅乐

元朝初建时期，统治者就搜集各地的乐舞人才、乐器、礼器用以构建国家雅乐体系。如太宗十二年（1240年）四月，"始命制登歌乐，肄习于曲阜宣圣庙"②。至元元年（1264年），元世祖忽必烈"括金乐器散在寺观民家者。先是，括到燕京钟、磬等器，凡三百九十有九事，下翟刚辨验给价"③。至元三年（1266年），"初用宫县、登歌、文武二舞于太庙"④。至元八年（1271年），"命刘秉忠、许衡始制朝仪"⑤。至元十三年（1276年）二月，"太常寺祭器、乐器、法服、乐工、卤簿、仪卫，宗正谱牒"⑥。至元二十一年（1284年），"丁未，括江南乐工"⑦。至元二十二年（1285年）正月，"徙江南乐工八百家于京师"⑧。至元三十年（1293年），"又撰社稷乐章"⑨。成宗大德年间（1297—1307年），"制郊庙曲舞，复撰宣圣庙乐章"⑩。至此，元代雅乐登歌以传统礼乐文化为背景，广泛吸取前代之制，

---

① 杨瑀. 元明史料笔记丛刊：山居新语 [M]. 余大钧，点校. 北京：中华书局，2006：231.
② 宋濂，等. 元史 [M]. 中华书局编辑部，点校. 北京：中华书局，1976：1691.
③ 宋濂，等. 元史 [M]. 中华书局编辑部，点校. 北京：中华书局，1976：1694.
④ 宋濂，等. 元史 [M]. 中华书局编辑部，点校. 北京：中华书局，1976：1664.
⑤ 宋濂，等. 元史 [M]. 中华书局编辑部，点校. 北京：中华书局，1976：1664.
⑥ 宋濂，等. 元史 [M]. 中华书局编辑部，点校. 北京：中华书局，1976：122.
⑦ 宋濂，等. 元史 [M]. 中华书局编辑部，点校. 北京：中华书局，1976：264.
⑧ 宋濂，等. 元史 [M]. 中华书局编辑部，点校. 北京：中华书局，1976：272.
⑨ 宋濂，等. 元史 [M]. 中华书局编辑部，点校. 北京：中华书局，1976：1664.
⑩ 宋濂，等. 元史 [M]. 中华书局编辑部，点校. 北京：中华书局，1976：1664.

根据本朝习惯适度修改,并通过儒生完成礼仪礼乐的相关配置问题,这也正是元代雅乐创制的独特之处。

元代制定了雅乐登歌的不同运用场所和具体仪制,"凡乐,郊社、宗庙,则用宫县","社稷,则用登歌"。① 具体来说,郊祀仪注相对复杂,《元史》卷七十一对此有明确记载:

> 七日奠玉币……大乐令率工人二舞入位……近侍官与大礼使皆后从皇帝入门,宫县乐作。……降神乐作,《天成之曲》六成……宫县乐作……北向立,乐止。……执大圭,乐作,至午陛,乐止。升阶,登歌乐作,至坛上,乐止。宫县钦成之乐作……乐止。……登歌乐作,降阶,乐止。宫县乐作……东向立,乐止。……八日进馔。……皇帝出次,宫县乐作……北向立,乐止。……执圭,乐作,至午陛,乐止;升阶,登歌乐作,至坛上,乐止。……宫县乐作,奏《明成之曲》……西向立……宫县乐作。……皇帝再拜兴,平立。乐止。……登歌乐作。……皇帝再拜兴……乐止。……登歌乐作,降至午陛,乐止。宫县乐作,至位,东向立,乐止……文舞退,武舞进,宫县乐作,奏《和成之曲》,乐止。……登歌乐作,奏《宁成之曲》,卒彻,乐止。……送神乐作,《天成之曲》一成,止。礼仪使奏礼毕……宫县乐作,出门乐止……②

祭祀宗庙的用乐内容和仪制如下:

> 五日晨祼。……协律郎俯伏兴,举麾,工鼓柷,宫县乐作《思成之曲》……作文舞九成止。乐奏将终,……协律郎跪俯伏兴,举麾,工鼓柷,宫县《顺成之乐》作。至版位东向,……乐止。……六日进馔。……宫县乐作,奏无射宫《嘉成之曲》。……七日酌献。……宫县乐作……升殿。宫县乐作,至西阶下,乐止。……宫县乐作,奏《开成之曲》。……北向立,乐止。……登歌《禧成之乐》作,……登歌《丰成之乐》作,……送神《保成之乐》作,一成止。……宫县《昌宁之乐》作,出门乐止。③

---

① 宋濂,等. 元史 [M]. 中华书局编辑部,点校. 北京:中华书局,1976:1767.
② 宋濂,等. 元史 [M]. 中华书局编辑部,点校. 北京:中华书局,1976:1809-1813.
③ 宋濂,等. 元史 [M]. 中华书局编辑部,点校. 北京:中华书局,1976:1849-1854.

除上述之外，还有郊祀的摄祀之仪，宗庙的亲谢礼、摄行告谢仪、荐新仪，太社太庙、三皇庙祭祀礼乐等用乐，合计一百余首。

《元史》卷三十二还记载了宫廷雅乐登歌所用乐器及其组合，归纳起来，所用乐器有以下几种类别：

打击乐器，有编钟、钟、镈钟、编磬、磬、晋鼓、树鼓、雷鼓、雷鼗、路鼓、路鼗、柷、敔等。

弹拨乐器，有琴（一弦、三弦、五弦、七弦、九弦）、瑟等。

吹管乐器，有箫、笛、篪、埙、巢笙、和笙、七星匏、九曜匏、闰余匏、竽等。

还有文舞之器（舞人所执、所奏），有籥、龠、翟等。

武舞之器（舞人所执、所奏），有旌、干、戚、金錞、金钲、金铙、单铎、双铎、雅鼓、相鼓、鼗鼓等。①

（二）宫廷宴乐

元代对宫廷宴乐极为重视，所谓"国有朝会庆典、宗王大臣来朝、岁时行幸，皆有燕飨之礼"②。马可·波罗接受蒙古大汗盛情款待时，曾亲眼见到奢华的宴乐场面："大汗饮时，众乐皆作，乐器无数。大汗持盏时，诸臣及列席诸人皆跪，大汗每次饮时，各人执礼皆如上述。……食毕撤席，有无数幻人艺人来殿中，向大汗及其他列席之人献技。"③《南村辍耕录》也记载了天子宴乐活动的盛大场景："五侯卿相合坐者坐，合立者立。于是众乐皆作，然后进酒，诣上前，上饮毕，投觞。众乐皆止。别奏曲，以饮陪位之官，谓之喝盏。"④ 由此可见，元代宫廷宴飨乐舞活动虽然没有两宋宫廷燕乐盏制的严谨和庞大，但表演内容、奢华程度依然堪比前代。

从史料来看，元代宴飨活动中所表演乐舞类型主要有大曲、舞蹈、乐曲、杂剧等。如《白翎雀》，由教坊伶人硕德闾所创作，国朝教坊大曲也。诗人张思廉《白翎雀》生动地描绘了该乐曲在宫廷演出的场景：

> 真人一统开正朔，马上鞍鞯手亲作。
> 教坊国手硕德闾，传得开基太平乐。

---

① 宋濂，等. 元史 [M]. 中华书局编辑部，点校. 北京：中华书局，1976：1703-1707.
② 赵世延，等. 经世大典辑校：上 [M]. 周少川，等，辑校. 北京：中华书局，2020：177.
③ 马可·波罗. 图释马可·波罗游记 [M]. 冯承钧，译. 长春：吉林出版集团有限责任公司，2009：114.
④ 陶宗仪. 元明史料笔记丛刊：南村辍耕录 [M]. 北京：中华书局，1959：262-263.

檀槽舒呀凤凰腭，十四银镮挂冰索。
摩诃不作兜勒声，听奏筵前白翎雀。
霜曈曈，风壳壳，白草黄云日色薄。
玲珑碎玉九天来，乱撒冰花洒毡幕。
玉翎琤琨起盘礴，左旋右折入寥廓。
峚嵂孤高绕羊角，啾唧百鸟纷参错。
须臾力倦忽下跃，万点寒星坠丛薄。
砉然一声震龙拨，一十四弦喑一抹。
驾鹅飞起暮云平，鸳鸟东来海天阔。
黄羊之尾文豹胎，玉液淋漓万寿杯。
九龙殿高紫帐暖，踏歌声里欢如雷。
白翎雀，乐极哀。节妇死，忠臣摧。
八十一年生草莱，鼎湖龙去何时回？①

《海清拿天鹅》也是元代创作的反映我国北方少数民族狩猎生活的音乐作品，常在宫廷宴飨时演出，所谓"为爱琵琶调有情，月高未放酒杯停。新腔翻得凉州曲，弹出天鹅避海青"②。

对于能歌善舞的蒙古族而言，舞蹈表演必不可少，最具代表性的属于十六天魔舞。表演时法帽金玉手执数珠，又有宫女十六人，垂发数辫，戴象牙佛冠，身披璎珞，穿大红绡金长短裙，云肩，合袖天衣，绶带，执法器而舞。伴奏11人。名十六天魔舞。③ 舞女中有三圣奴、妙乐奴和文殊奴最受宠爱，所谓"队里惟夸三圣奴，清歌妙舞世间无。御前供奉蒙深宠，赐得西洋塔纳珠。按舞婵娟十六人，内园乐部每承恩。缠头例是宫中赏，妙乐文殊锦最新"④。此舞表演时还伴有《河西天魔供奉曲》与《金字经》的歌唱。

摆字舞是元代宫廷宴飨中一种常见的集体舞蹈形式，一般是在皇帝坐骑行至御天门前，教坊舞女在御座前且歌且舞相引导，并舞出"天下太平"四个字。如张昱《辇下曲》其十五云：

---

① 陶宗仪.元明史料笔记丛刊:南村辍耕录[M].北京:中华书局,1959:248-249.
② 杨镰.全元诗:第六十册[M].北京:中华书局,2013:408.
③ 吕艺生.舞蹈大辞典[M].北京:中国戏剧出版社,1994:45.
④ 钱谦益.列朝诗集:第一册[M].许逸民,林淑敏,点校.北京:中华书局,2007:62.

> 全装节仗冒金钱，振铤高擎玉陛前。
> 鞞袖行交太平字，回銮犹自步蹁跹。①

在表演时要求乐舞生产者舞转星河、歌声滔天，齐声起和，顿足错落，表达太平之意，以博统治者心欢。

鹧鸪舞是元代宫廷宴会百戏呈现之前所表演的舞蹈，周宪王《元宫词》其九十三有着生动描绘：

> 大宴三宫旧典谟，珍羞络绎进行厨。
> 殿前百戏皆呈应，先向春风舞鹧鸪。②

宴飨之中，教坊伶人随鹧鸪曲而舞，所谓"月宫小殿赏中秋，玉宇银蟾素色浮。官里犹思旧风俗，鹧鸪长笛序《梁州》"③。随后表演"倒喇传新曲，瓯灯舞更轻，筝琶齐入破，金铁作边声"。在《历代旧闻·京都杂咏》一诗的注释中提及"元有倒喇之戏，谓歌也……又顶瓯灯起舞"④。

歌曲在宴会活动中也是必不可少的项目，如冯梦龙所记录的元武宗时期的宫廷宴会：

> 令宫女披罗曳縠，前为《八展》舞，歌《贺新郎》一曲。……歌毕，帝悦，赐八宝盘玕瑻盏。诸妃各起贺。酒半酣，菱舟进鲜，莲艇奉实。繇是下令两军水击为戏，风旋云转，戟刺戈横，战既毕，军中乐作，唱《龙归洞》之歌而还。⑤

有时候宫廷乐队在承应表演时，会将曲牌进行连缀而唱，如将【长春柳】【新水令】【沽美酒】【太平令】【万年欢】【水仙子】【青山口】等连缀表演。

杂剧作为俗乐发展的巅峰之作，同样受到统治者喜爱。朱有燉所创《元宫词》有大量内容描写了元代宫廷宴飨表演杂剧的盛况，并在序言中强调："永乐元年，钦赐予家一老妪，年七十矣，乃元后之乳姆。女常居宫中，能通胡人书翰，知元宫中事最悉。间尝细访之，一一备陈其事，故予

---

① 杨镰. 全元诗：第四十四册 [M]. 北京：中华书局，2013：49.
② 钱谦益. 列朝诗集：第一册 [M]. 许逸民，林淑敏，点校. 北京：中华书局，2007：65.
③ 钱谦益. 列朝诗集：第一册 [M]. 许逸民，林淑敏，点校. 北京：中华书局，2007：62.
④ 王克芬. 中国古代舞蹈史话 [M]. 北京：人民音乐出版社，1980：81.
⑤ 邓子勉. 明词话全编：第五册 [M]. 南京：凤凰出版社，2012：2987.

诗百篇皆元宫中实事。"① 从朱有燉记载来看，元代宫廷宴飨表演的杂剧剧目很多，如《史鱼尸谏卫灵公》，《元宫词》有曰：

> 尸谏灵公演传奇，一朝传到九重知。
> 奉宣赍与中书省，诸路都教唱此词。

《伊尹扶汤》在《元宫词》中也有提及：

> 初调音律是关卿，伊尹扶汤杂剧呈。
> 传入禁垣官里悦，一时咸听唱新声。②

元代教坊艺人在表演杂剧的同时，也会参与杂剧创作，以满足宫廷演出需要。《录鬼簿》曾提及，时任教坊色长赵敬夫创作有杂剧《宦门子弟错立身》次本和《武王伐纣》《张果老》等，教坊勾管张国宾曾作有杂剧《高祖还乡》《衣锦还乡》等，教坊刘耍和的女婿花李郎创作有《勘吉平》《钉一钉》《酷寒亭》，红字李二创作的作品有《黑旋风》《病杨雄》《武松打虎》等。从内容看来，宫廷所用教坊杂剧涉及神仙道化剧、社会生活剧、水浒剧、历史剧等，选材极为广泛。

综上，宫廷宴飨活动中的乐舞产品类型多样，总体以俗乐表演为主，有歌、舞、乐、戏之传统歌舞与民间俗乐戏曲表演，亦有多民族乐人、乐器、乐舞加入其中，具体形式和内容则根据宴乐场合的大小及统治者的喜好来选择。此外，宫廷宴飨也多遵从本民族的宴飨礼仪和欣赏习惯，注重少数民族或外域乐器的表演，特别是胡琴、胡笳等俗乐乐器。如《元史》记载，宫廷宴飨所用打击乐器有方响、鼓、杖鼓、札鼓、和鼓、拍板等，吹管乐器有兴隆笙、头管、笙、龙笛、箫、羌笛等，弹拨乐器有琵琶、筝、箜篌等，拉弦乐器有火不思、胡琴及云璈、戏竹、水盏等。"群臣竞献葡萄杯，山呼万岁声如雷。"③

（三）州府应差之乐

根据前文所述，这一时期，除了州府在籍乐人之外，娼家、戏园乐人

---

① 钱谦益. 列朝诗集：第一册 [M]. 许逸民，林淑敏，点校. 北京：中华书局，2007：57.
② 钱谦益. 列朝诗集：第一册 [M]. 许逸民，林淑敏，点校. 北京：中华书局，2007：58-59.
③ 钱谦益. 列朝诗集：第五册 [M]. 许逸民，林淑敏，点校. 北京：中华书局，2007：2382.

皆为承应官府差事的艺人，他们的乐舞产品类型相对比较集中，主要为小唱、杂剧、诸宫调、杂戏等民间流行的艺术形式。

小唱是当时州府官员钟爱的说唱音乐形式之一。如《宦门子弟错立身》第四出中，呈现了完颜寿马差都管张千去唤东平散乐王金榜官身，要求其表演小唱的情景：

> 适蒙台旨，教咱来至。如今到得它家，相公安排筵席……（净）不要砌末，只要小唱。（末虔）怎地，孩儿先去。我去勾栏里散了看的，却来望你。孩儿此去莫从容，相公排筵画堂中。（旦）情到不堪回首处。（合）一齐分付与东风。①

《青楼集》中记载了多位善说唱，并常常承应地方州府差事的娼家乐人，如解语花善唱慢词；赵真真、杨玉娥、秦玉莲、秦小莲等善唱诸宫调；小娥秀善小唱，能慢词；李心心、杨奈儿、袁当儿、于盼盼、于心心、吴女、燕雪梅等，皆国初京师之小唱也。② 这充分说明说唱音乐、词曲音乐在元代州府的乐舞产品中占据了重要的地位。

杂剧、杂戏也是州府乐舞产品的主要形式，诸如小儿爬竿、迓鼓、太平鼓板、相扑、诸宫调等，均为艺人应召表演内容。这其中最为突出的是杂剧。如元杂剧《宦门子弟错立身》第五出中王金榜应传唤，为完颜寿马唱各类杂剧曲名，这也是艺人们常演的杂剧作品：

> 【那吒令】这一本传奇，是《周孛太尉》；这一本传奇，是《崔护觅水》；这一本传奇是《秋胡戏妻》；这一本是《关大王独赴单刀会》；这一本是《马践杨妃》。
>
> 【排歌】柳耆卿，《栾城驿》；张珙《西厢记》；《杀狗劝夫婿》；《京娘四不知》；张协斩贫女；《乐昌公主》；墙头马上掷青梅，锦香亭上赋新诗，契合皆因手帕儿；洪和尚，错下书；吕蒙正《风雪破窑记》；杨寨遇，韩琼儿；冤冤相报《赵氏孤儿》。③

（四）文人之散曲、琴乐

元代社会以创曲、唱曲为风尚，曲包括散曲和剧曲。文人在宴飨的时

---

① 钱南扬. 永乐大典戏文三种校注 [M]. 北京：中华书局，2009：228.
② 夏庭芝. 青楼集笺注 [M]. 孙崇涛，徐宏图，笺注. 北京：中国戏剧出版社，1990：118.
③ 钱南扬. 永乐大典戏文三种校注 [M]. 北京：中华书局，2009：231-232.

候，常常会让乐妓演唱散曲乐府，多数乐人也以专攻表演乐府而出名。因此，散曲就成为文人宴飨乐舞的重要产品类型。

散曲是一种雅俗共赏的文学体裁，深受文人喜爱，多为清唱吟咏之用。《南村辍耕录》记载了虞邵庵先生受邀至学士府邸宴飨时，教坊乐人顺时秀以折桂令中"博山铜细袅香风"为起句，先生以蜀汉之事随手赋散曲一首回应："鸾舆三顾茅庐，汉祚难扶，日莫桑榆，深渡南泸，长驱西蜀，力拒东吴，美乎周瑜妙术，悲夫关羽云殂，天数盈虚，造物乘除，问汝何如，早赋归与。"① 这充分说明宴飨之中，无论是宾主双方，还是参与作乐的艺人，都竞相进行散曲创作，以此为乐，彰显闲情雅致。元好问所作散曲【中吕】《喜春来》也生动地描绘了这种现象：

> 春宴排，齐唱喜春来。梅残玉靥香犹在，柳破金梢眼未开，东风和气满楼台。桃杏折，宜唱喜春来。梅擎残雪芳心奈，柳倚东风望眼开，温柔樽俎小楼台。红袖绕，低唱喜春来。携将玉友寻花寨，看褪梅妆等杏腮，休随刘阮到天台。仙洞窄。且唱喜春来。②

当然，这一时期的散曲创作蔚为壮观，这在《全元散曲》中有着详细的记载。其中比较具代表性的、流行的散曲曲牌有【水仙子】【清江引】【红绣鞋】【朝天子】【小桃红】【殿前欢】【一枝花】【普天乐】【天净沙】【新水令】【斗鹌鹑】等。如元曲四大家之一马致远《天净沙·秋思》短小精炼，意境深邃，艺人们竞相传唱，其词曰：

> 枯藤老树昏鸦，小桥流水人家，古道西风瘦马。夕阳西下，断肠人在天涯。

古琴创作在这一时期也取得较大发展，与两宋琴派相互应和。一些文人琴家创作了很多优秀的琴乐作品，如元代毛敏仲创作有《樵歌》《涂山》《庄周梦蝶》《幽人折桂》《佩兰》等，这些曲谱被当今琴家辑录于《琴曲集成》中。③ 元代著名文人耶律楚材酷爱琴乐，其诗作中有二十四首都是以琴曲为名的，根据后人研究，除《三润雪》《泣麟嗟凤》《秋夜步月》《鸣凤

---

① 陶宗仪. 元明史料笔记丛刊：南村辍耕录[M]. 北京：中华书局，1959：52.
② 隋树森. 全元散曲：上.[M]. 北京：中华书局，1964：2-3.
③ 文化部文学艺术研究院音乐研究所，北京古琴研究会. 琴曲集成：第4册[M]. 北京：中华书局，1981：262.

曲》的部分曲谱无法考证外，《水仙》《流水》《悲风》《三乐》《楚妃》《雉朝飞》《幽居》《秋思》《清夜吟》《白雪》《秋风》《离骚》《阳春》《高山》《南风》《昭君》《止息》《秋水》《洛浦》《秋宵步月》等曲皆可在《琴曲集成》中找到。① 耶律楚材的《湛然居士文集》共有十四卷，录诗文七百余篇，其中言及音乐者共一百二十四篇，谈及琴者则有一百余篇，这充分说明元代文人对琴乐的喜爱。

第二节 元代商业性的音乐生产与消费

元代商品经济极为繁荣，"九衢之市肆不移，一代之繁华如故"②。商业都市的崛起、豪绅贵族群体的壮大，蒙古族贵族的世袭传统致使享乐之风盛行，"百十里街衢整齐，万余家楼阁参差。并无半答儿闲田地"③，"左右挟二瓦市，优肆娼门，酒炉茶灶，豪商大贾，并集于此"④。很多教坊乐人、娼家、路歧人纷纷走向民间进行商业活动，以谋求更多经济收益。因此，这一时期无论是宫廷还是民间，无论是乡村街巷还是繁华都市，商业性的音乐生产与消费随处可见。利用音乐活动获得经济报酬，或花费金钱以满足对乐舞欣赏的需求等行为已经被人们广为接受。这是一个发达的商业性音乐生产与消费的时代。

一、生产者

随着宋代经济文化的转型，市民阶层不断壮大，大众对社会娱乐的需求也发生了重大的变化，新颖、灵活的艺术形式成为消费的主要方向。更为重要的是，元代文人阶层成为社会艺术的创作主体，这就形成了以贵族为代表的上层消费群体和以城镇市民为代表的普遍消费群体，两大群体并行发展，有力地促进了元代乐舞从业者规模的迅速扩大，乐人来源相对多样。从文献来看，这一时期商业性音乐的生产群体主要是在籍乐妓，成分

---

① 文化部文学艺术研究院音乐研究所，北京古琴研究会. 琴曲集成：第5册 [M]. 北京：中华书局，1980：277-295.
② 宋濂，等. 元史 [M]. 中华书局编辑部，点校. 北京：中华书局，1976：3112.
③ 隋树森. 全元散曲：上 [M]. 北京：中华书局，1964：171.
④ 转引自薛瑞兆. 金代艺文叙录：上 [M]. 北京：中华书局，2014：98.

较为复杂，主要有以下几种：

（一）宫廷音乐机构所辖乐人

前文已论述，元代宫廷乐工主要负责宫廷及州府的承应表演，且允许宫廷乐人进入民间从事商业表演，或被州府及慕名的贵族、文人用重金邀请参加商业性质的演出。

明李昌祺在《至正妓人行（并序）》中记载了元至正年间宫廷教坊乐人在民间勾栏演出的场景：

> 神州形胜真佳丽，郁郁葱葱蟠王气。
> 五谷丰登免税粮，九重娱乐耽声妓。
> 广寒宵得侍乞巧，太液晨许陪修禊。
> 避暑巡游欲届程，沿途宿顿争除地。
> 随銮供奉拣娉婷，特敕奴家扈跸行。
> 卤簿晓排仙仗发，抹伦晴鞚绣鞍乘。
> 营间鼓镯轰雷动，碛外氛埃扫电清。
> 纨扇试时违大内，花园过去是开平。
> ……………
> 齐姜宋女总寻常，惟诧奴家压教坊。
> 乐府竞歌新北令，构栏慵做旧《西厢》。
> 煞寅院本编蒙赏，喝采箜篌每擅场。①

元杂剧《四丞相高会丽春堂》第三折中，描述了教坊歌妓琼英受邀，至丞相府表演的情形：

> 【小桃红】[孤引旦儿上云]……今日将着酒肴，直到溪边，与老丞相脱闷，走一遭去。琼英，你道那里，好生追欢作乐，务要丞相喜欢。来到这里，左右人远避者：唤着你，你便来；不唤你，你休来。②

表演的曲目在第四折中有具体描述：

> 【沽美酒】舞蹁跹翠袖长，击鼍鼓奏笙簧。高髻云鬟宫样妆，金钗

---

① 钱谦益. 列朝诗集：第五册 [M]. 许逸民，林淑敏，点校. 北京：中华书局，2007：2407-2408.
② 臧懋循. 元曲选 [M]. 北京：中华书局，1958：907.

列数行。欢声动一座丽春堂。①

此条文献虽未明确记载是否给予了乐妓物质或金钱的奖励,但也说明教坊乐人在社会上演出之频繁,这其中有些是作为应差,但大部分还是一种商业行为。

(二)州府所辖在籍乐人

元代的州府管辖乐人数量庞大,这类乐人在完成官府组织的应差乐舞工作之外,也会受雇于勾栏、歌馆、酒馆、商贾官员之家进行商业性的音乐活动。如教坊乐人连枝秀受王侯相邀,"晚出银台酒未销,侯家主第强相邀。宝钗珠袖尊前赏,占断春风夜复朝。回头乐事浮云改,瘗玉埋香今几载"②,并被赠予宝钗珠袖作为乐舞生产的奖励,所谓"若夫歌馆吹台,侯园相苑,长袖轻裾,危弦急管,结春柳以牵愁,伫秋月而流盼,临翠池而暑消,褰绣幌而云暖。一笑金千,·食钱万"③。

家境富裕的士族之家,不惜挥金如土举行宴席以款待友人,雇佣乐人、以乐佐食是一种生活消费常态。《青泥莲花记》卷十二载:"张玉莲,人多呼为张四妈。旧曲其音不传者,皆能寻腔依词唱之。丝竹咸精,蒲博尽解,笑谈亹亹,文雅彬彬。南北今词,即席成赋,审音知律,时无比焉。往来其门,率富贵公子。"④乐妓张怡云也常年出入于贵族公子宴席之中,曾因作《水调歌头》一阕,便获得二锭白银的酬金,足见贵族乐舞消费成本之高。

元代的乐籍制度规定,一些犯罪者的妻妾、子女也会被充作乐籍,这些受株连而入籍的乐人常常被地方州府委派到酒肆卖艺,其卖艺收入大部分要上交州府,极小部分留给自己谋生。如《南村辍耕录》卷十"趱办官钱"条记载:

> 又无可为计,则命小舟载之,求食于西湖,以赀纳官。……鲜于伯几先生枢作《湖边曲》云:"湖边荡桨谁家女,绿惨红愁羞不语。低回忍泪傍郎船,贪得缠头强歌舞。……安得义士掷千金,遂令桑濮歌

---

① 臧懋循. 元曲选 [M]. 北京:中华书局,1958:912-913.
② 钱谦益. 列朝诗集:第二册 [M]. 许逸民,林淑敏,点校. 北京:中华书局,2007:976.
③ 黄文仲. 大都赋 [M] // 赵逵夫. 历代赋评注:宋金元卷. 成都:巴蜀书社,2010:695.
④ 梅鼎祚. 青泥莲花记 [M]. 陆林,点校. 合肥:黄山书社,1998:281.

行路。"①

以乐谋生也会带来富庶的生活，所以有的地方形成了竞相习乐的风气。如元姚桐寿《乐郊私语》载："州（海盐）少年多善歌乐府，其传皆出于澉川杨氏，……以故，杨氏家僮千指，无有不善南北歌调者，由是州人往往得其家法，以能歌名于浙右云。"②

（三）勾栏游棚乐人

瓦舍勾栏是宋代城市经济发展和市民阶层壮大的产物，随着城镇规模的扩大及城镇经济的繁荣，元代的瓦舍勾栏演艺经济形态也得到进一步的发展。如《青楼集》载："内而京师，外而郡邑，皆有所谓构栏者，辟优萃而隶乐，观者挥金与之。"③ 陶宗仪《南村辍耕录》卷二十四"勾栏压"条曾记载松江府勾栏邻居顾百一进勾栏观看俳优杂戏，遇到棚屋顶坍塌的事情：

> 至元壬寅夏，松江府前勾栏邻居顾百一者，一夕，梦摄入城隍庙中，同被摄者约四十余人，一皆责状画字。时有沈氏子，以博银为业，亦梦与顾同，郁郁不乐。家人无以纤之。劝入勾栏观排（俳）戏。独顾以宵梦匪贞，不敢出门。有女官奴，习讴唱，每闻勾栏鼓鸣，则入。是日，入未几，棚屋拉然有声，众惊散。继而无恙，复集焉。不移时，棚阤压。顾走入抱其女，不谓女已出矣，遂毙于颠木之下。死者凡四十二人，内有一僧人，二道士。独歌儿天生秀全家不损一人。其死者皆碎首折胁，断筋溃髓。亦有被压而幸免者，见衣朱紫人指示其出。不得出者，亦曲为遮护云。④

足见这一时期城镇勾栏中乐舞经济之繁盛。

《青楼集》记载了大量在勾栏表演的乐人，他们不仅长相俱佳且技艺精湛，如"魏道道，勾栏内独舞鹧鸪四篇打散，自国初以来，无能继者。妆

---

① 陶宗仪. 元明史料笔记丛刊：南村辍耕录 [M]. 北京：中华书局，1959：123.
② 邓子勉. 明词话全编：第四册 [M]. 南京：凤凰出版社，2012：2339.
③ 夏庭芝. 青楼集 [M] //中国戏曲研究院. 中国古典戏曲论著集成：二. 北京：中国戏剧出版社，1959：7.
④ 陶宗仪. 元明史料笔记丛刊：南村辍耕录 [M]. 北京：中华书局，1959：289-290.

旦色，有不及焉"①，"李定奴，歌喉宛转，善杂剧。勾阑中曾唱八声甘州，喝采八声"②。这类艺人虽然隶属官籍，但是在勾栏中专职驻场，往往专攻某一技艺，拥有固定的消费群体。

另一类乐人阶段性地在勾栏游棚中演出，属于流动式作场，如元杂剧《汉钟离度脱蓝采和》第一折载："见洛阳梁园棚内，有一伶人，姓许名坚，乐名蓝采和。"③ 元杂剧《宦门子弟错立身》也描写了乐人王金榜与其父亲一生流浪各地勾栏作场的商业性乐舞行为。

元杂剧《诸宫调风月紫云庭》中则生动地描绘了在籍乐人在勾栏中流动作场，乐人之间竞争非常激烈的现象：

楔子

【幺】西出阳关无故人，则见俺在这南国梁园依旧亲。舍人呵，谁不知俺娘劣，恁爷狠？伯伯，两阵狂风是紧，也不到得教吹散楚城云。[下]

第一折

[外末云][老孤做住][卜儿云][正末做住][卜儿叫住][旦云]娘呵，没钱事叫唤则甚？[卜云了]俺勾当呵，没一日曾净！

【仙吕点绛唇】怎想俺这月馆风亭，竹溪花径，变得这般嘿光景。我每日撒嵌为生，俺娘向诸宫调里寻争竞。

【混江龙】他那里问言多伤幸，絮得些家宅神长是不安宁。我勾栏里把戏得四五回铁骑，到家来却有六七场刀兵。我唱的是三国志先饶十大曲，俺娘便五代史续添八阳经。你觑波，比及撺断那唱叫，先索打拍那精神。起末得便热闹，团搭得更滑熟。并无那唇甜句美，一划地崎岖艰难，衡扑得些掂人髓、敲人脑、剥人皮、钉腿得回头硬！[卜云了]娘呵，我看不的你这般粗枝大叶，听不的你那里野调山声。

······ ······

【醉中天】我唱道那双渐临川令，他便脑袋不嫌听，提起那冯员外，便望空里助采声。把个苏妈妈便是上古贤人般敬。我正唱到不肯

---

① 夏庭芝. 青楼集 [M] //中国戏曲研究院. 中国古典戏曲论著集成：二. 北京：中国戏剧出版社，1959：24.
② 夏庭芝. 青楼集 [M] //中国戏曲研究院. 中国古典戏曲论著集成：二. 北京：中国戏剧出版社，1959：40.
③ 隋树森. 元曲选外编 [M]. 北京：中华书局，1959：971.

上贩茶船的小卿,向那岸边相刁蹬,俺这虔婆道兀得不好拷末娘七代先灵!

……………………

【金盏儿】上俺门来的酒客每为我这妙唱若雏莺,引的他每豪饮似长鲸。我委实为甚停杯听曲教快成病,我安排桃花扇影,他每便破香枨。尚自着瓦磁为巨器,也则是陶泻庆新声。嗷!若还更酒斟金潋滟。大的好歌立玉娉婷!

【后庭花】俺这老婆,肚皮里将六韬三略盛,面皮上把四时八节擎。未见钱罗,呀,冬雪严霜降;得了钞罗,应春风和气生。俺这个很精伶,他那生时节决定,犯着甚爱钱巴镘的星。

……………………

【赚尾】郎君每我行有十遍雨云期,除是害九伯风魔病。俺家里七八下里窝弓陷坑,你便有七步才无钱也不许行,六艺全便休卖聪明。哎!为甚恁这五陵人,把俺这等嘿交易难成?你便是四付马上驼来也索两平。俺这里别是个三街市井,另置下二连等秤,恰好的教恁一分银买一分情![下]①

(四) 冲州撞府路歧人

路歧人经常冲州撞府,走南闯北,以演戏为营生,过着流浪各地的生活。从乐人的组成来看,一部分是由暂时脱离乐籍的人员构成,她们由于失去家庭重要的经济支撑,不得已流落各地进行流动演出或以教授他人技艺来维持自身生活。如《青楼集》载:"金兽头,湖广名妓也。贯只歌平章纳之。贯没,流落湖湘间"②,"王奔儿,长于杂剧,然身背微偻。金玉府总管张公,置于侧室。……张没,流落江湖,为教师以终"③。

另一部分路歧人以家庭为单位进行流动表演。《青楼集》中记载了很多以夫妻两人为主体的流动演出模式:"帘前秀,末泥任国恩之妻也。杂剧甚

---

① 隋树森. 元曲选外编[M]. 北京:中华书局,1959:345-347.
② 夏庭芝. 青楼集[M]//中国戏曲研究院. 中国古典戏曲论著集成:二. 北京:中国戏剧出版社,1959:26.
③ 夏庭芝. 青楼集[M]//中国戏曲研究院. 中国古典戏曲论著集成:二. 北京:中国戏剧出版社,1959:27.

妙。武昌湖南等处，多敬爱之"①，"赵偏惜，樊字阑奚之妻也。旦末双全。江淮间多师事之"②，"般般丑，姓马，字素卿。善词翰，达音律，驰名江湘间"③。更多的则是一家三口或祖孙、兄弟姐妹等亲属之间组班演出，他们多为世代从事音乐表演的职业乐人，通常以某个成员为中心进行流动演出。元杂剧《宦门子弟错立身》中描写的冲州撞府妆旦色王金榜的戏班就属于此种类型，先是王金榜与其父亲组班演出，后宦门子弟完颜寿马加入班社，做了王金榜的丈夫。《诸宫调风月紫云庭》中的韩楚兰等也是如此。这些组班演出的艺人，为了迎合市场，减少开支，强调技艺专攻和品牌营造，因此，其演出的职业化程度高，专业性更为突出。

图 2-4　山西省洪洞县霍山明应王殿壁画里的忠都秀戏班

①　夏庭芝. 青楼集 [M] //中国戏曲研究院. 中国古典戏曲论著集成：二. 北京：中国戏剧出版社，1959：39.
②　夏庭芝. 青楼集 [M] //中国戏曲研究院. 中国古典戏曲论著集成：二. 北京：中国戏剧出版社，1959：28.
③　夏庭芝. 青楼集 [M] //中国戏曲研究院. 中国古典戏曲论著集成：二. 北京：中国戏剧出版社，1959：37.

从文献来看，元代家庭戏班的人数较宋代班社人数有所增加，有的班社可达到十几人之多，如杂剧《汉钟离度脱蓝采和》中乐人蓝采和一家，包括蓝采和、浑家喜千金、子小采和、媳儿蓝山景、姑舅兄弟王把色、两姨兄弟李薄头等，人数就不少。山西省洪洞县霍山明应王殿壁画里的忠都秀戏班，从图2-4中的画面来看共有十一人，前排五人主要为扮演杂剧角色的人员。后排六人既扮演杂剧角色又兼乐器伴奏，后排左侧第二人，男性，播鼓，头戴蒙古帽，身穿交领白袍，红堂脸，有络腮胡须；左侧第三人，男性，吹笛，头戴蒙古帽，身穿交领橘色袍，面色红润，眉与眼之间用白粉隔开；右侧第二人，女性，执拍板，身穿交领红色长衫，外罩土黄色帔子；左侧第四人，男性，戴土黄色蒙古帽，挂假髯，身穿绿长衫，腰着百褶裙，脚穿茶色布靴，裙上挂有长鼓。

（五）青楼妓馆乐人

元人夏庭芝在《青楼集》中云："我朝混一区宇，殆将百年，天下歌舞之妓，何啻亿万，而色艺表表在人耳目者，固不多也。仆闻青楼于方名艳字，有见而知之者，有闻而知之者……"① 从作者的感慨中可以得知两个重要信息：一是有元一代从事歌舞的乐伎规模之庞大，何啻亿万；二是元代青楼妓馆之发达，处处奢华艳丽，炫人耳目。可见声色之娱在元代盛行程度之高，而青楼妓馆乐人是构成社会巨大乐舞生产规模的主要群体之一。

青楼妓馆乐人主要来源有三：其一，世代从事乐舞活动的乐户或娼优子弟。其二，因家庭变故而沦为青楼乐人。这其中也不乏少数儒家官宦之女因家道中落而在青楼从事卖唱活动，因其本身具有极高的艺术修养，深受士族欣赏。或因战争频发、大规模迁移，女性流离失所、居无定所，沦为乐妓。加之蒙古军人和官员大肆抢劫民女，并将其买入娼籍，导致民间乐妓规模庞大。其三，良家子女被贩卖为娼妓。元代人口贩卖极为猖獗，"江淮之民典雇男女，习以成俗"②。《元史》中有多处史料记载了贩卖良家子女、奴婢为娼妓以谋取钱财的案例，"以乞养良家女，为人歌舞，给宴乐，及勒为倡者"③。至元十三年（1276年），"赎买、典雇良人为娼，卖

---

① 夏庭芝. 青楼集［M］//中国戏曲研究院. 中国古典戏曲论著集成：二. 北京：中国戏剧出版社，1959：7.
② 转引自杨淑红. 元代民间契约关系研究［M］. 石家庄：河北人民出版社，2019：224.
③ 宋濂，等. 元史［M］. 中华书局编辑部，点校. 北京：中华书局，1976：2644.

主、买主、引领牙保人等依例断罪"①。至元十五年（1278年），"禁官吏军民卖所娶江南良家子女为娼者，卖、买者两罪之"②。虽然元代有相关法律，但社会上屡次出现贩卖良家子女、奴婢为娼妓的现象，由此可见贩卖人口获利之丰厚，以至于层出不穷。

  元中期统治者的守成之举使得权臣当道、官吏贪污现象严重，以及各地自然灾害频发，老百姓生活苦不堪言，被迫将妻卖入妓馆的情况时有发生。如《元典章》载："大德元年闰十二月，御史台咨监察御史追照得，上都留守司归问到民户王用招伏，不合逼令妻阿孙、彭鸾哥为娼，投客觅钱，每日早晨用出离本家，至晚若觅钱不敷盘缠，更行拷打，以致彭鸾哥告发到官罪犯。"③

  从元人笔记小说的记载来看，除了明确标注为教坊、勾栏、歌馆、流动乐人外，书中提到的其他乐人大部分都活跃在各行省、都城内的青楼妓馆中，她们往往"十分聪明智慧，谈谐歌舞，挡筝拨阮，品竹分茶，无般不晓，无般不会，占断洛阳风景，夺尽锦绣排场"④。其中部分有名有姓者如下：

  小唱艺人：小娥秀、李心心、杨奈儿、袁当儿、于盼盼、于心心、吴女、燕雪梅、真凤歌；

  慢词乐人：解语花、王玉梅；

  说话乐人：时小童、童童、高秀英、朱桂英、胡仲彬之妹；

  诸宫调乐人：赵真真、杨玉娥、秦玉莲、秦小莲；

  杂剧乐人：曹娥秀、珠帘秀、司燕奴、班真真、程巧儿、李赵奴、赛帘秀、侯耍俏、王奔儿、赵偏惜、李芝秀、朱锦绣、小玉梅、赵真真、翠荷秀、和当当、汪怜怜、顾山山、大都秀；

  谈谑乐人：梁园秀、张怡云、玉莲儿、国玉第、樊香歌；

  南戏乐人：龙楼景、丹墀秀；

  散曲乐人：芙蓉秀、王晔；

  弹唱乐人：陈婆惜、金莺儿；

  歌舞乐人：梁园秀、刘燕歌、周兽头、金兽头、王巧儿、赛天香、赵

---

① 方龄贵. 通制条格校注 [M]. 北京，中华书局，2011：199.
② 宋濂，等. 元史 [M]. 中华书局编辑部，点校. 北京：中华书局，1976：197.
③ 元典章：刑部卷七典章四十五 [M]. 元刻本.
④ 臧懋循. 元曲选 [M]. 北京：中华书局，1958：1425.

梅哥、一分儿、刘婆惜、事事宜、赵杨花；

琵琶乐人：于四姐、朱春儿；

拨阮乐人：孔千金。

（六）部分文人从乐者

宋代已出现专门编撰戏本的书会组织。元代的社会群体等级分明，文人地位降低，导致更多的文人从事商业性的艺术创作，参加书会的人被称作"书会才人"或"书会先生"，他们通过编写流行的杂剧、南戏来谋生。朱权《太和正音谱》总结了元人杂剧创作的本质："杂剧出于鸿儒硕士、骚人墨客，所作皆良人也。若非我辈所作，娼优岂能扮乎？推其本而明其理，故以为戾家也。"①

元代书会团体众多，《录鬼簿》用一首诗总结了当时大都的著名书会，"一时人物出元贞，击壤讴歌贺太平。传奇乐府时新令，锦排场、起玉京"②。其中玉京书会中有著名杂剧作家关汉卿、白朴。"元贞书会李时中、马致远、花李郎、红字公，四高贤合捻《黄粱梦》。东离翁、头折冤，第二折、商调相从，第三折、大石调，第四折、是正宫，都一般愁雾悲风。"③当然，书会成员身份地位差异较大，如上文所说元贞书会中的花李郎、红字公皆为娼优，这也反映出当时的艺术创作已经形成了文人与乐人相互合作的模式。

宋元之际盛行的南戏《张协状元》第二出中也提到了当时著名的九山书会，云：

> 精奇古怪事堪观，编撰于中美。真个梨园院体，论诙谐除师怎比？九山书会，近目翻腾，别是风味。一个若抹土搽灰，趁枪出没人皆喜。况兼满坐尽明公，曾见从来底。此段新奇差异，更词源移宫换羽。④

元代杂剧《宦门子弟错立身》《小孙屠》《李太白贬夜郎》等皆为古杭书会所编写。当然，作为典型的商业行为，下层文人在利益的驱使下，力争让所编创的杂剧语言通俗易懂，雅俗兼备，以满足各层次群众精神需求，从中获得艺术享受与文学美感。为此，他们深入社会底层感知生活，进而

---

① 朱权. 太和正音谱笺评[M]. 姚品文，点校笺评. 北京：中华书局，2010：38.
② 钟嗣成，佚名. 录鬼簿校订[M]. 王钢，校订. 北京：中华书局，2021：166.
③ 钟嗣成，佚名. 录鬼簿校订[M]. 王钢，校订. 北京：中华书局，2021：170.
④ 刘崇德. 全宋金曲[M]. 北京：中华书局，2020：436.

引领社会审美风尚。

元代杂剧中还提到文人从事商业性乐舞生产的另外一种现象，即有一类文人书生，家境优越，甚至身为皇亲贵族，但因与乐人相恋，受到当时封建礼制阻碍，勇于放弃原有荣华富贵和阶层权力，而甘愿做个艺人，从事商业性音乐活动。最典型的如《宦门子弟错立身》中河南同知完颜永康之子完颜寿马，因沉迷戏剧艺术，与东平府散乐女王金榜相恋，为摆脱人生困境，借助戏剧寻找生命的价值，甚至不顾父亲的阻挠及双方家族门第间巨大差距，一路艰辛追寻王金榜的家庭戏班，并成为其中一员。还有《李亚仙花酒曲江池》中洛阳府尹之子郑元和奉父命赴京赶考，在曲江池遇到名妓李亚仙，一见钟情，滞留下来，后来将钱钞使尽，被老鸨驱赶，沦落到以唱送殡挽歌谋生。

二、元代商业性音乐生产与消费的方式、成本

（一）勾栏游棚中的音乐生产与消费

元代的勾栏游棚是民间商业性音乐生产与消费的主要场所，不仅在都市存在，在郡县等地也皆有。且观看乐舞表演的社会群体众多，金钱挥霍更是不计成本。

从生产的角度来看，在勾栏游棚中从事乐舞生产的群体，主要是归属政府管辖的在籍乐人，其本身具有较高的技艺水平，音乐生产主要以艺人个体生产和群体生产两种形式为主。前者是有名的乐妓受雇于勾栏、游棚作场，乐人在表演方式上拥有较大的自主选择权，表演内容以戏曲、说唱为主。后者是以血缘关系或师徒关系为纽带的班社形式，主要以家庭单位为主，表演形式相对复杂，往往需要的人数较多，具有炫技性和戏剧化的艺术特征，如诸宫调、小唱、南戏、杂剧等。乐人驻棚表演的根本目的是减少场地支出，确保利润丰厚，以维持生活及支付继续从事乐舞生产活动的开销，如购买表演所用的道具、服饰等的费用。以勾栏乐人蓝采和一家为例，"［旦同外旦引俫儿二净扮王李上净云］俺两个一个是王把色，一个是李薄头。……俺先去勾栏里收拾去，开了这勾栏棚门，看有甚么人来。……［做见乐床坐科净云］这个先生，你去那神楼上或腰棚上看去，这里是妇人做排场的，不是你坐处"[①]。此类勾栏游棚设置与杂剧《庄家不

---

① 隋树森. 元曲选外编［M］. 北京：中华书局，1959：971.

识勾栏》中的记载相似。元代勾栏场地设置有腰棚、神楼等不同的观赏位置,以及专门的后台场地,人们依剧自身消费水平进行选择,与现代的歌舞剧院商业性质演出设置不同等级、不同价格的观众席位情形极为相似。

从消费的角度来看,勾栏中顾客主要是贵族子弟或普通大众。消费的目的主要是娱乐休闲、猎奇。如元杂剧《汉钟离度脱蓝采和》第一折云:"则许官员上户财主看勾栏散闷。"① 散曲《庄家不识勾栏》也对元代观众走进勾栏观看杂剧表演的消费情况有着详细描述:

> 【六煞】见一个人手撑着椽做的门,高声的叫请请,道迟来的满了无处停坐。说道前截儿院本调风月,背么末敷演刘耍和。……要了二百钱放过咱,入得门上个木坡。②

可见元代风调雨顺之年,处于社会底层的庄稼汉也可观看勾栏表演,入场费为二百钱,乡下百姓皆可负担得起。这说明当时的勾栏游棚的乐舞生产基本符合社会各阶层的消费水平。

高安道散曲【般涉调】《哨遍·嗓淡行院》更是详细刻画了元代勾栏中的乐舞生产消费情形:

> 暖日和风清昼,茶余饭饱斋时候。自叹抱官囚,被名缰牵挽无休。寻故友,出来的衣冠济楚,像儿端严,一个个特清秀,都向门前等候。待去歌楼作乐,散闷消愁。倦游柳陌恋烟花,且向棚阑玩俳优。赏一会妙舞清歌,瞅一会皓齿明眸,趁一会闲茶浪酒。
>
> 【耍孩儿】詑跋的单脚实村纣,呼喝的担俫每叫吼。瞅粘的绿老更昏花,把棚的莽壮真牛。吹笛的把瑟歪着尖嘴,擂鼓的撅丁瘤着左手,撩打的腔腔嗽。靠棚头的先虾着脊背,卖薄荷的自肿了咽喉。
>
> 【七煞】坐排场众女流,乐床上似兽头,栾睖来报是些十分丑。一个个青布裙紧紧的兜着奄老,皂纱片深深的裹着额楼。棚上下把郎君溜,喝破子把腔儿莽诞,打诨的将纳老胡颩。
>
> 【六】撺断的昏撒多,主张的自吸嚼,几曾见双撮泥金袖。可怜虮虱沿肩甲,犹道珍珠络臂韝。四翩儿乔弯纽,甚实曾官梅点额,谁肯将蜀锦缠头。

---

① 隋树森. 元曲选外编[M]. 北京: 中华书局, 1959: 973.
② 隋树森. 全元散曲: 上[M]. 北京: 中华书局, 1964: 31.

【五】扑红旗裹着惯老，拖白练缠着胐胅，兔毛大伯难中揪。踏轿的险不桩的头破，翻跳的争些儿跌的进流。登踏判躯老瘦，调队子全无些骨巧，疙疸鬼不见些挡搜。

【四】捎俫是淡破头，喧俫是饿破口，末泥引戏的衡劳嗽。做不得古本酸孤旦，辱末煞驰名魏武刘。刚道子世才红粉高楼酒，没一个生斜格打到二百个斤斗。

【三】妆旦不抹髭，蠢身躯似水牛，嗓暴如恰哑了孤桩狗。带冠梳硬挺着粗脖项，恰掌记光舒着黑指头。肋额的相迤逗，写着道翻跹舞态，宛转歌喉。

【二】供过的散嗽生，嗟顶老撒朗兜，老保儿强把身躯纽。切驾的波浪上堆着霜雪，把关子的栲门上似告油。外旦臊腥臭，都是些唵嗒砌末，猥琐行头。

【一】打散的队子排，待将回数收，搽灰抹土胡僝僽。淡翻东瓦来西瓦，却甚放走南州共北州。凹了也难收救，四边厢土糁，八下里砖髅。

【尾】梁园中可惯经，桑园里串的熟。似兀的武光头、刘色长、曹娥秀，则索赶科地沿村转疃走。①

(二) 茶馆酒肆中的音乐生产与消费

元代商业贸易的发达及统治者鼓励商业的政策，加快了各地区之间的商业流动，娱乐消遣成为城镇经济的一大来源，酒楼、茶坊及妓馆更是各类群众首选的交际场所。宋本在《上京杂诗》中描述了当时城镇酒楼宾客如流的情形：

西关轮舆多似雨，东关帐房乱如云。
复仁门边人寂寂，太平楼上客纷纷。②

一些商家为了争抢客源及谋求更多的市场利益，纷纷增加服务性职业的形式和内容，诸如歌童佐酒，所谓"百斛葡萄新酿熟，歌童莫放酒杯闲"③。招募优伶佐酒在当时也是一种普遍现象，"不有酒船三万斛，此生怀

---

① 隋树森. 全元散曲：下 [M]. 北京：中华书局，1969. 1110–1111.
② 杨镰. 全元诗：第三十一册 [M]. 北京：中华书局，2013：97.
③ 杨镰. 全元诗：第三十八册 [M]. 北京：中华书局，2013：91.

抱向谁倾？"① "侑杯小女歌竹枝，衣上翠金光陆离"②。大都城蓟门南边酒楼中十五岁的乐姬，"弹筝唱歌折杨柳，落日车前劝郎酒"③。翰林直学士虞集幼年曾过蓟门酒楼，题诗于壁，中有"气似酒酣双国士，情如花拥万夭姝"④ 之句。杂剧《吕洞宾三醉岳阳楼》第一折中，长街市酒钱二百文，"一个舞者、一个唱者、一个把盏者。直吃的尽醉方归"⑤。

在伎乐队伍中，专职的酒妓队伍往往格外引人注目，她们色艺俱佳，元代无名氏的散曲【双调】《一锭银过大德乐·双姬》对她们的乐舞生产情形有着如下描述：

  珍珠包髻翡翠花，一似现世的菩萨。绣袄儿齐腰撒跨，小名儿换做茶茶。对月临风下想念着他，想着他浅画蛾眉。乌云䰀鬌鸦，仙肌香胜雪，娇容美赛花，时时将简帖。暗暗寄与咱，拘束得人怕，章台曾系马，更敢胡踏，茶房酒肆家。翠袖殷勤捧玉觞，浅斟低唱。⑥

以相貌、美色、舞姿招揽顾客的胡姬也是此种乐舞生产方式的主体，元代郝经《怀来醉歌》诗云：

  胡姬蟠头脸如玉，一撒青金腰线绿。
  当门举酒唤客尝，俊入双眸耸秋鹘。
  白云乱卷宾铁文，腊香一喷红染唇。
  据鞍侧鞯半淋鬣，春风满面不肯嗔。
  系马门前折残柳，玉液和林送官酒。
  二十五弦装百宝，一派冰泉落纤手。
  须臾高歌半酡颜，貂裘泼尽不觉寒。
  谁道雪花大如席，举鞭已过鸡鸣山。⑦

梁寅《大堤曲》一诗也描绘了此种乐舞生产方式：

---

① 杨镰. 全元诗：第四十四册［M］. 北京：中华书局，2013：97.
② 杨镰. 全元诗：第二十九册［M］. 北京：中华书局，2013：392.
③ 杨镰. 全元诗：第三十五册［M］. 北京：中华书局，2013：14.
④ 杨镰. 全元诗：第三十六册［M］. 北京：中华书局，2013：129.
⑤ 臧懋循. 元曲选［M］. 北京：中华书局，1958：616.
⑥ 隋树森. 全元散曲：下［M］. 北京：中华书局，1964. 1775 – 1776.
⑦ 杨镰. 全元诗：第四册［M］. 北京：中华书局，2013：255.

> 大堤女儿颜如花，秾妆绮服踏江沙。
> 折花斗草归来倦，小楼闲坐弹琵琶。
> 玉钗金蝉云鬟整，江水照见花枝影。
> 舟中少年久凝望，如饮春醪昏不醒。
> 焉知美人心险若阱并机，令尔黄金一朝挥。
> 鱼向深渊藏，鸟逐层云飞。
> 劝尔慎勿痴且惑，纵有多金不如归。①

元代多民族聚集，从事酒妓工作的不仅有燕姬、胡姬，也有来自江南水乡的吴姬。如萨都剌《送友人之金陵》诗云：

> 白门酒美香满城，吴姬唤客客不行。
> 楼中子弟尽年少，玉奴送酒吹鸾笙。
> 陈郎不听黄金缕，朝走东吴暮走楚。
> 半生落魄一布袍，感慨长歌吊千古。②

一些大型豪华酒楼也允许顾客携乐人进入，并为其提供私密楼台及酒水、茶饮等服务，如《东堂老劝破家子弟》杂剧第三折记载了扬州富家子弟频繁出入卖茶的茶房，请妓女到月明楼上饮酒的情形。无名氏套数【般涉调】《耍孩儿·拘刷行院》中也描述了这种乐舞生产方式：

> 【十三煞】穿长街蓦短衢，上歌台入酒楼。忙呼乐探差祗候，众人暇日邀官舍。与你几贯青蚨唤粉头，休辞生受。请个有声名旦色，迭标垛娇羞。
>
> …… ……
>
> 【三】江儿里水唱得生，小姑儿听记得熟。入席来把不到三巡酒，索怯薛侧脚安排趄。要赏钱连声不住口，没一盏茶时候。道有教坊散乐，拘刷烟月班头。③

元代名士陈浩然宴请于张氏酒楼，其乐舞生产消费是"徐姬楚兰佐酒，以琵琶度曲，郏云台为之心醉"④。【般涉调】《哨遍·嗓谈行院》亦云：

---

① 杨镰. 全元诗：第四十四册 [M]. 北京：中华书局，2013：277.
② 杨镰. 全元诗：第三十册 [M]. 北京：中华书局，2013：241-242.
③ 隋树森. 全元散曲：下 [M]. 北京：中华书局，1964：1821-1822.
④ 唐圭璋. 全金元词 [M]. 北京：中华书局，1979：1124.

待去歌楼作乐，散闷消愁。倦游柳陌恋烟花，且向棚阑玩俳优，赏一会妙舞清歌，瞅一会皓齿明眸，趖一会闲茶浪酒。①

因此，茶馆酒肆中乐舞生产主要以个体为主，表演内容主要依据消费者的需求、趣味及宴席的氛围而定。此类场所的酒妓、优伶多色艺俱佳，不仅容颜悦人，而且身怀绝技，具有较高的艺术修养，琴棋书画兼通，一些身价显贵的酒客在她们身上享受到身心慰藉，甚至将她们作为红尘知己，千金买一笑也在所不惜。

不仅都城街市酒楼生意十分兴隆，城镇之中也是"酒市杯陈金错落，人家冠簇翠盘陀"②。大小酒肆、酒坊生意十分红火，所谓"卖酒人家隔巷深，红桥正在绿杨阴。佳人停绣凭栏立，公子簪花倚马吟"③。其中不乏乐妓驻场，如在并州酒家驻场的花季少女胡姬"一笑既相许，何须罗扇遮"④。诗人张昱在《塞上谣八首》中也说"玉貌当垆坐酒坊，黄金饮器索人尝。胡奴叠骑唱歌去，不管柳花飞过墙"⑤。成廷珪《江南曲》也描述了酒垆驻场的吴姬乐舞生产行为：

吴姬当垆新酒香，翠绡短袂红罗裳。
上盆十千买一斗，三杯五杯来劝郎。
落花不解留春住，似欲随郎渡江去。
酒醒一夜怨啼鹃，明日兰舟泊何处？⑥

这些当垆和侑酒的女子皆擅风情，秉月貌，调笑无忌，深得顾客的欢心，久而久之，经济效益更是与日俱增，"委巷比门绝朝饭，酒垆日征七百万"⑦。

从消费的角度来看，茶馆酒肆之中的乐舞消费者相对多元，有底层的社会群体，也有文人、贵族、商人等群体。当然，能够经常进行乐舞表演的酒肆规格相比宋代有所不同，普通社会群体也可以选择小酒馆进行消费，

---

① 隋树森. 全元散曲：下［M］. 北京：中华书局，1964：1110.
② 杨镰. 全元诗：第二十九册［M］. 北京：中华书局，2013：334.
③ 杨镰. 全元诗：第六十册［M］. 北京：中华书局，2013：409.
④ 顾嗣立. 元诗选：初集［M］. 北京：中华书局，1987：1932.
⑤ 顾嗣立. 元诗选：初集［M］. 北京：中华书局，1987：2071.
⑥ 顾嗣立. 元诗选：二集［M］. 北京：中华书局，1987：652.
⑦ 顾嗣立. 元诗选：初集［M］. 北京：中华书局，1987：205.

而其他身份地位较高的人员可选择大酒楼进行消费，只是所观看的表演内容有区别，这也体现了音乐经济行为对乐舞内容和形式的导向作用。

（三）青楼妓馆中音乐生产与消费

前文已述，青楼妓馆在元代遍及各级州府、郡县，青楼妓馆之中的乐舞生产由老鸨进行组织管理，这些生产者往往有着出众的外貌，很多消费者常常为其日思夜想，甚至为获得其青睐不惜挥金如土。元人乔吉的杂剧《玉箫女两世姻缘》极为生动传神地刻画了青楼妓馆消费者的消费心理，说明了此种音乐生产方式的魅力，以及消费成本的高昂：

> 【那吒令】见一面半面，弃茶船米船。着一拳半拳，毁山田水田。待一年半年，卖南园北园。我着他白玉妆了翡翠楼。黄金垒了鸳鸯殿。珍珠砌了流水桃源。①

青楼妓馆的经营者为了生意兴隆、门庭若市，便对妓馆中的乐人进行残酷、严厉的歌舞技能训练，以满足各阶层的审美需求和大众娱乐性消费心理诉求。如元杂剧《月明和尚度柳翠》中的柳翠身处烟花之地，才艺出众，"折白道字，顶针续麻，谈笑恢谐，吹弹歌舞，无不精通，尽皆妙解"②。杂剧《逞风流王焕百花亭》中的娼妓贺怜怜也是"聪明智慧，谈谐歌舞，捣筝拨阮，品竹分茶，无般不晓，无般不会，占断洛阳风景，夺尽锦绣排场"③。

元代官员出入妓馆当属常事。杂剧名伶张怡云"能诗词，善谈笑，艺绝流辈，名重京师"④，姚牧庵、阎静轩、赵松雪等官员常于其所在妓馆小酌，清唱侑觞，极为雅致，这也是妓馆消费常见的宴饮活动。一些身居高位的官员凭借权力，也常驻娼妓住所，如"湖山歌舞，沈酣百年。贾似道少时，挑挞尤甚。自入相后，犹微服，间或饮于妓家"⑤。一些商贾为了满足自身私欲，甚至会娶歌妓为妾，如"汪佛奴，歌儿也，姿色秀丽。嘉兴富户濮乐闲，以中统钞一千锭娶为妾"⑥。

---

① 臧懋循. 元曲选 [M]. 北京：中华书局，1958：972.
② 臧懋循. 元曲选 [M]. 北京：中华书局，1958：1335.
③ 臧懋循. 元曲选 [M]. 北京：中华书局，1958：1425.
④ 夏庭芝. 青楼集 [M] //中国戏曲研究院. 中国古典戏曲论著集成：二. 北京：中国戏剧出版社，1959：17.
⑤ 刘一清. 钱塘遗事校笺原 [M]. 王瑞来，校笺考原. 北京：中华书局，2016：187.
⑥ 陶宗仪. 元明史料笔记丛刊：南村辍耕录 [M]. 北京：中华书局，1959：340.

青楼妓馆的消费群体繁杂,主要为文人、商贾、官员等。如元杂剧《李素兰风月玉壶春》中就有商人进青楼消费的描述:

第二折:

> 奶奶,我与你二十两银子做茶钱,你若肯将女孩儿嫁与俺,我三十车羊绒潞绸,都与奶奶做财礼钱。①

第三折:

> [甚舍云]你这等穷厮,我见有三十车羊绒潞绸哩!
> 【三煞】你虽有万贯财,争如俺七步才,两件儿那一件声名大?你那财常踏着那虎口去红尘中走,我这才但跳过龙门向金殿上排。你休要嘴儿尖舌儿快,这虔婆怕不口甜如蜜钵,他可敢心苦似黄檗。②

元杂剧《江州司马青衫泪》第二折描写了商贾消费者的豪奢:

> [净见旦科云]小子久慕大名,拿着三千引茶,来与大姐焐脚,先送白银五十两,做见面钱。③

《郑月莲秋夜云窗梦》第二折也是如此:

> [净云]大姐,我钱多着哩。茶也有几船,你要时,都搬来。④

元杂剧的俗语把部分底层消费者称为"村的"或"俏的",前者应该是指乡村土俗粗野之人,如元杂剧《郑月莲秋夜云窗梦》第一折:

> 那等村的,肚皮里无一联半联。那等村的,酒席上不言语强言。那等村的,俺跟前无钱说有钱。村的是彻胆村,动不动村筋现,甚的是品竹调弦。⑤

后者应该是指底层文人,元杂剧《郑月莲秋夜云窗梦》中用"俏的"来指代与"村的"相反的人群,曰:

---

① 臧懋循. 元曲选[M]. 北京:中华书局,1958:478.
② 臧懋循. 元曲选[M]. 北京:中华书局,1958:486.
③ 臧懋循. 元曲选[M]. 北京:中华书局,1958:887.
④ 隋树森. 元曲选外编[M]. 北京:中华书局,1959:786.
⑤ 隋树森. 元曲选外编[M]. 北京:中华书局,1959:783.

俏的教柳腰舞因东风软，俏的教蛾眉画出春山浅，俏的教莺喉歌送行云远，俏的教半橛土筑就楚阳台，村的教一把火烧了韩王殿。①

（四）官卖酒活动中的音乐生产与消费

元朝政府组织的商业性音乐生产消费活动主要为州府组织施行的陪酒卖酒活动，并以此作为州府财政收入的一部分。如元杂剧《杜蕊娘智赏金钱池》"楔子"中讲述娼家杜蕊娘提供官卖酒服务：

> ［做把盏科］［府尹云］兄弟满饮一杯。
> ［做回酒科］［韩辅臣云］哥哥也请一杯。
> ［府尹云］筵前无乐，不成欢乐。张千，与我唤的那上厅行首杜蕊娘来，伏待兄弟饮几杯酒。②

【南吕】《一枝花·赠教坊殊丽》载：

> 【梁州】舞衣轻燕体飘飘，歌喉细莺语嘹嘹。缕金环嵌八颗蠙珠、交股钗袅双头凤翘、凌波袜荡六幅鲛绡。……年纪儿正芳妙，纵舍千金度一宵。③

此外，《风雨像生货郎旦》第四折也曾记载唱货郎儿乐人陪酒卖酒的情况：

> ［小末云］你这里有甚么乐人耍笑的，唤几个来服侍我，我多有赏赐与他。
> ［驿子云］我这里无乐人，只有姊妹两个，会说唱货郎儿，唤将来服侍大人。④

此类音乐生产基本属于承应官身，乐人并不能直接从生产活动中得到经济报酬，更多的是作为州府获取商业利益的工具。

（五）神庙戏台场所的音乐生产与消费

随着市民经济的繁荣，这一时期社会音乐生产与消费呈现分层现象，

---

① 隋树森. 元曲选外编［M］. 北京：中华书局，1959：783.
② 臧懋循. 元曲选［M］. 北京：中华书局，1958：1251.
③ 隋树森. 全元散曲：下［M］. 北京：中华书局，1964：1504.
④ 臧懋循. 元曲选［M］. 北京：中华书局，1958：1649.

乐人可以根据市场行情自由选择场所从事音乐商业活动。从生产的角度来看，这类乐舞活动主要以家庭为单位，以流动式演出为主要形式。乐人往往会选择城镇或乡村地区的神庙、戏台等固定的场地进行演出，表演内容则根据民间习俗规定，演出内容主要是庆贺戏、神道剧等。

赛会是农村重要的祭神庙会，场面十分热闹，多以唱、演、杂、戏为主。元朝政府也经常在节庆日举行一些祭祀活动，并投入经费修庙、建立戏台和舞榭，以保障祭祀乐舞活动的顺利进行。如山西省万荣县孤山风伯雨师庙曾设立舞厅，舞厅有个小八角形状的石柱，高3.4米，上部直径0.28米，底部直径0.33米。① 柱子顶部刻着："尧都大行散乐人张德好在此作场，大德五年三月清明施钞十贯"等文字。② 而在戏台上标记演出记录也比较常见，如在河津县北寺庄禹庙舞楼基沿上也刻有"庆楼台，大行散乐：古弄吕怪眼、吕宣，旦色刘秀春、刘元"的铭文字样。③

现存很多元代寺庙碑文上记载了当时修建和演出的盛况。如延祐六年（1319年）《重修明应王殿之碑》描写该庙祭祀情形，"询之故老，每岁三月中旬八日，居民以令节期，适当群卉含英、彝伦攸叙时也。远而城镇、近而村落，贵者以轮蹄、下者以杖屦，挈妻子、舆老羸而至者，可胜既哉。争以酒肴、香纸，聊答神惠。而两渠资助乐艺、牲币、献礼，相与娱乐数日"④。至元七年（1270年）《重修真泽庙记》碑文提到山西东南部的上党地区祭祀神祇时盛大的场面，"上党之俗，质直好礼，……凡井邑聚落之间，皆有神祠，岁时致享。……岁正月始和，农事作，父老率男女数十百人，会于里中祠下，丰牲洁盛，大作乐，置酒三日乃罢"⑤。至正十三年（1353年）《蒲台山灵赡王庙碑》记载了四月四日祭祀宗庙时的场景，分为两日进行，前一日为迎神，用幢蟠宝盖、旌旗金鼓，伴随散乐社火。第二日多牲牢、酒礼，"既丰且腆，则吹箫击鼓，优伶奏技。而各社各有社火，或骑或步，或为仙佛，或为鬼神，鱼龙虎豹，喧呼歌叫，如蜡祭之狂。日晡复起，名曰'下神'"⑥。

元杂剧《说鱄诸伍员吹箫》第三折描述了牛王庙村办祭赛牛王社的乐

---

① 王福才. 山西万荣孤山风伯雨师庙及其舞厅考［J］. 戏曲研究，2003（2）：75.
② 王福才. 山西万荣孤山风伯雨师庙及其舞厅考［J］. 戏曲研究，2003（2）：75.
③ 廖奔. 中国古代剧场史［M］. 北京：中国书籍出版社，2020：218.
④ 王汝鹏. 山西地震碑文集［M］. 太原：北岳文艺出版社，2003：105.
⑤ 冯俊杰. 戏剧与考古［M］. 北京：文化艺术出版社，2002：373.
⑥ 冯俊杰. 戏剧与考古［M］. 北京：文化艺术出版社，2002：413.

舞活动：

> 我这丹阳县中有个牛王庙儿，秋收之后，这一村疃人家轮流着祭赛这牛王社。近年来但到迎神送神时节，不知是那里来的一个大汉，常来打搅，俺每只等吃酒，他便吹箫。①

《刘晨阮肇误入桃源》第三折也描写了类似的赛社乐舞行为：

> ［净扮刘德引沙三、王留等将砌末上，云］今日请得当村父老、沙三、王留等，都在我家赛社。猪羊已都宰下，与众人烧一陌平安纸，就于瓜棚下散福，受胙饮酒。……［净云］今日当村众父老在我家赛牛王社，烧一陌纸，祈保各家平安。②

从消费的角度来看，这类乐舞行为虽然没有让消费者直接支付相关的费用，但极大地满足了下层民众消费者的口耳声色之娱，并在酬神、娱神的过程中实现了教化功能。当然，从经济学维度来看，艺人的乐舞生产实现了商业价值，因为其乐舞生产的报酬来自组织者。

当然，由于乡村地区的赛社活动过于频繁和兴盛，元朝政府多次明令禁止举办，防止民众利用戏曲演出聚众闹事。如延祐四年（1317年）五月，政府下令对"诸处城邑、村坊、镇店，多有一等游手末食之民，不事生业，聚集人众，祈赛神社，赌博钱物"③ 等行为一律禁治。延祐六年（1319年）八月二十九日，由平掌、丞相等人参奏聚众唱词的、祈神赛社一事，为了"今后夜间，聚著众人唱词的、祈神赛社的、立集场的，似这般聚众著妄说大言语做歹勾当的，有呵将为头的重要罪过也者。其余唱词赛社立集场的，每比常例加等要罪过"④。

（六）富庶之家、庭园及河边画舫等场所的音乐生产与消费

元代的商业性音乐生产与消费场所，除了集中在勾栏、茶馆、酒楼、青楼外，一些贵族、富商、富裕的民众也会选择自己的住所、河边、画舫等地作为商业性乐舞消费的场所。当然，这种乐舞消费的成本也极为高昂，

---

① 臧懋循. 元曲选［M］. 北京：中华书局，1958：656.
② 臧懋循. 元曲选［M］. 北京：中华书局，1958：1360-1362.
③ 元典章：刑部卷十九典章五十七［M］. 元刻本.
④ 元典章：刑部卷十九典章五十七［M］. 元刻本.

所谓"近年京师官吏,筵会饮食,淡薄者费钞十余锭,甚者倍之"①,"'高楼一席酒,贫家半月粮。'以今较之,一库所费有至千贯者,匹夫匹妇,日米二升,又奚啻终身一世之粮价矣"②。元代诗人杨维桢《张猩猩胡琴引》一诗描述了教坊子弟张猩猩善弹奏胡琴,常常受邀到豪绅贵族之家进行演出,出场费较高,独奏一曲,几乎等同五花金线袄。诗云:

> 张猩猩,嗜酒复嗜音。春云小宫鹦鹉吟,猩猩帐底轧胡琴。一双银丝紫龙口,泻下骊珠三百斗。划焉火豆爆绝弦,尚觉莺声在杨柳。神弦梦入鬼工秋,湘山摇江江倒流。玉兔为尔停月白,飞鱼为尔跃神舟。西来天官坐栲栳,羌丝啁啁听者恼。张猩一曲独当筵,乞与五花金线袄。春风残丝二十年,江南相见落花天。道人春梦飞胡蝶,手弄金瓢合簧叶。张猩猩,手如雨,面如霞,劝尔更尽双叵罗,白头吴娥年少歌,金刚悲啼奈乐何。③

一些富庶之家也常常雇佣乐人进行演出,所谓"北门李氏园亭小饮,时有粉蝶十二枚,戏舞亭前,座客请赋今乐府,即席成《普天乐》。前联《喜春来》四句"④。有时也会选择风景秀丽的庭园之地进行乐舞消费,如夏氏清樾堂,至正庚子(1360年)秋七月九日,诗人在松江边饮酒、折荷花,"命歌姬捧以行酒。客就姬取花,左手执枝,右手分开花瓣,以口就饮,其风致又过碧筒远甚"⑤。又如张功甫于南湖园中宴饮,"其园池声妓服玩之丽甲天下"⑥,满座宾客,美酒佳肴、丝竹鼓乐,"别有名姬十辈皆衣白,凡首饰衣领皆牡丹,首带照殿红一枝,执板奏歌侑觞,歌罢乐作乃退。复垂帘谈论自如,良久,香起,卷帘如前。别十姬,易服与花而出。大抵簪白花则衣紫,紫花则衣鹅黄,黄花则衣红,如是十杯,衣与花凡十易。所讴者皆前辈牡丹名词。酒竟,歌者乐者无虑数百十人,列行送客。烛光香雾,歌吹杂作,客皆恍然如仙游也"⑦。

---

① 李修生. 全元文:第5册[M]. 南京:江苏古籍出版社,1998:556.
② 李修生. 全元文:第5册[M]. 南京:江苏古籍出版社,1998:569.
③ 杨镰. 全元诗:第三十九册[M]. 北京:中华书局,2013:20.
④ 王文才. 元曲纪事[M]. 北京:中华书局,2019:266.
⑤ 陶宗仪. 元明史料笔记丛刊:南村辍耕录[M]. 北京:中华书局,1959:354.
⑥ 周密. 齐东野语[M]. 周密集:第二册. 杨瑞,点校. 杭州:浙江古籍出版社,2015:358.
⑦ 周密. 齐东野语[M]. 周密集:第二册. 杨瑞,点校. 杭州:浙江古籍出版社,2015:358.

风景旖旎的江南水乡盛景之处也是当地豪绅和文人墨客竞相邀妓设宴之地，杂剧《李亚仙花酒曲江池》第一折就描述了此种现象：

> [正旦扮李亚仙引梅香上云] 妾身姓李，小字亚仙，是教坊乐籍。有个结义的妹子，是刘桃花，今日在曲江池上，安排席面，请我赏玩。时遇三月三日，果然是好景致也呵。①

《书画舫燕集序》描述了贵族豪绅、文人墨客在画舫宴请宾客之情景：

> 主宾凡八人，其七人皆善饮，独愚隐师性不嗜酒，亦欣然为劝酬，嗢噱各尽其欢。既醉，以"对酒当歌，人生几何"两语阄韵赋诗。时秋高雨晴，芙蓉金菊之花，照映池岛，悦人心目，……而客亦眷乎山水花竹之间，而忘其去，则所谓乐其乐也。诸诗写燕集之娱，园池之胜备矣。②

杨维桢《西湖竹枝歌》也生动地描述了名妓苏小门频繁受雇在画舫进行乐舞生产的情形：

> 苏小门前花满株，苏公堤上女当垆。南官北使须到此，江南西湖天下无。鹿头湖船唱赧郎，船头不宿野鸳鸯。为郎歌舞为郎死，不惜真珠成斗量。家住城西新妇矶，劝君不唱缕金衣。琵琶元是韩朋木，弹得鸳鸯一处飞。劝郎莫上南高峰，劝我莫上北高峰。南高峰云北高雨，云雨相催愁杀侬。湖口楼船湖日阴，湖中断桥湖水深。楼船无柁是郎意，断桥有柱是侬心。病春日日可如何，起向西窗理琵琶。见说枯槽能卜命，柳州巷口问来婆。小小渡船如缺瓜，船中少妇竹枝歌。歌声唱入空侯调，不遣狂夫横渡河。③

此类的诗文很多，诸如"湖边荡桨谁家女……贪得缠头强歌舞"④，"辫发女儿住湖边，能唱胡歌舞蹋筵"⑤，"济南官府最风流，闻是山东第一州。户版自多无讼狱，儒冠相应有宾游。秋风鱼酒黄粱市，夜月笙歌画舫舟"⑥。

---

① 臧懋循. 元曲选 [M]. 北京：中华书局，1958：263.
② 李修生. 全元文：第43册 [M]. 南京：江苏古籍出版社，1998：166.
③ 杨镰. 全元诗：第三十九册 [M]. 北京：中华书局，2013：79-80.
④ 杨镰. 全元诗：第十三册 [M]. 北京：中华书局，2013：118.
⑤ 杨镰. 全元诗：第四十三册 [M]. 北京：中华书局，2013：149.
⑥ 杨镰. 全元诗：第十二册 [M]. 北京：中华书局，2013：148.

三、元代商业性音乐生产与消费的主要产品类型

元代商业性音乐生产与消费的产品类型丰富多样,主要为小唱、说唱、戏曲、词曲、杂耍等。

（一）小唱类

小唱是元代商业性乐舞生产的重要产品类型。《青楼集》记载,在勾栏瓦舍、青楼妓馆从事小唱的乐人很多,如小娥秀、李心心、杨奈儿、袁当儿、于盼盼、于心心、燕雪梅、真凤歌等。还有"李芝仪,维扬名妓也。工小唱,尤善慢词。王继学中丞甚爱之,赠以诗序。余记其一联云:'善和坊里,骅骝搆出绣鞍来；钱塘江边,燕子衔将春色去'"①。梁园秀所作《小梁州》《青歌儿》《红衫儿》《塞儿令》等歌曲在当时广为流传。

此外,还有很多乐妓是以弹唱闻名的。如金莺儿,"挡筝合唱,鲜有其比"②；陈婆惜,"善弹唱,声遏行云。……在弦索中,能弹唱鞑靼曲者,南北十人而已"③。元代用琵琶伴奏所唱之歌曲也被称为琵琶词。

（二）说唱类

说唱类中的诸宫调是元代商业性乐舞生产的一种产品形式。如《青楼集》记载赵真真、杨玉娥等人善唱诸宫调,《黄氏诗卷序》也曾记载黄氏、李心心、赵真、秦玉莲等都是出色的诸宫调艺人。元人胡祗遹创作的两首《诸宫调》诗,描述了元代诸宫调艺人高超的技艺：

> 谈锋衮衮决悬河,嚼徵含宫格调多。唱到至元供奉曲,篆烟风细霭春和。

> 古人陈迹不须言,圣代文章合剩传。留著才情风调曲,缓歌中统至元年。④

从现有文献来看,元代勾栏瓦舍中盛行的诸宫调作品有商正叔改编的

---

① 夏庭芝. 青楼集 [M] //中国戏曲研究院. 中国古典戏曲论著集成：二. 北京：中国戏剧出版社, 1959：35.
② 夏庭芝. 青楼集 [M] //中国戏曲研究院. 中国古典戏曲论著集成：二. 北京：中国戏剧出版社, 1959：36.
③ 夏庭芝. 青楼集 [M] //中国戏曲研究院. 中国古典戏曲论著集成：二. 北京：中国戏剧出版社, 1959：33.
④ 杨镰. 全元诗：第七册 [M]. 北京：中华书局, 2013：176.

《双渐小卿》诸宫调，戴善甫创作的《风月紫云庭》诸宫调，王伯成创作的《天宝遗事》诸宫调等。

货郎儿是元代冲州撞府路歧人的主要表演内容，元代无名氏《风雨像生货郎旦》杂剧生动地描写了唱货郎儿赚钱谋生的情形：

[李彦和做怒科云] 兀的不气杀我也！我是甚么人家？我是有名的财主。谁不知道李彦和名儿？你如今唱货郎儿，可不辱没杀我也！

[做跌倒] [副旦扶起科云] 休烦恼，我便辱没杀你。哥哥，你如今做甚么买卖？

[李彦和云] 我与人家看牛哩，不比你这唱货郎的生涯这等下贱。[副旦唱]

【十二月】你道我生涯下贱，活计萧然。这须是衣食所逼，名利相牵。你道我唱货郎儿辱没杀你祖先，怎比的你做财主官员。①

……

【转调货郎儿】也不唱韩元帅偷营劫寨，也不唱汉司马陈言献策，也不唱巫娥云雨楚阳台。也不唱梁山伯，也不唱祝英台。[小末云] 你可唱甚么那？[副旦唱] 只唱那娶小妇的长安李秀才。②

正因为货郎儿极为盛行，《元典章》中有至元十二年（1275年）的禁令：

在都唱琵琶词货郎儿人等，聚集人众，充塞街市，男女相混，不唯引惹斗讼，又恐别生事端。蒙都堂议得：拟合禁断，送部，行下合属，依上施行。奉此。③

即便如此，仍然阻挡不了普通民众对于此种艺术形式的喜好。

陶真也是民间艺人商业性乐舞生产的重要产品类型，深受普通民众的欢迎。《琵琶记》第十七出描述了艺人演唱陶真的情形：

[净] 单单只有第三个孩儿本分，常常抢去了老夫的头巾，激得我老夫性发，只得唱个陶真。[丑] 呀，陶真怎的唱？[净] 呀，到被你

---

① 臧懋循. 元曲选 [M]. 北京：中华书局，1958：1648.
② 臧懋循. 元曲选 [M]. 北京：中华书局，1958：1650.
③ 祖生利，李崇兴. 大元圣政国朝典章：刑部 [M]. 太原：山西古籍出版社，2004：459.

听见了。也罢,我唱你打和。〔丑〕使得。〔净〕孝顺还生孝顺子。〔丑〕打打咍莲花落。〔净〕忤逆还生忤逆儿。〔丑〕打打咍莲花落……〔丑〕打打咍莲花落。〔净〕点点滴滴不差移。〔丑〕打打咍莲花落。①

(三) 戏曲类

1. 元杂剧

元代杂剧之盛使得它不仅是非商业性乐舞产品类型,也是重要的商业性乐舞产品类型。元朝政府多次下诏禁戏文、杂剧、评话等,就充分说明了此类艺术形式在民间的兴盛程度。尤其是随着文人群体参与到戏曲脚本的创作当中,元杂剧无论表演形式的丰富程度,还是脚本的创作水平都达到了前所未有的高度。元杂剧的伴奏也得到了充分发展,《汉钟离度脱蓝采和》第四折中详细描述了元杂剧的伴奏形态:"【庆东园】那公科地,持着些枪刀剑戟,锣板和鼓笛,更有那帐额牌旗。……【川拨棹】待着我摇鼓吹笛,打拍收拾。"②朱权《太和正音谱》根据元杂剧的表现内容,将其分为十二科,分别有神仙道化、隐居乐道、披袍秉笏、忠臣烈士、孝义廉节、叱奸骂谗、逐臣孤子、铁刀赶棒、风花雪月、悲欢离合、烟花粉黛、神头鬼面,③这充分说明元杂剧发展之成熟,表现内容之丰富。

元代杂剧作品极为丰富,王国维在《宋元戏曲考》中将元代杂剧作家及其创作分为三个时期。第一期为蒙古时代,大致时间为 1234—1279 年。该时期的杂剧作家包括《录鬼簿》中"前辈已死名公有乐府行于世者"和"前辈已死名公才人有所编传奇行于世者"两类。主要作品有关汉卿的《窦娥冤》《蝴蝶梦》《救风尘》《拜月亭》《单刀会》《谢天香》《金线池》《玉镜台》《春衫记》等,马致远的《破幽梦孤雁汉宫秋》《吕洞宾三醉岳阳楼》《江州司马青衫泪》《半夜雷轰荐福碑》《邯郸道省悟黄粱梦》《马丹阳三度任风子》《西华山陈抟高卧》等,王实甫的《西厢记》《破窑记》《丽春堂》等,王仲文的《救孝子贤母不认尸》等,杨显之的《临江驿潇湘秋夜雨》《郑孔目风雪酷寒亭》等,白仁甫的《唐明皇秋夜梧桐雨》《裴少俊墙头马上》《董秀英花月东墙记》等,尚仲贤的《柳毅传书》《濯足气英布》《单鞭夺槊》等,李寿卿的《伍员吹箫》《度柳翠》等,吴昌龄的《张

---

① 毛晋. 六十种曲:第一册[M]. 北京,中华书局,2007:66-67.
② 隋树森. 元曲选外编[M]. 北京:中华书局,1959:979-980.
③ 朱权. 太和正音谱笺评[M]. 姚品文,点校笺评. 北京:中华书局,2010:38.

天师断风花雪月》《东坡梦》《西天取经》和回回杂剧《老回回探狐洞》《浪子回回赏黄花》等，高文秀的《黑旋风敷演刘耍和》《好酒赵元遇上皇》《渑池会》等，郑廷玉的《看钱奴买冤家债主》《包待制智勘后庭花》《楚昭王疏者下船》《布袋和尚忍字记》《宋上皇御断金凤钗》，戴善甫的《风光好》，等等。

第二时期为一统时代，大致时间为1279—1340年。该时期杂剧作家包括《录鬼簿》中"方今已亡名公才人余相知者，为之作传，以【凌波曲】吊之"和"已死才人不相知者"两类。主要作品有曾瑞的《王月英元夜留鞋记》，郑德辉的《辅成王周公摄政》《醉思乡王粲登楼》《迷青琐倩女离魂》《钟离春智勇定齐》《立成汤伊尹耕莘》《虎牢关三战吕布》，乔吉的《杜牧之诗酒扬州梦》《李太白匹配金钱记》《玉箫女两世姻缘》，鲍天祐的《王妙妙死哭秦少游》《史鱼尸谏卫灵公》，宫天挺的《严子陵垂钓七里滩》《死生交范张鸡黍》，等等。

第三时期为至正时代，大致时间为1341—1368年。该时期杂剧作家包括《录鬼簿》中"方今名公"，"方今才人相知者，纪其姓名行业实并所编"和"方今才人闻名而不相知者"三类。主要作品有萧德祥的《杨氏女杀狗劝夫》，朱凯的《昊天塔孟良盗骨》《刘玄德醉走黄鹤楼》，秦简夫的《宜秋山赵礼让肥》《东堂老劝破家子弟》《陶贤母剪发待宾》，王晔的《破阴阳八卦桃花女》，等等。

2. 南戏

南戏产生于两宋时期的浙江永嘉地区，最初是在温州地区的民间歌舞小戏的基础上，结合唐宋大曲、宋杂剧、唱赚、词调等艺术形式融合而来的。到了元代中后期，南方地区的南戏与北方地区的元杂剧形成一种相互抗衡的状态，且南戏曾一度风靡全国。元周德清在《中原音韵正语作词起例》中曾云："逐一字调平、上、去、入，必须极力念之，悉如今之搬演南宋戏文唱念声腔。……南宋都杭，吴兴与切邻，故其戏文如乐昌分镜等类，唱念呼吸，皆如约韵。"① 可见元代杭州地区仍有表演南戏的相关剧目。且《青楼集》中记载龙楼景、丹墀秀是专业唱南戏的乐人。《录鬼簿》也记载有三位元代的南戏作家：沈和甫，钱塘人，以南北词调合腔，自和甫始；②

---

① 周德清. 中原音韵 [M] //中国戏曲研究院. 中国古典戏曲论著集成：一. 北京：中国戏剧出版社，1959：219.

② 钟嗣成，等. 录鬼簿：外四种 [M]. 上海：古典文学出版社，1957：33.

范居中，杭州人，有乐府南北仕行于世；① 萧德祥，杭州人，有南曲，街市盛行，又有南戏文。②

明代吕天成在《曲品》总结了南戏的特点：

"凡南剧，第一要事佳，第二要关目好，第三要搬出来好，第四要按宫调、协音律，第五要使人易晓，第六要词采，第七要善敷衍——淡处做得浓，闲处做得热闹，第八要各角色派得匀妥，第九要脱套，第十要合世情、关风化。持此十要以衡传奇，靡不当矣。"……括其门数，大约其六：一曰忠孝，一曰节义，一曰风情，一曰豪侠，一曰功名，一曰仙佛。元剧门类甚多，南剧止此矣。③

从文献来看，元代比较盛行的南戏有柯丹邱的《荆钗记》、无名氏的《白兔记》、施惠的《拜月亭》、徐畹的《杀狗记》、高明的《琵琶记》等。尤其是《琵琶记》和《拜月亭》，吕天成在《曲品》对之称赞曰：

《琵琶》，蔡邕之托名无论矣，其词之高绝处，在布景写情，真有运斤成风之妙。串插甚合局段，苦乐相错，具见体裁。可师，可法，而不可及也。词隐先生尝谓予曰："东嘉妙处全在调中平、上、去声字用得变化，唱来和协。至于调之不伦，韵之太杂，则彼已自言，不必寻数矣。"万物共褒，允宜首列。④

《拜月》，云此记出施君美笔，亦无的据。元人词手，制为南词，天然本色之句，往往见宝，遂开临川玉茗之派。何元朗绝赏之，以为胜《琵琶》，而《谈词定论》则谓次之而已。⑤

(四) 词曲类

宋代词乐创作是社会的主流，元代在继承前代的基础上形成散曲形式。创作词曲或者改编民间的曲子成为当时文人重要的音乐生产行为之一，与之交往密切的乐人，也经常演唱文人创作的词曲作品，作为商业性乐舞活动的表演内容。

---

① 钟嗣成，等. 录鬼簿：外四种 [M]. 上海：古典文学出版社，1957：34.
② 钟嗣成，等. 录鬼簿：外四种 [M]. 上海：古典文学出版社，1957：42.
③ 吕天成. 曲品 [M]. 王卓，校释. 哈尔滨：北方文艺出版社，2000：40.
④ 吕天成. 曲品 [M]. 王卓，校释. 哈尔滨：北方文艺出版社，2000：41.
⑤ 吕天成. 曲品 [M]. 王卓，校释. 哈尔滨：北方文艺出版社，2000：41.

元代青楼妓馆乐人经常为宾客演唱散曲，散曲的结构一般分为小令、带过曲和散套三种形式，所表现的内容也相对复杂，多数散曲以风花雪月、离愁别恨、厌世隐逸、感时伤怀等为题材。也有少数散曲揭露元代政治的黑暗，反映现实的阶级压迫，如散曲作家张养浩的《山坡羊·潼关怀古》：

> 峰峦如聚，波涛如怒，山河表里潼关路。望西都，意踌躇。伤心秦汉经行处——宫阙万间都做了土！兴，百姓苦！亡，百姓苦！①

散曲本身不具备一定的故事情节，内容上可长可短，音乐形式自由，多采用小令、散套等形式。表演场所主要集中在贵族阶层和文人豪绅的宴会或家中，普通民众则很少有此类乐舞消费行为。

小令是乐妓最常用的音乐类型，也是消费者最喜欢的一种乐舞表演形式。《万历野获编》云："元人小令，行于燕赵，后浸淫日盛。"② 从文献来看，元人小令蔚为壮观，也是艺人最为擅长的表演形式。如燕南芝庵在《唱论》中云："词山曲海，千生万熟。三千小令，四十大曲。"③ 乐人常常演唱的小令有：孙梁的【仙吕】《后庭花破子》；杨果的【越调】《小桃红》《采莲女》；刘秉忠的【南吕】《干荷叶》，【双调】《蟾宫曲》；杜仁杰的【双调】《雁儿落过得胜令》；王和卿的【仙吕】《醉扶归》，【仙吕】《醉中天》，【仙吕】《一半儿》，【中吕】《阳春曲》，【商调】《百字知秋令》，【越调】《小桃红》《天净沙》《拨不断》；张弘范的【中吕】《喜春来》，【越调】《天净沙》；商挺的【双调】《潘妃曲》；严忠济的【越调】《天净沙》，【双调】《寿阳曲》；刘因的【黄钟】《人月圆》；伯颜的【中吕】《喜春来》；徐琰的【双调】《沉醉东风》，【双调】《蟾宫曲》；魏初【黄钟】《人月圆》；王恽的【正宫】《双鸳鸯》，【正宫】《黑漆弩》，【仙吕】《后庭花》，【越调】《平湖乐》；卢挚的【黄钟】《节节高》，【南吕】《金字经》，【中吕】《朱履曲》，【中吕】《普天乐》，【商调】《梧叶儿》；孔文昇的【双调】《折桂令》；陈草庵的【中吕】《山坡羊》；奥敦周卿的【双调】《蟾宫曲》；关汉卿的【正宫】《白鹤子》，【仙吕】《醉扶归》，【仙吕】《一半儿》，【南吕】《四块玉》，【中吕】《朝天子》；等等。

---

① 隋树森. 全元散曲：上 [M]. 北京：中华书局，1964：437.
② 沈德符. 元明史料笔记丛刊：万历野获编：中 [M]. 北京：中华书局，1959：647.
③ 燕南芝庵. 唱论 [M]//中国戏曲研究院. 中国古典戏曲论著集成：一. 北京：中国戏剧出版社，1959：162.

此外，元代人将说唱和戏剧通用的底本称之为"词话"，它们往往朗朗上口，简洁明了，便于传唱，深受民众欢迎。但元代法律明确禁止学习或聚众唱词话、制词曲。《元史》载，"诸妄撰词曲，诬人以犯上恶言者，处死"①，"诸乱制词曲，为讥议者，流"②。《元典章》曾记载至元十一年（1274年）十月，"顺天路束鹿县头店，见人家内聚约百人，自搬词传，动乐饮酒。为此，本县官司取讫社长田秀井、田拗驴等各人招伏：不合纵令侄男等，揽钱置面戏等物。量情断罪外，本司看详：除系籍正色乐人外，其余农民、市户良家子弟，若有不务本业，习学散乐，般唱词话人等，并行禁约，是为长便"③。《元史》亦载："诸民间子弟，不务生业，辄于城市坊镇，演唱词话，教习杂戏，聚众淫谑，并禁治之。"④虽然令行禁止，但从另一方面也说明此类型音乐产品在社会上的流行程度之高。

（五）杂耍类

散乐百戏也是元代商业性乐舞产品之一。从文献来看，这一时期参与商业性音乐活动的百戏主要在民俗活动中得以实现，如《南村辍耕录》载：

> 余在杭州日，尝见一弄百禽者，蓄龟七枚，大小凡七等，置龟几上，击鼓以使之，则第一等大者先至几心伏定，第二等者从而登其背，直至第七等小者登第六等之背，乃竖身直伸其尾向上，宛如小塔状，谓之"乌龟叠塔"。又见蓄虾蟆九枚，先置一小墩于席中，其最大者乃踞坐之，余八小者左右对列，大者作一声，众亦作一声；大者作数声，众亦作数声。既而小者一一至大者前点首作声，如作礼状而退，谓之"虾蟆说法"。至松江，见一全真道士，寓太古庵。一日，取二鳅鱼，一黄色，一黑色，大小相侔者，用药涂利刃，各断其腰，互换接续，首尾异色，投放水内，浮游如故。郡人卫立中，以盆池养之，经半月方死。叠塔说法，固教习之功，但其质性蠢蠢，非它禽鸟可比，诚难矣哉。若夫断而复续，死而复生，药欤？法欤？是未可知也，但剧戏中似此者，果亦罕见。⑤

---

① 宋濂，等．元史［M］．中华书局编辑部，点校．北京：中华书局，1976：2651．
② 宋濂，等．元史［M］．中华书局编辑部，点校．北京：中华书局，1976：2685．
③ 祖生利，李崇兴点校．大元圣政国朝典章：刑部［M］．太原：山西古籍出版社，2004：459．
④ 宋濂，等．元史［M］．中华书局编辑部，点校．北京：中华书局，1976：2685．
⑤ 陶宗仪．元明史料笔记丛刊：南村缀耕录［M］．北京：中华书局，1959：270．

第三节 元代音乐经济总体特征

一、宗教性音乐生产与消费的多元化

元代宗教音乐生产与消费在整个社会音乐大生产中处于一个相对特殊的地位,总体上,宗教音乐活动有着突出表现:既存在典型的非商业性音乐生产与消费行为,也存在显著的商业性音乐生产与消费行为。元代宗教音乐活动的突出性特征主要表现在以下几个方面:

第一,活动内容的丰富性。这主要是指元代民众的宗教信仰多样,不仅胜于前代,后代也望尘莫及。诸如佛教在很长一段时间内作为国教,并衍生出诸如天台禅、华严禅、念佛禅、临济宗和曹洞宗等支派,佛寺遍布大江南北、草原山地,从帝王、贵族到普通民众,无不崇佛信佛;道教的发展与佛的发展此消彼长,道教也一度成为国教,地位无与伦比,从大漠草原到江南水乡,遍布全真道、太一道、真大道、三山符箓派等,到处都有道观、活跃着道士,道教活动深入普通民众的婚丧嫁娶中。其他还有景教、伊斯兰教、偶像教、基督教、萨满教等。如此繁多的宗教信仰,致使社会上处处都有宗教活动,众多的宗教活动必然会形成不同类型的宗教音乐生产与消费。

第二,活动形式的多样性。从文献来看,元代宗教行为的音乐生产与消费既具有鲜明的非商业性,也具有典型的商业性。前者是指:从帝王到贵族,从寺庙到道观,为了表达对宗教的虔诚,为了吸引善男信女,他们常常在重要的宗教节庆活动中举行重大的乐舞演出,各地的寺庙、道观还纷纷建设戏楼、亭台,进行着与民俗相关的酬神乐舞演出活动,这些活动具有鲜明的非商业性。但与此同时,元代特殊的宗教政策及帝王对宗教的重视,再加上社会黑暗腐败势力的推动,很多宗教领袖拥有大量的良田、资产,蓄养大量的歌舞艺人。以佛教为例,元代皇家寺庙享受免税收、免服役的特权,庙产极为丰硕,如元大都护国仁王寺:"凡径隶本院若大都等处者,得水地二万八千六百六十三顷五十一亩有奇,陆地三万四千四百一十四顷二十三亩有奇,山林、河泊、湖渡、陂塘、柴苇、鱼竹等场二十九,玉石、银铁、铜盐、硝碱、白土、煤炭之地十有五,栗为株万九千六十一,

酒馆一。隶河间襄阳江淮等处提举司提领所者,得水地万三千六百五十一顷,陆地二万九千八百五顷六十八亩有奇,江淮酒馆百有四十,湖泊、津渡六十有一……"①再如普庆寺经营的店铺"东庑通庖井,西庑通海会,市为列肆,月收僦赢,寺须是资"②。显然,寺院经营酒馆,必然要遵循社会的一半习俗,即雇佣酒妓进行卖酒、陪酒活动,只有如此才能将酒肆经济利益最大化。所谓"有招饮者,酒酣则自起舞,唱青天歌,女童亦舞而和之,真仙音也"③,这就出现了显著的商业性乐舞生产与消费。

二、音乐商业行为的专业化

元代从事商业性音乐生产的乐人或班社众多,其产品营销手段也极为丰富,可以针对不同的场所,选择不同的营销策略。如青楼妓馆常选用装点门面及提升乐人的穿着打扮品位与技艺的方式;勾栏则选用张贴广告、点戏的方式;流动路歧人则选用叫卖、吆喝的方式,及走街串巷选择人流量大的地方搭建舞台进行表演;等等,其目的都是获得更多的经济收益。这也是元代音乐经济的突出特点之一。具体而言,有以下五种主要手段。

第一,重视张贴广告,且其内容与制作也极为精美。如《庄家不识勾栏》中交代演戏时悬挂彩纸榜,使用"金子帐额",由旗杆吊着装饰背景的宣传物等。前文提及的大行散乐忠都秀壁画人物背后悬挂"帐额",也是将装饰舞台的棋牌、帐幔等物品悬挂于显目之处,以吸引民众观看。南戏《宦门子弟错立身》强调"侵早已挂了招子"④。散曲《耍孩儿·庄家不识勾栏》中也有相关描述:"正打街头过,见吊个花碌碌纸榜。不似那答儿闹穰穰人多。"⑤《汉钟离度脱蓝采和》第一折中也描述了艺人贴招牌情况:"〔正末云〕这先生你与我贴招牌,老先生不知,街市上有几个士夫,请我吃了一杯茶,因此上来迟。"⑥

第二,注重个人装扮。元代青楼、酒肆多选择妙龄少女招揽客人。元高安道《嗓淡行院》中描述勾栏瓦舍妙龄女子招揽顾客的情况:"【般涉调】

---

① 李修生. 全元文:第18册[M]. 南京:江苏古籍出版社,2001:391-392.
② 李修生. 全元文:第9册[M]. 南京:江苏古籍出版社,1999:530.
③ 夏庭芝. 青楼集[M]//中国戏曲研究院. 中国古典戏曲论著集成:二. 北京:中国戏剧出版社,1959:29.
④ 钱南扬. 永乐大典戏文三种校注[M]. 北京:中华书局,2009:227.
⑤ 刘崇德. 全宋金曲[M]. 北京:中华书局,2020:254.
⑥ 隋树森. 元曲选外编[M]. 北京:中华书局,1959:972.

《哨遍·嗓淡行院》……寻故友,出来的衣冠济楚,像儿端严,一个个特清秀,都向门前候;待去歌楼作乐,散闷消愁。倦游柳陌恋烟花,且向棚阑玩俳优;赏一会妙舞清歌,瞅一会皓齿明眸,趁一会闲茶浪酒。"①元无名氏散曲《拘刷行院》也提到,艺人到酒楼进行清唱时务必"与你几贯青蚨唤粉头"②。贾仲明《李素兰风月玉壶春》中通过李玉壶之口讲述了成为杂剧子弟的条件:

[正末云]做子弟的有十个母儿,一家门,二生像,三吐谈,四串仗,五温和,六省傍,七博览,八歌唱,九枕席,十伴当。做子弟的须要九流三教皆通,八万四千傍门尽晓,才做得子弟,非同容易也呵!③

第三,勾栏棚园提供点戏服务,且这一现象极为普遍。现场点戏在元代成为一种时尚,如《汉钟离度脱蓝采和》第一折载:

[正末云]师父要做甚么杂剧?[锺云]但是你记的,数来我听……[正末云]我试数几段脱剥杂剧。[唱]做一段老令公刀对刀,小尉迟鞭对鞭,或是三王定政临虎殿。[锺云]不要,别做一段。[正末唱]都不如诗酒丽春园,或是做雪拥蓝关马不前。④

当然,点戏现象的出现,也促使一些流动的家庭班社强化角色的多样性、曲目的丰富性。如《汉钟离度脱蓝采和》第一折中记载,蓝采和的家庭戏班中蓝采和是末泥,其他还有旦色、把色、薄头等角色。《青楼集》中记载妓女小春宴"勾阑中作场,常写其名目,贴于四周遭梁上,任看官选拣需索"⑤。

第四,叫卖、吆喝。散曲《耍孩儿·庄家不识勾栏》中有大声吆喝"请"的情况,"【六煞】见一个人手撑着椽做的门,高声的叫请请,道迟来的满了无处停坐。说道前截儿院本调风月,背后么末敷演刘耍和。高声叫:

---

① 隋树森. 全元散曲: 下[M]. 北京: 中华书局, 1964: 1110.
② 隋树森. 全元散曲: 下[M]. 北京: 中华书局, 1964: 1821.
③ 臧懋循. 元曲选[M]. 北京: 中华书局, 1958: 479.
④ 隋树森. 元曲选外编[M]. 北京: 中华书局, 1959: 972.
⑤ 夏庭芝. 青楼集[M]//中国戏曲研究院. 中国古典戏曲论著集成: 二. 北京: 中国戏剧出版社, 1959: 38.

赶散易得,难得的妆哈"①。

第五,演出场所的专业化。杂剧《汉钟离度脱蓝采和》和散曲《耍孩儿·庄家不识勾栏》中都描述了元代勾栏的形态:"入得门上个木坡,见层层垒垒团圞坐。抬头觑是个钟楼模样;往下觑却是人旋窝,见几个女向台儿上坐。"② 这表明元代娱乐场所已初具规模,四周有墙,房上有顶,前面有门,进门上坡,棚里的观众席位为阶梯状,越往后位置越高,被称为神楼,两侧观众席称为腰棚,勾栏舞台有乐床,为妓女乐队伴奏演出之处,仿若现代的小型剧场一般。

三、戏曲产品的主体化

从宏观来看,元代也是声色之社会。社会的巨大需求导致各种艺术形式蓬勃发展,从事乐舞生产的人员规模极为庞大,元夏庭芝曾自豪地感慨:"我朝混一区宇,殆将百年,天下歌舞之妓,何啻亿万。"在众多的生产者从事不同类型的艺术形式创作和表演过程中,戏曲则一枝独秀,成为这一时期乐舞的主体,是乐舞生产与消费的主要类型。

戏曲艺术成为元代乐舞生产消费的主要产品,这可以从三个方面得到证明。

第一,创作者众多。上文阐述过,元代从事杂剧和南戏创作的人才众多,《录鬼簿》将其分为"前辈已死名公有乐府行于世者","前辈已死名公才人有所编传奇行于世者","方今已亡名公才人余相知者,为之作传,以【凌波曲】吊之","已死才人不相知者","方今名公","方今才人相知者,纪其姓名行业实并所编","方今才人闻名而不相知者"等多类,可考的人员有上百名。这其中有关汉卿、马致远、王实甫、王仲文、白仁甫、尚仲贤、吴昌龄、李寿卿、高文秀、杨显之等。这还不包括专门从事南戏创作的各种书会才人,足见其创作队伍之庞大。

第二,作品丰富。元代戏曲主要是元杂剧和南戏。杂剧发展到元代,已经从宋杂剧之表现形式的庞杂转为表现内容的庞杂,所谓"上则朝廷君臣,政治之得失,下则闾里市井,父子、兄弟、夫妇、朋友之厚薄,以至医药、卜筮、释道、商贾之人情物理殊方,异域风俗语言之不同,无一物

---

① 隋树森. 全元散曲:上 [M]. 北京:中华书局,1964:31.
② 隋树森. 全元散曲:上 [M]. 北京:中华书局,1964:31.

不得其情,不穷其态"①。今人考证,见于书面记载的元杂剧作品约有 500 多种。明臧懋循《元曲选》和今人隋树森《元曲选外编》,共收元杂剧作品 156 种。比较知名的有《窦娥冤》《拜月亭》《单刀会》《西厢记》《墙头马上》《梧桐雨》等。南戏作品也如雨后春笋般涌现,比较具代表性的有《琵琶记》《小孙屠》《宦门子弟错立身》等。这还不包括从两宋时期流传下来的诸多杂剧和南戏作品。

第三,表演场所和表演者众多。元杂剧和南戏的表演场所分布极广,上至帝王庭院、贵族商贾之家,下至勾栏棚园、茶馆酒肆、青楼妓馆,还有遍布乡村、城镇的神庙戏台,都有戏曲表演者的身影。这种现象离不开乐人的贡献。元代表演戏曲的乐人数量庞大,既有隶属宫廷的教坊乐人,隶属州府的职业乐人,还有勾栏瓦舍、茶馆酒肆、青楼妓馆的乐人,以及冲州撞府的底层乐人。

因此,元虞集说:"一代之兴,必有一代之绝艺足称于后世者。"王国维也说元杂剧为"一代之绝艺"。而这也正体现在元代戏曲在社会乐舞生产消费中的主体地位上。

---

① 李修生. 全元文:第 5 册 [M]. 南京:江苏古籍出版社,1998:260 - 261.

第三章 明代的音乐经济

1368年，朱元璋在应天称帝，建立明朝，国号大明，年号洪武。1398年，朱元璋去世，朱允炆继位，年号建文。同年燕王朱棣起兵，挥师南下，至1403年，朱棣继位，改元永乐，朱棣即明成祖。永乐十九年（1421年），朱棣迁都北京。1627年，明熹宗去世，崇祯皇帝继位，农民起义蓬勃兴起。1644年，李自成称帝，定国号为"大顺"。同年李自成率领农民起义军队攻陷北京，崇祯皇帝在煤山自缢，明朝灭亡。

从政治角度来看，明代初期承袭了元代以中书省掌政令、枢密院柄军令、御史台执掌监察的体制。其中，中书省总理行政事务，置左右丞相各一员，或仅置右丞相、平章政事四员为丞相之副贰、左右丞各一员、参知政事两员等，并下统六部。[①] 但后来明太祖朱元璋为了避免皇权与相权的矛盾，废除了丞相之制，设五府、六部、都察院、通政司、大理寺等，分理天下庶务；后期又设立锦衣卫、东厂等特务机构，强化中央集权。明太祖秉承"重典治国"理念，制定了一系列的法律条文，诸如《大明令》《御制大诰》《御制大诰续编》《御制大诰三编》《御制大诰武臣》《诸司职掌》《教民榜文》等，并为后代留下了治国圭臬《皇明祖训》，其内容包括箴戒、持守、严祭祀、谨出入、慎国政、礼仪、法律、内令、内官、职制、兵卫、

---

① 朱伟明.《皇明祖训》与明代政治[D]. 长春：东北师范大学，2014.

营缮及供用等方面,强调后世子孙不得更改一字。明朝历代帝王严格继承了明太祖的治国理念和治国方略。

从经济角度来看,明朝建立后,统治者实行了奖励垦荒、移民屯田、兴修水利、整顿赋役制度、减轻农民负担的政策,使社会经济得到快速恢复。当然,从根本上来说明代统治者实行了"农本主义"和"强管制"的经济政策,其"农本主义"表现在军事、财政体制中的兵农合一精神和均平赋税取向,明朝政府强化了户籍管理,造黄册登录户籍,并将鱼鳞图册与黄册相互配合,实现了户籍和赋役管理制度的统一。"强管制"则体现在强制禁止白银货币流通和推行旨在垄断货币并将社会财富大量聚集到中央政府的"大明通行宝钞"。另外,经济的发展和农业生产技术的提高,使明代人口大幅增长,据统计,由元入明时期的人口约 7 000 万,但到了明万历时期,人口规模在 2 亿左右,足见人口增长之快。①

明代的手工制造业和商业也得到了突出发展,尤其是明中叶后,从大都市到乡镇都出现了繁荣的制造业和活跃的商品经济市场。其中纺织业、制瓷业、丝绸业、造纸印刷业、制糖业、冶铁业、染织业等较为发达。手工业的生产组织形式也发生了改变,由以前单纯的家庭副业手工业,逐渐脱离农业转变为雇佣工人进行生产的城镇手工作坊与大型手工工场。② 社会上出现了资本主义的萌芽,明嘉靖到万历年间(1522—1619 年),是中国历史上资本主义萌芽最显著的阶段,尤其是江南地域,从城市到乡村出现了大量的雇佣式工场、田庄。很多学者认为这是具有划时代意义的重要经济现象,也是中国封建社会正在发生或即将发生重大历史性变化最明显的表征。③ 如苏州成为丝绸贸易和制作的中心,有上万的织工和染工常年靠受雇于人为生。所谓"家杼轴而户篡组,机户出资,织工出力,相依为命久矣"④。造船业的发达使中国的瓷器远销欧洲。江西景德镇为全国瓷器生产中心,繁盛时有 3 000 多座瓷窑。当时的陶阳镇"列市受廛,延袤十三里许,烟火逾十万家,陶户与市肆当十之七八,土著居民十之二三。"⑤ 而日常北方乡镇集市也呈现出"百货俱陈,四远竞凑,大至骡、马、牛、羊、

---

① 赵轶峰. 明代经济的结构性变化[J]. 求是学刊,2016(2):140-152,2.
② 郑雪颖.《天工开物》与明代技术传承方式变革的研究[D]. 金华:浙江师范大学,2022.
③ 李渡. 14~17 世纪中国封建社会转型与明代政治发展[J]. 上海师范大学学报(哲学社会科学版),2006(4):108-112.
④ 胡丹. 明代宦官史料长编:上册[M]. 南京:凤凰出版社,2014:1913.
⑤ 傅振伦.《景德镇陶录》详注[M]. 孙彦,整理. 北京:书目文献出版社,1993:112.

奴、婢、妻、子，小至斗粟、尺布，必于其日聚焉"① 的状况。"杭州省会，百货所聚，其余各郡邑所出，则湖之丝，嘉之绢，绍之茶之酒，宁之海错，处之磁，严之漆，衢之橘，温之漆器，金之酒，皆以地得名。"②《明史》卷三百二十三"吕宋"条记载"闽人以其地近且饶富，商贩者至数万人，往往久居不返，至长子孙"③。即便是小城镇也有特色化发展，如湖州的双林镇在隆庆、万历年间（1567—1619年），成了商业重镇，"机杼之家相沿此业"，"客商云集牟贩，里人贾鬻他方，四时往来不绝"④。经济的发达使这一时期出现了典型的区域性商贾，如山西晋商、安徽徽商（或称为新安大贾）。所以，很多学者认为明代已经形成全国统一的大市场。

明中期海外贸易发展极为突出，《大明会典》记载，当时与明朝进行货物交换的国家有暹罗、日本、占城、爪哇、满剌加、苏禄国、锡兰山、古里、苏门答腊等。自永乐三年（1405年）开始，郑和七次下西洋，曾到访30多个国家，有效形成了中国国内市场体系与世界贸易体系的接轨。明代国际贸易的勃兴从1540年至1644年白银的流动可得到有力证明，据研究，这一百多年期间，由日本输入中国的白银合计约7 500吨，1493—1600年间，美洲通过欧洲输入中国的白银共约5 000吨，自1571年至1644年，由美洲经马尼拉输入中国的白银共约7 620吨，足见其海外经济贸易之发达。⑤

明代资本主义萌芽的发展极大地推动了社会科学技术的发展，社会上出现了一系列巨著，如《农政全书》《武备志》《本草纲目》《算法统宗》《乐律全书》《徐霞客游记》《天工开物》等。

明代注重儒学建设，明太祖朱元璋推崇儒学，建国伊始就大兴文教，"自京师以达天下，并建庙学，遍赐经籍，作养士类。仪文之备，超乎往昔。"⑥ 不仅如此，朱元璋还亲自幸太学，释奠孔子，致使尊孔兴儒之风一时达到极盛。明成祖朱棣也继承了这一政策，并在永乐年间重修曲阜孔庙，亲自撰写碑文。仁宗下令建设弘文馆，宣宗也时常以崇文讲学为先务。

---

① 谢肇淛. 五杂组 [M]. 韩梅，韩锡铎，点校. 北京：中华书局，2021：102.
② 王士性. 元明史料笔记丛刊：五岳游草 广志绎 [M]. 周振鹤，吕景琳，点校. 北京：中华书局，1981：67.
③ 张廷玉，等. 明史 [M]. 中华书局编辑部，点校. 北京：中华书局，1974：8370.
④ 朱新予，等. 浙江丝绸史 [M]. 杭州：浙江人民出版社，1985：62.
⑤ 万明. 明代白银货币化：中国与世界连接的新视角 [J]. 河北学刊，2004（3）：145-154.
⑥ 孟继新，政协山东省济宁市委员会. 孔府孔庙碑文楹联集萃：上 [M]. 北京：中国社会出版社，2011：261.

明代帝王重视文化建设,这首先表现在历代皇帝对书籍编撰、刊行的重视。如明太祖建立明朝后命礼部购买天下遗书,并令书坊刊行天下,明成祖亦是如此。由于政府的提倡和民间的需求,明代出版业比较发达,有学者统计明代刊书总数高达3.5万种,并形成了产业,江浙、福建、安徽等地都盛产纸张,多地出现了专门做图书销售的商人,政府还曾经诏令免除书籍税收。从出版内容来看,政府主导的出版物其内容主要以礼制律令、风俗教化为主。民间出版物则相对繁杂,其中戏曲小说类较为畅销。其畅销程度在很多文人笔记小说中均有记载,如"自《西楼记》出,海人达官文士,冶儿游女,以至京都戚里,旗亭邮驿之间,往往抄写传诵,演唱殆遍"①。当然,由于明朝政府对图书管理的松弛,社会上出现了滥刻、篡改、剽窃之风,导致大量非儒家图书和粗糙书籍出版,一定程度上影响了当时人们的思想和行为方式。

礼乐是文化建设的重要内容之一,明太祖朱元璋立国之初就强化礼乐建设,亲自修改曲名、主持祭祀仪式,制作《大祀天地乐章》。而且朱元璋非常注重音乐戏曲的教化作用,曾亲自向大臣推介《琵琶记》,认为它关乎子孝与妻贤,应该家家常备。后继者明成祖、仁宗、宣宗、孝宗等也采取了各种措施,强化国家礼乐建设。明代很多帝王酷爱音乐,如仁宗善弹琴;孝宗曾命太常以纯金为钟、西玉为磬制造礼乐器;武宗亲自制作《杀边乐》在教坊司传习;思宗好鼓琴,并亲自撰写大量琴曲,修订琴谱。当然,明朝政府的文艺政策也相对苛刻,曾多次出台限制民间艺术发展的政策。如洪武二十二年(1389年),禁军官军人学唱,否则就要被割舌;洪武三十年(1397年),规定"凡乐人搬做杂剧戏文,不许妆扮历代帝王后妃忠臣烈士先圣先贤神像,违者杖一百;官民之家,容令妆扮者与同罪"。②

明代宗教发展相对繁杂。明太祖朱元璋出身贫寒,自幼出家为僧,称帝之后则推崇道教,扶持正一道,并亲自注《道德经》颁行天下,敕编《大明玄教立成斋醮仪范》作为全国道观通行仪轨,置道录司作为管理全国道教的最高机构,希冀借助道教来治理国家,教化民众。明成祖朱棣则推崇北极佑圣真君,敕命各地修建真武庙,以武当山作为全国道教事业的引领。因此,在帝王的推崇之下,有明一代道教兴盛,道观林立,民众也兴起崇信之风。当然,明代佛教也极为兴盛,明朝政府并没有采取崇道灭佛

---

① 高洪钧. 冯梦龙集笺注 [M]. 天津:天津古籍出版社, 2006:206-207.
② 王晓传. 元明清三代禁毁小说戏曲史料 [M]. 北京:作家出版社, 1958:10.

之策，反而是注重扶持佛教，大规模修建寺庙，以致"僧道不可数计，求财索食，沿街塞路"。由于僧道之人过多，明朝政府不得不多次诏令予以限制。如洪武二十四年（1391年），强调限僧三年一度给牒，并规定僧道之人的数额：府不得超过四十人，州不得超过三十人，县不得超过二十人，女性非五十岁以上不得出家。①

综上，明代政治、经济、文化都得到了突出发展，出现了资本主义萌芽。在这一历史时期，其音乐经济的发展也具有鲜明的时代之风。

第一节 明代非商业性的音乐生产与消费

一、生产者

（一）宫廷专职乐人

明代宫廷乐舞生产者众多，尤其是在严格的乐籍制度管理下，在籍人员规模庞大，在宫廷中不仅存在固定的在籍音乐人，还有大量从州县抽调过来应差的在籍乐人，这需要设置专业的管理机构和专职的管理者进行体系化的组织。从现有文献来看，明代宫廷设置了相对复杂的音乐管理机构和乐官体系。具体如下：

1. 太常寺乐人与乐官

从职官体系来看，明代太常寺设置卿一人（正三品），少卿二人（正四品），寺丞二人（正六品），典簿二人（正七品），博士二人（正七品），协律郎二人（正八品，嘉靖中增至五人），赞礼郎九人（正九品，嘉靖中增至三十三人，后革二人），司乐二十人（从九品，嘉靖中增至三十九人，后革五人）。天坛、地坛、朝日坛、夕月坛、先农坛、帝王庙、祈谷殿、长陵、献陵、景陵、裕陵、茂陵、泰陵、显陵、康陵、永陵、昭陵各祠祭署，俱奉祀一人（从七品），祀丞二人（从八品）；牺牲所，吏目一人（从九品）。②

太常寺因掌祭祀礼乐之事，凡天神、地祇、人鬼之祭，凡国有册立、

---

① 张廷玉，等. 明史 [M]. 中华书局编辑部，点校. 北京：中华书局，1974：1818.
② 张廷玉，等. 明史 [M]. 中华书局编辑部，点校. 北京：中华书局，1974：1795–1796.

册封、冠婚、营缮、征讨、大丧诸典礼，都由它组织符合规范的礼乐活动。这些活动不仅需要大量的礼乐乐人，还要有表演文武二舞的舞生（乐舞生），因此太常寺所辖乐人规模庞大。

为了更好地组织乐人进行乐舞生产，明太祖朱元璋在吴元年（1367年）就设置了太常司，内置太常卿、少卿、典簿、协律郎、博士、赞礼郎、司乐等职。建文年间，增设神乐观提点（一人，正六品）、神乐观知观（一人，从八品），来强化对祭祀乐舞的管理，这也体现了明代帝王对祭祀乐舞生产的重视。

2. 教坊司乐人与乐官

明代设置教坊司来主掌乐舞承应，隶属礼部。其基本管理体系：奉銮一人（正九品），左、右韶舞各一人，左、右司乐各一人（并从九品），以乐户充之。嘉靖中，又置显陵供祀教坊司，设左、右司乐各一人。① 从文献来看，明代隶属教坊的乐人数量极为庞大，朱元璋定都金陵后，教坊乐人主要集中在金陵，即便是明成祖迁都北京之后，南京作为陪都，依然有着极高的政治待遇，乐人体制上还保留有南教坊之制。如明武宗南巡时将南教坊大批乐工，如顿仁、朱凤翔等随驾带回北京，"顿曾随武宗入京，尽传北方遗音，独步东南；暮年流落，无复知其技者，正如李龟年江南晚景"②。沈德符《万历野获编》卷一"释乐工夷妇"条载，宣德十年（1435年），因"教坊乐工数多"，"其择堪用者量留，余悉发为民。凡释教坊乐工三千八百余人"③。由此足见明代教坊所辖乐舞生产者数量之庞大。

3. 钟鼓司乐人与乐官

从文献来看，明代钟鼓司主要掌管出朝钟鼓，以及内乐、传奇、过锦、打稻诸杂戏。不属于礼乐体系，级别要远高于教坊司。内设司正一人，正五品；左、右司副各一人，从五品。所辖乐舞生产者主要是内乐艺人及杂戏艺人。④

当然，钟鼓司在乐舞生产中，不仅组织宫廷所辖乐人按照轮值轮训制度进行乐舞生产，也常常在重大演出时管理划拨给钟鼓司的地方乐人，使

---

① 张廷玉，等. 明史［M］. 中华书局编辑部，点校. 北京：中华书局，1974：1818.
② 沈德符. 顾曲杂言［M］//中国戏曲研究院. 中国古典戏曲论著集成：四. 北京：中国戏剧出版社，1959：204.
③ 沈德符. 元明史料笔记丛刊：万历野获编：上［M］. 北京：中华书局，1959：15.
④ 张廷玉，等. 明史［M］. 中华书局编辑部，点校. 北京：中华书局，1974：1819-1820.

其在钟鼓司的组织下进行乐舞生产。如《明史》卷六十一载：

> 正德三年，武宗谕内钟鼓司康能等曰："庆成大宴，华夷臣工所观瞻，宜举大乐。迩者音乐废缺，无以重朝廷。"礼部乃请选三院乐工年壮者，严督肄之，仍移各省司取艺精者赴京供应。①

4. 后宫乐人与乐官

明代从吴元年（1367年）开始就继承了宋元时期的后宫乐官制度，在后宫尚仪局下设置专门组织后宫乐舞生产的机构和职官，即司乐，掌音乐之事。内设司乐四人，典乐四人，掌乐四人，女史二人。这一制度在明一代基本保持稳定，直到永乐之后，宦官势力强大，后宫势力微弱，才逐渐并入宦官体系中。如《明史》卷七十四载：

> 吴元年置内职六尚局。洪武五年定为六局一司。局曰尚宫，曰尚仪，曰尚服，曰尚食，曰尚寝，曰尚功。司曰宫正。六局分领二十四司，每司或二人或四人。女史十八人。十七年更定品秩。……二十七年又重定品职。六局各铸印给之。永乐后，职尽移于宦官。其宫官所存者，惟尚宝四司而已。②

但是，明末宦官刘若愚《酌中志》和清人孙承泽《春明梦余录》记载，明末宫廷依然存在宫正司、六尚局等相关后宫机构。③ 这说明"六局一司"的整体机构并没有因为宦官权力增强而消失。"司乐四人，典乐四人，掌乐四人，女史二人"依然是明代后宫音乐机构和职官的基本建制。《明史》卷七十四"女官"条亦明确记载：

> 女官。六局。……尚仪局，领司四：司籍，……司乐（司乐四人，典乐四人，掌乐四人，女史二人，掌音乐之事）。④

虽然后宫司乐管理人员较少，但所辖乐人相对宽泛，乐人具体数目要根据后宫乐舞活动的场所和乐舞活动的性质来决定，如果是国家重大的亲蚕礼，可能需要相对庞大的乐舞人员。如果是皇帝、皇后或嫔妃的内宴娱

---

① 张廷玉，等. 明史 [M]. 中华书局编辑部，点校. 北京：中华书局，1974：1509.
② 张廷玉，等. 明史 [M]. 中华书局编辑部，点校. 北京：中华书局，1974：1828-1829.
③ 孙承泽. 春明梦余录 [M]. 王剑英，点校. 北京：北京古籍出版社，1992：63.
④ 张廷玉，等. 明史 [M]. 中华书局编辑部，点校. 北京：中华书局，1974：1827.

乐，人数则相对较少。

5. 四斋与玉熙宫乐人与乐官

明代戏曲艺术非常发达，宫廷盛演戏曲。早期戏曲演艺隶属钟鼓司，明神宗时期，为了践行孝道，增设四斋和玉熙宫作为专门的演剧机构，服务于两宫太后。对此，毛奇龄《胜朝彤史拾遗记》云：

> 神宗又孝事两宫，尝设四斋，近侍二百余人陈百戏，为两宫欢。每遇令节，先于乾清宫大殿设两宫座……于是始陈戏，剧欢乃罢，凡大飨多此类。①

玉熙宫作为戏曲承应机构，在吴长元《宸垣识略》中有记载："万历时，选近侍三百余名，于玉熙宫学习宫戏，岁时升座，则承应之。"② 高士奇《金鳌退食笔记》亦载："神宗时，选近侍三百余名，于玉熙宫学习宫戏，岁时陛座，则承应之。"至于演出的内容，《金鳌退食笔记》中也有明确记载：

> （玉熙宫）……各有院本，如盛世新声、雍熙乐府、词林摘艳等词。……他如"过锦"之戏，约有百回，每回十余人不拘，浓淡相间，雅俗并陈。……惟暑天白昼作之，以销长夏。③

（二）王府及地方州府所辖乐人

明代在籍乐人规模庞大，除了隶属宫廷之外，很多隶属藩王封地和地方州府。《明统一志》记载，明代全国范围内有王府三百余处，依据当下行政区划来看，设有王府的省份和府衙所在地共计12省32府（卫），由此可见王府所辖乐人规模之庞大。④ 从文献来看，明代帝王对王府用乐比较重视，王府所用乐舞内容及用乐人数都有着明确的规定，如《续文献通考》卷一百零四载：

> 赐诸王乐户　敕礼部曰：昔太祖封建诸王，其仪制服用俱有定制，乐工二十七户，原就各王境内拨赐，便于供应。今诸王未有乐户者，

---

① 朱权，等. 明宫词［M］. 北京：北京古籍出版社，1987：271.
② 吴长元. 宸垣识略［M］. 北京：北京古籍出版社，1981：71.
③ 刘若愚，高士奇. 明宫史　金鳌退食笔记［M］. 北京：北京古籍出版社，1982：145-146.
④ 项阳. 关注明代王府的音乐文化［J］. 音乐研究，2008（2）：40-52.

如例赐之。有者仍旧，不足者补之。

赐靖江王乐　礼部言：今造靖江王府祭祀乐器，视亲王亦有降杀，然舞佾诸王六不可减，其琴笙及歌工请杀以两，从之。

············

四年五月，行在礼部，条具王国用乐事宜　先是三月，江西新建县儒学教谕王来言：宁王府每年祭祀社稷山川，取府县学生员习乐舞供祀，今生员有定额以供应，王府祭祀预先演习，动经旬月，有妨学业，宜令于附近道观选道童充用。命行在礼部议从其言，如选不及数，则于本府军士余丁内选端谨者从之。命各王府皆准此例，至是行在礼部，以郑王、襄王、荆王、淮王、梁王之国条具合行事宜以闻。……

宣宗宣德元年……十月，赐宁王权乐人二十七户　明年二月宁王权奏已赐乐工，而乐器衣服之类未给。命行在工部制给之。

英宗天顺元年五月，加赐襄府乐人二十户　襄王瞻墡奏本府例有乐人二十七户，已蒙拨赐。臣在京时蒙大兄宣宗皇帝特恩，除原例外另赐乐人二十户。……帝命湖广布政司于所属府州县乐户内拨二十户与之。①

从上述文献可以看到，明代王府的乐舞生产者实际上由两类人群构成，一类是乐舞生（乐户），另一类是乐妓。而乐舞生的标配规模是二十七户，主要是用于宗庙祭祀等场合。《明会典》卷五十四对明代王府宗庙祭祀等活动中所用的乐舞生产者人数和乐器编制有着明确记载：

洪武初定：王国宗庙乐生三十六人。钟磬各一，瑟二，琴八，埙箎箫笛各二，笙四，祝敔各一，搏拊二，歌工八，舞生七十二，文舞三十六人，各执羽籥；武舞如文舞之数，各执干戚，中各以二人为引舞。又定：王府乐工，例设二十七户，于各王境内拨与供用。十五年定王国乐工、乐器、冠服之制。②

《万历野获编》卷二十四"口外四绝"条记载，明代中期封地王国所辖的乐户竟达数千人：

大同府为太祖第十三子代简王封国，……当时事力繁盛，又在极

---

① 纪昀. 钦定续文献通考：卷101-106 [M]. 1901：57-64.
② 申时行，等. 大明会典 [M]. 扬州：江苏广陵古籍刻印社，1989：978-979.

边，与燕辽二国鼎峙，故所蓄乐户较他藩多数倍。今以渐衰落，在花籍者尚二千人，歌舞管弦，昼夜不绝。①

从文献来看，很多隶属王府的乐人的身份归宿相对复杂，有些乐人逐渐演变成了王府中的姬妾，如《武宗实录》就记载了这种现象，其文曰：

> 正德四年，……仍敕礼部通查各王府乐女所生子女，及禁与僧道、刺麻往来。于是礼部因言："各王府玉牒不载生母所自，考究无由。乞自今许镇巡与辅导官查系乐女及非良家女所生，不分已未请名授封选婚，俱造册送部。"②

当然，《明史》卷七十五"王府长史司"条也记载了王府长史司机构，内设典乐一人，长史之下设奉祠所，有正一人、副一人，主掌王府之祭祀乐舞。

地方州府所辖乐人数量极为庞大，他们的基本任务是为各个州府组织的各类官方乐舞活动服务，同时也按照乐籍管理制度定期到宫廷进行值守和演出，或临时接受宫廷调拨进行演出。

（三）私家乐人

明代享乐之风盛行，富庶的文人、贵族、豪绅常常以有文化自居，为了标榜风雅的诗意生活和满足自我宴飨娱乐需求而竞相蓄妓。因此，私家乐人或乐班也成为这一时期非商业性乐舞的重要生产者之一。对此，文献记载颇多，如明代文士"李中麓家戏子几二三十人，女妓二人，女僮歌者数人"③，松江何良俊家"蓄家僮习唱，一时优人俱避舍"④。据统计，明代仅南京一城就有知名的私人家班22个，诸如吴越石家班、汪宗笑家班等。⑤最典型的莫过于万历年间浙江山阴（绍兴）人张岱家中所蓄养的乐妓，从其祖父开始一直延续到明朝灭亡，前后更换了数代乐人。对此，张岱在

---

① 沈德符. 元明史料笔记丛刊：万历野获编：中[M]. 北京：中华书局，1959：612.
② 转引自李国祥，杨昶. 明实录类纂：妇女史料卷[M]. 武汉：武汉出版社，1995：187－188.
③ 何良俊. 元明史料笔记丛刊：四友斋丛说[M]. 北京：中华书局，1959：159.
④ 沈德符. 顾曲杂言[M]//中国戏曲研究院. 中国古典戏曲论著集成：四. 北京：中国戏剧出版社，1959：204.
⑤ 蒋炜. 晚明戏曲演出活动对通俗版画创作的影响[J]. 民族艺术研究，2016（04）：179－184.

《陶庵梦忆》卷四"张氏声伎"条有着详细记载：

> 我家声伎，前世无之，自大父于万历年间与范长白、邹愚公、黄贞父、包涵所诸先生讲究此道，遂破天荒为之。有"可餐班"，以张彩、王可餐、何闰、张福寿名；次则"武陵班"，以何韵士、傅吉甫、夏清之名；再次则"梯仙班"，以高眉生、李岕生、马蓝生名；再次则"吴郡班"，以王畹生、夏汝开、杨啸生名；再次则"苏小小班"，以马小卿、潘小妃名；再次则平子"茂苑班"，以李含香、顾岕竹、应楚烟、杨骎骃名。主人解事日精一日，而傒童技艺亦愈出愈奇。余历年半百，小傒自小而老、老而复小、小而复老者，凡五易之。
>
> 无论"可餐""武陵"诸人，如三代法物，不可复见；"梯仙""吴郡"间有存者，皆为伛偻老人；而"苏小小班"亦强半化为异物矣；"茂苑班"则吾弟先去，而诸人再易其主。①

尤其是当大量文人无法获取功名时，常常寄情词曲创作，蓄养家班以表达情感。如文士沈龄"落拓不事生产，尤精乐律，慕柳耆卿之为人，撰歌曲教童奴为俳优"②。

家乐是富豪之家的私产，主要目的是供私人娱乐，主人对其管束严格。明代张大复《梅花草堂笔谈》卷六"八文"条载："谭公亮有歌儿'八文'，皆极一时之选……公亮故有家法，诸伶歌舞达旦，退则整衣肃立，无昏倚之容。举止恂恂，绝无谑语诙气。"③ 家乐也用于宴客应酬，谭公亮家乐"客至乃具乐，否则竟月习字耳"。主人对家乐的观众甄别极严，除亲近的宾朋之外，不轻易示人。

（四）文人

文士性格浪漫真诚，感情丰富细腻，征歌度曲是体现其审美倾向和艺术追求的个性化方式，因此，文人也成了社会乐舞生产的重要力量之一。潘之恒《曲话》上编"凤姝"条记载了明代金陵文士贵族的乐舞生活：

> 凡金陵诸部士女游冶，咸集其门，以拟洞庭张乐。……出十二、

---

① 张岱. 陶庵梦忆［M］. 罗伟，注译. 哈尔滨：北方文艺出版社，2019：84.
② 吕天成. 曲品校注［M］. 吴书荫，校注. 北京：中华书局，2006：17.
③ 张大复. 梅花草堂笔谈［M］. 阿英，校点. 上海：上海杂志公司，1935：109.

三女子四、五人。扬眉举趾，极蛾燕之飞扬；妙舞清歌，兼绛、腊之宛丽。①

尤其是明代中后期朝廷黑暗，一些官场失意和科举失意文士雅集结社、聚众讲学、吟诗作对，推动了文人寄情娱乐，潜心词乐创作的风尚。② 如万历间，齐恪在为陈与郊《樱桃梦》传奇撰写的序言中所言："近世士大夫，去位而巷处，多好度曲。"③

对此，明人沈德符也多有描述，如在《顾曲杂言》中云："年来俚儒之稍通音律者，伶人之稍习文墨者，动辄编一传奇。自谓得沈吏部九宫正音之秘。"④ 在《万历野获编》卷二十四"缙绅余技"条亦云："近年士大夫享太平之乐，以其聪明寄之剩技，余髫年见吴大参善击鼓，真渊渊有金石声，但不知于王处仲何如？吴中缙绅，则留意声律，如太仓张工部、吴江沈吏部、无锡吴进士俱工度曲，每广坐命技，即老优名倡，俱皇遽失措，真不减江东公瑾。"⑤

除此之外，创作传奇《绣襦记》的明代著名文人、"江东三才子"之一的徐霖亦潜心乐律，"少年数游狭斜，所填南北词大有才情。语语入律，娼家皆崇奉之"⑥，"每当筵，自度曲为新声，讴吟甫毕，已被管弦，四座皆倾，以为神仙中人"⑦。

杂剧是明代文人创作的一种重要体裁形式，相比能够敷演的戏剧作品，文士的杂剧创作更多的是一种案头作品，强调的是一种自我文雅的标榜。如沈德符在《顾曲杂言》"填词名手"条中罗列了大量的明代杂剧作家，云："我朝填词高手如陈大声、沈青门之属，俱南北散套，不作传奇。惟周宪王所作杂剧最夥，其刻本名《诚斋乐府》，至今行世。"⑧ 此外还有梁伯

---

① 潘之恒. 潘之恒曲话 [M]. 汪效倚，辑注. 北京：中国戏剧出版社，1988：60.
② 徐林. 明代中晚期江南士人社会交往研究 [D]. 长春：东北师范大学，2002：21.
③ 邹青. 论晚明昆曲清唱的选曲倾向：以《吴歈萃雅》、《南音三籁》为切入点 [J]. 文化遗产，2014（1）：77-87.
④ 沈德符. 顾曲杂言 [M] //中国戏曲研究院. 中国古典戏曲论著集成：四. 北京：中国戏剧出版社，1959：206.
⑤ 沈德符. 元明史料笔记丛刊：万历野获编：中 [M]. 北京：中华书局，1959：627.
⑥ 周晖. 明朝那些小事儿：金陵琐事 [M]. 何殇，译. 北京：中国友谊出版公司，2021：351.
⑦ 转引自南京市秦淮区地方志编纂委员会. 秦淮区志 [M]. 北京：方志出版社，2003：621.
⑧ 沈德符. 顾曲杂言 [M] //中国戏曲研究院. 中国古典戏曲论著集成：四. 北京：中国戏剧出版社，1959：206.

龙、张伯起、沈宁庵等。

梁伯龙则为昆曲的勃兴做出了突出贡献，如张大复《梅花草堂笔谈》卷十一"昆腔"条记载：

> 梁伯龙闻，起而效之。考订元剧，自翻新调，作《江东白苎》《浣纱》诸曲；又与郑思笠精研音理，唐小虞、陈梅泉五七辈杂转之，金石铿然。谱传藩邸戚畹、金紫熠爚之家，而取声必宗伯龙氏，谓之"昆腔"。①

陈去病《五石脂》也记载了梁辰鱼的乐舞生活：

> 好轻侠，善度曲，啭喉发响，声出金石。能得良辅之传，尝著《浣纱记传奇》，梨园子弟争歌之。生平荡傥好游，足迹遍吴楚间。尝欲北走塞，南极徼，尽览天下名胜，不果而卒。②

叶宪祖的剧本一写成就立即由伶人上演，"公古澹本色，街谈巷语，亦化神奇，得元人之髓……花晨月夕，征歌按拍，一词脱稿，即令伶人习之，刻日呈伎"，其女婿黄宗羲对他的剧作赞颂有加，谓之"直追元人，与之上下"。李开先擅长北曲，并创作了《宝剑记》等优秀传奇剧作。他自称："有时取玩，或命童子扮之，以代百尺扫愁之帚。"吕天成也称赞李开先"熟誊北曲，悲传塞下之吹"，但对其传奇剧作的音律颇有微词，称"间著南词，生扭吴中之拍"。晚明剧作家、浙江人王澹、史槃也嗜好杂剧，王骥德《曲律》谓"二君皆自能度品登场，体调流丽，优人便之，一出而搬演几遍国中"。

落魄文人罢官归家，世事无扰，但又"壮心不堪牢落"，为抒发政治理想而进行乐舞生产创作。这其中最具代表性的是汤显祖，先后创作了《牡丹亭》(《还魂记》)、《紫钗记》《南柯记》和《邯郸记》，这四部戏曲被后人称为"临川四梦"。尤其是《牡丹亭》被称为中国戏曲的典范之作，对昆曲的发展影响深远。钱谦益《汤遂吕显祖小传》说："义仍志意激昂，风骨遒紧，扼腕希风，视天下事数着可了。……所居玉茗堂，文史狼藉，宾朋杂坐，鸡埘豕圈，接迹庭户，萧闲咏歌，俯仰自得。……晚年师盱江而友紫柏，翛然有度世之志。胸中魁垒，陶写未尽，则发而为词曲。'四梦'之

---

① 张大复. 梅花草堂笔谈 [M]. 阿英, 校点. 上海：上海杂志公司, 1935：258.
② 陈去病. 五石脂 [M] // 蒋瑞藻. 小说枝谈. 上海：古典文学出版社, 1958：76.

书，虽复留连风怀，感激物态，要于洗荡情尘，销归空有，则义仍之所存略可见矣。"① 汤显祖的戏曲创作受到进步思想"左派王学"浸染，提倡"百姓日用即道"，蔑视传统礼教。汤显祖本人对一朝权贵张居正、申时行等人抱不妥协态度，因而仕途坎坷也就是必然的了。

文人群体集体创作，发挥团队的智慧，大大提高了音乐产品的质量。从张大夏《梅花草堂笔谈》卷十一"昆腔"条可知，梁伯龙的音乐创作离不开与众音乐家的切磋，他广采众名家之长，其作品"梨园子弟喜歌之"，于是昆山艺人迅速走向大江南北。明代戏剧家兼家乐主人李开先有诗称："新作谁能唱，须烦女教师。"虽然李开先以知曲自负，但他的词曲作品还是要依靠女乐教习谱曲歌唱。家乐主人阮大铖也常与延聘的教师，即兼工度曲、表演的昆曲艺人陈裕所合作度曲。

文人对戏曲的热爱导致部分文人不仅仅创作剧本，还亲自参与戏曲演出。如江南名士祝允明"好酒色六博，善度新声，少年习歌之间，傅粉墨登场，梨园子弟相顾弗如也"②。沈德符《万历野获编》"缙绅余技"条列举了多位度曲名士，展现其风流性情："吴中缙绅则留意声律，如太仓张工部新、吴江沈吏部璟、无锡吴进士澄，时俱工度曲。每广坐命技，即老优名倡俱皇遽失措，真不减江东公瑾。"③

在创作、排演词曲传奇的活动中，文人曲家也以教习私家乐人为乐，这种亲自教习私家伶工的行为也体现了文人群体的高超乐舞技艺能力。对此文献多有记载。诸如王骥德《曲律》卷四记载，诗人顾大典"所蓄家乐，皆自教之"；黄宗羲《南雷文定前集》中《外舅广西按察使六桐叶公改葬墓志铭》记载，明代著名曲家叶宪祖"花晨月夕，征歌按拍，一词脱稿，即令伶人习之，刻日呈伎，使人犹见唐宋士大夫之风流也"；王应奎《柳南随笔》卷二记载文人徐锡允"家畜优童，亲自按乐句指授，演剧之妙，遂冠一邑"；张岱《陶庵梦忆》卷四"祁止祥癖"也记载了清代祁止祥"精音律，咬钉嚼铁，一字百磨，口口亲授"；张潮《虞初新志》卷十六"记吴六奇将军事"条记载，查培继"尽出其囊中装，买美鬟十二，教之歌舞。……孝廉夫人亦妙解音律，亲为家伎拍板，正其曲误。以此，查氏女乐遂为浙中名部"。

---

① 转引自龚重谟. 汤显祖大传：修订本［M］. 上海：上海人民出版社，2015：378.
② 钱谦益. 列朝诗集：第六册［M］. 许逸民，林淑敏，点校. 北京：中华书局，2007：3314.
③ 沈德符. 元明史料笔记丛刊：万历野获编：下［M］. 北京：中华书局，1959：670.

除了戏曲创作，有些文人还痴迷于舞蹈表演。如吴中文士张幼于：

> 每喜着红衣，又特妙于乐舞，因著《舞经》。家有舞童一班，皆亲为教演成者。舞时，非其臭味不欲令见也。又每日令家人悬数牌门首，如官司放告牌样。或书："张幼于卖浆。"或书："张幼于卖舞"，……见者捧腹不已。①

更多的情况则是文人在宴飨之中自娱自乐，"饮则尽醉，醉则狂叫放歌，由由焉任所适，醉甚则散发赤脚，飘然举舞，仙幻宇宙"。明代著名戏曲家李开先也是"醉后高歌起舞，更有风韵"。

（三）帝王与臣僚

明太祖朱元璋"初定天下，他务未遑，首开礼、乐二局"，可见明代帝王对音乐的重视。明太祖"以制礼作乐自任"，创作了多组适用于宫廷宴饮、祭祀等场合的乐曲，如洪武八年（1375年）御制圜丘乐章、方丘乐章，"洪武七年御制祀历代帝王乐章"，"二郊之作，太祖所亲制"。其作品为之后的多位帝王所继承，明成祖就曾在宫廷内演出太祖所作乐章，"丁酉，宴群臣于应昌，命中官歌太祖御制词五章，曰：'此先帝所以戒后嗣也，虽在军旅何敢忘'"。在其影响下，明成祖也曾制作乐曲，"己亥，次威远州。复宴群臣，自制词五章，命中官歌之"。明世宗也热衷于作曲，"九年二月始祈谷于南郊。帝亲制乐章，命太常协于音谱"，"十八年巡狩兴都，帝亲制乐章，享上帝于飞龙殿，奉皇考配"。他所作乐曲有时交由资深、儒雅的大学士命名，使乐曲能够在宫廷典雅的仪式中使用，"后建世庙成，改殿曰崇先。乃亲制乐章，命大学士费宏等更定曲名，以别于太庙。其迎神曰《永和之曲》，初献曰《清和之曲》，亚献曰《康和之曲》，终献曰《冲和之曲》，彻馔曰《泰和之曲》，送神曰《宁和之曲》"②。

明代藩王身处皇帝的监控之中，从事音乐生产成为他们陶冶身心、醉心娱乐以求自保的重要途径。王侯们或托心词曲以自韬晦，或沉迷戏乐以耗其壮心，或假手词乐以博其虚名。如宁献王朱权"日韬晦，构精庐一区，鼓琴读书其间"，撰有戏剧理论著作《太和正音谱》及杂剧十余种。周宪王朱有燉"晓音律，所作杂剧凡三十余种，散曲百余。虽才情未至，而音调

---

① 转引自陈建华. 中国江浙地区十四至十七世纪社会意识与文学 [M]. 上海：学林出版社，1992：338.

② 张廷玉，等. 明史 [M]. 中华书局编辑部，点校. 北京：中华书局，1974：1509.

颇谐，至今中原弦索多用之"。他著有杂剧三十余种，供其乐部演唱。《列朝诗集》乾集下称："王遭世隆平，奉藩多暇，……制《诚斋乐府传奇》若干种，音律谐美，流传内府，至今中原弦索多用之。"朱有燉潜心词曲，其生产的高质量作品，颇为时人称道。除朱权、朱有燉独具戏剧造诣外，还有辽憨王朱宪㸅"雅工诗赋，尤嗜宫商，其自制小词、艳曲、杂剧、传奇，最称独步"；赵康王朱厚煜"王文采丽都，延接士类。藻韵连翩，应教叠作"。

明代狎妓征歌已经被视为一种时尚，位高权重的臣僚也热衷于音乐生产创作，且技艺高超，有的甚至使供奉宫廷的在籍乐户倾倒。如明代著名散曲作家陈铎，下邳（今江苏睢宁县古邳镇）人，世袭官指挥，常年居住金陵，"牙板随身"，被誉为"风流偶傥，以乐府名于世"。顾起元《客座赘语》"髯仙秋碧联句"条记载：

> （陈）大声为武弁，尝以运事至都门，客召宴，命教坊子弟度曲侑之，大声随处雌黄，其人距不服，盖初未知大声之精于音律也。大声乃手搅其琵琶，从座上快弹唱一曲，诸子弟不觉骇伏，跪地叩头曰："吾侪未尝闻且见也。"称之曰"乐王"。自后教坊子弟，无人不愿请见者，归来问馈不绝于岁时。①

著名戏曲家汪道昆是歙县人，历任义乌知县、襄阳知府、福建按察使、兵部左侍郎等职。在做官之余，潜心戏曲创作，先后创作了杂剧《大雅堂四种》：《高唐梦》《五湖游》《远山戏》《洛水悲》。《大雅堂四种》写的都是中国历史上著名的爱情故事，而作者创作时在写情方面又花费了较多的笔墨，祁彪佳称他"巧于传情"，并列之于"雅品"。祁彪佳也是明末著名戏曲理论家，撰有《远山堂曲品》《远山堂剧品》等。

另外，官员作为票友，在业余时间过把戏瘾的也大有人在。如"陈庄靖公瓒喜串戏，致政归，一日，正素服角带串《十朋祭江》，而按台来拜，即住出迎。按台为公门人，疑公或有勋功之戚，恐失礼，遍访无之。后知其故，为之一笑"。嘉靖进士陈瓒，擢刑科左给事中；隆庆初起官吏科，擢太常少卿；万历朝任刑部左侍郎。像陈瓒这样身居高位的朝廷官员，在政务之余，居然在家有模有样地搬演《荆钗记》，不难想象他在戏曲演出时的

---

① 陆粲，顾起元. 元明史料笔记丛刊：庚巳编 客座赘语［M］. 谭棣华，陈稼禾，点校. 北京：中华书局，1987：179–180.

用心和投入，以及对戏曲创作表演的热爱。

（四）商贾

明代商业经济发展迅速，江南地区的手工业作坊更是出现了资本主义萌芽，社会上也形成了"儒商兼融"的商贾阶层。"亦商亦儒""商而士"是其独特的社会属性，因而很多商贾就兼具了文士征歌度曲的风雅嗜好。商人家境殷实，生活惬意悠闲，优渥的家庭环境、雄厚的资金支持成为这一群体随时进行乐舞生产的重要基石。

出身于徽州歙县的盐商汪宗姬，便是一位商人兼剧作家。他自幼随父客广陵，后为南京太学生，因经商往来于金陵、苏、杭一带，与颇有影响力的文士汪道昆等交游密切，同顾起元尤称莫逆。工于曲，著有传奇《丹管记》（已佚）一本，今存两部杂剧《玉壶春》和《玉清庵》。汪道昆也是新安商人中文才兼备的代表，其祖父以盐业起家，家境富庶。徽商汪廷讷，也是一个富商兼名士的例子。万历时任贡生官盐运使，跻身上流社会。与名士李贽、汤显祖等人都有密切交往。汪氏凭借雄厚的经济实力，兴建坐隐园、环翠堂等园林建筑，在其中潜心创作。他创作有杂剧《广陵月》及传奇《环翠堂乐府》等，作品数量和质量居同时期新安剧作家之首。与此同时，他还自设书坊，刻印自己的戏曲剧作，在当时产生了较大影响。

嘉靖时经营江南的歙商潘君南笃好戏曲，其子潘之恒，亲自策划、赞助江南重要的音乐演出活动，"从秦淮联曲宴之会凡六七举"。潘之恒作为明中叶新安地区戏曲评论家的代表，其戏曲批评见于杂著《亘史》和《鸾啸小品》。文论中他采取品题的方式，灵活自由地阐发其戏剧理论。他为人好客，以优厚的经济条件，与当时戏剧界的精英如梁辰鱼、张凤翼、汤显祖、屠隆、臧懋循等交往密切，与李贽也曾有来往，居处经常宾朋满座。至于他所结识的演员或全国各地技艺出众的歌姬名妓更是多不胜数。潘之恒参与音乐活动频繁，仅万历十三年（1585年）冬至十四年（1586年）春，他在南京"顾氏馆就曾主持或参与演出百余场"。他自云："余观剧数十年，而后发此论也。"正是在与戏曲界人士的广泛交往和参与大量戏曲活动基础上，他总结、探索出一套戏曲表演艺术的规律，写出独具慧眼、深入透彻的戏曲表演艺术评论文章，成为当时剧坛公认的戏曲评论家，被推许为"独鉴"。同时，他由于经常给许多戏曲女艺人作传并公允地品评其演技，而被称为"姬之董狐"。

（五）僧道之人

从事乐舞生产的僧道之人，可分为两类：专职的僧道艺人，其中包括曾作为乐舞生成员的僧道艺人；非专职的、有乐舞特长的僧道之人。

僧道之人以俗讲为业，受聘至富贵人家作场演出，这在明代极为常见。世情小说《金瓶梅》第四十回中王姑子介绍薛姑子时说：

> 他也是俺女僧，也有五十多岁。原在地藏庵儿住来，如今搬在南首法华庵儿做首座，好不有道行！他好少经典儿，又会讲说《金刚科仪》，各样因果宝卷，成月说不了。专在大人家行走，要便接了去，十朝半月不放出来。①

薛姑子专在一些士夫人家往来，包揽经忏。僧道之人的俗讲演出，面向大众。又如《金瓶梅》中每一次宣卷，除月娘及各房夫人外，丫鬟使女及亲戚也都来听，且齐声称颂佛号。此外，僧道之人还参与民俗仪式中的音乐演出。如《金瓶梅》中，西门庆爱妾李瓶儿的葬礼，从"首七"至"断七"这七七四十九天里的佛事活动，展现了明代僧道之人参与大户人家丧葬仪式音乐演出活动的具体情形。晚明缙绅士夫精神困顿，他们中不少人参禅悟道以期逃脱政治羁绊，吟诵梵呗的僧道乐人迎合了他们这一需求。

明太祖朱元璋出身草莽，曾皈依佛教。明初立国，朱元璋即下令选道童之俊秀者为乐舞生，不久建神乐观作为乐舞生教习、训练场所，"上以道家者流务为清净，祭祀皆用以执事，宜有以居之，乃命建神乐观于郊祀坛西"。太常寺下辖神乐观，供奉宫廷乐舞演出的乐舞生皆为道教信徒，在庙坛吉礼祀祭仪式中表演乐舞，承应国家礼乐大典，"神乐观职掌乐舞，以备大祀天地神祇及宗庙社稷之祭，与道录司无相统属"。此外，不少道士也充任藩王府和地方官府的乐舞生。各地王府的乐舞生执事于所在王府的坛庙吉礼，地方乐舞生为当地的文庙祭孔典礼承应文庙释奠礼乐工作。乐舞生在乐舞生产中的分工情况，以明代京师祭祀社稷吉礼所用乐舞生为例："执事乐舞生：典仪一人，通赞一人，捧帛四人，执爵四人，司尊二人，乐生七十二人，武舞生六十六人，文舞生六十六人，烧香乐舞生十人。"神乐观道士乐舞生的音乐活动也常常出现在文人的诗作中，如"海上清风拂绮寮，

---

① 李渔. 新刻绣像批评金瓶梅：中［M］//李渔全集：第十三卷. 杭州：浙江古籍出版社，1991：124.

又归神乐理笙箫","想到斋宫夕,圜丘候五云","承平欲奏钧天乐,莫遣仙舟后别家"。明代诸帝王中,大部分人对宗教亲近,以求长生术。沈德符《万历野获编》卷二十七载:"武宗极喜佛教,自列西番僧呗唱无异,至托名大庆法王,铸印赐诰命。"①

明代僧侣阶层品流驳杂,僧徒留连声歌,与文士相互唱酬,爱度曲演剧且有乐舞之长的不在少数。如高僧莲池大师,曾于万历年间撰成《琵琶记》(已佚),祁彪佳《远山堂曲品》称:"如高则诚之《琵琶》列'妙',莲池师之《琵琶》列'雅'是也。"精通琴学的高僧也多见诸史料。如明代洪武年间高僧祖阐,机锋峭峻,尤出流辈。《宁波府志》载他"善琴,尝作《猗兰》《佩兰》操,因扁其斋曰'二兰'。乌斯道之精于琴,其渊源亦有自焉"。明代万历年间,浙江普陀山普济寺住持释照机,"至年八十余,退居栴檀。调琴以适性,歌诗以醒世,天然一完人也"②。再如僧人释如芸:

> 号草堂。明吴县人。住持圣像寺,精诗善琴。一时名公折节与交,与唐寅、文徵明、沈周辈往来唱和无虚日。③

晚明南京有"十忙"之说,其中雪浪和尚"出家忙"一说大抵已经道出明代士人的宗教化倾向。雪浪法师,聪慧灵敏,精通儒学经史,专修禅法,为明朝著名诗僧,曾收钱谦益为佛家弟子。钱谦益在《跋雪浪师书黄庭后》云:"余少习雪浪师,见其御鲜衣,食美食,谭诗顾曲,徙倚竟日,窃疑其失衲子本色。"其后又云:"公……所至儭施云委,不推不恋。博通经史,攻习翰墨,登山临水,听歌度曲,随顺世缘,了无迎距"④。僧人的雅致风度由此可见一斑。

二、非商业性的音乐生产与消费方式、场所

(一) 政府主导下的乐舞生产与消费

明朝政府主导的乐舞生产与消费主要包括三个方面。

---

① 沈德符. 元明史料笔记丛刊:万历野获编:下[M]. 北京:中华书局,1959:679.
② 王亨彦. 普陀洛迦新志[M]. 苏云,梅重,点校. 杭州:浙江摄影出版社,1990:303.
③ 江庆柏. 江苏艺文志:苏州卷[M]. 孙中旺、曹培根,增订. 南京:凤凰出版社,2019:350.
④ 钱谦益. 列朝诗集:第十二册[M]. 许逸民,林淑敏,点校. 北京:中华书局,2007:6367.

其一是以宫廷帝王为首的国家层面的乐舞生产与消费。如朝廷教坊司受礼部属派，征调两京及郡县、王府乐户以承应外廷歌舞演乐诸事；钟鼓司主掌出朝钟鼓，并与四斋、玉熙宫承应内廷演乐诸事；太常寺下辖神乐观则主掌庙坛吉礼祀祭乐舞。《明史》卷七十四载"教坊司……掌乐舞承应。以乐户充之，隶礼部"①。教坊司执掌禁宫外廷音乐歌舞、宴飨、演剧诸事。

明教坊所供院本千余种，《万历野获编》卷二十五载，"涵虚子所记杂剧名家，凡五百余本，通行人间者不及百种。然更不止此，今教坊杂剧，约有千本，然率多俚浅，其可阅者十之三耳"②。教坊所演剧戏大体两类，其一为席宴间即兴之戏耍嘲弄、逗趣取乐之戏，乃承继金元之戏弄、五花爨等院本。《大明会典》之"教坊司承应乐舞"条记载了"耕耤礼"流程，"观三公九卿耕讫，本司承应用大乐，撺掇百戏、院本、探子、筋斗、队舞，毕"。撺掇百戏俱于宴时承应。《明会要》卷二十一载，"弘治元年，帝耕耤田，教坊司以杂剧承应，间出狎语"。此外，朝会宴飨、外夷赐宴、进士传胪诸礼所需乐舞亦由教坊司承应。《万历野获编》卷一载："无论两京教坊为祖宗所设，即藩邸分封，亦必设一乐院，以供侑食享庙之用，安得尽废之！至于中宫王妃合卺，及内庭庆贺，俱用乐妇供事，一革，则此诸庆典将奈何？又如外夷朝贡赐宴，大廷元会，及诸大礼，俱伶官排长承应，岂可尽废。此俱不必言。即四方优人集都下者，亦为勋贵缙绅自公之暇，借以宴衎；即遇大比之岁，宴大小座师，贺新进郎君，亦情礼之不可缺者。"③

钟鼓司设立于明初，乃宦官二十四衙门之一，皆由寺人充任，掌内廷祭乐、宴乐及更漏、早朝钟鼓诸事。《明史》卷七十四载，钟鼓司"掌印太监一员，佥书、司房、学艺官无定员，掌管出朝钟鼓，及内乐、传奇、过锦、打稻诸杂戏"④。《万历野获编》补遗卷一载，"内廷诸戏剧俱隶钟鼓司，皆习相传院本，沿金元之旧"⑤。嘉靖时设四斋，万历时设玉熙宫，以习演宫廷内外戏剧。据学者考证，四斋、玉熙宫所演剧目多传自钟鼓司，

---

① 张廷玉，等. 明史 [M]. 中华书局编辑部，点校. 北京：中华书局，1974：1818.
② 沈德符. 元明史料笔记丛刊：万历野获编：中 [M]. 北京：中华书局，1959：648.
③ 沈德符. 元明史料笔记丛刊：万历野获编：上 [M]. 北京：中华书局，1959：17.
④ 张廷玉，等. 明史 [M]. 中华书局编辑部，点校. 北京：中华书局，1974：1820.
⑤ 沈德符. 元明史料笔记丛刊：万历野获编：下 [M]. 北京：中华书局，1959：798.

且与教坊司有千丝万缕的联系。史玄的《旧京遗事》载,"内臣钟鼓司,专一统领俳优,如古梨园令官之职。……神庙时,始特设玉熙宫,近侍三百余员,兼学外戏。外戏,吴歈曲本戏也。光庙喜看曲本戏,于宫中教习戏曲者有近侍何明、钟鼓司官郑隐山等"①。宫廷内乐舞雅俗兼有,民间新声也得以呈现在御座之前。

教坊司作曲、编曲以供钟鼓司演习剧目之用。明宋懋澄《九籥集》卷三载,"院本皆作傀儡舞,杂剧即金元人北九宫。每将进花及时物,则教坊作曲四折送史官校定,(钟鼓司)当御前致词呈伎。数日后,复有别呈,旧本不复进"。《脉望馆钞校本古今杂剧》中所载"内府乐本"即明内廷所藏演的剧本。戏曲理论家孙楷第先生认为内府本杂剧大部分为教坊司撰作,且多藏于钟鼓司:"今本《古今杂剧》有教坊编演剧本,盖教坊编演之本为钟鼓司采用耳,非其本属教坊司也。"又如《南词叙录》中记载,明太祖有感于《琵琶记》"不可入弦索",命"教坊奉銮史忠计之"。于是"色长刘杲者,遂撰腔以献,南曲北调,可于筝琶被之",但是仍然"柔缓散戾","不若北(曲)之铿锵入耳"。除作曲任务之外,排练演出也是内廷乐舞机构的重要职责。《万历野获编》卷二十五载,"以至《三星下界》、《天官赐福》,种种吉庆传奇,皆系供奉御前,呼嵩献寿,但宜教坊及钟鼓司肄习之,并勋戚贵珰辈赞赏之耳"②。

其二是地方州府和藩王主导下的乐舞生产与消费。前文已述,明代藩王府中的歌舞演出基本是由政府调拨的乐户承应。《如梦录》"节令礼仪纪"条中对周宪王朱有燉府里奢华的音乐演出排场有详细记载:

> 周府,旧有敕拨御乐,男女皆有,色长其下,俱演吹弹、七奏、舞旋、大戏、杂记(杂剧)。女乐亦弹唱宫戏,宫中有席,女乐伺候,朝殿有席,只扮杂记、吹弹七奏,不敢做戏。宫中女子,也学演戏……各家共大梨园七八十班,小吹打二三十班。③

其三是政府官员主导下的官私宴飨乐舞生产与消费。明代社会音乐消费风气炽烈,导致很多官员利用手中权力常常在官方或私人的宴飨中召唤

---

① 史玄,夏仁虎,阙名. 旧京遗事 旧京琐记 燕京杂记[M]. 北京:北京古籍出版社,1986:11-12.
② 沈德符. 元明史料笔记丛刊:万历野获编:中[M]. 北京:中华书局,1959:648-649.
③ 转引自戚世隽. 明代杂剧研究[M]. 广州:广东高等教育出版社,2011:76.

乐人应差。如祝允明在《猥谈·歌曲》中云："自国初来，公私尚用优伶供事。"余怀《板桥杂记》上卷云：

> 乐户统于教坊司，司有一官以主之，有衙署，有公座，有人役、刑杖、签牌之类，有冠有带，但见客则不敢拱揖耳。
>
> 妓家各分门户，争妍献媚，斗胜夸奇，凌晨则卯饮淫淫，兰汤滟滟，衣香满室；停午乃兰花茉莉，沉水甲煎，馨闻数里。入夜而撇笛挡筝，梨园搬演，声彻九霄。李、卞为首，沙、顾次之，郑、顿、崔、马又其次也。
>
> ……………
>
> 教坊梨园，单传法部，乃威武南巡所遗也。然名妓仙娃，深以登场演剧为耻。若知音密席，推奖再三，强而后可，歌喉扇影，一座尽倾。乇之者大增气色，缠头助采，遽加十倍。至顿老琵琶，妥娘词曲，则只应天上，难得人间矣。①

地方政府随时召集在籍乐户承应歌舞演出，应召的乐伎必须按照府衙官员的喜好，根据钦点的曲目、剧目进行演出。世情小说《金瓶梅》第三十一回中有关于西门庆新官上任即享用当地乐籍艺人的乐舞演出的描写，"到了上任日期，在衙门中摆大酒席桌面，出票拘集三院乐工承应，吹打弹唱，……后堂饮酒"②。

由于此种乐舞生产行为不仅增加了乐舞生产者的工作，而且导致官员沉迷其中，影响为政，所以有些官员上书要求禁止此类现象，并得到帝王的允许。对此余继登《典故纪闻》卷九中记载：

> 宣德四年八月，宣宗谕礼部尚书胡濙曰："祖宗时，文武官之家不得挟妓饮宴，近闻大小官私家饮酒辄命妓歌唱，沈酣终日，怠废政事，甚者留宿，败礼坏俗。尔礼部揭榜禁约，再犯者必罪之。"此革官妓之始。③

---

① 张潮. 虞初新志 [M]. 张潮全集：第五册. 刘和文，校点. 合肥：黄山出版社，2021：245-246.
② 李渔. 新刻绣像批评金瓶梅：中 [M]. 李渔全集：第十三卷. 杭州：浙江古籍出版社，1991：5.
③ 余继登. 元明史料笔记丛刊：典故纪闻 [M]. 顾思，点校. 北京：中华书局，1981：167.

当然，隶属地方州府在籍乐人能够无条件地从事应差式乐舞生产，其根本目的则是争取生活保障，这也是政府以制度的形式所规定的。如明吕坤《实政录》卷四"禁谕乐户"条载，"乐工有地者，既纳粮差，又朝贺、祭祀、接官，一岁在官不成一日，原无工食，丁银免出；下三则人户、力差、银差。二者无并出之法也"。①

在获取生活保障的基础上，很多在籍乐人竞相提升自己的乐舞技能水平，目的则是获得更高的地位，或者说是赢得社会的尊重。明人何良俊《四友斋丛说》卷十八"杂记"条记载乐人徐霖被武宗宠幸的优伶臧贤引荐，进献乐府而被封官加爵的情形：

> 徐髯仙少有异才。在庠序赫然有声，南都诸公甚重之。然跅弛不羁，卒以挂误落籍。后武宗南巡，献乐府，遂得供奉。武宗数幸其家，在其晚静阁上打鱼，随驾北上。在舟中每夜常宿御榻前，与上同卧起。官以锦衣卫镇抚，赐飞鱼服，亦异数也。②

（二）私家恩主主导下的乐舞生产与消费

私家恩主主导下的乐舞生产，是指作为恩主私产的家乐乐人，根据恩主嗜好，被指定进行某种特定乐舞产品生产的行为。明代以降，随着文士、商人阶层的崛起，恩主的身份更为多样化。除王公贵族和缙绅士大夫之外，市民阶层也多蓄养家乐乐人，家乐乐人主人进一步泛化和平民化，蓄养家乐乐人更多体现为一种财富、身份象征而非权力的彰显。

明代前期，吏治相对清廉。嘉靖、隆庆以后，贪污成风，官吏搜刮民脂民膏，敛取大量财富，所谓"贿赂日张，风俗大坏……群臣背公营私，日甚一日"。文士周顺昌针对此种社会风气则大声疾呼："最恨方今仕途如市，入仕者如往市中贸易。"文人屠隆也说："余见士大夫居乡，豪胺侈心不已。日求田问舍，放债取息。奔走有司，侵削里闾。广亭榭，置器玩，多僮奴，饰歌舞。"经营贸易的商贾，也利字当头，如嘉靖年间江阴的钱海山，"世居傍江，盐盗出没，逮健仆壮子，恃势放恣"。雄厚的经济实力必然促使这些商贾大肆建设园林宅邸，大规模地蓄养歌舞女妓，进行奢靡的乐舞生产与消费，如江南富豪钱籍"其甲第庄所，大小四十余处，课租田

---

① 转引自厉震林. 中国伶人家族文化研究［M］. 北京：文化艺术出版社，2012：74.
② 何良俊. 元明史料笔记丛刊：四友斋丛说［M］. 北京：中华书局，1959：158.

亩，三万有余，财货山积，家口千计。以至园林亭榭之美，歌童舞女之妖，画船厩马之盛，莫可殚述"。

身为文学家、戏曲家的屠隆在被罢免回到家乡后，看到家乡的士大夫们竞相广建亭榭，购置器玩，多蓄僮奴，享乐歌舞，也按捺不住去蓄声妓、办戏班，其目的除了日常娱乐之外，还希望私家乐妓能够敷演自己的戏曲作品。

《陶庵梦忆》卷二"朱云崃女戏"条记载了朱云崃家乐乐人表演"西施歌舞"，水平之高令人为之惊叹：

> 西施歌舞，对舞者五人，长袖缓带，绕身若环，曾挠摩地，扶旋猗那，弱如秋药。女官内侍，执扇葆璇盖、金莲宝炬、纨扇宫灯二十余人，光焰荧煌，锦绣纷叠，见者错愕。①

自家厅堂是文士、官员欣赏私家乐舞的主要场所，为了更好地进行乐舞排演和欣赏，尤其是戏曲敷演，富庶的文士常常精心修建、装饰自家的厅堂，甚至单独建造用于接待贵客、雅集和歌舞表演的厅堂。如文献记载万历年间进士冯梦祯被罢官后，举家迁往杭州，筑室于孤山之麓，并建有"快雪堂"以供招待宾朋、私家乐舞娱乐宴飨之需；曾经是帝王身边侍御史的钱岱，在老家常熟建了"百顺堂"；万历年间进士、无锡人邹迪光建了"一指堂"；天启年间进士、浙江山阴人祁彪佳建有"四负堂"；等等。厅堂的格局则是大厅中间摆上氍毹作为演出场地，周围设坐席供宾主欣赏，另设地方供女眷观看，用帘子隔开，演出人员则以私家乐妓为主，兼雇佣社会上的知名乐人。

游宴也是文士主导下的私家乐舞消费的一种重要方式。《苏州府志》记载，每到重大的社团活动，社团成员不远千里，前来聚会，并相互结伴而游，颇为壮观。游宴俨然成为文士的一种生活状态。如汪然明在《春日湖上观曹氏女乐》诗中所云："销魂每为听吴歌，况复名家艳绮罗。风吹遥闻花下过，游人应向六桥多。"诗人在另一首诗《秋日过汝开侄山居听周元仲弹琴，余出歌儿佐酒》中亦描绘了游宴的场景："吴歌压酒夜飞觞，林里张灯乐未央。漫说新声能震木，只缘座上有周郎。"

由此，游船画舫就成为私家乐舞的表演场所和恩主的消费之地。如明

---

① 张岱. 陶庵梦忆［M］. 罗伟，注译. 哈尔滨：北方文艺出版社，2019：31.

代苏州商业繁荣，城市之内水道遍布，"水巷中，光彩耀目，游山之舫，载妓之舟，鱼贯于绿波朱阁之间，丝竹讴舞与市声相杂"。富庶的文士之家更为豪奢，如文士张岱之父曾造巨型楼船，以为娱乐：

> 家大人造楼，船之；造船，楼之。故里中人谓船楼，谓楼船，颠倒之不置。是日落成，为七月十五，自大父以下，男女老稚靡不集焉。以木排数重搭台演戏，城中村落来观者，大小千余艘。①

明代文人袁宏道曾将人生真乐归为五类，其中之一就是"千金买一舟，舟中置鼓吹一部，妓妾数人，游闲数人，泛家浮宅，不知老之将至"②。这也表达了明代中晚期文人的心声。

除了官员、文士之外，商贾也是私家恩主消费者中的主要群体。尤其是明代中期以来，伴随着长江航道和京杭运河商业的繁荣，地域性商帮渐趋形成，最具代表性的是徽商，以扬州为中心，凭借着对两淮盐业的垄断，迅速积聚了大量财富。张瀚在《松窗梦语》卷四中曾云：

> 自金陵而下控故吴之墟，东引松、常，中为姑苏。其民利鱼稻之饶，极人工之巧，服饰器具，足以炫人心目，而志于富侈者争趋效之。……煮海之贾，操巨万资以奔走其间，其利甚钜。自安、太至宣、徽，其民多仰机利，舍本逐末，唱棹转毂，以游帝王之所都，而握其奇赢。休、歙尤夥，故贾人几遍天下。③

谢肇淛《五杂组》卷四对当时商贾的情况亦有描述：

> 富室之称雄者，江南则推新安，江北则推山右。新安大贾，鱼盐为业，藏镪（钱）有至百万者，其它二三十万则中贾耳。……惟取妾，宿伎，争讼，则挥金如土。④

富甲一方的商贾们大肆修建园林府邸，并效仿文人雅士、贵族官员的生活方式，大量蓄养歌妓舞女、戏班。当然，富商们的蓄妓之风更多体现

---

① 张岱. 陶庵梦忆[M]. 哈尔滨：北方文艺出版社，2019：156.
② 席子杰，迟双明. 中国古典名著：第二十一卷：明清文选[M]. 西宁：青海人民出版社，1998：57.
③ 陈洪谟，张瀚. 元明史料笔记丛刊：治世余闻 继世纪闻 松窗梦语[M]. 盛冬铃，点校. 北京：中华书局，1985：83.
④ 谢肇淛. 五杂组[M]. 韩梅，韩锡铎，点校. 北京：中华书局，2021：124.

在日常宴饮消费上，让所蓄乐妓按照自己的需求进行乐舞生产，如上文提到的嘉靖年间江阴的富商钱籍，以及明末寓居扬州的歙县盐商吴天行，"以财雄于丰溪，所居广园林、侈台榭，充玩好声色于中"①，有"姬百人，半为家乐"。

在宴请客人时让所蓄乐妓进行乐舞表演则更显示出主人的富庶及风雅，表演内容也往往根据主人和客人的审美爱好编排。如明清戏曲盛行，很多恩主以能赏曲、会唱曲为能事，自然就会在宴会之上命自家乐妓敷演杂剧、南曲。明人陈铎和薛论道各写过一首《盐商》曲牌，生动地刻画了这一时期商贾的私家乐舞娱乐生活状态：

> 下场引方才告缴，脱空钱早已花销。衣冠假士夫，风月花胡哨，那里也十万缠腰。累岁经年守候着，将到手支头欠少。

> 花乡酒乡，处处随心赏。兰堂画堂，夜夜笙歌响。五鼎不谈，三公不讲；受用些芙蓉锦帐，粉黛红妆。江湖那知廊庙忙？舞女弄霓裳，金樽饮玉浆。三枚两谎，真个是天上人间。②

由于是恩主主导，所以很多时候，私家乐人的乐舞生产就成为文士抒情、体悟人生，追求哲理、宗教思想的一种方式。正如嘉兴文人陈荐夫在《秋日大会凌霄台》中所感慨的："凉风肃秋节，白露戒微寒。主人感物候，置酒高台端。齐优为我舞，秦筝为我弹。念兹千古会，中坐起长欢。"这种放诞不拘的品性和笃信释道的思想，是明代文士倾慕六朝风度的体现。

蓄妓之风也影响到了整个社会，普通民众也纷纷加入蓄妓行列。如沈德符在《万历野获编》卷十八"冤狱"条记载："其魁名朱国臣者，初亦宰夫也，畜二馨妓，教以弹词博金钱，夜则侍酒。"③吴县的朱必抡亦以布衣之身畜妓十二人，并"筑楼教其家姬歌舞"④。

从乐舞生产者的角度来看，私家乐人大多是恩主精心培养出来的，为恩主服务是其乐舞生产的主要目的，借此换取恩主的庇护。由此，有很多私家乐人积极提高自己的乐舞水平，希望能够博得恩主的欢心和重视，以

---

① 许承尧. 歙事闲谭[M]. 李明回，彭超，张爱琴，校点. 合肥：黄山书社，2001：504.
② 谢伯阳. 全明散曲：增补版：四[M]. 济南：齐鲁书社，2016：613，3173-3174.
③ 沈德符. 元明史料笔记丛刊：万历野获编：中[M]. 北京：中华书局，1959：479.
④ 吴伟业. 过洞庭山东山朱氏画楼有感[M]//吴梅村诗集笺注. 张耕，点校. 北京：商务印书馆，2020：686.

期提高自己在恩主心中的地位，换取更好的待遇。

从消费的角度来看，文士、官员、贵族、商贾及普通富庶民众广蓄妓的目的是宴飨娱乐，乐舞抒情。在此目的下，很多精于乐舞的文士常常与所蓄之妓、所雇之妓一起酣歌游宴，尤其是在昆曲兴盛之后，昆曲就成为文士们竞相吟咏、敷演的对象，与乐妓一起敷演戏曲一时成为风尚。如文士屠隆"能新声，颇以自炫，每剧场辄阑入群优中作技"，王道焜"举天启辛酉经魁。榜发，方杂梨园演《会真记·草桥惊梦》出，未竟，促者至再，遂服其衣冠歌《鹿鸣》焉"。曾任江苏嘉定县令的陈一元，经常演戏娱宾，自扮"大花"（大面），因此有"陈大花"之号。有的甚至是举家都参与乐舞表演，如潘允端《玉华堂日记》记载了潘家的乐舞娱乐状况：万历十六年（1588年）四月十三日，"阿桂来，留，合家人做戏"；同年八月二十一日，"请三儿妇，小厮做戏"；同年四月初二，"予与四儿做戏二本，抵暮散"；明万历二十九年（1601年）十二月初五，"三小孩童请余内室扮戏，黄昏散"。①

蓄妓之风的盛行，导致很多官员、富商将所蓄伎乐艺人作为贵重的礼品赠送给朋友、同僚或上级，以换取政治或商业的利益。如明末阮大铖罢官后在家不甘寂寞，力图再次崛起，于崇祯六年（1633年）移家南京，"置女乐治具，日结纳诸贵人"。清代佚名的《笔梦叙》中曾记载万历年间担任过侍御史的常熟人钱岱，告老还乡路过宿迁，扬州盐运司赵汝瑚、知府方进皆其门人，设宴款待钱岱。席间，扬州监税徐老公为表盛情，出于功利之心邀请钱岱到自己的府衙内观看演出，并将私家乐妓张五儿、韩壬姐、冯观儿、月华儿四人赠给钱岱以作结交。②

（三）民间风俗制约下的乐舞生产与消费

明代从立国之初，政府就对民风民俗极为重视。如明太祖朱元璋说："治道必先于教化，民俗之善恶，即教化之得失也。……苟不明教化之本，致风陵俗替，民不知趋善流而为恶国家，欲长治久安，不可得也。"③ 因此，在洪武三年（1370年），政府制定了《大明集礼》在大江南北推行。《大明集礼》对官民的婚丧嫁娶等风俗活动做出了具体而明确的规定，以期通过

---

① 潘允端. 玉华堂日记[M]. 上海博物馆馆藏手稿本.
② 佚名. 笔梦叙[M]//虫天子. 中国香艳全书：第1册. 董乃斌，等，点校. 北京：团结出版社，2005：131-132.
③ 张德信，毛佩琦. 洪武御制全书[M]. 合肥：黄山书社，1995：420.

制度化的形式重新倡导孝道和儒礼精神，实现"厚教化"之目的。

民间风俗制约下的乐舞生产，指民俗浸染之下，民众自发地进行乐舞表演，且这一演出习俗长盛不衰。吴越之地自古以来习歌舞风气强劲。袁宏道有《江南子》一诗，咏叹吴人似乎天生就会唱曲，称"蜘蛛生来解织罗，吴儿十五能娇歌"。在吴地崇尚歌舞的民俗熏染之下，吴地青年歌唱旧曲新腔更是似痴若狂。"旧曲嘹历商声紧，新腔啴缓务头多。一拍一箫一寸管，虎丘夜夜石苔暖。家家宴喜串歌儿，红女停梭田畯懒"道出了其乐舞生产的频繁。他们穿梭于虎丘曲会、田间地头和酒桌宴席之间，自发地歌唱演出，风流蕴藉为时人艳羡。

苏州虎丘的唱曲盛会自16世纪初期开始，延续几百年不衰，早已成为苏州人约定俗成的节日之一。张岱《陶庵梦忆》卷五记载虎丘曲会，群贤毕至，老少咸集，有"人人献技，南北杂之，管弦迭奏"的宏大场面。歌舞之乡，对歌竞技是传统的娱乐项目。宋直方《琐闻录》记载，著名曲家康对山、王渼陂也曾在曲会上同民间歌手一比高下："一日，二公来吴中，值中秋，游闲子弟毕集虎阜千人石上纵倡乐。……顷之，吴人操乐，首歌渼陂所制【绛都春序】。……已，竟以琵琶授之。对山即为曼声，曲折流丽，字若贯珠。"对歌比赛展现了民间淳朴的歌舞风俗，和能歌善舞的人民逍遥放达的性情。常熟著名的医士周似虞为魏良辅唱曲传人之一，唱曲大会一次不落下，乐此不疲，所谓"此翁少好游，游兴老不衰。年年中秋月，舣舟虎丘湄，排连五十秋，晴雨莫间之"。

迎神赛会作为重要的民俗节日，职业乐人常被邀请来进行乐舞生产，从而为活动助兴。明陆文衡《啬庵随笔》卷四载："我苏民力竭矣，而俗弊如故。每至四五月间，高搭厂台，迎神演剧，必妙选梨园，聚观者通国若狂。"① 祁彪佳《祁忠敏公日记》中也说："城中举社剧，供东岳大帝，观者如狂，予举家亦去。"张岱《陶庵梦忆》卷一也记载了杭州一带的扫墓习俗与用乐状况，其云：

> 越俗扫墓，男女祓服靓妆，画船箫鼓，如杭州人游湖，厚人薄鬼，率以为常。二十年前，中人之家尚用平水屋帻船，男女分两截坐，不坐船，不鼓吹。先辈谑之曰："以结上文两节之意。"后渐华靡，虽监门小户，男女必用两坐船，必巾，必鼓吹，必欢呼畅饮。下午必就其

---

① 转引自廖奔. 中国戏剧图史 [M]. 郑州：大象出版社，2000：502.

路之所近，游庵堂、寺院及士夫家花园。鼓吹近城，必吹《海东青》《独行千里》，锣鼓错杂。酒徒沾醉，必岸帻嚣嚣，唱无字曲，或舟中攘臂，与侪列厮打。自二月朔至夏至，填城溢国，日日如之。①

在民俗节令之际的乐舞活动也是如此。王抃《王巢松年谱》载崇祯十六年（1643年）："州（苏州）中元宵最盛，大人致郡优演剧，见《炳灵公》一出，观者无不叫绝，询之方知为宋子仪也"，"《虎簿记》……亦可谓观止矣"。② 由此可知，民间艺人于民俗活动中的乐舞生产多能引起观众共鸣，深受观众喜爱。

（四）宗教活动中的乐舞生产与消费

明代寺院、道观的宗教活动极为兴盛，这可能与明太祖朱元璋的提倡有关。史载，朱元璋出身僧侣，对宗教感情颇深。因此，在明初，江南各地的禅宗、净土宗、天台宗、贤首宗等佛教派别得到一定程度的恢复和发展，同时，朱元璋还颁布了《诸佛世尊如来菩萨尊者歌曲》五十卷，通令全国僧侣习唱。不仅如此，朱元璋还重视道教的发展，认为以正一道为首的道教中的祈神降福、驱邪除妖等斋醮活动都具有益人伦、厚风俗的作用，更具有治理国家和神化王权的价值。于是，在洪武十五年（1382年），朱元璋钦定道教科仪乐章。朱棣登基后进一步推动了道教的发展，自命为真武大帝转世，御制《大明御制玄教乐章》，钦定十四首道乐曲，作为道教音乐的标准在全国推行。由是，道教的各种活动在全国各地频繁开展。寺院、道观成为官员、文士、僧侣、道士、缙绅名流相互结交的重要场所，僧侣、道士也以结交社会名流为荣耀。因此，兼具宗教性、世俗性的乐舞娱乐就成为双方的媒介。在这一条件下，普通名众在追求宗教信仰的同时，也获得了身心的愉悦和境界的提升。

寺院、道观除了自有的专职宗教乐舞人员之外，一些社会乐舞名伶、职业戏班也纷纷在此演出，甚至文人们也会携带私家乐妓来到宗教场所进行演出。如万历十四年（1586年），屠隆与汪道昆等人在西湖净慈寺雅集，屠隆携带家乐乐人在此进行演出，引得莲池大师也亲临观看，并称赞不断，其文云："甬东屠隆于净慈寺迎师观所著《昙花传奇》，虞淳熙以师梵行素

---

① 张岱. 陶庵梦忆 [M]. 罗伟，注译. 哈尔滨：北方文艺出版社，2019：17.
② 转引自吴新雷. 中国昆剧大辞典 [M]. 南京：南京大学出版社，2002：215.

严，阻之。师竟偕诸绅衿临场谛观讫，无所怍。"①

（五）结社雅集活动中的乐舞生产与消费

明代以来社会上普遍兴起结社之风，士人们往往基于血缘关系、地缘关系、身份、文化修养及兴趣、目的等而结成各种类型的社团。尤其是江南之地，出现了大量的文人社团。如以地域为主题的社团有苕溪五隐、吴中四才子、浙江十四子等；以诗为纽带的社团有紫阳诗社、湖心诗社、玉岑诗社、飞来诗社、月岩诗社、南屏诗社、紫云诗社、洞霄诗社等；以年号而称的社团有嘉靖八才子；以家庭关系而称的社团有公安三袁、三张；以师门关系而称的社团：杨门六学士；等等。②

在文化性的集社活动中，江南士子们常常以诗会友，饮酒酬歌；在聚宴集会中，士子们常常弹琴抒情，怡然自乐。如高启在《送唐处敬序》中描绘了自己参与诗社的活动情况：

> 余以无事，朝夕诸君间，或辩理诘义以资其学，或赓歌酬诗以通其志，或鼓琴瑟以宣堙滞之怀，或陈几筵以和宴乐之好。③

更多的雅集活动则是顾启元在《家弟期社中诸君夜集》中所描绘的状态：

> 高馆张灯敞客筵，乌巾鹤氅坐蹁跹。
> 露芹碧镂雕盘细，橘霜香霏玉爪圆。
> 火树银花如白日，星桥月宇自青天。
> 人间良夜真难度，肯惜傀俄醉管弦。④

雅集活动的另一种体现就是士人的游宴行为。所谓"智者乐水，仁者乐山"，追求名士之风的士人们往往希望通过游走于山水之间来达到一种物我两忘、天人合一的人生境界。屠隆曾说："何以适志？青山白云。何以娱日？朝霞夕曛。"⑤乐舞生产与消费是游宴中不可或缺的内容之一。著名昆

---

① 张岱. 元明史料笔记丛刊：西湖梦寻　陶庵梦忆 [M]. 马兴荣, 点校. 杭州：浙江古籍出版社, 2007：217-218.
② 徐林. 明代中晚期江南士人社会交往研究 [D]. 长春：东北师范大学, 2002：43-44.
③ 高启. 凫藻集：卷二 [M]. 四部丛刊景明正统刊本.
④ 顾起元. 懒真草堂集 [M]. 明万历四十二年（1614）刊本.
⑤ 屠隆. 屠隆集：第八册 [M]. 杭州：浙江古籍出版社, 2012：593.

曲作家梁辰鱼也是"傥荡好游,足迹遍吴、楚间,欲北走边塞,南极滇云,尽览天下名胜,不果而卒"①。

余怀在《板桥杂记》上卷"雅游"条中描绘了明代金陵之地文士、贵族游宴之盛况:

> 金陵为帝王建都之地,公侯戚畹甲第连云,宗室王孙翩翩裘马。以及乌衣子弟,湖海宾游,靡不挟弹吹箫,经过赵李。每开筵宴,则传呼乐籍,罗绮芬芳。行酒纠觞,留髡送客,酒阑棋罢,坠珥遗簪。真欲界之仙都,升平之乐国也。②

当然,在众多的结社雅集乐舞活动中,最为突出的是以音乐为主旨的结社活动。这类活动的出现得益于明朝中晚期江南盛行的名士之风及士人追求艺术审美情趣、强调琴棋书画艺术活动的社会氛围。如著名琴家张岱为了传播琴乐,以琴交友,而组织了丝社,并自谓:

> 越中琴客不满五六人,经年不事操缦,琴安得佳?余结丝社,月必三会之。有小檄曰:"中郎音癖,《清溪弄》三载乃成;贺令神交,《广陵散》千年不绝。器由神以合道,人易学而难精。"③

第二节 明代商业性的音乐生产与消费

一、生产者

(一)在籍乐人

明代社会,音乐消费风气炽烈,在籍乐人数量庞大,种类繁多。如明人谢肇淛《五杂组》卷八在描述当时乐妓之繁多现象时,已经把这一时期的乐妓进行了相对准确的分类:

---

① 钱谦益. 列朝诗集:第九册 [M]. 许逸民,林淑敏,点校. 北京:中华书局,2007:4805.
② 张潮. 虞初新志 [M]//张潮全集:第五册. 刘和文,点校. 合肥:黄山书社,2021:244.
③ 张岱. 陶庵梦忆 [M]. 罗伟,注译. 哈尔滨:北方文艺出版社,2019:46.

> 今时娼妓布满天下，其大都会之地，动以千百计，其它穷州僻邑，在在有之，终日倚门献笑，卖淫为活。生计至此，亦可怜矣。两京教坊，官收其税，谓之"脂粉钱"。隶郡县者则为乐户，听使令而已。唐、宋皆以官伎佐酒，国初犹然。……又有不隶于官，家居而卖奸者，谓之土妓，俗谓之私窠子，盖不胜数矣。①

显然，在籍乐人本质上是职业性的乐舞生产者，由于乐舞技能的专业性，他们深受社会各层级的喜爱，出入于各种乐舞消费场所。对此，祝允明《猥谈·歌曲》说"自国初来，公私尚用优伶供事"，余怀《板桥杂记》也说"每开筵塲，则传呼乐籍"，正是这类乐人从事歌舞生产的真实写照。

在商业经济发展迅速的明代，在籍乐人不仅仅局限于官府管制下的乐舞承应，他们还更多地面向大众从事营利性乐舞生产，以赚取额外的经济收入。陈洪谟《治世余闻》载："时朝政宽大，廷臣多事游宴。京师富家揽头诸色之人，亦伺节令习仪于朝天宫、隆福寺诸处，辄设盛馔，托一二知己转邀，席间出教坊子弟歌唱。"② 他们不仅在富贵之家的酒席间歌唱、奏乐，还广泛参与民间民俗节令中的音乐演出，通过讨取彩头来实现营利，赋予乐舞生产商业属性。

戏班是在籍乐人中从事商业性乐舞生产的典型代表，戏班中的艺人往往具有较高的艺术水平和综合的角色扮演能力，擅长表演大型、经典、新颖的剧目。尤其是戏班中的名角，是班社中的台柱子，常常是色艺俱全，深受消费者的追捧。城镇市民的娱乐需求及民俗活动使社会上涌现了大量的商业性戏班，并形成了固定的演戏规则和习俗。而消费者对戏曲伶人的追捧，仅仅从戏班演出价格的逐渐增长，即可窥其一斑。如明代苏州人陆文衡在《啬庵随笔》卷四中记载：

> 苏州素无蓄积而习于侈靡……万历年间优人演戏一出止一两零八分，渐加至三四两、五六两。今选上班价至十二两，若插入女优几人，则有缠头之费，供给必罗水陆，此尤妄耗者也。俗尚如此，末流安可砥柱。③

---

① 谢肇淛. 五杂组 [M]. 韩梅，韩锡铎，点校. 北京：中华书局，2021：260-261.
② 陈洪谟，张瀚. 元明史料笔记丛刊：治世余闻 继世纪闻 松窗梦语 [M]. 盛冬铃，点校. 北京：中华书局，1985：53.
③ 转引自厉震林. 中国伶人家族文化研究 [M]. 北京：文化艺术出版社，2012：275.

《金瓶梅》第七十九回记载了一个海盐戏班在西门庆家表演，价格是"二两银子唱钱"，并管酒食的情景。汤显祖在《唱二梦》中也描述了他在江西观看宜黄县伶人演出他的戏剧作品《南柯记》《邯郸记》时的经济收入情况："半学侬歌小梵天，宜伶相伴酒中禅。缠头不用通明锦，一夜红氍四百钱。"①

因此，若参照当时普通工人的收入来看，明代中后期艺人的演出报酬是当时工人收入的数十倍，甚至是上百倍，足见其收入之高。

娼妓也是社会专职从事商业性乐舞生产的群体之一，他们常常衣着奢华，装饰精美，才艺超群，引得无数社会名流缙绅竞相折腰，诸如扬州青楼名妓、南京秦淮青楼名妓等。明人潘之恒在《曲话》中记载了大量反映南京秦淮名妓乐舞生产情景的案例：

> 余犹记秦淮之初艳也。王赛玉、罗桂林以善音鸣。或当景而舒啸，或中曲而涕零。十年空音，犹若在耳。…余结冬于秦淮者三度，其在乙酉、丙戌，流连光景，所际最盛。余主顾氏馆，凡群士女而奏伎者百余场。武陵慧甚，授曲于解冈与合被而记之，辞客如避仇怨。蒋六工传奇二十余部，百出无难色，无拒辞。人人皆倾艳之，有招无不至也。杨美之《窃符》，其行若翔。受栲时雨雪冻地。……余客傅氏双艳楼。其兄妹二人，曰卯，曰寿，皆父瑜自传北调。日习一折，再折即为陈于庭。朱氏馥以工诗闻，顾氏节以婩女闻，数来观不厌也。而今不然矣。筠卿游道广涉，润卿结好同流。其度曲登场，吴侬为之敛服，乃自讳如不欲陈，避席类如逃窜。甚至涕泣而道，作色而翔，皆由识者不真，求者不切，故令奏者自恧，才者自戕。追曩昔之旧欢，不啻隔越千里。与寇琰若谈及，为感慨久之。润卿闻此论，翻然改玉。余更字曰：仙度，而极谀之。非好谀也。观者或曰："昔之西施未必能。"然则真善谀者矣。②

据统计，潘之恒在《曲话》中记载了当时才艺双绝的青楼知名歌妓有三十多位，为妓女所写传记达四十多篇，其中有徐翩、寇生、朱无瑕、王卿持、顾筠卿、筠喻、李纫之、王月传等。

风流才子梁辰鱼也常常与秦淮名妓杨小环、白小乔、蒋玉兰、马湘兰、褚茜、陈文姝等人交往甚密。其在《秦淮柳条集》序中描绘了他在青楼妓

---

① 汤显祖. 汤显祖全集：第1册 [M]. 徐朔方，笺校. 北京：北京古籍出版社，1999：822.
② 潘之恒. 潘之恒曲话 [M]. 汪效倚，辑注. 北京：中国戏剧出版社，1988：32-33.

馆的乐舞消费情景,并夸赞了名妓杨小环的高超乐舞技能:

> 杨四十七儿,玉环后身,金陵先辈。闲云态度,野鹤心期。纤歌蹙远山之蛾,空传白雪;妙舞翻回风之蝶,不让霓裳。丝竹是尔他长,词翰乃其余事,真花房之侠客,绮阁之通侯也。予憔悴江潭,栖迟吴市,浮踪久旷乎白下,薄幸宿檀乎楼头。远辱瑶篇,过承清誉。陈词而末由亲谒,怀惠而未申报章。敢缀杨柳之篇,聊答琅玕之赠。①

除此之外,清人余怀《板桥杂记》中卷"丽品"条也记载了明末的金陵名妓李大娘乐舞生产情景:

> 李大娘,一名小大,字宛君。性豪侈,女子也而有须眉丈夫之气。所居台榭庭室极其华丽,侍儿曳罗绮者十余人。置酒高会,则合弹琵琶、筝瑟,或狎客沈元、张卯、张奎数辈,吹洞箫,唱时曲。……以此得"侠妓"声于莫愁、桃叶间。②

当然,这类艺人收入很高,花费也很高,尤其是衣着、烟粉和装饰品。如被誉为明代万历年间(1573—1619年)秦淮八艳之首的名妓马湘兰,曾在万历三十二年(1604年)秋赴苏州为朋友祝寿,演出《北西厢》全本,"丙夜歌舞达旦,残脂剩粉,香溢锦帆,泾水弥月烟煴"。"杨璆姬之舞氍毹,徐惊鸿(万历著名演员徐翙,亦号惊鸿)之舞观音,一靡其身,而绣被千金;一扬其腕,而珠串十琲"。

随着社会奢乐风气的盛行,明代职业乐人的地位不断提高,生活也越来越奢侈。明人申涵盼在《杂兴》一诗中就描绘了此种现象:

> 嚣俗竞奢豪,笙歌寄缱绻。
> 何曾一饭间,费钱至十万。
> 称贷供优伶,优伶转骄怨。
> 彼小人何知,我乃使滋蔓。
> 圣人重俭德,脱粟讵非饭。③

---

① 转引自徐朔方. 晚明曲家年谱:第1卷[M]. 杭州:浙江古籍出版社,1993:148.
② 张潮. 虞初新志[M]//张潮. 张潮全集:第五册. 刘和文,校点. 合肥:黄山书社,2021:251.
③ 陶梁. 国朝畿辅诗传:卷十四[M]. 清道光十九年(1839)红豆树馆刊本.

徐树丕在《识小录》"吴优"条也有描写当时艺人演出一本戏可以得到十余金的酬劳,这些足以说明当时艺人的收入之高和消费者的戏曲消费成本之高,其文曰:

> 吴中几十年来,外观甚美,而中实枵然。至近年辛巳奇荒之后,即外观亦不美矣。而优人鲜衣美食,横行里中。人家做戏,一本费至十余金,而诸优犹恨恨嫌少。甚至有乘马者、乘与者在戏房索人参汤者,种种恶状。然必有乡绅主之人家,惴惴奉之,得一日无事便为厚奉矣。屠沽儿家以做戏为荣,里巷相高,此辈益肆无忌惮。人言吴儿痴,岂不信然。①

当然,职业乐人往往具有高超的乐舞技艺水平,其乐舞生产自然深受观众追捧。《琅嬛文集》卷六"祭义伶文"就生动地刻画了人们对名伶的认可和怀念之情,这也体现了此类乐舞生产的魅力:

> 崇祯辛未。义伶夏汝开死,……汝生前,傅粉登场,弩眼张舌,喜笑鬼诨,观者绝倒,听者喷饭,无不交口赞夏汝开妙者。绮席华筵,至不得不以为乐。死之日,市人行道,儿童妇女,无不叹惜,可谓荣矣。②

(二) 非在籍乐人

非在籍乐人指不在官府注册,不受政府统辖管理的民间艺人。他们可能是流浪艺人(部分是脱离乐籍从良的乐人),或是专门为固定演艺场所如勾栏、青楼、酒馆及私人家庭提供音乐服务的从艺者。非在籍乐人的来源复杂,这就导致他们的技艺水平参差不齐,当然其中也不乏技艺卓绝者。

随着明代各阶层音乐消费需求的日益增长,社会从艺人员的队伍逐渐庞大。明人在谈及当时的社会结构时,将传统的"四民""六民"之说发展为"二十四民",即士、农、工、商、兵、僧、道、医、卜、星命、相面、相地、弈师、驾长、驵侩、轿夫、篦头、修脚、修穷、倡家、小唱、优人、杂剧、响马贼。其中单是和乐舞生产相关的职业就占了四个,这充分说明在明人的认识中,音乐生产已经成为当时社会普遍存在的固定行业。

---

① 徐树丕. 识小录: 卷四 [M]. 涵芬楼秘籍景稿本.
② 张岱. 琅嬛文集 [M]. 云告, 点校. 长沙: 岳麓书社, 2016: 204 - 205.

非在籍乐人中也有专职和兼职之分。由手工业者转行而来的音乐生产者是明代非在籍专职乐人中不可忽视的一个群体。中央政府、官僚、地主、地方豪绅的多轮盘剥，使百姓失去赖以生存的土地，他们不堪繁重税赋，不得已弃农从艺，另谋生计。张居正在《答应天巡抚宋阳山论均粮足民》中说："自嘉靖以来，当国者政以贿成。吏朘民膏以媚权门……贪吏剥下，而上不加恤；豪强兼并，而民贫失所……"① 在崇祯年间，就连号称最为富庶的苏州，也发生饥民被迫人吃人之类骇人听闻的事件，"吴民之死于道路者，乏人埋瘗，至暮则饥民之悍而黠者，潜割其肉，以充口腹"。乡村贫民为生存而挣扎，所谓"吴中贫户不务职业，子弟少岁教习梨园，色艺既高，驱走远方，献媚取利"。汤显祖的《唱二梦》一诗也说明了当时吴中子弟竞相学习乐舞的原因。因此，靠演戏谋生成为诸多贫民相当不错的选择。当然，由于卖艺具有较好的经济收入，一些社会上的游惰之人也竞相成为职业乐人，对此，《松窗梦语》卷七"风俗纪"有明确记载：

夫古称吴歌，所从来久远。至今游惰之人，乐为优俳。二三十年间，富贵家出金帛，制服饰器具，列笙歌鼓吹，招至十余人为队，搬演传奇；好事者竞为淫丽之词，转相唱和；一郡城之内，衣食于此者，不知几千人矣。②

兼职乐人通常在业余时间，如农闲时刻、节庆时节等，穿梭于市井，流动作场。明人陈铎曾作《嘲川戏》散曲一套，描摹了民间艺人川戏演出的具体情况：

【七煞】黄昏头唱到明，早辰间叫到黑，穷言杂语诸般记，把那骨牌名尽数说一遍，生药从头数一回，有会家又把花名对。称呼也称呼的改样，礼数也礼数的跷蹊。

【六煞】刘文斌改了头，辛文秀换了尾，刘电光搀和着崔君瑞。一声蛮了一声俺，一句高来一句低，异样的丧声气。妆生的道将身去长街上看黄宣张挂，妆旦的说手打着马房门叫保子跟随。

【五煞】提起东忘了西，说着张诌到李，是个不南不北乔杂剧。一

---

① 张居正. 张太岳集：中 [M]. 北京：中国书店，2019：128-129.
② 陈洪谟，张瀚. 元明史料笔记丛刊：治世余闻 继世纪闻 松窗梦语 [M]. 盛冬铃，点校. 北京：中华书局，1985：139.

声唱聒的耳挣重敷演。一句话缠的头红不捅移，一会家夹着声施展喉咙细。草字儿念了又念，正关目提也休提。

【四煞】士大夫见了羞，村浊人看了喜。正是村里鼓儿村里擂。这等人专供市井歪衣饭，罕见官员大酒席。也弄的些歪乐器，筝槜儿乱弹乱砑，笙笛儿胡捏胡吹。①

对此，陈铎嘲讽道："不着家四散求食，生来一种骨头贱。""这等人何足计。胎胞儿轻贱，骨格儿低微。"②

当然，由于民间演艺市场的繁荣，非在籍乐人如果有较高的乐舞技能也会获得较为丰厚的收入。如万历间周朝俊在《红梅记》第十九出《调婢》中就生动地描述了凤阳花鼓艺人在扬州街头卖艺情况："紧打鼓儿慢筛锣，听我唱个动情歌。唱的不好休要赏，唱的好时赏钱多。"

（三）文人

有明一代也出现了文人从事商业性乐舞生产的现象，这类文人群体一般地位低下，物质基础匮乏，经济窘迫，为了生计，无奈选择通过乐舞生产来养家糊口。祁彪佳《远山堂曲品》在《杂调》中，辑录了四十多种俗戏作品，其中有二十多部作品是下层文人为了满足市场需要而编创的新作品。明人潘允端的《玉华堂日记》中就记载了一个名叫朱淳化的下层文人受雇于文士商贾从事剧本创作的案例：

> 万历十七年二月二十九日，申，王凤洲写书荐朱淳化来云新编词。见其贫，甚怜之；万历十七年二月三十日，午，留朱生饭，欲遣去，不肯行……万历十七年三月十二日，晚，朱生送《昼锦记》草来看；万历十七年三月十五日，抄朱生五传奇完。③

从这则史料可以看到生活贫困的下层文人挣扎在饥饿线上的情景：为争得一口饭吃，朱生乃至赖在豫园不肯走，半个月里创作了《昼锦记》等五部传奇。

文士抱着"愿知音者，亟附红牙"的愿望，投入音乐生产。弘治年间，嘉定文士沈龄则"落拓不事生产，尤精乐律，慕柳耆卿之为人，撰歌曲，

---

① 谢伯阳. 全明散曲：增补版：一 [M]. 济南：齐鲁书社，2016：671-672.
② 谢伯阳. 全明散曲：增补版：一 [M]. 济南：齐鲁书社，2016：671，673.
③ 潘允端. 玉华堂日记 [M]. 上海博物馆馆藏手抄本.

教童奴为俳优"。他屡次为营利性演出戏场创作传奇本子，"然吴优多肯演行，吾辈亦不厌弃"。武宗南巡幸临太傅杨一清府第，他受命作传奇，得到武宗赏识，"一清张乐侑觞，苦梨园无善本，谋于龄，为撰《四事》传奇。更令选伶人之绝聪慧者，随撰随习，一夕而成。明旦供奉，武宗喜甚，问谁所为？一清以龄对。召见行在，欲官之，不受而归"①。从优伶"每获异稿，竞购新剧"可知，文人的创作生产与一定的酬金相匹配，他们能够以此维持生计并在此基础上再次投入生产以营利。如苏州人张凤晚年也常常为别人撰写功德传奇，以获取丰厚的润笔费（报酬），沈德符《万历野获编》卷二十五对此有详细记载：

> ［张伯起］暮年值播事奏功，大将楚人李应祥者求作传奇，以侈其勋，润笔稍溢，不免过于张大，似多此一段蛇足，其曲今亦不行。②

二、音乐生产与消费的方式

生产方式是指社会生活所必需的物质资料的谋得方式，是在生产过程中形成的人与自然界之间和人与人之间的相互关系的体系。人们一般把物质资料生产的物质内容称作生产力，把其社会形式称作生产关系，这两者都是生产方式的建设性内容——物质生产方式（物质谋得方式）和社会生产方式（社会经济活动方式）。换言之，生产方式是物质生产方式和社会生产方式在物质资料生产过程中的能动统一。明代商业性的音乐生产方式，从生产主体来看，有乐人个体生产、班社生产、官府组织生产、私家恩主组织生产和雇主主导生产几种类型，具体如下。

（一）乐人个体主导下的营利性音乐生产

个人主导指乐人个体以营利为目的而进行的音乐生产，一般没有组织性，演出相对自由，演出场地多不固定。其中，冲州撞府、游食四方的路歧人，脱籍从良的乐户子弟，江湖艺人，失去恩主供养和庇护的家乐乐人，业余从艺的贫苦农民及市井闲散游民等都属于此类乐舞生产人员。

对于底层乐人来说，主要是通过乐舞生产来换取基本的生活保障。如沈德符《万历野获编》卷二十五记载：

---

① 吕天成：曲品校注［M］．吴书荫，校注．北京：中华书局，2006：17.
② 沈德符．元明史料笔记丛刊：万历野获编：中［M］．北京：中华书局，1959：644.

> 吴下向来有俚下妇人打三棒鼓乞钱者,予幼时尚见之,亦起唐咸通中王文通,好用三杖打撩,万不失一但其器有三等,一曰头鼓,形类鼖,二曰耴鼓,三曰和鼓,今则一鼓三槌耳。①

当然,上述记载中的三棒鼓从业者并非少数,在明代形单影只的蒙瞽艺人以弹词说唱走街串巷,以此获取衣食之费极为常见,所谓"世之瞽者或男或女,有学弹琵琶,演说古今小说,以觅衣食。北方最多,京师特盛,南京、杭州亦有之","杭州男女瞽者,多学琵琶,唱古今小说、平话,以觅衣食,谓之'陶真'。大抵说宋时事,盖汴京遗俗也"。② 这些说唱盲艺人往往博古通今,又讲得生动活泼,颇能扣人心弦,明人盛于斯曾在《休庵影语》中自言"我往往见街上有弹唱说词的,说到古今伤心事体,那些听说人,一个个阁泪汪汪"。

安徽凤阳的歌舞艺人由农民转化而来,他们拥有少量土地,农忙务农,农闲从艺,背井离乡,到处以打鼓歌唱起舞来谋生,带有行乞的意味。明末清初河北进士魏裔介曾在介绍凤阳妇女唱秧歌的《秧歌行》里写道:

> 凤阳妇女唱秧歌,年年正月渡黄河。北风吹雪沙扑面,冬冬腰鼓自婆娑。衣衫褴褛帕在首,自言出门日已久。前年寿州无雨泽,今岁泗州决河口……我唱秧歌度歉年,完了官租还种田。南来北往入飞雁,如此艰辛实可怜。③

常年闯荡江湖、技艺精湛的民间乐人能自立门户,营业收费。嘉靖年间"以色艺擅声"的女艺人江斗奴,在勾栏之内有固定的演出摊位。同时,她还能接到权贵、富豪的订单,提供上门服务,"宣德间,海内清谧。上下皆以声妓自娱。英公张辅尤奢泰。尝延三杨饮,命斗奴佐觞"。有名气的职业艺人受富家邀请,固定开价,还需提前预约。南京的职业艺人柳敬亭善说书,技艺高超,"每至丙夜,拭桌剪灯,素瓷静递,款款言之,其疾徐轻重,吞吐抑扬,入情入理,入筋入骨,摘世上说书之耳而使之谛听,不怕其不齰舌死也"④。他采取预先付款的收费方式,"一日说书一回,定价一两。十日前先送书帕下定,常不得空"。有时还端架子,耍大牌,"稍见下

---

① 沈德符. 元明史料笔记丛刊:万历野获编:中[M]. 北京:中华书局,1959:650.
② 田汝成. 西湖游览志余[M]. 杭州:浙江人民出版社,1980:326.
③ 魏裔介. 兼济堂文集:下[M]. 魏连科,点校. 北京:中华书局,2007:491.
④ 张岱. 陶庵梦忆[M]. 罗伟,注译. 哈尔滨:北方文艺出版社,2019:97.

人咕哔耳语，听者欠伸有倦色，辄不言，故不得强"①。

从消费的角度来看，此类乐舞生产属典型的卖方市场，知名乐人往往凭借自己高超的乐舞技艺和社会知名度，使自己的乐舞生产成为一种稀缺产品，而消费者往往对其趋之若鹜。对于底层的流浪艺人来说，由于是冲州撞府式演出，本身乐舞生产能力有限，也不可能去任意变化自己的表演内容，消费者也属于临时性消费，并不强调消费的主导权。

（二）班社团体主导下的营利性音乐生产

所谓班社主导下的营利性音乐生产，是指职业或非职业乐人组成班社，以班社的形式进行商业性乐舞生产的行为。这些班社继承和发展了元代的家庭职业戏班，保留了家庭戏班的一些做法，如班主即台柱演员，班名以班主的姓氏命名，班主的家属可以随意搭班等。较为常见的是雇佣制班社，班社成员专职从事音乐演出，其形式较为灵活，人员流动性较大。由于受明代（特别是明中期以来）商品经济发展、资本主义萌芽的影响，这些班社的商业化特点日趋明显，乐人普遍为营利而演出。

明中后期，拥有大量财富的富家巨室逃亡至南方。富豪、贵族和市民阶层享用歌舞戏曲的迫切愿望，使乐舞演艺业拥有广阔的市场。四处游食的非在籍乐人组成班社谋生的情形更为普遍。时谚对明代中期以后南京乐舞演艺市场中家班的盛况给予了高度评价："金陵歌舞诸部甲天下"。万历年间各地职业戏班如雨后春笋般兴起，天启、崇祯之后，职业戏班几乎遍布天下。张岱《陶庵梦忆》卷四"泰安州客店"条提到，泰山脚下"戏子寓二十余处"。明末世情小说《祷杌闲评》第七回记载，仅仅北京的一个胡同内就住了包括昆班在内的五十多个职业戏班，"走进巷来，见沿门都有红纸帖子贴著，上写某班某班……五十班苏浙腔……"。袁宏道说晚明苏州地区的职业戏班的状况是"梨园旧乐三千部，苏州新谱十三腔"，虽有夸张成分，但足以说明苏州本地职业戏班数量之多。在"淮清戏寓"等处挂牌卖艺的戏班甚多，这些戏班还成立了专门的演出经纪公司，如"淮清桥是三个总寓，一个老郎庵；水西门是一个总寓，一个老郎庵"②。

职业班社为占有更大的市场份额，相互之间展开了激烈的生存竞争。万历年间南京最有名的职业戏班郝可成班和陈养行班不相上下，互不示弱。

---

① 张岱. 陶庵梦忆［M］. 罗伟，注译. 哈尔滨：北方文艺出版社，2019：97.
② 吴敬梓. 儒林外史［M］. 北京：中华书局，2013：159.

《潘之恒曲话》云,"乐剧之领班者二,曰郝,曰陈。郝名甚噪,而陈以劲敌"。[①] 启祯年间,名声大噪的兴化班和华林班争相切磋演技,以提高卖座率。张潮《虞初新志》卷三也记载了兴化班的马伶和华林班的李伶相互赛戏的佳话:

> 马伶者,金陵梨园部也。金陵为明之留都,社稷百官皆在,而又当太平盛时,人易为乐,其士女之间桃叶渡、游雨花台者,趾相错也。
>
> 梨园以技鸣者,无论数十辈。而其最著者二:曰兴化部,曰华林部。一日,新安贾合两部为大会,遍徵金陵之贵客文人,与夫妖姬静女,莫不毕集。列"兴化"于东肆,"华林"于西肆,两肆皆奏《鸣凤》,……而西肆之为严嵩相国者曰李伶,东肆则马伶,坐客乃西顾而叹,或大呼命酒,或移坐更近之,首不复东。未几更进,则东肆不复能终曲。询其故,盖马伶耻出李伶下,已易衣遁矣。……
>
> 去后且三年,而马伶归……复为严嵩相国以出。李伶忽失声,匍匐前称弟子。兴化部是日遂凌出华林部远甚。[②]

除了有由固定演员组成的班社之外,也有来自各个戏班的演员临时组成的戏班。这一定程度上说明演出市场需求之大,演艺人员匮乏。临时戏班一般规模较小,每种行当仅有一名演员,在演员培养、演出方面往往跟不上需求,演出水平不能与固定班社同日而语。所以,潘允端《玉华堂日记》中称这些临时班社为"乌合梨园",并在《玉华堂日记》中多次记载和评论:

> 三儿诞辰设宴,本处乌合梨园,甚不足观,起更散。(丙戌年十一月十五日)
>
> 午,郭公上席,乌合梨园不成章,促席坐。(戊子年六月十二日)[③]

这表明临时班社的演出质量低劣,不足以吸引观众,其收入也不乐观。

为了提高竞争力,能在观众众多的选择中稍胜一筹,各职业戏班尤其是名班,都千方百计地留住自己班中的名角,并力邀其他高水平的演员加盟。《菊庄新话》载,本"为村优净色"的乐人陈优,临时在郡城名班寒香

---

① 潘之恒. 潘之恒曲话 [M]. 汪效倚, 辑注. 北京: 中国戏剧出版社, 1988: 36.
② 张潮. 虞初新志 [M] //张潮全集: 第四册. 刘和文, 校点. 合肥: 黄山书社, 2021: 381 - 382.
③ 转引自赵景深. 戏曲论丛第一辑 [M]. 兰州: 甘肃人民出版社, 1986: 134.

班中客串,座客都"嗟叹以为绝技不可得"。第二天,该班社便"固请其舍村部以就之,而却其故净"。① 城市职业戏班中名班、名部较多,演技稍为逊色的班社只能在乡村生存,这些体现了营利性演艺消费市场的选择作用。

(三) 官府主导下的营利性音乐生产

官府主导下的商业性音乐生产是指由政府出面组织所辖在籍乐人在固定的场所进行的商业性乐舞活动,所获经济收入除一部分作为维持乐舞活动的必要开支外,其余归政府所有。最典型的就是明朝政府出资修建青楼、妓馆等公共娱乐场所,蓄养官妓按照轮值轮训制度,为地方官员、贵族及市民提供娱乐服务,以获取利润上缴国库。如明太祖朱元璋立国之后,就在南京乾道桥设妓馆富乐院,后因失火移至武定桥等交通要道处,修建了规模宏大的"十六楼",提供大量的官妓供官民娱乐消费。明人周晖《金陵琐事》记载,这十六楼是北市、南市、鹤鸣、醉仙、轻烟、淡粉、柳翠、梅妍、讴歌、鼓腹、来宾、重译、集贤、乐民、清江、石城。② 从十六楼所处位置来看,多在港口、码头及路线交叉处,因此,一时间"金陵都会之地,南曲靡丽之乡。纨茵浪子,萧洒词人,往来游戏,马如游龙,车相接也。其间风月楼台,尊罍丝管,以及娈童狎客,杂伎名优,献媚争妍,络绎奔赴"③。后因朝官于青楼饮酒生事,复移乐户至南京城之行院,归教坊司辖制。朱棣北迁后,出于政治斗争需要,前任君主的大量官员的妻女籍入教坊,被分配至各个官方所辖青楼妓馆,提供乐舞色艺服务。

明万历之后,都城北京则形成了以北教坊三院为主的青楼体系,并延续至清初。南京青楼逐渐盖过北京青楼,成为行院翘楚,其中金陵州府所隶青楼妓馆以"六院"最盛:旧院、和宁院、陡门院、会同院、南院、西院。"六院"由太祖高皇帝设立,教坊司奉銮等官统辖。《板桥杂记》亦载:"洪武初年,建十六楼以处官妓,淡烟轻粉,重译来宾,称一时之盛事。自时厥后,或废或存,迨至百年之久。而古迹浸湮,存者惟南市珠市及旧院

---

① 转引自焦循. 剧说 [M] //中国戏曲研究院. 中国古典戏曲论著集成:八. 北京:中国戏剧出版社,1959:199-201.

② 转引自缪荃孙. 秦淮广纪 [M] //缪荃孙全集 笔记. 张廷银,朱玉麒,主编. 南京:凤凰出版社,2013:299.

③ 张潮. 虞初新志 [M] //张潮全集:第五册. 刘和文,校点. 合肥:黄山书社,2021:260.

而已。"①

在中央王朝的带动下，隶属地方州府的青楼妓馆也呈现出繁盛景象。如莫旦的《苏州赋》中描述了苏州青楼妓馆的昌盛局面：

> 坊市棋列，桥梁栉比，梵宫莲宇，高门甲第。货财所居，珍异所聚，歌台舞榭，春船夜市。远土巨商，它方流妓，千金一笑，万钱一箸，所谓海内繁华，江南佳丽者。②

此种盛景连江南第一才子唐伯虎也感慨曰："翠袖三千楼上下，黄金百万水西东。"③ 张岱在《陶庵梦忆》中也记载了扬州青楼的消费状况：

> 广陵二十四桥风月，邗沟尚存其意。……巷口狭而肠曲，寸寸节节，有精房密户，名妓、歪妓杂处之。名妓匿不见人，非向导莫得入。歪妓多可五六百人，每日傍晚，膏沐熏烧，出巷口，倚徙盘礴于茶馆酒肆之前，谓之"站关"。茶馆酒肆、岸上纱灯百盏，诸妓掩映闪灭于其间，疤庛者帘，雄趾者阈。灯前月下，人无正色，所谓"一白能遮百丑"者，粉之力也。游子过客，往来如梭，摩睛相觑，有当意者，逼前牵之去；……而诸妓醵钱向茶博士买烛寸许，以待迟客。或发娇声，唱《劈破玉》等小词……④

显然，伴随着官方娼妓业的兴盛，民间青楼妓馆如雨后春笋般发展起来，甚至很多本来隶属官方的在籍乐人因嫌弃官方微薄的俸禄而自立门户，或在民间青楼妓馆兼职，以便获取更高收入。所谓"今时娼妓布满天下，其大都会之地，动以百计，其他穷州僻邑，在在有之，终日倚门献笑，卖淫为活。生计至此，亦可怜矣。两京教坊，官收其税，谓之'脂粉钱'。隶郡县者则为乐户，听使令而已"⑤。

不仅如此，隶属地方州府和教坊司的乐工也会被外派参加商贾、官员的私家宴飨活动，以获取额外的经济收入。周晖在《金陵琐事》卷四"节料"条就记载了金陵的教坊司外派乐人进行商演的情况：

---

① 转引自缪荃孙. 秦淮广纪 [M] //缪荃孙全集　笔记. 张廷银，朱玉麒，主编. 南京：凤凰出版社，2013：321.
② 冯桂芬.[同治] 苏州府志：卷二 [M]. 清光绪九年（1883）刊本.
③ 唐寅. 唐伯虎集笺注 [M]. 陈书良，周柳燕，笺注. 北京：中华书局，2020：227.
④ 张岱. 陶庵梦忆 [M]. 罗伟，注译. 哈尔滨：北方文艺出版社，2019：79-80.
⑤ 谢肇淛. 五杂组 [M]. 韩梅，韩锡铎，点校. 北京：中华书局，2021：260-261.

> 教坊司每于岁首五日内,或四人,或五六人,往富贵人家奏乐一套,谓之"送春",又谓之"节料"。主人皆有以赏之。①

之所以出现这种情况,一方面是商业性演出已经成为社会普遍现象,另一方面是城镇之中有着巨大的音乐消费需求,尤其是对于身在乐籍,隶属国家最高音乐机构——教坊司的乐人,人们更是乐于花重金去雇佣,以彰显自己的富庶或权力。明人陈洪谟在《治世余闻》下篇卷三中就指出了这种社会现象:

> 时朝政宽大,廷臣多事游宴。京师富家揽头诸色之人,亦伺节令习仪于朝天宫、隆福寺诸处,辄设盛馔,托一二知己转邀,席间出教坊子弟歌唱。②

显然,政府主导下的乐舞生产本质上是政府把在籍乐人(官妓)作为一种生产资料,一种获取商业利益的手段,抑或作为一种政治惩罚的手段,通过行政性的命令,让在籍乐人为社会上的达官贵族、缙绅富商、普通民众提供乐舞服务,从而获取巨额商业利润。在这一过程中,隶属政府的乐人没有人身自由,属于典型的贱民阶层或罪民阶层,只能严格按照政府指令进行乐舞生产,甚至是提供色艺服务。

(四)雇主需求主导下的营利性音乐生产

所谓雇主需求主导下的音乐生产,是指乐人受雇于雇主,并按照雇主的要求在固定的场所进行乐舞生产,乐舞生产的内容、形式往往根据雇主的消费需求而展开,乐人生产的目的是获取雇主的酬金及赏钱。此类乐舞生产方式的形成是音乐经济高度繁荣的结果。

从雇主的身份特征及其消费的目的来看,雇佣式乐舞生产与消费的场景主要有四个:

1. 庆典活动

庆典活动涉及多个方面:

第一,因经商之需而进行的雇佣式庆典服务。如商铺、酒楼开业时,商贾们雇佣知名乐人进行乐舞生产,提供庆典服务,既达到广告宣传的目

---

① 周晖. 明朝那些小事儿:金陵琐事[M]. 何旸, 译. 北京:中国友谊出版社,2021:438.
② 陈洪谟, 张瀚. 元明史料笔记丛刊:治世余闻 继世纪闻 松窗梦语[M]. 盛冬铃, 点校. 北京:中华书局,1985:53.

的，又可以歌舞娱乐助兴。

第二，因日常生活之需而进行的雇佣式庆典活动。诸如官员、商贾、贵族子弟为了庆贺寿辰、结婚、得子、病愈、升迁、中榜等，雇佣乐人进行乐舞生产，以示欢庆。如《同人集》卷九"往昔行"条载，"（1642年）中秋夜为姬人（董小宛）洗尘于渔仲兄河亭。怀宁伶人《燕子笺》初演，尽妍极态。演全部，白金一斤"①。

2. 有功利目的的私人社交活动

雇主主导下的乐舞生产与消费很多时候出现在私人社交场合，雇主通过金钱雇佣乐妓，博取宴请对象欢心，从而获取自己的政治利益或商业利益。因具有强烈的目的性，故所雇佣乐妓的乐舞生产内容必须符合雇主的特定要求。如明代小说《金瓶梅》中描写了兼具官商背景的西门庆为了能够升迁，宴请上级官员及其家眷。为了博得客人的欢心，西门庆不惜花费巨款邀请海盐子弟进行戏曲表演，甚至邀请了王皇亲家二十名小厮唱戏，扮演《西厢记》，并针对邀请对象的个人喜好，安排了"一班儿五个俳优，朝上筝蓁琵琶，方响箜篌，红牙象板，唱了一套'享富贵，受皇恩'"。

西门庆也通过乐舞贿赂上级获取商业利益。如用两院乐人和雇佣的海盐戏子在宴席中为宋御史和蔡御史服务。宴席之后则请求蔡御史早支盐引，蔡御史当即告知"我到扬州，你等径来察院见我，我比别的商人早掣一个月"。

3. 民间风俗活动

雇主主导下的音乐生产也有以满足民间风俗活动之需为目的的，即实现雇主的酬神、娱人之需。如《［同治］苏州府志》卷三"风俗"条所云：

> 吴俗信鬼巫，好为迎神赛会，春时搭台演戏遍及乡城，五六月间，妄言五方神降灾祲，或奉刘猛将以社田事，广募金钱，哄动闾里，群无赖推一人为会首，毕力经营，百戏罗列，巨室以金珠翠钿装饰，孩稚或坐台阁或乘俊骑以耀市人之观名。②

当然，风俗中的乐舞活动耗费极高，明万历抄本休宁《茗洲吴氏家记》中就明确记载了徽州休宁等地的酬神活动雇佣戏班演戏耗资太多，导致很多家族不得不制定族规以行节俭之风，其吴氏家规云："吾族喜搬戏文，不

---

① 冒辟疆. 同人集［M］//冒辟疆全集. 万久富，点校. 南京：凤凰出版社，2014：1352.
② 冯桂芬.［同治］苏州府志：卷三［M］. 清光绪九年（1883）刊本.

免时屡举赢，成为靡费。"

4. 丧葬活动

雇主主导下的音乐生产与消费在丧葬活动中也有表现。中国历来就有厚葬之风，所谓"巨室之昏丧者一，而中人之破产者几矣。农夫号于野，红女叹于室，而贵游之子，方厌粱肉而弗尝，弃纨縠而弗御，靡也极矣"①。当然，这种商业性的乐舞活动兼具安慰亡灵、酬神和娱人的多重功能。从文献来看，民众在丧葬活动中的乐舞生产形式多样，富庶之家常常会雇用规模相对庞大的鼓吹乐班和戏班进行表演，也会雇佣专职的"歌郎"（以唱挽歌为职业的艺人）进行表演。

（五）私家恩主主导下的营利性乐舞生产

明代中期以来，整个社会对戏曲娱乐的巨大需求，导致很多家班或私家伶工在服务于恩主，满足其娱乐需求的同时，进行商业化的经营，从而为恩主谋取商业利益。如明末兵部尚书阮大铖的家乐在南京淮清桥总寓挂牌商演，因演出剧作全本，要价颇高，冒襄等复社名流竞相订购其乐舞服务，"中秋夜为姬人（董小宛）洗尘于渔仲兄河亭。怀宁伶人《燕子笺》初演，尽妍极态，演全部，白金一斤"。

一些知名的青楼名伶也开始蓄养家乐，并四处传演，以获利益。如秦淮八艳之一的马湘兰曾"教诸小鬟学梨园子弟，日为供帐燕客。羯鼓胡琵琶声与金缕红牙相间"②。沈德符《顾曲杂言》对此有详细记载，并云其家班乐人善演北曲：

> 顷甲辰年，马四娘（马湘兰）以生平不识金阊为恨，因挈其家女郎十五六人来吴中，唱北西厢全本。其中有巧孙者，故马氏粗婢，貌甚丑而身遏云，于北词关捩窍妙处，备得真传，为一时独步。③

---

① 袁袠，黄宗羲. 世纬 明夷待访录[M]//世纬 明夷待访录. 何朝晖，点校. 南京：凤凰出版社，2017：25.

② 转引自缪荃孙. 秦淮广纪[M]//缪荃孙全集 笔记. 张廷银，朱玉麒，主编. 南京：凤凰出版社，2013：377.

③ 沈德符. 顾曲杂言[M]//中国戏曲研究院. 中国古典戏曲论著集成：四. 北京：中国戏剧出版社，1959：212.

第三节 明代音乐生产与消费的成本

一、音乐生产成本

马克思经济学理论指出,生产成本是生产单位产品所消耗的不变资本和可变资本之和。不变资本指投入的生产资料价值,可变资本指劳动力价值。根据艺术经济学原理,音乐生产成本包括生产者的生活成本、工资报酬、生产资料购买成本、排练消耗的成本、服饰及其他资料成本等。从史料来看,明代音乐生产的成本主要体现在生产者的生活成本、生产资料购买成本、排练消耗的成本等三个方面。

(一)生产者的生活成本

隶属于政府机构的在籍乐人和受聘于富家大室的家乐演员,由其管理者统一发放生活津贴。文人、商人的音乐生产,包括乐人的衣食住行等基本日用开支,通常通过经营副业或从事商业活动获得。帝王臣僚的音乐生产则由政府出资供给。僧道之人的生活成本,往往是通过政府的津贴、寺庙僧道活动筹款等多重渠道来取得。由于史料所限,以下拟对在籍乐人和家乐演员的生活成本做具体阐述。

庞大的乐舞机构想要正常运作,离不开中央政府强有力的财政支持。譬如据《太常续考》卷七,供职于京师神乐观的乐舞生,洪武年间每人每月口粮为六斗,"每岁给赐米麦黄豆芝麻",每年"各湖里奏拨一万三十斤鲜鱼",被服、柴薪、住房均有配给。永乐北迁之后,政府支付乐舞生的薪资(包括俸禄和赏赐)按其工作年限长短分等级而定。例如京师神乐观非冠带乐舞生,"每月支米三斗三升……供事行粮各陵每次三升,金山每次二升,文庙每次一升以上"提点、知观"小麦一石一斗三升一合,折银九钱六分一厘三毫五丝;芝麻五升七合三勺七抄,折银五分七厘三毫七丝;黄豆二斗九升九合四勺,折银二钱三分九厘五毫二丝。三项共折银一两二钱五分八厘二毫四丝。食盐五斤八两。……又米柴四百六十四斤,折银六钱九分六厘"。冠带乐舞生供职未及六年者"每名每月支米一石";效劳六年以上的冠带乐舞生"每名每岁柴薪一名银十二两"。

政府每年节令例行赏赐在籍乐人,名目繁多,"每年乐舞生一名给赐绵布三匹，折银九钱；苎布三匹，折银六钱；生绢一匹，折银七钱；白绵半斤，折银二钱五分。共计银二两四钱五分。每年正旦、冬至、万寿圣节三次……各赏钞五贯。每年正旦、中元、冬至三次，给赐乐舞生节米五升。……每年祭四郊、社稷，给赐乐舞生净衣"。临时赏赐也颇为大方，如明英宗正统四年（1439年），以祈祷灵验，"赐神乐观乐舞生董以诚、大岳太和山道士黄永安各钞一千贯，以祷雨有验，从礼部尚书胡濙请也"。各地官府组织训练的乐舞生，受当地官府征调，享有物质补助，如福建福州府的闽县、候官县"分尝乐舞生饼六百，饷银三钱六分，闽、候各一半"，"各官道众四百名已蒙给赐斋粮，要照神乐观乐舞生例，每年给赐布匹。奉圣旨……道士每年与绵布二匹，夏布二匹"。

乐户得到柴米之奉的保证之余，还享有劳役征赋的豁免权，在人身自由、生活福利等诸多方面拥有其他普通户籍所无法比拟的优越条件。譬如地方乐户在供奉职责之外，仍可保留田产，且无丁银田赋之责。《实政录》卷四《民务》之"禁谕乐户"条载："乐工有地者，既纳粮差，又朝贺祭祀接官，一岁在官不减一月，原无工食，丁银免出。盖下三则人户，力差银差，二者无并出之法也。"赋税方面，政府也给予在籍乐人以一定的优惠政策。如地方官府选用的道士乐舞生是国家颁发度牒的道士。按明制，道士户享有免除赋役的待遇，有的寺观虽不免税，但免差役。政府的薪酬、实物供应及政策优惠，为在籍乐户安心从事音乐生产提供了基本物质保障。

缙绅富室蓄养家乐演员，主人为其音乐生产投资并支付薪酬，包括提供其衣食住行及日常生活所需基本用品。据梧子的《笔梦叙》，钱岱家乐演员待遇优越："衣服四季增添，首饰及脂粉等费，则岁底颁发。每名或三四两，或五六两不等。设宴承应，则赏耳环、簪钏之类，扮生、旦者蒙赐尤多。"可见蓄养家乐演员，主人要支付家乐演员基本工资，保证音乐生产的顺利进行。

（二）音乐生产资料购买成本

音乐生产需购买的资料包括服饰、道具、乐器等，富贵之家还需购买演员作为生产主体；书商需购买纸张、刻工，出资收购精美底本。

宫廷乐舞演出场合多样，所用到的相应乐器、道具名目繁多。如朝贺场合，"其乐器之制，郊丘庙社，洪武元年定。乐工六十二人，编钟、编磬各十六，琴十，瑟四，搏拊四，柷敔各一，埙四，篪四，箫八，笙八，笛四，应鼓一；歌工十二；协律郎一人执麾以引之。七年复增籥四，凤笙四，埙用六，搏拊用二，共七十二人。舞则武舞生六十二人，引舞二人，各执干戚；文舞生六十二人，引舞二人，各执羽籥；舞师二人执节以引之。共一百三十人"①。由材料可知，该场音乐演出动用上百名乐工，所用乐器品种有十多种，总计96件，所用舞具有麾、羽籥、节等。

宏大的宫廷乐舞演出编制，在乐器、道具支出方面应是一笔不小的数目。宫廷乐舞演出的所用乐器一部分由宫廷内部自行制作生产。譬如"六年铸太和钟。其制，仿宋景钟。以九九为数，高八尺一寸。拱以九龙，柱以龙簴，建楼于圜丘斋宫之东北，悬之。……十七年改铸，减其尺十之四焉"②。政府乐舞机构有时向民间收购精品乐器，耗资不菲。譬如"孝宗垂览坟典，间亦好琴，……吴贾得古琴曰霹雳，携入都，介巨珰以献。上试其音清越，喜甚，出内帑千金以赐"③。虽然尚不能准确计算宫中乐器、服饰的全部开支，但从孝宗为得一琴而以千金相赐之举，可见购买乐器之费用必不在少数。

宫廷乐舞演出，演员的着装有统一规格，不同演奏场合的规格有所不同，《明史》卷六十七"士庶冠服"条记载：

> 协律郎、乐舞生冠服。明初，郊社宗庙用雅乐，协律郎幞头，紫罗袍，荔枝带；乐生绯袍，展脚幞头；舞士幞头，红罗袍，荔枝带，皂靴；文舞生红袍，武舞生绯袍，俱展脚幞头，革带，皂靴。
>
> 朝会大乐九奏歌工：中华一统巾，红罗生色大袖衫，画黄莺、鹦鹉花样，红生绢衬衫，锦领，杏红绢裙，白绢大口裤，青丝绦，白绢袜，茶褐鞋。其和声郎押乐者：皂罗阔带巾，青罗大袖衫，红生绢衬衫，锦领，涂金束带，皂靴。④

并且，参演文舞、武舞，其着装有一定区别。此外，政府还对宫中女乐、王府乐工及隶属于不同音乐机构的乐人演出服饰有明文规定。

商业演出团体为吸引观众，前期投资中，购置服装、配饰等行头占很大比例。秦淮青楼的名妓、戏场的名角，他们大多靓妆艳服，涂脂抹粉，打扮得姿色美艳，演出装饰华美，摄人眼球，开销较大。如"杨璆姬之舞甋毹，

---

① 张廷玉，等. 明史［M］. 中华书局编辑部，点校. 北京：中华书局，1974：1505.
② 张廷玉，等. 明史［M］. 中华书局编辑部，点校. 北京：中华书局，1974：1505－1506.
③ 陈继儒. 妮古录［M］. 印晓峰，点校. 上海：华东师范大学出版社，2011：4.
④ 张廷玉，等. 明史［M］. 中华书局编辑部，点校. 北京：中华书局，1974：1650－1651.

徐惊鸿之舞观音，一靡其身，而绣被千金；一扬其腕，而珠串十琲"①。又如有"秦淮八艳之首"之称的马湘兰，在明神宗万历三十二年（1604年）秋，赴苏州为朋友祝寿，演出《北西厢》全本，"丙夜歌舞达旦，残脂剩粉，香溢锦帆，泾水弥月烟煴"②。家乐演员的服装打扮由主人精心挑选，譬如潘氏托人购买九件戏衣，还值四两银子，相当于买三至四个小厮。

职业的戏曲班社、游走的底层艺人非常重视戏衣、戏箱等生产资料的建设，往往花费巨资购买。因此，与歌舞戏曲有关的道具、戏箱等在当时还形成了固定的市场，如《扬州画舫录》卷五就详细记载了苏州诸多职业戏班必备的戏曲行头：

> 戏具谓之行头。行头分衣盔杂把四箱。衣箱中有大衣箱布衣箱之分。大衣箱文扮则富贵衣即穷衣、五色蟒服、五色顾绣披风龙披风、五色顾绣青花五彩绫缎袄褶、大红圆领、辞朝衣、八卦衣、雷公衣、八仙衣、百花衣、醉杨妃、当场变补套蓝衫、五彩直摆、太监衣、锦缎敞衣、大红金梗一树梅道袍、绿道袍、石青云缎挂袍、青素衣、袈裟、鹤氅、法衣、镶领袖杂色夹缎袄、大红杂色绸小袄。武扮则扎甲、大披挂、小披挂、丁字甲、排须披挂、大红龙铠、番邦甲、绿虫甲、五色龙箭衣、背搭、马挂、剑子衣、战裙。女扮则舞衣、蟒服、袄褶、宫装、宫搭、采莲衣、白蛇衣、古铜补子、老旦衣、素色老旦衣、梅香衣、水田披风、采莲裙、白绫裙、帕裙、绿绫裙、秋香绫裙、白茧裙。又男女衬褶衣、大红裤、五色顾绣裤、棹围、椅披、椅垫、牙笏、鸾带、丝线带、大红纺丝带、红蓝丝绵带、丝线带、绢线腰带、五色绫手巾、巾箱、印箱、小锣、鼓、板、弦子、笙、笛、星、汤、木鱼、云锣。布衣箱则青海衿、紫花海衿、青箭衣、青布褂、印花布棉袄、敞衣、青衣、号衣、蓝布袍、安安衣、大郎衣、斩衣、鬃色老旦衣、渔婆衣、酒招、牢子带。盔箱文扮平天冠、堂帽、纱貂、圆尖翅、尖尖翅、荤素八仙巾、汾阳帽、诸葛巾、判官帽、不论巾、老生巾、小生巾、高方巾、公子巾、净巾、纶巾、秀才巾、蚝聊巾、圆帽、吏典帽、大纵帽、小纵帽、皂隶帽、农吏帽、梢子帽、回回帽、牢子帽、

---

① 潘之恒. 潘之恒曲话[M]. 汪效倚, 辑注. 北京: 中国戏剧出版社, 1988: 32.
② 转引自缪荃孙. 秦淮广纪[M]//缪荃孙全集 笔记. 张廷银, 朱玉麒, 主编. 南京: 凤凰出版社, 2013: 378.

凉冠、凉帽、五色毡帽、草帽、和尚帽、道士冠。武扮紫金冠、金扎镫、银扎镫、水银盔、打仗盔、金银冠、二郎盔、三义盔、老爷盔、周仓帽、中军帽、将巾、抹额、过桥勒边、雉鸡毛、武生巾、月牙金箍汉套头、青衣扎头、箍子冠、子女扮、观音帽、昭容帽、大小凤冠、妙常巾、花帕扎头、湖绉包头、观音兜、渔婆縖、梅香络、翠头髻、铜饼子簪、铜万卷书、铜耳挖、翠抹眉、苏头发、及小旦筒妆。杂箱胡子则白三髯、黑三髯、苍三髯、白满髯、黑满髯、苍满髯、虬髯、落腮、白吊、红飞鬓、黑飞鬓、红黑飞鬓、辫结、一撮一字。靴箱则蟒袜、妆缎棉袜、白绫袜、皂缎靴、战靴、老爷靴、男大红鞋、杂色彩鞋、满帮花鞋、绿布鞋、踩场鞋、僧鞋。旗包则白绫护领、妆缎扎袖、五色绸伞、连幌腰子、小络斗、连幌幌子、人车、搭旗、背旗、飞虎旗、月华旗、帅字旗、清道旗、精忠报国旗、认军旗、云旗、水旗、蜘蛛网、大帐前、小帐前、布城、山子。又加官脸、皂隶脸、杂鬼脸、西施脸、牛头、马面、狮子、全身玉带、数珠、马鞭、拂尘、掌扇、宫灯、叠折扇、纨扇、五色串枝、花鼓、花锣、花棒槌、大蒜头、敕印、虎皮、令箭架、令牌、虎头牌、文书、铏砚、签筒、梆子、手靠、铁链、招标、撕发、人头草、鸾带、烛台、香炉、茶酒壶、笔砚、笔筒、书、水桶、席、枕、龙剑、挂刀、短把子刀、大锣、锁哪、哑叭、号筒。①

这些名目繁多的戏曲行头不仅是必备的，而且往往需要多套，如"百福班一出北饯，十一条通天犀玉带；小洪班灯戏，点三层牌楼，二十四灯"②。行头的价格很高，如"小张班十二月花神衣，价至万金"③。如此可见戏曲班社在戏曲行头方面的耗费之高。当然，繁多的戏曲行头、戏班的普遍需求充分说明了此类产品市场的广大。

家乐演员作为家乐歌舞生产的主体，是家乐主人所购买的"活劳动"。所谓"千金买娉婷，歌板出纤手"，购买家乐将耗费大量资产。家乐主人邹

---

① 李斗. 清代史料笔记丛刊：扬州画舫录［M］. 汪北平，涂雨公，点校. 北京：中华书局，1980：133－135.

② 李斗. 清代史料笔记丛刊：扬州画舫录［M］. 汪北平，涂雨公，点校. 北京：中华书局，1980：135－136.

③ 李斗. 清代史料笔记丛刊：扬州画舫录［M］. 汪北平，涂雨公，点校. 北京：中华书局，1980：135.

迪光也有"千金教舞百金歌"之感慨。《对山余墨》载:"溧阳伊密之,才气豪上,明季之佳公子也。喜蓄声伎,尝以三千金聘王素云于吴中,色艺为诸姬冠。"① 则一妓之费,已至"三千金"。万历年间的缙绅潘允端,其家乐演员多购自苏州乐人市场。从《玉华堂日记》中的购买记录(表3-1)来看,串戏小厮价格高者达二十两,低者为一二两,如"万历十六年三月二十二日,又买苏州小厮呈翰,银二两五钱。呈清,银一两。……万历十八年二月初九日,与顾良辅身银十两,又成二童,各银十二两"。主人依入门考试的水平确定串戏小厮身价。同时,由于当时南戏剧目主要为生旦戏,生、旦是主角,所以身价尤高。奴仆中包括串戏小厮二十余人,他们卖身为奴来到潘家,立下"手本""执照"——卖身文书,失去了人身自由。这其中也有雇佣制发展的端倪。雇佣之时,主人一次性支付身银,一旦合约到期,只要返还主人银两即可赎身,如"万历十七年三月二十五日苏州吹弹小厮顾瑞、钱义来靠。……万历十七年四月初四日与钱义身银二两五钱,顾瑞三两,呈良二两五钱"。②

表3-1 《玉华堂日记》记录家乐演员购买情况

购买时间	演员姓名	购买价格	专业分工
万历十六年 (1588年)	呈翰	二两五钱	串戏小厮
	呈清	一两	串戏小厮
	呈春	十五两	串戏小厮
	呈节	八两	串戏小厮
万历十七年 (1589年)	呈良	二两五钱	串戏小厮
	钱义	二两五钱	吹弹小厮
	顾瑞	三两	吹弹小厮
万历十八年 (1560年)	呈鹤	二十两	串戏小厮
	呈辅	十两	串戏小厮
	呈嘉	十二两	串戏小厮
万历二十年 (1562年)	来仪	七两	歌童
	许应魁	十两	歌童

装帧精美、图文并茂的音乐书谱是当时热销的产品。书坊主人不惜重

---

① 陆林. 清代笔记小说类编:劝惩卷[M]. 赵生群,选注. 合肥:黄山书社,1994:317.
② 潘允端. 玉华堂日记[M]. 上海博物馆馆藏手稿本.

金聘请著名画家为其书籍创作插图之事在明代屡见不鲜。如黄冕中在万历四十年（1612年）刊本《诗余画谱》跋中云："汪君独抒己见，不惜厚资聘名公绘之而为谱。且篇篇皆古人笔意，字字俱名贤真迹。"① 以善本做底本刊刻的高质量书籍颇为畅销。书坊主人收集善本耗费的金钱多是不菲的。如常熟汲古阁当时的刊书质量首屈一指，得益于阁主不惜高价购求古本、秘本。《书林清话》记载：

> 榜于门曰：有以宋椠本至者，门内主人计叶酬钱，每叶出二百。有以旧钞本至者，每叶出四十。有以时下善本至者，别家出一千，主人出一千二百。于是湖州书舶云集于七星桥毛氏之门矣。②

为以质取胜吸引消费者，其他地方的书坊也纷纷从汲古阁购入善本底本以刊印获利。以至于"天下购善本者，必望走隐湖毛氏"，甚至"滇南官长万里遣币以购毛氏书"。书房主人还精心校订书谱，使刊本更为准确精致。常熟汲古阁阁主毛晋总是"日坐阁下，手缮诸部，雠其讹谬"。明末学者陈继儒在为《隐湖题跋》作的序中称赞他"胸中有全书，故本末具有脉络；眼中有真鉴，故真赝不爽秋毫"。又如歙县吴勉学，初刻《古今医统正脉全书》44种，"因而获利，乃搜古今典籍，并为梓之，刻资费及十万"。

一部书谱生产所需投入较多，从投产前期所用木版、纸张的选择到后期运送产品到各市场的交通费用等，均以书坊主的支出为后盾。纸张多产于南方，如毛晋汲古阁为保证刻书的质量，在江西一家造纸作坊特别订稍厚的"毛边纸"和较薄的"毛太纸"。胡应麟《经籍会通》中有"每一当吴中二，道远故也。辇下所雕者，每一当越中三，纸贵故也"③ 之语，很有可能是北京地区不产纸，用外地的纸张成本高。由此可见，材料运输占书谱生产总成本的比例较大，北京的书坊较南方书坊多，但书谱刻印相对较少。书谱生产中所需雕工、印工、装订工等工人，也需要主人雇佣并支付相应酬劳薪资。南京书商多重资聘用歙县刻工，只因徽州刻工版刻精致，校雠精善，"遂与苏、常争价"。

---

① 汪氏. 宋词画谱［M］. 綦维，整理. 济南：山东画报出版社，2018：351.
② 叶德辉. 书林清话［M］//叶德辉诗文集. 张晶萍，点校. 长沙：岳麓书社，2010：170.
③ 转引自叶德辉. 书林清话［M］//叶德辉诗文集. 张晶萍，点校. 长沙：岳麓书社，2010：277-278.

（三）排练消耗的成本

皇室、政府主导下的在籍乐人，受制于轮值轮训制，其排练通常由中央统一调派。由于宫廷乐舞的编制庞大，演出需要众多人员，因而排练成本高昂。明太祖拜谒孔子庙时所用乐舞"乐生六十人，舞生四十八人，引舞二人，凡一百一十人"，由礼部"择国子生及公卿子弟在学者，豫教肄之"。之后又"选京民之秀者充乐舞生"，明孝宗时期"中和韶乐，择民间子弟肄习，设官掌之"。沉迷于音乐而疏于朝政的武宗朱厚照，嫌"近来音乐废缺，非所以重观瞻"，不惜代价在全国各地挑选出类拔萃的乐人集中于京师训练，为其音乐享用服务。正德三年（1508年），"礼部乃请选三院乐工年壮者，严督肄之，仍移各省司取艺精者赴京供应。顾所隶益猥杂，筋斗百戏之类日盛于禁廷。既而河间等府奉诏送乐户，居之新宅。乐工既得幸，时时言居外者不宜独逸，乃复移各省司所送技精者于教坊"①。嘉靖时设四斋，万历时期又设置玉熙宫，在籍乐人习演宫廷内外戏剧，排演人数规模庞大。刘若愚《酌中志》载，"神庙孝养圣母，设有四斋近侍二百余员，以习宫戏外戏。凡慈圣老娘娘升座，则不时承应外边新编戏文，如《华岳赐环记》，亦曾演唱"。《万历野获编》记载，"至今上始设诸剧于玉熙宫，以习外戏，如弋阳、海盐、昆山诸家俱有之，其人员以三百为率，不复属钟鼓司"②。

家乐演员的演出排练，由主人和家乐教师精心调教。文士袁中道早年留连声伎、优游人生，"歌童四五人，鼓吹一部全。囊中何所有，丝串十万钱"。短短四句诗中，袁氏不经意地道出了培养一部由四五名以上训练有素的专业演员组成的家乐，皆需主人花费雄厚资金"丝串十万钱"来培养。文人查继佐为将家乐打造成名班，慷慨出资，"孝廉嗣后益放情诗酒，尽出其囊中装，买美鬟十二，教之歌舞。……孝廉夫人，亦妙解音律，亲为家伎拍板，正其曲误。以此，查氏女乐遂为浙中名部"③。豪家大室主人争相礼聘度曲精妙的清曲家，延致其家，充任家乐教习。徐树丕《识小录》卷四"梁姬传"条称："吴中曲调起魏氏良辅，隆、万间精妙益出，回方歌曲

---

① 张廷玉，等. 明史［M］. 中华书局编辑部，点校. 北京：中华书局，1974：1509.
② 沈德符. 元明史料笔记丛刊：万历野获编：下［M］. 北京：中华书局，1959：798.
③ 张潮. 虞初新志［M］//张潮全集：第五册. 刘和文，校点. 合肥：黄山书社，2021：123.

必宗吴门，不惜千里重资致之，以教其伶伎。"① 冯梦祯家乐除了聘任过著名曲师黄问琴充任教习外，还曾"延周姬者教小星等三婢唱曲"。董其昌《清源狄将军席上观女乐》诗云："急管繁弦写竹枝，听来不作异乡悲。六千君子旧名将，两队美人新教师。"此诗为董其昌咏叹狄将军家乐之事，诗中将"旧名将"与"新教师"相对，暗指狄氏家乐教师非等闲之辈，那么酬金也应是不菲的。主人除了支付给家乐教师丰厚的薪酬外，有时还额外奖赏钱物。如《玉华堂日记》记载，万历十六年（1588年）十月十二日，"串完《宝剑记》，赏教师银五钱"。②

家乐排练很是耗费恩主的精力，而这是难以用金钱来衡量的。有诗云："黄金不惜买蛾眉，拣得如花四五枝。歌舞教成心力尽，一朝身去不相随。"可见培养训练有素的家乐演员需要漫长的周期。为更好地享用音乐，家乐主人竭尽心力，在家乐演员的教习中倾注了大量心血。明代戏曲家汤显祖在其临川居所玉茗堂中，亲自拍檀板，教授优伶，自云："玉茗堂开春翠屏。新词传唱《牡丹亭》。伤心拍遍无人会，自招檀痕教小伶。"阮大铖苦心经营家乐，"讲关目，讲情理，讲筋节，与他班孟浪不同。然其所打院本，又皆主人自制，笔笔勾勒，苦心尽出，与他班卤莽者又不同。故所搬演，本本出色，脚脚出色，出出出色，句句出色，字字出色"③。

二、音乐产品的消费成本

消费成本指消费者为实现消费品的服务效用所付出的代价，包括购买和消费全过程中的一切支出。按消费方式的不同，消费成本也有所区别。若是商业性消费，则其消费成本以在商业性场所的支出为主，通常由货币结算；若是非商业性消费，则其消费成本主要是宫廷、富家蓄养乐人的耗费，主要以实物、货币等形式支付。

（一）商业性音乐消费成本

商业性乐舞消费成本是观看歌舞节目所需支付的费用，可分为在勾栏瓦舍、酒肆、青楼等商业场所观看和乐人上门为富室、官员在其私人厅堂服务两类。随着明代商业经济的发展，商业性乐舞消费的成本呈逐年递增的趋势，在明代中期达到较高水平。

---

① 徐树丕. 识小录：卷四 [M]. 涵芬楼秘籍景稿本.
② 潘允端. 玉华堂日记 [M]. 上海博物馆馆藏手稿本.
③ 张岱. 陶庵梦忆 [M]. 罗伟，注译. 哈尔滨：北方文艺出版社，2019：156-157.

1. 商业场所观演的消费成本

在明代的商业性乐舞场所，每日由演出班社、个体乐人或经营者规定好该日所演剧目，看客需要买票入内观看。当时的门票是竹签，即"筹"。明末世情小说《梼杌闲评》第十三回写魏忠贤在北方蓟州买票看戏的情形，为当时商业场所乐舞消费提供了切实的佐证：

> 二人来到庙前，进忠买了两根筹进去，只听得锣鼓喧天，人烟凑集，唱的是《蕉帕记》，到也热闹。看了半日，进忠道："腿痛，回去罢。"……邱老道："因魏兄无聊，奉陪来看戏散闷，反来厚扰。"进忠道："戏却好，只是站得难过。"①

当时职业班社的营业管理，已相当完善。管钱者卖票，管入场者收票，凭票进场，以票计钱，内部财务管理已相当严密。《同人集》卷九"往昔行"条载，"中秋夜为姬人（董小宛）洗尘于渔仲兄河亭，怀宁伶人《燕子笺》初演，尽妍极态，演全部，白金一斤"。

说书艺人柳敬亭也有固定的收费方式，"南京柳麻子，黧黑，满面疤癗，悠悠忽忽，土木形骸，善说书。一日说书一回，定价一两。十日前先送书帕下定，常不得空"。汤显祖的《唱二梦》诗云："半学侬歌小梵天，宜伶相伴酒中禅。缠头不用通明锦，一夜红氍四百钱。"所谓"半学侬歌""宜伶相伴"，大概就是指演员在海盐腔基础上习唱昆山腔的这一过程。"侬歌"无疑是指吴侬软语中"气若转丝"的昆山腔。职业演员瞄准市场需求，在昆山腔最受欢迎时，放弃过时的腔调改学昆山腔，保证了票房，由此收取可观的经济收入。游走四方的草根艺人，因面向下层消费者，收费较低，赏钱的波动性更大。万历年间周朝俊《红梅记》第十九出"调婢"中，记叙了一对凤阳男女打花鼓在扬州城卖艺的情况："紧打鼓儿慢筛锣，听我唱个动情歌。唱得不好休要赏，唱得好时赏钱多。"

2. 私家厅堂上门服务的消费成本

明代中期，吏治愈趋腐败，官员甚至以公费供给戏班。嘉靖初，林小泉为苏州知府，"公余多暇日，好客，喜燕乐。每日有戏子一班，在门上伺候呈应，虽无客亦然。长吴二县轮日给工食银伍钱"。嘉靖之后，军纪驰堕不振，军队中盛行妓乐之风，"都抚将帅侵吞钱粮以供声色戏剧之用者"，

---

① 不题撰人. 梼杌闲评［M］. 北京：大众出版社，1998：164-165.

无处不有。《续文献通考》卷三十"国用一"条载:"(万历)二十三年(1595年)二月,户部以公私兼窘陈时政之要,从之。疏略云:'内帑岁出,浮于成额。间阎民力,竭于科征。公私兼窘,莫有甚于此时者。顾各边镇且额外加添,以示宽容,自四十余万增至二百八十余万,数已极矣。……又山人墨客、星相俳优往往邀游塞外,携资以归。莫非腺剥兵粮,更当严行禁止也。'"① 疏中揭露了军队将士耽乐贪蠹等腐败现象,可谓切中时弊。

社会各阶层消费者音乐需求多样,如官宦人家宴请堂会、缙绅商人赞助举办乡村赛社祭祀、普通市民的红白喜事等均需支付职业乐人经济报酬,包括演出费和赏银两部分。演出费是雇请乐人演出时谈妥的出场费、演员唱戏的酬劳、酒食钱等劳务费。《金瓶梅词话》第十一回,西门庆与众帮闲在李桂姐家听唱曲儿,"西门庆便叫玳安书袋内取出五两一锭银子来,放在桌上",如此,李桂姐才"不慌不忙,轻扶罗袖,摆动湘裙"唱了一首《驻云飞》。② 第四十六回"月娘与了郁大姐一包二钱银子"。③ 第五十四回,西门庆"又赏了歌童三钱银子"。④

女优的出场费高于男优。《蒿庵随笔》说,万历年间苏州人办堂会"选上班价至十二两,若插入女优几人,则有缠头之费,供给必罗水陆"。大户人家私人定制的奢华歌舞服务,消费成本相对较高。如《金瓶梅》第六十八回,王姑子道"他老人家五七时,我在家请了四位师父,念了半个月哩",王姑子请四位师父的"时价"是五两银子。⑤ 小户人家做一场佛事花销则少得多。《金瓶梅》第八回中,潘金莲为武大做"水陆"请了六个僧人,"道人头五更就挑了经担来,铺陈道场,悬挂佛像",只不过由"西门庆拿了数两散碎银钱"。⑥

---

① 嵇璜. 续文献通考:卷三十 国用考 [M]. 清文渊阁四库全书本.
② 李渔. 新刻绣像批评金瓶梅:上 [M] //李渔全集:第十二卷. 杭州:浙江古籍出版社,1991:134.
③ 李渔. 新刻绣像批评金瓶梅:中 [M] //李渔全集:第十三卷. 杭州:浙江古籍出版社,1991:192.
④ 李渔. 新刻绣像批评金瓶梅:中 [M] //李渔全集:第十三卷. 杭州:浙江古籍出版社,1991:308.
⑤ 李渔. 新刻绣像批评金瓶梅:下 [M] //李渔全集:第十四卷. 杭州:浙江古籍出版社,1991:35.
⑥ 李渔. 新刻绣像批评金瓶梅:上 [M] //李渔全集:第十二卷. 杭州:浙江古籍出版社,1991:102-103.

3. 购买乐舞书籍的消费成本

音乐图谱等坊刻本价格,一般来说在市民阶层的购买力范围之内,并不太贵。如明万历四十四年(1616年)刻本《月露音》,封面朱印曰"杭城丰乐桥三官巷口李衙刊发,每部纹银八钱"。明万历福建书林拱唐金氏刻本《新调万曲长春》,扉页朱印曰"每部纹银一钱二分"。现存最早的坊刻本戏曲是明成化八年(1472年)北京永顺堂书坊刊印的《新编刘知远还乡白兔记》,这部元代著名的南戏,经过书会才人的改编,被冠以"新编"的字样,配上插图六幅,图文总共才四十六页,这样的小薄册子,市民既消费得起,又能满足娱乐需要。袁逸先生曾专门考证了明代书籍的价格,指出宋元刻本每卷在 2~8.5 两银之间,平均为 4.5 两银。而明代当代刻本每卷的平均价格仅为 0.18 两银,两者之间相差 25 倍,足见明代书籍价格的低廉。即便如此,书商的盈利率却在 12 倍以上。①

明代书籍的价格较低,还因刻书的成本较为为低廉。嘉靖三十三年(1553年)闽沙谢莺识、岭南张泰所刻《豫章罗先生文集》有"刻板八十三片,上下二帙,一百六十一叶,绣梓工资二十四两"的字样,以一版平均有两页计算,每页合工资一钱五分有奇,其价甚廉。

另外,当时版权意识较低,某些书籍辗转刊刻,质量不高,因而价格相应较低,"明时官出俸钱刻书,本缘宋漕司郡斋好事之习,然校勘不善,讹谬滋多。至今藏书家,均视当时书帕本比之经厂坊肆,名低价贱,殆有过之。然则昔人所谓刻一书而书亡者,明人固不得辞其咎矣"②。

4. 商业性乐舞消费成本的变动

音乐商品的价格受市场供求关系的影响,围绕价值上下波动。明代戏价依经济的发展而不断变化。明初至明中叶的戏价多保持在每出一二两银子的水平,其中若有赏银也一般是在雇价外再额外赏予一二两银。但从明代后期开始,戏价出现两极分化的趋势,一方面是上班动辄十几两银的雇价和丰厚的赏银,另一方面是普通戏班二三两银的戏价。万历年间苏州职业戏班"演戏一出止一两零八分,渐加至三四两、五六两。今选上班价至十二两,若插入女优几人,则有缠头之费,供给必罗水陆"。而万历年间油坊手工业者的工资是"一夕作,佣值二铢而赢",即一天二分银,这是当时所有手工业者中最高的工资,比丝织业的雇工还高一倍。而当时的米价

---

① 袁逸. 明代书籍价格考:中国历代书价考之二 [J]. 编辑之友,1993(3):61-64.
② 叶德辉. 书林清话 [M] //叶德辉诗文集. 张晶萍,点校. 长沙:岳麓书社,2010:160.

"以二钱为常",油坊工人十天的工价才买得起一石米,相较之下观剧的消费成本的确较高。

明中期以来,人们观剧需求日益增长,伶人地位不断提高。优伶骄奢之状多见于明末文人的记录。申涵盼的《杂兴》诗云:"嚣俗竟奢豪,笙歌寄缱绻。何曾一饭间,费钱至十万。称贷供优伶,优伶转骄怨。彼小人何知,我乃使滋蔓。圣人重俭德,脱粟讵非饭。"徐树丕在《识小录》卷四"吴优"条评论崇祯十四年(1641年)的吴中奇事:"吴中几十年来,外观甚美,而中实楛然。至近年辛巳奇荒之后,即外观亦不美矣。而优人鲜衣美食,横行里中。人家做戏一本,费至十余金,而诸优尤恨恨嫌少。甚至有乘马者、乘舆者、在戏房索人参汤者,种种恶状。然必有乡绅主之人家,惴惴奉之,得一日无事便为厚幸矣。屠沽儿家以做戏为荣,里巷相高,此辈益肆无忌惮。人言吴儿痴,岂不信然。"① 在明末年年灾荒、衣食难继的情况下吴中人家居然还为一本戏花费十余金,如此的奢侈风气助长了艺人的蛮横态度,消费者为观演所付出的代价也甚巨。

质量上乘的音乐产品往往受消费者认可,价格颇高,而观演者也多乐意消费。著名演员身价较高,消费者需支付的相应费用也就高。譬如以丑净角色叱咤剧坛的彭天锡,演技惊人,"千古之奸雄佞幸,经天锡之心肝而愈狠,借天锡之面目而愈刁,出天锡之口角而愈险。设身处地,恐纣之恶不如是之也。皱眉视眼,实实腹中有剑,笑里有刀,鬼气杀机,阴森可畏"②。聘请彭天锡串戏的人特别多,"曾以一出戏,延其人至家,费数十金者,家业十万缘手而尽"③,异常高昂的戏价也抵挡不了消费者观演的热情。由著名剧作家所做剧本的演出,也多受消费者追捧,价格相应提高。汤显祖的《牡丹亭》现世之初,富室大家为了先睹为快,争相聘戏班前来演出,不吝支付高价费用和提供酒食给独据此本的商业戏班。汤显祖完稿后,交与宜伶罗章二所在的戏班搬演,特意在给其信中交代,"往人家搬演,俱宜守分,莫因人家爱我的戏,便过求他酒食钱物"④。由此可见,主人为了耳目之娱,迁就退让,多付钱观演的情况在当时确实存在。

---

① 徐树丕. 识小录:卷四[M]. 涵芬楼秘籍景稿本.
② 张岱. 陶庵梦忆[M]. 罗伟,注译. 哈尔滨:北方文艺出版社,2019:112.
③ 张岱. 陶庵梦忆[M]. 罗伟,注译. 哈尔滨:北方文艺出版社,2019:112.
④ 汤显祖. 与宜伶罗章二[M]//汤显祖小品. 刘德清,刘宗彬,编注. 上海:上海三联书店,2008:199.

（二）非商业性音乐消费成本

非商业性乐舞包括帝王贵戚、各级政府官员欣赏的由在籍乐人生产的歌舞，以及缙绅贵族蓄养的家乐演员生产的歌舞。恩主既是音乐生产的组织者、投资者，也是音乐消费的享用者，拥有双重身份。

1. 文士家乐的消费成本

文人雅集之时享用歌舞演出，斥巨资打造集宴饮、演剧于一身的楼船为取乐之所，邀歌妓全程陪同，佐酒以娱，花销很大。茅元仪在南京期间，和潘之恒、谭元春、钟惺、文震亨等人往来密切，曾经共举秦淮大社，为一时之胜：

> 明季归安茅止生元仪居花林，拥厚资，雄才侠气，睥睨一时。童年赴试，郡守以岁歉出簿劝捐，止生即援笔注云："助米一万石。"弱冠迁居秦淮，于万历己未五日创举大社，分赠游资千二百余金。又人各予一金、一妓、一庖丁、酒筵一席，计二千金。是日举金陵之妓女、庖人、游舫无不毕集。止生时年仅二十有五也。①

缙绅富室平日观看演出，要时不时地给予现金或实物奖赏，俗称缠头，作为家乐演员演出的回报，相当于观看商演时支付的门票。刘玉《已疟编》载，明代功臣开平王常遇春"豪富无比，每燕饮，童妓满堂"，赴宴者皆携资以往，"预饮者多赍赏物方往。人皆苦之，谓之'欢喜钱'"。奉给主人的礼金也以客人欣赏宴席中歌舞表演的物质报偿相抵。潘允端家的串戏小厮呈珍，因很讨主人欢心，被潘收为义子且"与银十两"；呈春因才艺出众，进豫园后不久就颇得潘允端宠爱，曾得到过潘氏赏赐的"玉绦"及其他赠品。而富足的家乐主人慷慨大方，消费金额往往不菲。如明家乐主人张亦寓"日日梨园，演剧征歌，缠头撒缦"②。潘允端家的家乐教师、家乐演员用昆山腔演出以中州音作的《宝剑记》，主人观看了颇具难度的全本戏精彩演出后，当即犒赏了家乐教师五两银子。

家乐主人为满足声色之娱，倾资包装家乐，斥巨资添置演出行头，在服装、道具、饰品等各方面毫不含糊。纨绔子弟耽乐破家之例多见诸史料，如金寿明"耽声伎，不惜金钱以饰歌儿"；李吴山"少时席余荫，拥厚

---

① 转引自缪荃孙. 秦淮广纪［M］//缪荃孙全集 笔记. 张廷银，朱玉麒，主编. 南京：凤凰出版社，2013：305.

② 张岱. 琅嬛文集［M］. 云告，点校. 长沙：岳麓书社，2016：209.

资，……一时声伎狗马之盛甲邑中"，晚年食贫，"蓬蒿藜藿几无立锥地"。更有甚者，耗费千金资产装点家乐。譬如泰兴富室季氏供养家乐之厚的记载颇有点耸人听闻："（季氏）家有女乐三部，悉称音姿妙选，阁宴宾筵，更番佐酒，珠冠象笏，绣袍锦靴。一妓之饰，千金具焉。及笄而后，散配僮仆与民家子，而娇憨之态，未能尽除，日至高舂，晨睡方起，即索饮人参、龙眼等汤。梳盥甫毕，已向午矣。制食必依精庖为之，乃始下箸食后辄按牙歌曲，或吹洞箫一阕，又复理晚妆，寻夜宴。故凡娶季家姬者，绝无声色之娱，但有伺候之烦、经营之瘁也。"① 如果上述记载属实，那么季氏女乐简直享受着人间天堂的生活。她们穿戴的是"珠冠象笏，绣袍锦靴"，喝的是"人参、龙眼"汤，吃的是精食美味，甚至连富足的修撰之家都供养不起，可谓娇贵至极。

2. 皇室、官府的乐舞消费成本

根据明代帝王实录中的史料，中央与王府乐户的经济待遇较为丰厚，皇帝、藩王观演之余，常常对乐人进行实物或货币的赏赐。

如明英宗正统四年（1439年），以祈祷灵验，"赐神乐观乐舞生董以诚、太岳太和山道士黄永安各钞一千贯，以祷雨有验，从礼部尚书胡濙请也"。

在籍乐人中不乏词曲擅名者以此得到帝王宠信，授官加爵，以此进身。徐霖就是比较有代表性的一位。何良俊记载："徐髯仙少有异才，在庠序赫然有声，南都诸公甚重之。然跅弛不羁，卒以挂误落籍。后武宗南巡，献乐府，遂得供奉。武宗数幸其家，在其晚静阁上打鱼，随驾北上。在舟中每夜常宿御榻前，与上同卧起。官以锦衣卫镇抚，赐飞鱼服，亦异数也。"② 伶人臧贤因擅词曲由钱宁进献给武宗，宠极一时，形成伶人干政的局面。"景帝初幸教坊李惜儿，召其兄李安为锦衣，赏金帛赐田宅，后睿皇复辟，安仅谪戍，而钟鼓司内官陈义、教坊司左司乐晋荣，以进妓诛，锦衣百户殳崇高以进淫药诛。武宗幸榆林，取总兵戴钦女为妃；幸太原，取晋府乐工杨腾妻刘良女，大爱幸，携以游幸，江彬及八党辈，皆以母事之"③。

又如王公大人之门，辅佐其左右的多是拥有歌舞诗才的经生士子。对于供职的这班幕僚，恩主提拔、赏赐之暇，供他们拓展交游网络，提高社

---

① 钮琇. 觚賸[M]//陆林. 清代笔记小说类编：世相卷. 汤华泉, 选注. 合肥：黄山书社, 1998：55-56.
② 何良俊. 元明史料笔记丛刊：四友斋丛说[M]. 北京：中华书局, 1959：158.
③ 沈德符. 元明史料笔记丛刊：万历野获编：中[M]. 北京：中华书局, 1959：544.

会声誉，最终助他们达成"连其奥援，身名俱泰，金多而取大位""仰衣钵于冠盖，来门前之车马"的政治目的。恩主为间接而无形的消费成本付出的代价远比实在的金钱高得多。

3. 商贾的乐舞消费成本

商人以其雄厚财力赞助、支持民间祭神、酬神活动。明代歙县县令傅岩《歙记》卷八"纪条示"条中记载，徽俗最喜搭台观戏，万历二十七年（1599年），"休宁迎春共台戏一百零九座，台戏用童子扮故事，饰以金珠缯彩，竞斗靡丽美观也"。而相隔一年，歙县又举办了一次类似的盛大迎春活动，"设戏台三十六座"，由来自吴越名优及徽商之家班伶人献艺竞技，演出各种传奇。潘之恒《亘史》叹曰："从来迎春之盛，海内无匹，即新安亦仅见也。"从这两次迎春演剧活动来看，其盛大场面和华丽装饰的背后处处有着徽商的影子。

明代商人出手比较豪绰，对于职业乐人的出色表演，赏赐钱财相当可观。如明嘉靖间善唱南北词的周全"一日在酒肆唱赏花时，声既洪亮，节有低昂。邻一老贾，生平以知音自负，少有可其意者，闻唱……乃跳身于地，回视几上有白银十两、青蚨千孔、色绢二端，以一盘盛之，双手扶于顶上，膝行至全所声：'祖翁！某年已垂死，始闻此音，愿以微物将赠。'——贾非丰裕者——全以此名闻天下"①。商人在表演过程中也会额外赏赐贵重实物。如丑角刘淮"演至杀五花马，卖来兴保儿"，凭着精湛的演技使"一极品贵人"为之动容，"贵人呼至席前，满斟酒一金杯赏之，且劝曰：'汝主人既要卖你，不必苦苦恋他了'"。又如四方名角受商贾之人中财雄势大者聘入内班，在私人宴飨时提供有偿歌舞服务，主人阔绰而报酬丰厚，"演戏一出，赠以千金"。

三、音乐产品的流通方式与成本

流通是产品从生产领域向消费领域转移，成为商品，实现其应有的价值和使用价值的运动过程。商品流通由售卖和购买过程构成，是社会再生产的前提和条件。音乐产品流通以人口流动和印刷业的发展为依托，实现音乐产品在地域间的传递。流通不直接创造价值，却是创造和实现价值必要的条件。经过流通领域，货币资金才能转化为生产资金，商品资金才能

---

① 李开先. 词谑 [M] // 中国戏曲研究院. 中国古典戏曲论著集成：三. 北京：中国戏剧出版社，1959：353.

转化为货币资金;流通反映了资金形态转化和资金不断循环的总过程。

根据音乐产品的不同,主要有从原料市场(包括乐器和"活劳动"乐人)、图谱刊行及乐人、家班迁徙传演为媒介的三种音乐流通方式。当然,作为生产者的乐人流动、作为消费者的恩主活动及作为营销平台的媒介传播则属于广义的音乐流通。从史料来看,音乐流通具有范围广、方式多样、流转速度快等特点。

(一)音乐产品流通的方式

1. 以原料市场为媒介

(1)乐人市场

音乐生产要素之一的乐人,作为"活劳动"被买卖,使音乐产品实现地域间的流转。随着贩卖人口、奴婢在明代取得合法性,乐人市场规模逐渐扩大。贫困之家买卖儿女使之成为操弄歌舞、戏曲的专职乐人,组建家乐。乐户转卖人口,买良为娼之事多见记载。《典故纪闻》卷十六载,"彭城卫千户吴能以家贫出其女满仓儿,令张媪鬻之。媪鬻于乐妇张氏,而绐言周官人家。后张转鬻于乐工焦义,义又鬻于乐工袁璘,璘使为娼"①。也有歌舞、戏曲皆通,出卖色相的"瘦马"被卖入富贵之家作为婢女。在扬州、苏州一带,土豪地痞贱价收买贫家童女,教以歌舞、琴棋书画诸技艺,又以高价转卖给四方官绅、商贾做小妾,俗称"瘦马",如贩马者养瘦马为肥,而得善价。谢肇淛说:"维扬居天地之中,川泽秀媚,故女子多美丽,而性情温柔,举止婉慧。所谓泽气多,女亦其灵淑之气所钟,诸方不能敌也。然扬人习以此为奇货,市贩各处童女,加意装束,教以书、算、琴、棋之属,以徼厚直,谓之'瘦马'。"②

转卖的乐人因来自不同地域,而将当地的音乐曲种传播到其他地方。擅长歌舞、演戏的乐人来自江南的居多,"古称燕、赵多佳人,今殊不尔。燕无论已,山右虽纤白足小,无奈其犷性何。大同妇女姝丽而多恋土重迁,盖犹然京师之习也。此外则清源、金陵、姑苏、临安、荆州及吾闽之建阳、兴化,皆擅国色之乡,而瑕瑜不掩,要在人之所遇而已"③。其中,乐人买卖市场集中在吴地阊门,歌舞艺人俗称"吴地土产"。屠长卿《江南谣》云:"十千买一炉,百万买一书。妖童与艳姬,大艑阊门下。"万历以来昆

---

① 余继登. 元明史料笔记丛刊:典故纪闻 [M]. 顾思,点校. 北京:中华书局,1981:287.
② 谢肇淛. 五杂组 [M]. 韩梅,韩锡铎,点校. 北京:中华书局,2021:244.
③ 谢肇淛. 五杂组 [M]. 韩梅,韩锡铎,点校. 北京:中华书局,2021:244.

腔曲坛声腔盟主的地位逐渐确立，喜爱昆腔的其他地区家乐主人，经常从吴中地区购买歌儿舞女。《虞乡志略》卷八"风俗"条曰："吴侬善讴，竞艳新声，竹肉相间，怡人观听。独常熟此风愈趋而下，老优曲引幼童，教演一班，攫取重价，卖之远去。四方之梨园，鲜非虞产，离人骨肉，可哀也已。"家乐主人潘允端为了配齐各式行当，就曾多次亲到苏州去选购串戏小厮。由于供求的刺激，还出现了往来于苏州、上海间专事贩卖优伶的中间人。《玉华堂日记》中两次出现的"时文"，其人便是携伶人戏子来贩卖的经手人。

乐人在买卖流转中对音乐传播起到重要作用。较有代表性的是"吴优""苏州戏子"将昆腔传播至各个地方，使昆腔在剧坛声腔的消长中领风气之先。范濂《云间据目抄》载："……松人竞尚苏州戏，苏人鬻身学戏者甚众。"吴中购买的伶人广泛传播昆曲，开拓了昆腔在松江的演艺市场，反过来提高了苏州本地艺伶被外地买家购买的概率，以至于苏州本地人"鬻身学戏者甚众"，"一郡城之内，衣食于此者，不知几千人矣"。苏州源源不断地向外地输送职业昆曲艺人，在北京以外的广大北方地区及内陆等地也有昆腔传唱，足见其流播之广。如万历年间，在湖南长沙等地的官僚士大夫之家，昆腔有相当影响力："诸公共至徐寓演《明珠》。久不闻吴歈矣，今日复入耳中，温润恬和，能去人之燥竞，谁谓声音之道，无关性情耶？""晚赴瀛洲、沅洲、文华、谦元、泰元诸王孙之饯，诸王孙皆有志诗学者也。时优伶二部间作，一为吴歈，一为楚调。吴演《幽闺》，楚演《金钗》。"天启、崇祯年间，昆曲进入全盛时期，薛谐孟所记明末河南王养明的家乐，云："汴城上雒王养明，少故诸生也。博雅好事。延苏杭文墨之士，筑礼贤馆……侍儿伶工，一一如吴中名公。"

（2）乐器市场

明代文风鼎盛，官僚、士人多附庸风雅，以收藏把玩器物为好。明中期以来，随着地方经济实力的快速增长，乐器、古玩等艺术品市场日渐繁荣。《陶庵梦忆》卷七"西湖香市"条记载昭庆寺集市的盛况："昭庆寺两廊故无日不市者，三代八朝之古董，蛮夷闽貊之珍异，皆集焉。"① 乐器往往是与古玩、古董之类的艺术品摆放在一起出售，《如梦录》"街市纪第六"条载"二门东角门内，摆设名琴、古画、犀、玉、玛瑙、杯器"。

---

① 张岱. 陶庵梦忆［M］. 罗伟，注译. 哈尔滨：北方文艺出版社，2019：132.

集市贸易之频繁，海内外珍宝货物之齐全，前所未有，给予消费者多样的选择。沈德符《万历野获编》卷二十六"好事家"条云："嘉靖末年，海内宴安。士大夫富厚者，以治园亭，教歌舞之隙，间及古玩。"①富豪之家互相攀比，"不吝重资收购""以高价购之"，乐器、书画在内的艺术品销路甚广。收购乐器名品之家，"名播江南"，友人欣然拜访观赏品鉴，从而更进一步促成音乐传播范围的扩大。"时韩太史（世能）在京，颇以廉直收之，吾郡项氏，以高价钩之，间及王弇州兄弟，而吴越间浮慕者，皆起而称大赏鉴矣。"②

乐器市场中，富贵之家所中意的是流传久远的古代乐器，以收藏稀世珍品为荣耀。"比来则徽人为政，以临邛程卓之资，高谈宣和博古，图书画谱，钟家兄弟之伪书，米海岳之假帖，渑水燕谈之唐琴，往往珍为异宝。"③溪南吴氏中的"巨富鉴赏吴新宇"，平日"屏处斋中，扫地焚香"，收藏繁多，"储古法书名画，琴剑彝鼎诸物，与名流雅士鉴赏为乐"。明人《南都繁会图》中所画明代南京的商铺之中，书坊旁边的一家古玩店墙上就挂有陈年老琴。这个事实说明，一些年代久远的琴作为古董已经在乐器市场上流通。

2. 以乐谱刊行为媒介

明人萧鸾在于嘉靖三十六年（1557年）成书的《杏庄太音补遗》序中云："今之按谱而为琴者，……谱，载音之具，微是则无所法。在善学者以迹会神，以声致趣，求之于法内，得之于法外。"可见，明人已正视乐谱是承载音乐的工具，认可乐谱是传播音乐的手段、渠道、方式，即音乐传播的媒介。

印刷媒介是明代仅有的可以广泛扩散信息的物质载体。明代刊印的各种形式的乐谱，使得音乐可以较为完整地被记录和较为精确地被固定下来，得以在时空中流动。乐谱的出现，标志着音乐活动中创作与唱奏表演开始有了专业的分工。明代书肆、书坊、书铺、书局刊行经由编辑程序与印刷技术复制加工而成的乐谱、乐谱集册，成为明代最主要的音乐大众传播媒介之一。明代刻书分官刻、私刻和坊刻三大系统。进入市场流通领域的书谱，以坊刻为主。民间坊肆刻书，据明代文士胡应麟的观察，主要集中在

---

① 沈德符. 元明史料笔记丛刊：万历野获编：下 [M]. 北京：中华书局，1959：654.
② 沈德符. 元明史料笔记丛刊：万历野获编：下 [M]. 北京：中华书局，1959：654.
③ 沈德符. 元明史料笔记丛刊：万历野获编：下 [M]. 北京：中华书局，1959：654.

南方，所谓"今海内书，凡聚之地有四：燕市也、金陵也、闾阖也、临安也"。胡应麟云："吴会、金陵，擅名文献，刻本至多，巨帙类书，咸会萃焉。海内商贾所资，二方十七，闽中十三，燕、越勿与也。"① 张秀民《中国印刷史》一书中列举今尚有名可考的金陵书肆有九十三家，比建阳还多九家。另据胡应麟所记："凡金陵书肆，多在三山街及太学前。"所以不少传本都有"三山街书林""金陵三山街某某堂"刊识。明宣德十年（1435年）积德堂刊《金童玉女娇红记》，首开南京刊行戏曲的先河。

书肆是同姓氏族相经营，形成家族集团化管理的商业体。以金陵书业为例，有周姓、陈姓、唐姓等，尤以唐姓最盛，张秀民考证，这些家族所经营的书肆有十五家之多，其中又以富春堂、文林阁、广庆堂、世德堂最有名。若论刻书数量之宏富，则应首推富春堂。富春堂主人名唐富春，系以其名命名书肆。所见牌记多刊署"金陵唐对溪富春堂""三山街书林唐富春""金陵三山街唐氏富春堂"等。富春堂刊刻最多的要数戏曲作品，据诸家书目所记，今天所能见到的尚有《观世音修行香山记》《商辂三元记》《昭君出塞和戎记》《韩湘子九度升仙记》《刘汉卿白蛇记》《刘智远白兔记》《徐孝义祝发记》《薛平辽金貂记》《周羽教子寻亲记》《齐世子灌园记》《三顾草庐记》《姜诗跃鲤记》《三桂联芳记》等，约五十种。据考，若总合其所刻，当不下百种，堪称是当时戏曲作品的最大刻家。

当乐谱传播借助于印刷媒介后，其传播的规模就大幅度扩张。印刷技术可以将乐谱母版无数次地复制，形成以母版为中心的乐谱辐射状传播。梁伯龙的传奇《浣纱记》初成之时，"谱传藩邸、戚畹金紫熠爚之家，取声必宗伯龙氏，谓之'昆腔'"。由此可推断，很有可能是《浣纱记》曲谱印刷复制，风靡上层权贵之家。关于唱曲经验的参考书籍，若以《南词引正》作为标准选本，其他各本作为《南词引正》的改本（或可视为同源异流不同地区的流传本），付之刻印的现存本计有六本之多。莆田人余怀的《寄畅园闻歌记》，引用魏良辅曲论之言，大都是概括性的引述。他能脱口而出魏良辅关于唱曲的论说条文，想必还要归功于付梓刊印的曲本，使唱曲理论流传四方，在明末清初的昆曲界得到普遍传诵。

明代琴谱《神奇秘谱》于洪熙元年（1425年）刻印刊行，在此之后，乐谱出版物品种已明显增多，如琴谱陆续出版有《浙音释字琴谱》、《太古

---

① 叶德辉. 书林清话［M］//叶德辉诗文集. 张晶萍，点校. 长沙：岳麓书社，2010：278.

遗音》、《发明琴谱》、《梧冈琴谱》、《太音传习》等。明代图谱包括曲谱、唱本（词谱）。家乐教习和民间演出中都是按谱本所写的传习表演。因而曲师、唱曲行家多有按谱纠错之责，督促艺人演出更为精进。又如张岱《陶庵梦忆》中记载在严助庙观戏，"唱《伯喈》《荆钗》，一老者坐台下，对院本，一字脱落，群起噪之，又开场重做"①。票友"按谱节拍"，认真聆听演唱，可见当时戏曲曲本这类音乐商品是相当普及而畅销的。民间戏曲演出市场火爆，供商演专用的戏曲演唱选本也有面世。如明代南京昆曲表演广受欢迎，南京人纪振伦编选昆曲折子戏选集《乐府红珊》，为昆曲商演提供剧本。《乐府红珊》在内容上共分十六类，以商演时最常演的主题分类，如庆寿类、宴会类、忠孝节义类、捷报类、伉俪类、思忆类等，共计九十九卷。

销售音乐图谱的书商，在扉页刊登广告，以提高销售量。万历三十七年（1609年），尊生馆主人编刻元明两代杂剧集《阳春奏》时，在《凡例》中有一条云："卷内俱是北调，末乃附以南音；盖北音峻劲，恐为世俗所憎，特附新声，以快时眼。"当时"北音"为世俗所憎，新声"南音"即风靡一时的昆腔为时人追捧。书页广告正是切中这一市场需求，并以新鲜标语摄人眼球。明纪振伦编选的昆曲折子戏选集《乐府红珊》，书名全称是《新刊分类出像陶真选粹乐府红珊》，题署为"秦淮墨客选辑，唐氏振吾刊行"。陶真原是流行于宋元时期的说唱技艺，金陵书坊广庆堂的坊主唐振吾，故作狡狯，把唱昆曲说成是唱陶真，给《乐府红珊》标上"陶真选粹"的名号，以此作为奇货招徕顾客。

当然，作为中国文人音乐传播媒介的主要形式——手抄乐谱，在明代琴乐流传中并未偏废。在文人度曲、唱曲教习中也一度有手抄本留存。如著名曲师魏良辅在昆山、太仓为人拍曲时，曾有一连串唱曲的经验之谈，他本人并没有亲自执笔写成曲论定本。然而，四方的习曲者随时记录，各取所需，至今仍有多种口传文本流传各地。常州人吴昆麓和金坛人曹含斋在嘉靖二十六年（1547年）校正叙录的本子题名为《南词引正》，这也只是笔录，并未刊印。后来辗转传开，便产生了各不相同的传本。明中期，以手抄谱本为底本刊刻的图谱风行一时。

3. 以乐人、家班迁徙传演为媒介

政策、战争等客观因素，促使艺人流动迁徙，并且在途中传播音乐。

---

① 张岱. 陶庵梦忆 [M]. 罗伟，注译. 哈尔滨：北方文艺出版社，2019：77.

明初朱元璋为充实京师，从浙江和直隶各府迁了不少人口来金陵。顾起元《客座赘语》记载，这些外来居民分三处安置，在城内的聚居地称为"坊"，附郭县者谓之"厢"，郊乡的称为"乡"。其中就有"技艺坊""城南技艺一厢""城南技艺二厢"和"三山技艺厢"等名目，这应该是包括职业音乐艺人在内的各类艺人聚居的地方。南京作为陪都，歌舞演艺人才荟萃，"吴中素号繁华，自张氏之据，天兵所临，虽不被屠戮，人民迁徙实三都、戍远方者相继，至营籍亦隶教坊。邑里萧然，生计鲜薄，过者增感"。①

为了解决战后一些地区人口与土地比例失调的社会问题，偏远省区也有人口移入。云南楚雄自洪武二十六年（1393年）傅、沐二公平定后，"留兵戍守，明太祖又徙江南闾右之民以实之，复有宦游商贾入籍，大都南人较多，故俗类南方"。魏良辅《南词引正》中说："自徽州、江西、福建俱作弋阳腔，永乐间，云、贵二省皆作之，会唱者颇入耳。"永乐年间云贵地区出现的弋阳腔，极有可能就是随着夹杂在江西移民中的民间艺人而流入的。此外，艺人还随商贸活动进行传播。譬如闽商不惧风浪，商贸足迹远至东南亚一带，与其随行的歌舞艺人，流播地域也更为广远。据旅行学者姚旅《露书》卷九"风篇"条载："琉球居常所演戏文，则关中子弟为多。其宫眷喜闻华音，每作，辄从帘中窥。宴天使，恒跪请典雅题目。如拜月、西厢之类，皆不演；即岳武穆破金，班定远破虏，亦以为嫌；惟金钗、姜诗、王祥之属，则所常演，每啧啧叹华人之节孝云。"

艺人在将戏曲音乐散布各地的传播演出过程中，"错用乡语"，与各地方言土音结合，衍生出各种具有地方色彩的声腔。如南戏声腔在"公私尚用优伶供事"的演出流播中，"今遍满四方，转（辗）转改益，又不如旧"，形成余姚腔、海盐腔、弋阳腔、昆山腔等诸腔。艺人的传播还使同一声腔在不同地区逐渐形成众多的流派。潘之恒《叙曲》中说："长洲、昆山、太仓，中原音也，名曰昆腔，以长洲、太仓皆昆所分而旁出者也。无锡媚而繁，吴江柔而淆，上海劲而疏，三方者，犹或鄙之。而毗陵以北达于江，嘉禾以南滨于浙，皆逾淮之橘，入谷之莺矣，远而夷之勿论也。"②可知无锡、吴江、上海、常州、嘉兴、杭州等地的昆伶在演唱上已与昆山、长洲、太仓等正宗昆伶有别，各自已形成不同的风格流派。这正如王骥德《曲律》

---

① 王锜，于慎行. 元明史料笔记丛刊：寓圃杂记　谷山笔麈[M]. 张德信，吕景琳，点校. 北京：中华书局，1984：42.

② 邓子勉. 明词话全编：第二册[M]. 南京：凤凰出版社，2012：1287.

所说:"声各小变,腔调略同",开后世南昆、北昆,以至川昆、湘昆等流派之先河。

恩主出游随行必备家乐以享用,"舆马从盖,壶觞罍盒,交驰于通衢。水巷中,光彩耀目,游山之舫,载妓之舟,鱼贯于绿波朱阁之间,丝竹讴舞与市声相杂"①即是生动的写照。遐方僻郡的士人,前往中原求学,或游于京师,随从中也不乏家乐演员。何良俊《四友斋丛说》记载,唐寅赴京会试时,仍带着徐家戏子到处游乐。

恩主官职升迁,往往携同家乐调度至任职处,使不同地区的音乐得以交流传播。譬如家乐主人米万钟曾长期在吴越地区任职,深受昆曲熏染。后调入京中就职,他的家班在京城仍采用昆腔演唱李日华的《南西厢记》等南曲剧本,为顾曲高手范景文所赞赏。《文忠集》卷九中的《题米家童》一诗云:"生自吴趋来帝里,故宜北调变南腔。每当转处声偏慢,将到停时调入双。坐有周郎应错顾,箫吹秦女亦须降。恐人仿此翻成套,轻板从今唱大江。"②米氏家乐将流行于南方地区的昆腔带入北京,丰富了对昆腔知之甚少的北方人士对于南方音乐的认识,带动了欣赏吴越传统音乐的风气。刘水云先生评价,此举在昆曲入京史上无疑具有重大的意义。

明末农民起义军将领李自成携带家乐征战东西,将流行于陕西、山西等西北"边关"的"西曲"(西调)传至中原。陆次云的《圆圆传》中载:"(李自成)即命群姬唱西调,操阮、筝、琥珀,已拍掌以和之,繁音激楚,热耳酸心。"③明代后期,各方割据,北方统治者不谙昆腔,喜爱并支持弋阳腔的演出,使弋阳腔经久不衰,清军入关之后,弋阳腔成为能和昆腔并驾齐驱的声腔。

(二) 音乐产品流通的成本

以艺人流动、乐人买卖为媒介流通的音乐产品,实质是通过从艺人员流动而产生音乐传播,通过"人际传播"得以实现产品传播的,这种原始自然的音乐传播是相当廉价的。梁伯龙的《浣纱记》因吴地演员的演出而广为流传。李攀龙有《寄赠梁伯龙》诗云:"彩笔含花赋别离,玉壶春酒调吴姬。金陵子弟知名姓,乐府争传绝妙辞。"流动艺人的高超演技,为音乐

---

① 王锜,于慎行. 元明史料笔记丛刊:寓圃杂记 谷山笔麈[M]. 张德信,吕景琳,点校. 北京:中华书局,1984:42.
② 邓子勉. 明词话全编:第六册[M]. 南京:凤凰出版社,2012:3692-3693.
③ 张潮. 虞初新志[M]//张潮全集:第五册. 刘和文,校点. 合肥:黄山书社,2021:6.

产品赢得极好的口碑,观众口耳相传,借风俗的力量将它广泛传播,以至家喻户晓。

以班社等团体为形式演出的职业乐人的游艺,其路费、生活费、伙食费等都需要组织者承担。不过,班社成员沿路所赚取的收入已部分减轻了传播开销。李渔在家乐开始商业巡演之前,就靠到处拉赞助筹集一定资金,解决了巡演初期的资金问题。较之职业乐人的营利性商演,以恩主活动为媒介的音乐传播,则通常由主人出资,自费演出。譬如曲中名妓马湘兰率家乐专程至苏州为好友王穉登祝寿,又辗转至杭州等地演出,费用全由她个人承担。王穉登在《马姬传》中详细记载了此事:"去岁甲辰秋日,值余七十初度,姬买楼船,载婵娟,十十五五,客余飞絮园,置酒为寿。绝缨投辖,履舄缤纷满四座。丙夜歌舞达旦,残脂剩粉,香溢锦帆,泾水弥月烟煴。盖自夫差以来……吴儿啧啧,夸美盛事,倾动一时。"①

帝王携宫廷乐人出游,传播音乐,成本支出相当高昂。譬如武宗驻跸南都,与驾随从千人。明人画《入跸图》绢本设色,在全长3 003.6厘米,高92.1厘米的画卷中,可见帝王出行歌舞场面的宏大。皇帝乘坐华丽的楼船,前有内监乘船放爆竹开道,后随护卫军士与奏乐仪仗船演奏鼓吹乐导引各船。陆上有京军随驾护卫将士沿途警卫。其中,有一支以八人为一组,左右两组组成的军乐队,以唢呐、横笛为主奏乐器,豪放粗犷。庞大的随驾队伍耗费了大量国家财政储备。武宗长期驻足江南游玩,疏于朝政,使政府机构行政效率低下,人民苦不堪言。

家乐主人出行追求声势浩大的歌舞场面,以此炫耀其富有,博得名望。嘉靖时,浙直福建总督胡宗宪于戎马倥偬之际选妓征歌,场面极其铺张。李绍文《皇明世说新语》卷八"汰侈"条载:"胡宗宪督浙,值迎春,张宴召客。选女伎二百侍饮,每十人则以佳者一人领之。使捧酒炙、乐器之属,傍不设几案,亦无他执役者,歌呼谑裹。至暮,张灯火数里,鼓吹丝竹震天,女伎夹道跪送,传呼不绝。"崇祯九年(1636年),复社文人雅集,复社成员之一的姚辩以秦淮楼船款待社中诸子,《板桥杂记》下卷载:"嘉兴姚壮若,用十二楼船于秦淮,招集四方应试知名之士百余有人,每船邀名

---

① 转引自缪荃孙. 秦淮广纪[M]//缪荃孙全集 笔记. 张廷银,朱玉麒,主编. 南京:凤凰出版社,2013:378.

妓四人侑酒，梨园一部，灯火笙歌，为一时之盛事。"①

以音乐图谱为媒介的传播，依靠图书贩运业，使不同地区，甚至全国范围内的读者能及时获得最新的图谱。书籍的交通运输费用是此项传播中的重要支出。为此，书商在一些大的图书集散中心如杭州、北京等地投资设立了不少固定书肆，尽可能减少水路运费，方便买卖。还有很多流动的图书商贩送货上门，将图谱送到读者家门口。如担货郎吆喝着叫卖调，出卖体力走街串巷销售书谱。南方水乡的书船，流动推销书谱，扩大业务。《湖录》记载："书船出织里及郑港、谈港诸村落，吾湖藏书之富，起于宋南渡后。……明中叶，如花林茅氏，晟舍凌氏、闵氏，汇沮潘氏，雉城臧氏，皆广储篇帙。旧家子弟好事，往往以秘册镂刻流传，于是织里诸村民以此网利，购书于船，南至钱唐，东抵松江，北达京口，走士大夫之门，出书目袖中，低昂其价，所至每以礼接之，号为'书客'。二十年来，间有奇僻之书，收藏之家，往往资其搜访。"②

第四节 明代音乐经济总体特征

一、商业性音乐生产与消费成为社会主流

从社会化大生产角度来看，明代商业性音乐生产、消费已经成整个社会音乐生产、消费的主流，主要原因如下：

第一，音乐生产者的生产目的以营利为主。从前文研究来看，明代的音乐生产者主要有在籍乐人（包括隶属政府和脱离政府管辖的在籍乐人），非在籍的职业乐人、家班、业余的音乐从业者、私家乐人及文人、僧道中的从乐者等。其中，社会上的职业乐人诸如娼妓、家班、流浪艺人及业余的音乐从业者，都是以营利为主要目的来从事乐舞活动的，即便是隶属政府的在籍乐人也在公、私两种途径中进行商业生产，即乐人除了按照政府的组织进行商业生产外，还私自从事商业生产。私家乐人也开始在恩主的

---

① 张潮．虞初新志［M］//张潮全集：第五册．刘和文，校点．合肥：黄山书社，2021：260．

② 转引自缪荃孙．云自在龛随笔［M］//缪荃孙全集　笔记．张廷银，朱玉麒，主编．南京：凤凰出版社，2013：79．

组织下进行商业生产。僧道中的音乐从业者也不再是单纯地进行宗教宣讲活动，而是频繁地活动于富庶之家及民众的风俗活动场所，进行商业生产。即便是自视清高的文人也会创作剧本糊口，做出营利性的商业行为。因此，商业生产已经成为各类音乐生产者的自觉意识和行为。

从整体来看，明代乐人的商业收入主要体现在三个方面。一是直接标明演出价码，由消费者按照价格支付金钱。陆文衡记载，万历之前，苏州优人演戏一出是一两零八分，后逐渐提价，增加到三四两或五六两。至万历时期，优秀的戏班价格是十二两。而到了明末价格则更高，明末徐树丕《识小录》记载："甲申春，吴中盛行，又曰西瓜瘟，……一时巫风遍郡，日夜歌舞祀神。优人做台戏，一本费钱四十千，两年钱贱，亦抵中金十四金矣。"① 二是"缠头"之费，即除了酬金之外额外馈赠的金钱或财物，如上文所提到的苏州戏班演戏时，"若插入女优几人，则有缠头之费，供给必罗水陆"。再如《金瓶梅》第四十三回描写西门庆家唱戏，乔太太和乔大娘子赏戏子"两包一两银子"。可见，缠头之费在明清时期极为普遍。三是酒水饭食，雇主雇佣伶人进行歌舞演戏，必供应餐饮和酒水，如《金瓶梅》第七十九回描写海盐戏班受雇为西门庆家演唱，除了得到"二两银子唱钱"还有"酒食管待"。有时候则直接给酒食钱，如何良俊《四友斋丛说》记载，县令林小泉喜宴乐，每天有一个戏班子专门伺候，费用是由长、吴两县轮流"日给工食银五钱"。②

第二，音乐消费者对音乐产品和艺人具有普遍的商业消费意识。明代音乐消费群体比较泛化，它包括商贾、缙绅、官员、文士及普通民众等。受资本主义萌芽的影响，消费者对艺人及音乐产品的消费普遍具有商品经济意识。人们都自觉形成一种消费惯性，即通过雇佣形式，用金钱、酒食等来等价交换艺人的表演，从而获得精神的满足或达到某种特定目的。而对于一些社会上知名的伶人、家班、娼妓，则遵循"物以稀为贵"的原则，竞相提高价码。而消费音乐产品的程序则基本遵循"提前邀请艺人—下定金—乐人上门服务—支付报酬或额外赏赐"的流程。

第三，音乐的商业性生产、消费行为遍及社会各个层面。从商业性音乐生产、消费行为的场所来看，几乎分布社会各处。如商贾、官员和文士的私家厅堂，甚至更为专业的堂会、私家的园林画舫；同乡交流的平

---

① 徐树丕. 识小录：卷四 [M]. 涵芬楼秘籍景稿本.
② 何良俊. 元明史料笔记丛刊：四友斋丛说 [M]. 北京：中华书局，1959：109.

台——会馆；公共的娱乐消费场所酒肆、茶楼和青楼妓馆；人口集散的街市、码头、乡村；遍布州府城镇的勾栏、戏院、戏楼、戏船等专业性的演出场所；民间的酬神、节庆、婚丧嫁娶等风俗活动发生之地；等等。

不同的消费场所对应着不同等级的乐人及不同的音乐产品。如明代散曲作家陈铎在《嘲川戏》中所描述的民间艺人的生存状况：

> 黄昏头唱到明，早辰间叫到黑，穷言杂语诸般记，把那骨牌名尽数说一遍，生药从头数一回，有会家又把花名对。称呼也称呼的改样，礼数也礼数的跷蹊。……士夫人见了羞，村浊人看了喜。正是村里鼓儿村里擂。这等人专供市井歪衣饭，罕见官员大酒席。也弄的些歪乐器，筝蓁儿乱弹乱砑，笙笛儿胡捏胡吹。①

当然，之所以说有明一代商业性音乐生产与消费成为社会音乐生产的主流，是因为这一时期商业经济已经影响到社会生活的各个方面。尤其是明代中后期，资本主义萌芽处处闪现，这为音乐的商业化提供了经济模式上、文化观念上、物质条件上的基础。

二、私家乐妓、文人、僧道之人的音乐生产具有双重属性

明代音乐经济的另一个显著特征是私家乐妓、文人、僧道之人的音乐生产兼具商业性和非商业性两种属性。如商贾、文士所蓄乐妓隶属奴婢阶层，他们的音乐生产主要是供恩主私家享用或宴客应酬之用，主人往往对他们具有绝对所有权和管理权。明代张大复《梅花草堂笔谈》卷六"八文"条载："谭公亮有歌儿八文，皆极一时之选，后来如马如费，更自遒举，……公亮故有家法，诸伶歌舞达旦，退则整衣肃立，无昏倚之容。举止恂恂，绝无谑语诙气"，"客至乃具乐，否则竟月习字耳"。② 谭公亮对家乐的管理可以代表这一时期私家恩主的态度。

即便如此，私家音乐生产行为在明代商品经济大潮下，也受到了影响和冲击。部分私家恩主为了生计也开始精心培训乐妓，将其当作私产进行商业性的音乐活动，其中最典型的当数阮大铖家乐，明确在南京城内挂牌卖艺，类似今天的演艺公司。

---

① 陈铎. 嘲川戏 [M] //谢伯阳. 全明散曲：增补版：一. 济南：齐鲁书社，2016：671-672.
② 张大复. 梅花草堂笔谈 [M]. 阿英，校点. 上海：上海杂志公司，1935：109.

从历史发展来看，历代文士从事音乐生产的主要目的是抒发情志，实现自娱，这是一种典型的非商业行为。但在明代，大量的底层文人出于生存需要，投身商业性的音乐创作之中，甚至以此为职业。而很多富庶的名士在蓄养家班的基础上也长期雇佣这些文人专职从事音乐戏曲创作，以提升私家乐人商业演出的水准。当然，文士从事商业生产的现象在宋元之际已经萌发，温州和杭州一带的书会才人创作戏文剧本可被视为先兆。

僧道之人从事乐舞生产在隋唐时期就已经比较普遍，诸如隋唐说唱音乐的形成就是佛教僧人俗讲的结果，但此类行为依然停留在非商业性的层面。经历宋元市民经济的发展，明朝民众生活与僧道的宗教活动之间密切交错，僧道等宗教场所日渐成为民众日常娱乐和商业消费的场所，诸如很多的戏院、市场都建立在寺院之内外，除了有酬神、娱神的基础功能，还被民众开发成集体狂欢的场所。与此同时，僧道之人的宗教仪式开始从宗教场所向外延伸，大量地参与民众的日常生活，诸如民众在丧葬、生子、生辰、生病等重要场合，都会雇佣僧道之人举行祈祷仪式或从事相关的乐舞活动，这是一种典型的经济雇佣关系，也即典型的商业行为。因此，宗教活动者的音乐生产就具有了与文士、私家乐妓音乐生产一样的双重属性。

三、乐器、乐谱等物质性音乐产品的生产与消费得到突出发展

前文已述，明代以乐器、书谱为物质形态代表的音乐生产消费得到突出发展。如在乐器生产消费领域内，专门出现了生产古琴、琵琶等乐器的手工作坊，甚至出现了一批以斫琴、售琴为职业的群体。

刊刻印刷出版业在明清时期也得到突出发展。史料记载，江南是全国书商云集的中心之一，苏州、常州、金陵、杭州、湖州、徽州、扬州等几个较大的刻书中心，在全国都具有影响力。交通运输的发达，以及民众对于昆曲、琴乐等音乐形式的追求，导致刊印、销售曲文、书谱成为一个显盛的产业。

四、戏曲成为社会音乐消费的主要形式

明代社会音乐生产、消费的主要形式是戏曲，尤其是在商业性音乐生产、消费领域。在昆曲产生之前，文士、富商、官员的宴飨之中主要表演的是元杂剧和南曲戏文。明人顾起元《客座赘语》就描绘了文士戏曲娱乐的状况：

> 南都万历以前，公侯与缙绅及富家，凡有宴会，小集多用散乐，或三四人，或多人，唱大套北曲，乐器用筝、篥、琵琶、三弦子、拍板。若大席，则用教坊打院本，乃北曲大四套者，中间错以撮垫圈、舞观音，或百丈旗，或跳队子。后乃变而尽用南唱，歌者只用一小拍板，或以扇子代之，间有用鼓板者。①

但明代中期以后，元杂剧却遽然消失，取而代之的是大量文人创作的明杂剧，亦称南曲杂剧。当然，明代文人创作的杂剧早已失去了元杂剧的活力，很少在舞台上进行敷演，大多是文士附庸风雅的案头之作。如浙江余姚人吕天成的《齐东绝倒》四套曲，南京刑部主事叶宪祖创作的杂剧《易水寒》等二十四部，被贬为寿州同知的王九思创作了《中山狼》《游春记》等，绍兴府山阴人徐渭创作了《四声猿》四种（《女状元》《狂鼓吏》《玉禅师》《雌木兰》），歙县西溪南松明山人汪道昆创作了《大雅堂杂剧四种》（《高唐记》《五湖记》《京兆记》《洛神记》），江苏昆山人梁辰鱼除了创作传奇《浣纱记》《鸳鸯记》，还创作了杂剧《红线女》《红绡记》等，移居浙江钱塘的杨景贤创作了《刘行首》《西游记》等。

相比衰落的杂剧艺术，明代的南曲更为兴盛。先是在《琵琶记》等传奇的影响下经历了一个明人改本时代，随后在环太湖流域出现了众多的地域声腔，著名者有昆山腔、海盐腔、余姚腔、弋阳腔等，如顾启元《客座赘语》卷九"戏剧"条云：

> 今（万历以后）则吴人益以洞箫及月琴，声调屡变，益为凄惋，听者殆欲堕泪矣。大会则用南戏，其始止二腔，一为弋阳，一为海盐。弋阳则错用乡语，四方士客喜阅之；海盐多官语，两京人用之。后则又有四平，乃稍变弋阳而令人可通者。今又有昆山，校海盐又为清柔而婉折，一字之长，延至数息，士大夫禀心房之精，靡然从好，见海盐等腔已白日欲睡，至院本北曲，不啻吹篪击缶，甚且厌而唾之矣。②

当昆曲产生之后，整个社会无论是私家宴飨、堂会、雅集，还是酬神娱人的风俗活动，大量上演昆曲艺术，一时间"四方歌曲必宗吴门"。《潘

---

① 陆粲，顾起元. 元明史料笔记丛刊：庚巳编　客座赘语[M]. 谭棣华，陈稼禾，点校. 北京：中华书局，1987：303.
② 陆粲，顾起元. 元明史料笔记丛刊：庚巳编　客座赘语[M]. 谭棣华，陈稼禾，点校. 北京：中华书局，1987：303.

之恒年谱》记载，著名戏曲家潘之恒从万历十三年（1585年）至万历四十七年（1619年），每年都会有大量的观戏活动，如在万历十三年（1585年）就观剧百余场，足以说明当时金陵之地的戏曲演出之繁盛。

蓄养家班敷演传奇也成为明代文士生活中的普遍现象。如南直隶安庆府桐城县人阮大铖也在家中蓄养戏班，常常演戏以自乐：

> 阮圆海家优，讲关目，讲情理，讲筋节，与他班孟浪不同。然其所打院本，又皆主人自制，笔笔勾勒，苦心尽出，与他班卤莽者又不同。故所搬演，本本出色，脚脚出色，出出出色，句句出色，字字出色。余在其家看《十错认》《摩尼珠》《燕子笺》三剧，其串架斗笋、插科打诨、意色眼目，主人细细与之讲明。知其义味，知其指归，故咬嚼吞吐，寻味不尽。至于《十错认》之龙灯、之紫姑，《摩尼珠》之走解、之猴戏，《燕子笺》之飞燕、之舞象、之波斯进宝，纸札装束，无不尽情刻画，故其出色也愈甚。阮圆海大有才华，恨居心勿静，其所编诸剧，骂世十七，解嘲十三，多诋毁东林，辩宥魏党，为士君子所唾弃，故其传奇不之著焉。如就戏论，则亦镞镞能新，不落窠臼者也。①

社会上也大量涌现官妓、私妓、戏班等，他们竞相以表演戏曲为职业。文人宴飨之中、游宴之中也主要以赏曲、唱曲为主要消费内容。

五、乐人的培养、买卖市场初具规模

乐人买卖渊源很早，春秋战国时期就有"郑声""吴姬""越女"之说，后世亦有"姑苏声伎几甲天下"的说法。明代商品经济的繁荣及社会对乐舞生产消费的巨大需求，致使乐人买卖市场和专职教育市场开始形成。社会上出现了专门经营乐人的市场和专职的买卖客（牙人），而昆曲艺人是当时乐人买卖市场的主要对象。从文献来看，明代中后期戏曲伶人的身价较高，尤其是苏州艺人更是如此，所谓"千金买娉婷，歌板出纤手""征丽于吴，似多慧心者，足振逸响"等。《玉华堂日记》记载，万历年间上海人潘允端（仕至四川右布政使）的家乐多购自苏州乐人市场，不同时期、不同职业的乐人价格差异显著。如：

---

① 张岱. 陶庵梦忆［M］. 罗伟, 注译. 哈尔滨：北方文艺出版社，2019：156-157.

万历十六年（1588年）购买乐人的价格清单：

呈翰（串戏小厮），银二两五钱；

呈清（串戏小厮），银一两；

呈春（串戏小厮），银十五两；

呈节（串戏小厮），银八两。

万历十七年（1589年）购买乐人的价格清单：

呈良（串戏小厮），银二两五钱；

钱义（吹弹小厮），银二两五钱；

顾瑞（吹弹小厮），银三两。

万历十八年（1590年）购买乐人的价格清单：

呈鹤（串戏小厮），银二十两；

呈辅（串戏小厮），银十两；

呈嘉（串戏小厮），银十二两。

万历二十年（1592年）购买乐人的价格清单：

来仪（歌童），银七两；

许应魁（歌童），银十两。[1]

从上述清单可以看出，三年中潘允端购买的乐人见于日记的就有十二人，花费金额接近一百两白银，而且乐人身价极为悬殊，从一两到二十两不等。这说明在乐人市场中，乐人的专业水准和主人的审美趣味对于乐人的售价具有重要的影响。

当然，从这一时期的文献来看，乐人的买卖市场存在着两种基本的形式。其一是乐人以卖身的形式被恩主购买为奴婢，双方需要签署卖身文书，即所谓的"手本""执照"，一旦被购买，即失去了人身自由，终身为奴。这种情况比较普遍，主人往往希望购买的是一些年龄较小的乐僮，便于培养，如潘允端购买的大部分串戏小厮均属此类。其二是雇佣制，即雇主根据双方的合约，一次性支付乐人身银，乐人在合约期限内为奴婢，合约期结束后，乐人只要返还雇主银两即可赎身，亦可以提前支付更高的赎身费用，解除雇佣关系，变为自由身。如潘允端万历十七年（1589年）购买的两个吹弹小厮就属于此种性质。

市场上购买的乐人并不一定都能够直接使用，尤其是在具有极高艺术

---

[1] 潘允端.玉华堂日记［M］.上海博物馆馆藏手稿本.

修养的商贾文士看来，所购买的家乐艺人必须经过专业的培训，并配之以精致的生产工具（诸如乐器、服饰、道具等）方能符合恩主和宾客的审美需求。因此，苏州的曲师就成为各个私家恩主竞相聘请用以培养私家乐妓的对象。"四方歌曲必宗吴门"就是当时社会对苏州一带乐师、伶人的认知。此种案例不胜枚举，如浙江秀水人冯梦祯为了教习家乐，聘请了著名曲师黄问琴来教习，聘请知名乐妓周姬来教唱曲；《玉华堂日记》明确记载潘允端于万历十六年（1588年）十月十二日，令自家小厮串完《宝剑记》后，赏教师银五钱；知名文士侯方域"买童子吴闾，延名师教之"；徽商汪季玄"招曲师，教吴儿十几辈"。上海松江人士董其昌在《清源狄将军席上观女乐》诗中记录了当时缙绅、文士竞相聘请教师教习自家乐妓的普遍现象，诗云："急管繁弦写竹枝，听来不作异乡悲。六千君子旧名将，两队美人新教师。"

所谓"千金教舞百金歌"，说明对乐人的培训是一个耗费大量人力、物力和金钱的过程。如袁中道在《咏怀四首》中就明确写出了自己教习所蓄乐妓的耗费情况，所谓"歌童四五人，鼓吹一部全。囊中何所有，丝串十万钱"。所以才有对家乐"千金教舞百金歌"，"黄金不惜买蛾眉，拣得如花四五枝。歌舞教成心力尽，一朝身去不相随"的感慨。

明代商业经济快速发展，社会风气大为开放，经商谋利也成为流行的理念之一。托身青楼的马湘兰也蓄养家乐，"教小鬟学梨园子弟"，曾携女乐赴江南为友人庆贺生日。供奉御前、府衙的在籍乐户，空闲之时游走于官僚士夫、富贾巨商之家，面向大众商演，不再局限于为政府机构内部承应乐舞工作，而是积极向演艺市场拓展商演业务。由此看来，明代商业社会中，私家乐舞的生产与消费确是广泛参与商业活动，同时也作非营利性活动之用，在商业与非商业之间交叉融合。

六、音乐生产与消费的地域化特征显著

从现有文献来看，明代乐舞生产与消费，尤其是商业性的乐舞生产与消费更多的是集中于南方，有南北发展不平衡的趋向。这可能是因为南方较北方更为富庶，且南方有发达的航运通道。加之明代之初定都金陵，进一步地推动了南方的经济发展。在此之后，虽然成祖迁都北京，但仍以金陵为陪都。从明代江南的税赋中，可以清晰看到江南在整个国家经济中的地位："国家财赋尽仰给于东南，而西北所供，不足以当东南之半"。当然，

南方经济发达还要归功于规模庞大的商帮的形成。"毕竟吴中百货所聚，其工商贾人之利又居农之什七，故虽赋重不见民贫。"①

早在春秋战国时期，燕赵、吴越地区的歌童舞女就被视为地区特产大量向外输出，明代更是如此。譬如吴地歌舞传统习俗源远流长，盛产的歌舞人才被时人戏称为苏州"土产"。"姑苏声伎几甲天下""四方歌曲必宗吴门"乃明人对苏州演员、曲师的一致评价。富贵之家到苏州购买伶人充实家乐，抑或重金聘请苏州职业艺人、戏班到府邸商演的记载多见诸史料。如商丘侯方域"买童子吴闻，延名师教之"；歙县吴越石"征丽于吴，似多慧心者，足振逸响"；徽商汪季玄"招曲师，教吴儿十余辈"。与苏州、扬州邻近的无锡，则以盛产昆腔曲师著称，"世谓度曲之工始于玉峰，盛于梁溪，谚云'无锡莫开口'，谓能歌者众也"。因此无锡也是优伶的渊薮。与吴地并称的越地，不仅盛产与"吴姬"媲美的"越女"，也同样出产优童。明代戏曲评论家潘之恒称："彼娈童如金陵、金昌、娄江、越来、嘉禾、武林、慈溪，犹之乎中原之鄙而夷也。"②虽语带贬义，但清晰指出以江南为中心地域的南方地区盛产演员的事实。

四大声腔中的海盐腔、余姚腔皆源自浙江，江浙一带自然歌舞人才辈出。清王士禛《香祖笔记》卷一载："《乐郊私语》云：海盐少年多善歌，盖出于澉川杨氏。其先人康惠公梓与贯云石交善，得其乐府之传，今杂剧中《豫让吞炭》《霍光鬼谏》《敬德不伏老》，皆康惠自制，家僮千指，皆善南北歌调，海盐遂以善歌名浙西。今世俗所谓海盐腔者，实发于贯酸斋，源流远矣"③，谢肇浙《五杂组》卷八中也说："今京师有小唱，专供缙绅酒席，盖官伎既禁，不得不用之耳。其初皆浙之宁、绍人，近日则半属临清矣，故有南北小唱之分。然随群逐队，鲜有佳者。间一有之，则风流诸缙绅，莫不尽力邀致，举国若狂矣。此亦大可笑事也。"④ 小唱艺人最初来自浙江宁波、绍兴，后风俗流播，渐向北方发展，临清等地也开始出产小唱演员。

除了江浙一带，其他地区也时有艺人出产。顾嗣立《观迟辰州澹生家

---

① 王士性. 元明史料笔记丛刊：五岳游草 广志绎 [M]. 周振鹤，吕景琳，点校. 北京：中华书局，1981：32.
② 邓子勉. 明词话全编：第二册 [M]. 南京：凤凰出版社，2012：1287.
③ 王士禛. 香祖笔记 [M] //王士禛全集：第六册. 宫晓卫，点校. 济南：齐鲁书社，2007：4482.
④ 谢肇浙. 五杂组 [M]. 韩梅，韩锡铎，点校. 北京：中华书局，2021：242.

乐即席口占四绝（其二）》云："舞袖歌喉变入神，吴歈楚艳杂西秦。也知世上知音少，时顾筵前顾曲人。"由诗歌可知，楚地、西秦（腔）的演员在演艺市场中也颇为抢手，由乐人市场买卖流落到异域他乡。李天馥《游许中丞园亭（其二）》曰："中丞调伎园，高会盛歌舞。行厨极圆方，贵游罗簪组。华烛锦缠头，二八当三五。佳冶满氍毹，戚里惊名部。可怜七闽姝，金凤春燕伍。弹指数十年，世变分今古。"诗中的"七闽姝"自然是来自闽地的演员。大同地区"彩帛连楼满，笙歌接巷繁"，"其繁华富庶不下江南，而妇女之美丽，什物之精好，皆边塞之所无者"①，谚称"大同婆娘"，为该地三绝之一。

此外，明代音乐消费也呈现出鲜明的地域性特征。譬如家乐消费，据刘水云对晚明家乐分布状况的不完全统计，家乐的享用情况以江苏、浙江、松江三地为中心向外辐射，广大北方地区比万历之前有明显下降趋势。

某些地域化乐舞在市场的选择之中，取得较大份额，深受消费者欢迎。因而，其生产愈来愈面向市场，商业化程度也愈来愈高。如昆曲在明中期经过魏良辅、梁辰鱼等曲家改革之后，取得剧坛盟主地位。昆曲优伶的培养、买卖更是产业化运作。《虞乡志略》卷八"风俗"条称："俗之薄渐染难革者，更有数端，吴侬善讴，竞艳新声，竹肉相间，怡人视听。独常熟此风愈趋而下，老优曲引幼童，教演一班，攫取重价，卖之远去。四方之梨园，鲜非虞产，离人骨肉，可哀也已。"职业昆腔艺人及班社更是有组织地在外地巡回商演，有的甚至在室外广阔之地定居。史玄的《旧京遗事》记万历年间北京昆伶的演唱情况时说："今京师所尚戏曲，一以昆腔为贵。常州无锡邹氏梨园，二十年旧有名吴下，主人亡后，子弟星散。今田皇亲家伶生、净，犹是锡山老国工也。阳武侯薛氏诸伶，一旦是吴江人，忆是沈姓，大司农倪元璐为翰林日，甚敦宠爱，余见时已鬖鬖须矣。"② 至明末天启、崇祯年间，昆伶在北京的演出活动更加兴盛。明无名氏《烬宫遗录》记载，北京职业昆班"沈香班"，分别于崇祯五年（1632 年）和十四年（1641 年）两次进宫演出《西厢记》及《玉簪记》。反映明末社会生活的小说《梼杌闲评》第七回也说，当时北京有个椿树胡同，住满了昆班及其他戏班艺伶，其中昆班与海盐腔戏班合称为"苏浙腔"，共计达五十班之多。

---

① 谢肇淛. 五杂组 [M]. 韩梅, 韩锡铎, 点校. 北京：中华书局, 2021：133.
② 史玄, 夏仁虎, 阙名. 旧京遗事 旧京琐记 燕京杂记 [M]. 北京：北京古籍出版社, 1986：25-26.

第四章　清代的音乐经济

清王朝是中国历史上最后一个君主专制的封建王朝，其统治者是居住在黑龙江流域和东北长白山一带的满洲贵族。在由边疆入主中原的过程中，几代满洲贵族不懈努力，明万历四十四年（1616年），第一任女真族统治者努尔哈赤在彼时的都城赫图阿拉称汗，建元天命，定国号为金，史称后金。1626年，努尔哈赤去世，第二任统治者皇太极在同年九月登大位，改次年（1627年）为天聪元年；并于1636年（天聪十年，明崇祯九年）改国号为大清，年号为崇德，用"满洲"代替原先的"女真"族号。1643年，皇太极无疾而崩，顺治帝福临在多尔衮的拥立下继位，以次年（1644年）为顺治元年，并授命多尔衮统大军南下与李自成和南明王朝争夺天下。顺治元年十月初一，福临再次在紫禁城内举行登基大典，自此清王朝开始了它对中国近270年的统治，直到宣统三年（1912年）十二月二十五日最后一任皇帝溥仪退位。

从政治角度来说，在入关之前，清王朝就已经在慢慢建立自己的国家机器，并且不断对其进行修正。努尔哈赤在建都费阿拉城期间统一了建州女真各部并且设置了八旗制度，在天命七年（1622年）三月拟定"八王共同议政"的宫廷体制。皇太极即位后为了巩固自己的统治地位，创建旗务大臣制度，并废除四大贝勒按月分值制度，削弱了能够与自己抗衡的三大贝勒手中的权力。天聪五年（1631年），皇太极仿照明朝封建制度建立吏、户、礼、兵、刑、工六部分管事务，并于崇德元年（1636年）改"文馆"为内阁形式的"内三院"（内国史院、内秘书院和内弘文院），又设置都察院，吸收汉族知识分子和士大夫管理者，加速了奴隶制向封建制的转化。①入关之后，多尔衮下令"在京内阁、六部、都察院等衙门官员，俱以原官，同满官一体办事"，对明朝各衙门官员，俱照旧录用，对明朝宗室也采取优待措施。从入关前的八旗制度到入关后完善的官制，清代建立了内阁、军机处、通政使司等中央首辅机构，掌理国政的行政机构，以及以总督为首，巡抚、提督学政、布政使、按察使等官为辅的省府县制度。总体来说，清代的政治管理体系仿效明朝，但在集权上仍然坚持自己的传统，将王室都留在北京城中，以六部为代表的国家核心权力机构都是由诸王、贝勒等宗室子弟担任，强化了中央集权。

从经济角度来看，清代前期，尤其是康乾盛世期间是中国封建社会经济发展的高峰。这首先表现在农业的突出发展，康熙、雍正朝和乾隆前期粮食亩产量呈上升趋势，有学者估算大约为180、200和220斤②。其次是手工业的发展，此时期城乡手工业从家庭劳动向雇佣劳动转化，体现了个体小生产向手工作坊、工厂手工业大生产发展的趋势。最后是服务业的发展，诸如茶楼、酒馆、戏院、旅社等伴有娱乐性质的产业飞速发展；同时在贩运贸易中，粮食作物区、经济作物区、手工业产品区的农民与农民、农民与手工业者之间的交换开拓了贩运贸易的国内市场；在航运中，无论是内河航运的东西干线、南北水陆联运干线，还是南北沿海海运干线都已经颇具近代规模；在金融行业中，钱庄、票号已经由明代时期的银钱兑换业务扩展到存款、放款、汇兑等业务，渐渐具备现代银行的基本职能。③

清代后期由于政府奢靡腐败、农民起义、外族入侵等社会客观原因，社会经济开始由盛转衰。鸦片战争之后，相对发达的西方列强开始凭借不平等条约在中国设厂、开矿、办航运等，进行不平等贸易，大肆掠夺财富，直接导致当时中国的经济危机，并使中国逐渐沦为半殖民地半封建社会。但正是这种冲击打破了清代原有的使用国内市场和国内资源来发展经济的状况，增加了当时社会条件下中国经济发展的活力。如手工业生产为满足国内和海外出口贸易需求，开始受西方影响向机械化转变，通商口岸及铁

---

① 万依，王树卿，刘潞. 清代宫廷史［M］. 天津：百花文艺出版社，2003：20-22.
② 周志初. 晚清财政经济研究［M］. 济南：齐鲁书社，2002：39.
③ 方行. 中国古代经济论稿［M］. 厦门：厦门大学出版社，2015：493-494.

路沿线地区的经济作物及农副产品得到快速发展；当然，在洋务运动中引进的西方先进机器设备，促进了民间近代企业的发展。正如学者方行所说，"资本主义、帝国主义列强……既促进了中国近代化的进程，更阻碍了中国近代化的发展……清代后期既有社会沉沦，也有社会进步"①。

清代的城市经济和规模也得到了进一步发展，其重要原因之一是明清之际的战乱对城市的破坏程度有所减轻，这使清廷统一中原后，对城市的重建工作比较顺利。从中心城市发展来看，清代与前代相似，始终以政治中心为核心建设城市，从费阿拉—赫图阿拉—萨尔浒—辽阳—沈阳—北京的迁都过程可以看到清代统治者在城市建设上的思路。从城市设置和管理来看，清初延续明代的体制，自顺治至康熙初年先后设十八个行省，清末又增设五省。②故清代共有山东、山西、河南、陕西、甘肃、江苏、浙江、安徽、江西、福建、湖北、湖南、广东、广西、四川、云南、贵州、新疆、台湾、奉天、吉林、黑龙江22个行省，一个直隶府（真定府后又改为保定府直至清亡）。

清代外交处于我国外交史上承前启后的阶段，也是清代社会政治发展的重要体现之一。清前期的外交机构由礼部和理藩院共同构成，其中礼部管理东亚、东南亚和西方各国的朝贡事务，理藩院统管俄罗斯、西域回部诸国和廓尔喀的朝贡事务。③晚清时期，外交机构由传统外交机构和专门针对西方国家的近代外交机构共同组成，新建立的外交机构经历了五口通商大臣体制（1842—1860年）、总理衙门（1861—1901年）和外务部（1902—1911年）三个时期。清代对传统属国、南亚国家、西域回部诸国及欧洲国家实行不同的外交政策，但清代统治者在对外交往中一直认为自己是"天朝上国"，地大物博，一切应有尽有，无需同外国进行交易，同时他们也怕中国人同外国人接触，对他们的统治不利。④故对前来结交的外邦人员通常保持鄙视、排斥的态度，这也是清代中国渐渐脱离世界发达国家行列的重要原因之一。

宗教策略是清代作为少数民族政权能够长期统治中原地区的重要治理

---

① 方行. 中国古代经济论稿 [M]. 厦门：厦门大学出版社，2015：496.
② 何一民，念新洪，何永之，等. 中国城市通史：清代卷 [M]. 成都：四川大学出版社，2020：242.
③ 何新华. 中国外交史：从夏至清：下册 [M]. 北京：中国经济出版社，2017：661.
④ 十院校《中国古代史》编写组. 中国古代史 [M] 福州：福建人民出版社，1985：306.

手段之一。清代统治者主要信仰自己的民族宗教——萨满教，同时与藏传佛教保持密切联系。后金时期，努尔哈赤意识到通过藏传佛教来笼络、联合蒙古各部是一条有效的措施；皇太极在位期间，清朝政府也与西藏达赖喇嘛保持密切关系；直到顺治十年（1653年），在达赖喇嘛进京朝见之后，皇帝派遣礼部尚书觉罗郎球、理藩院侍郎席达礼等，赍送封达赖喇嘛金印、金册及封固始汗的金册、金印去代噶地方。① 此后，清朝政府也不断对西藏地区的佛教文化进行扶持，助其平内攘外。因此，佛教在清代宫廷及政府的宗教治理中一直具有相对独特的地位。

清代宗教管理的另一措施是在尊重各民族宗教信仰的基础上，将敬天尊孔的汉民族儒教传统放在第一位。如顺治曾下谕要求"国家崇儒重道"，康熙又将其细化为"圣谕十六条"，雍正将其中每条进行细化，强调儒、释、道三教同源一体。当然，清代中后期由于社会腐败，民不聊生，民间也衍生出了众多的宗教，清朝政府也多次下诏令予以禁止。如世祖皇帝谕旨："凡左道惑众，如无为、白莲、闻香等教名色，起会结党，迷诱无知小民，殊可痛恨。今后再有踵行邪教……设法缉拿，穷究奸状，于定律外加等治罪。"② 但这种禁令依然阻挡不了民间宗教信仰的泛滥。

清代的文化建设也颇具特色。有学者就认为清代文化是对中国传统文化的总结和整理③，这种总结与整理主要体现在各种书籍的编撰与流通上，为文献的总结与保存提供了文字依据。清代设置有专门的编撰机构——翰林院，在书籍出版中发挥了重大作用，其所编撰的《康熙字典》是我国古代收字最多的一部字书，所编撰的《古今图书集成》是现存古代最大的一部类书，敕修的《四库全书》是我国古代最大的一部丛书。此外，还编撰有经史子集各类书籍，如《律吕正义》《明史》《清实录》《钦定天文正义》《佩文韵府》等。同时，大量典籍的整理工作为清代乾嘉考据学派的发展提供了契机，出现了以戴震、钱大昕为首的儒学大家，他们以训诂、音韵和校勘为己任，强调客观实践，孜孜求证，十分具有科学精神。

清代文学虽不具有唐宋之绝艺，质量上参差不齐，但也呈现出多元发展的特点。就散文体裁而言，在清前期以张岱、李渔与袁枚为主，在后期

---

① 冯智. 云南藏学研究：滇藏政教关系与清代治藏制度［M］. 昆明：云南民族出版社，2007：458.
② 伊桑阿，等. 大清会典：康熙朝：3［M］. 南京：凤凰出版社，2016：1534-1535.
③ 王俊义，黄爱平. 清代学术与文化［M］. 沈阳：辽宁教育出版社，1993：22.

以曾国藩为首的湘乡派，恽敬、张惠言为首的阳湖派等为代表。诗赋则以帝王宗室为首，有《钦定千叟宴诗》《御制诗集》《御定历代赋汇》等著作传世；在民间以钱谦益、吴伟业、"江左十五子"、郑板桥等人最为出名。清代词学在初期以纳兰性德、朱彝尊、陈维崧为代表，被称为"清词三大家"，此后分别产生了以陈维崧为首的阳羡词派、以朱彝尊为代表的浙西词派。清代词人辈出的现象一直持续到清末，因此被称为词的极盛时期。小说在清代也佳作迭出，题材丰富、体裁多样，在后世比较有影响的如长篇小说《红楼梦》《儒林外史》《隋唐演义》，短篇小说《无声戏》《十二楼》等。

清代的绘画领域，出现了"清初六大家"，作画技巧有所创新。书法与建筑在继承前代的基础上有所发展，尤其是建筑，除了规模更加宏伟之外，还在原先的功能性基础上更加注重审美。

清代文化发展的又一个表现是戏曲艺术的勃兴。从戏曲的发展历史来看，清代前中期是昆曲的天下，中期则呈现出了花雅争锋、各领风骚的现象，中后期则形成了一代之绝艺——京剧，清末京剧发展至高峰，流派并出。伴随着戏曲的勃兴和昆曲到京剧的更迭，一大批经典的戏曲作品应运而生，诸如李玉的《清忠谱》、洪昇的《长生殿》、孔尚任的《桃花扇》等。

清朝政府也很重视国家礼乐文化建设。满洲贵族在入关前就已经有自己的礼乐，如努尔哈赤在赫图阿拉举行"上尊号仪式"时就已经有"榜识"班禅额尔德尼接表宣读，歌颂汗的英明和恩德。皇太极时期，则已有祭天、祭神及仿照明朝建立的祭祀制度，皇太极在举行首次祀天典礼及亲享太庙仪式后，对朝会制度也做出了规定：

> 其明年，遂有事太庙，追尊列祖，四孟时享、岁暮祫祭并奏乐。皇帝冬至、万寿二节与元旦同。御前仪仗乐器……乐人绿衣黄褂红带，六瓣红绒帽，铜顶上缀黄翎，从内院官奏请也。又诏公主册封、诸王家祭、受降献馘皆用乐。①

在清世祖入关之后又"修明之旧"，分别定郊庙、庆贺、筵宴、卤簿等用乐，后世皇帝不断对其进行修改，直至"宣、文之世，垂衣而治，宫悬徒

---

① 赵尔巽，等. 清史稿[M]. 中华书局编辑部，点校. 北京：中华书局，1977：2733.

为具文，虽有增创，无关宏典"①。除对乐章、乐曲及礼乐仪式的完善外，康熙、乾隆年间都曾对乐律进行大规模的总结和修改，先后编订了《律吕正义》《律吕正义后编》等乐律学著作，加强了乐律理论与国家礼乐建设的结合。

在清代文化思想的发展中，统治者扮演着一个颇为矛盾的角色。一方面试图对臣民实行文化控制，如清代发生了多次文字狱，康熙时有庄廷鑨的《明史》案；雍正时有吕留良、曾静案；乾隆时的文字狱更多，但获罪的大多是下层知识分子，多因爱发议论、不知忌讳、用字不慎等招来杀身之祸。② 另一方面，清统治者注重对汉文化的学习。入关之前，清代的统治者通过积极学习汉文化加速了本民族的发展。入关之后，在对继承人的培养上，同样注重对汉文化的学习。康熙是清代皇帝勤勉治学的开端，他在位的六十余年间，从未停止早课，直至晚年身心俱疲才不得不停止，他的汉文化学习成果体现在《御纂周易折中》《日讲四书解义》等书上，他还钦定了《诗经传说汇纂》《书经传说汇纂》《春秋传说汇纂》等。

综上，由满族贵族统治的清代，在政治、经济和文化建设上都呈现出新的特点，而这必然会影响到音乐艺术的发展，使这一时期的音乐经济也呈现出鲜明的时代特征。

第一节　清代非商业性的音乐生产与消费

一、生产者

（一）政府所辖在籍乐人

清承明制，在立国之初，基本沿袭了前代的制度体系。因此，明代的乐籍制度也被完整地继承下来，所谓"国初官妓，谓之乐户"。但到清代雍正统治时期，乐籍制度发生重大转变，政府先后下了很多旨意，意在通过国家行政手段废止乐籍制度，但此种制度依然具有巨大的历史惯性，历经几代才废止，至清代中后期，延续近千年的乐籍制度基本解体，但民间乐户们依然认同这一约定俗成的身份归属。因此，从总体来看，清中叶之前

---

① 赵尔巽，等. 清史稿［M］. 中华书局编辑部，点校. 北京：中华书局，1977：2760.
② 迟晓静. 历史文化与传承［M］. 北京：九州出版社，2018：65.

乐人按其社会身份可分为在籍乐人和非在籍乐人，乐籍制度瓦解之后，社会上则只有职业乐人和非职业乐人之分。由于本节讨论的是非商业性的音乐生产与消费，故所指在籍乐人是隶属政府管辖，为政府应差的乐人。此类乐人包括两大类：其一为皇室所辖在籍乐人，其二为地方所辖在籍乐人。

1. 皇室所辖在籍乐人与乐官

清初期以继承明代礼乐制度为主，在管理模式和乐官设置上也仿照明代，后来设立了一系列专门的音乐管理机构。清代管理音乐的机构先后有太常寺、南府、乐部、升平署等，其下又各有不同的次一级音乐管理机构和所辖乐工。

（1）从教坊司、太常寺神乐观到乐部

清初顺治入关之后，承袭明代礼乐制度，设置教坊司和太常寺神乐观执掌宫廷礼乐事务。《清史稿》卷九十四有清初所定宫悬大乐、行礼宴会及祭祀之乐的人员设置记录：

> 教坊司置奉銮一人，左右韶舞各一人，协同官十有五人，俳长二十人，色长十七人，歌工九十八人。宫内宴礼，领乐官妻四人，领教坊女乐二十四人。祠祭诸乐，则太常寺神乐观司之。协律郎教习乐生，……①

顺治十六年（1659年），太常寺从礼部中分出。雍正元年（1723年）设大臣管理太常寺。

乾隆七年（1742年），乐部的设立改变了清初期的音乐生产管理模式，即原来由太常寺神乐署司掌管祭祀之乐，和声署、掌仪司掌管宴飨之乐，銮仪卫司掌管卤簿诸乐，现均交由乐部管理。乐部任职人员为内务府大臣及各部院大臣中通晓音律之人，其下设置署正、署丞、侍从、侍诏、供奉、供用官、鼓手、乐工，总称署史，分管不同乐器。自此清代宫廷音乐生产与消费的管理更加集中和规范。对此，《故宫辞典》有如下史料梳理：

> 神乐署　原称神乐观，……设署正1人，署丞2人，协律郎5人，司乐25人，乐生188人，舞生300人，掌奏祭祀所用的中和韶乐及文舞、武舞。

---

① 赵尔巽，等. 清史稿［M］. 中华书局编辑部，点校. 北京：中华书局，1977：2735.

和声署　清宫朝会音乐的管理机构。隶属乐部，其前身为明代的教坊司。雍正七年（1729）改称和声署，乾隆七年（1742）属乐部。设署正2人，署丞2人，供用官20人，署史长16人，署史（乐工）148人。掌奏外朝所用中和韶乐、丹陛大乐、中和清乐、丹陛清乐，以及用于銮驾出入的导迎乐等。

乐部中和乐处　嘉庆年间设无品级副首领太监2人，太监80人。凡皇帝御内殿，皇后御中和殿所用中和韶乐，百官、命妇行礼所用之丹陛大乐，皆掌于中和乐处。另有筋斗者100人，承应杂耍百戏等。

什帮处　设掇尔契达1人，六品衔达2人，七品衔达2人，拜唐阿60人，专管笳吹及番部合奏。[①]

乾隆十四年（1749年），太常寺改为由礼部满洲尚书兼管，设兼管事务大臣1人、卿2人、少卿2人、寺丞4人，赞礼郎30人，学习赞礼郎23人，读祝官12人，学习读祝官8人。太常寺负责祭祀礼仪，备办祭祀所用器皿、物品。其下设置有寺丞厅、博士厅、工程处、寺库、祠祭署，以及神乐署、当月处和牺牲所等机构，负责管理寺官、费用、俸饷、物品、修缮、稽查坛庙，奏乐、收发文移、监用印信等事务。虽然太常寺并不直接生产乐舞，但其负责整个祭祀环节及对乐工和神乐署的管理，是清代宫廷祭祀乐舞生产的一个重要环节。光绪三十二年（1906）裁撤太常寺，收归礼部。[②]

清代乐工在初期仍然沿袭明制，由道士担任太常寺乐员，道童担任乐舞生，但清代统治者及礼部的相关官员一直致力改变此种情况，清代曾经数次增加乐舞生的人数，乾隆年间常常对乐舞生进行奖赏，增加部分乐舞生的俸禄，整修他们的房屋等。中国第一历史档案馆所收录清代档案记载，乾隆三年（1738年）八月初四，九门提督鄂善曾奏"为乐舞生生机艰辛情形事"，初六日，乾隆"为太常寺乐舞生等俱系供应祭祀之人加恩每月每人给与钱粮银六钱事"；乾隆七年（1742年），也有"为此次祭天所办一切俱属整齐所有值班官员兵丁乐舞生俱著查明加恩赏赉事"；乾隆四十二年（1777年）十二月，"奏报勘估重修乐舞生居住之房屋请移交前项银两事"；

---

① 万依. 故宫辞典 [M]. 上海：文汇出版社，1996：244-245.
② 万依. 故宫辞典 [M]. 上海：文汇出版社，1996：240.

乾隆五十二年（1787年），和珅奏"为八旗挑选乐舞生事"；道光年间，太常寺奏"为常雩大祀仁宗睿皇帝升配奉旨赏给乐舞生人役等一月钱粮……"；等等。

（2）从南府、景山到升平署

南府，设置于康熙年间，府址在皇城内，隶属于内务府，其中有十番学、钱粮处、中和乐、跳索学、外头、二学及内一、二、三学。另有景山钱粮处及掌仪司筋斗房等。《钦定大清会典事例三》卷一千二百一十八载：

> 道光元年奏准，裁减南府景山学生人数，留总管太监一名，首领太监十四名，太监一百九十五名，外学总管二名，首领八名，旗籍学生十七名，民籍学生一百六十六名。承应差务，全数移住南府。将来到圆明园时，所有中和乐、十番学、内学等处太监、外学学生等均令在太平村居住。原设景山总管图记缴销，内大小学，统名内学，外头二三学，统名外学。
>
> ……七年奏准，南府民籍学生一百七十六名，差使无多，赋闲游荡，全数驳出，令回原籍，嗣后差务责成内学太监承应……南府著改为升平署，不准有大差处名目。①

升平署是南府的发展，道光七年（1827年）改设，内设总管一名、首领四名，其下只设钱粮处、档案房和中和乐。

清代升平署内的管理比较严苛，所辖乐人由于年老或生病等不能在中央机构当差的，要发还本州养老，年老之人，学艺不成、不能当差者，著革退。其民籍学生著交苏州织造便船带回，旗籍学生著交本旗当差。② 在清代很多乐人的隶属关系并非泾渭分明，中央王朝与地方州府之间的隶属界定相对模糊。

2. 地方州府所辖在籍乐人与乐官

由明入清时期，社会音乐消费风气炽烈，在籍乐人的乐舞生产遍及社会的各个角落，即便是民间的城隍庙活动、官员家庭宴飨等都有在籍乐人进行应差服务。清余怀《板桥杂记》上卷"雅游"条云：

---

① 清会典：光绪朝：钦定大清会典事例三：卷一千二百一十八：内务府四十九：杂例：升平署．

② 中国国家图书馆．中国国家图书馆藏清宫升平署档案集成：第1册［M］．北京：中华书局，2011：334－336．

> 乐户统于教坊司，司有一官以主之，有衙署，有公座，有人役、刑杖、签牌之类。有冠有带，但见客则不敢拱揖耳。
>
> 妓家各分门户，争妍献媚，斗胜夸奇。凌晨则卯饮淫淫，兰汤滟滟，衣香满室。停午乃兰花茉莉，沉水甲煎，馨闻数里。入夜而撇笛挡筝，梨园搬演，声彻九霄。李、卞为首，沙、顾次之，郑、顿、崔、马又其次也。
>
> ……
>
> 教坊梨园，单传法部，乃威武南巡所遗也。然名妓仙娃，深以登场演剧为耻。若知音密席，推奖再三，强而后可，歌喉扇影，一座尽倾。主之者大增气色，缠头助采，遽加十倍。至顿老琵琶、妥娘词曲，则只应天上，难得人间矣。①

当然，从文献来看，清朝政府废除乐籍制度，只是解除了这一阶层人员的贱民属性，从皇室到地方各级政府依然拥有规模庞大的乐人群体从事着为政府服务的乐舞生产。对此，《扬州画舫录》卷九"小秦淮录"条有着详细记载：

> 吴薗茨《扬州鼓吹词·序》云：郡中城内，重城妓馆，每夕燃灯数万，粉黛绮罗甲天下。吾乡佳丽，在唐为然；国初官妓，谓之乐户。土风立春前一日太守迎春于城东蕃禧观，令官妓扮社火春梦婆一，春姐二，春吏一，皂隶二，春官一。次日打春官，给身钱二十七文，另赏春官通书十本。是役观前里正司之。至康熙间，裁乐户，遂无官妓，以灯节花鼓中色目替之。扬州花鼓，扮昭君、渔婆之类，皆男子为之，故俗语有"好女不看春，好男不看灯"之训。②

清朝政府一度延续了明朝的乐舞生制度，在地方州府组织的重要祭祀、祭孔、祭城隍等官方礼乐活动中，会召集大量的乐舞生从事乐舞生产。他们数量极为庞大，和职业的乐户有着一定的身份差异，这类群体非常值得关注。

---

① 张潮. 虞初新志［M］//张潮全集：第五册. 刘和文，校点. 合肥：黄山书社，2021：245－246.
② 李斗. 清代史料笔记丛刊：扬州画舫录［M］. 汪北平，涂雨公，点校. 北京：中华书局，1980：197－198.

(二) 私家乐人

清代社会奢乐之风盛行，富庶的文人、贵族、豪绅常常以文化人自居，为了标榜风雅的诗意生活和满足自我宴飨娱乐需求而竞相蓄妓。因此，私家乐人或乐班也成为这一时期非商业性乐舞的重要生产者之一，对此，文献记载颇多。如清代戏剧家龙燮曾"自掐檀痕亲顾曲"来调教家乐伶人。戏曲家李渔所蓄家乐更是名噪一时，尤其是在中晚年困顿之际，更是倾心训练家乐，并携妓游走于金陵、杭州一带的官仕之家，史载：

> （李渔）予于自撰新词之外，复取当时旧曲，化陈为新，俾场上规模，瞿然一变。初改之时，微授以意，不数言而辄了；朝脱稿，暮登场，其舞态歌容，能使当日神情，活现氍毹之上。如《明珠·煎茶》、《琵琶·剪发》诸剧，人皆谓旷代奇观。①

乾隆三十五年（1770年），也有清代戏曲作家黄振集同社诸子于柴湾村舍赏牡丹，黄振作小令一套，阅数日，在雪声堂看家女伶小红、月香演梨园杂剧的记载。胡业宏在他应友人之请，改《玉娇梨》小说作《珊瑚鞭》传奇时所作的自序及例言中也有"是书成于乾隆甲午客津门时，因友人有梨园小部，欲构新腔，怂恿作此"的描述。虽未点明友人是谁，但明确指出了其友人豢养家班之事。

另外，清代前中期政府明确反对官员和八旗子弟豢养私家乐人，多次诏令禁止，而且惩罚措施非常严厉，这在一定程度上抑制了清代官员、贵族私蓄乐人的风气。因此，大量的私家乐人更多的是出现在商贾和具有雄厚经济基础的文士家中。无法获取功名的文士尤爱寄情词曲创作，蓄养家班以表达情感。

（三）文人

清廷入关以来，北方连年战乱，大量的北方文士南迁，积聚在金陵、苏杭之地，再加上清朝政府推行的取士制度更进一步加剧了士人南迁，他们不问政事，寄情山水，南北士人的交流融合使得江南社会尚文之风日渐浓郁。官场的失意和科举的失意使得江南士大夫与广大未入仕的士子相互推崇褒扬，他们燕集结社、聚众讲学、流连诗词歌赋，这进一步推动了文

---

① 李渔. 李渔全集：第1册 [M]. 王翼奇，点校. 杭州：浙江古籍出版社，2014：80.

人寄情娱乐、潜心词乐创作的风尚。①

清代文人也常常将乐舞生产与消费作为重要的生活内容,广结娼妓名伶,相互唱和,抑或创作乐曲、指导教习社会名伶奏乐唱曲。如"苏州邬抡元善弄笛,寓合欣园,名妓多访之,抡元遂教其度曲。由是妓家词曲,皆出于邬,妓家呼之为邬先生,时人呼为乌师"②。

操琴游宴也是清代文士、官员的乐舞生产活动之一,清人李斗《扬州画舫录》卷九"小秦淮录"条记载了扬州城内武生吴仕与朋友日常操琴夜游的清雅生活,以及当地琴家的奏乐活动,其文曰:

> 武生吴仕柏,居董子祠,善鼓琴,日与徐锦堂、沈江门、吴重光、僧宝月游,夜则操缦,三更弗缀。扬州琴学,以徐祎为最。祎字晋臣,受知于年方伯希尧,为之刊《澄鉴堂琴谱》。次之徐锦堂,著有《五知斋琴谱》,谓之"二徐"。若江门、重光,皆其选也。扬州收藏家多古琴,其最古者,惟马半查家雷琴,内斫开元二年雷霄斫。③

文人是戏曲创作的骨干力量,其戏曲创作活动主要表现在两个方面:一是热爱戏曲,常常有感而发自觉创作;二是受皇室或官府委托进行戏曲创作,如乾隆十六年(1751年),高宗第一次南巡之时,地方州府曾委托清代诗人厉鹗及文学家、藏书家吴城分别创作《百灵效瑞》《群仙祝寿》两部作品,合称为《迎銮新曲》。

文人对戏曲的热爱使得他们不局限于创作剧本,还亲自参与戏曲演出,进行拍曲活动。在创作、排演词曲传奇的活动中,文人曲家也常常以教习私家乐人为乐,这种亲自教习私家伶工的行为也体现了文人群体高超的乐舞技艺水平。对此,文献多有记载,如王应奎《柳南随笔》卷二记载文人徐锡允"家蓄优童,亲自按乐句指授,演剧之妙,遂冠一邑";张潮《虞初新志》卷十六载,查继佐"尽出其囊中装,买美鬟十二,教之歌舞。……孝廉夫人亦妙解音律,亲为家伎拍板,正其曲误。以此,查氏女乐遂为浙中名部";《清稗类钞》中"王梦楼教僮度曲"条云:"丹徒王梦楼太守文治,尝

---

① 徐林. 明代中晚期江南士人社会交往研究[D]. 长春:东北师范大学,2002:21.
② 李斗. 清代史料笔记丛刊:扬州画舫录[M]. 汪北平,涂雨公,点校. 北京:中华书局,1980:199.
③ 李斗. 清代史料笔记丛刊:扬州画舫录[M]. 汪北平,涂雨公,点校. 北京:中华书局,1980:207.

买僮教之度曲，行无远近，必以歌伶自随，辨论音乐，穷极幽渺"；等等。当然，相比能够敷演的戏剧作品，文士的杂剧创作更多的是一种案头行为，强调的是对自我文雅的标榜。

（四）官员及八旗子弟

官员也是清代社会重要的乐舞生产群体之一，宫廷内的太和殿筵宴、赐外藩蒙古王公宴时常常有"庆隆舞"演出，这种演出常常由重要的大臣来承应。如《钦定大清会典事例二》卷四百二载，嘉庆朝举行大燕礼时，"左翼又东，设满舞大臣席，西向，礼部带庆隆舞大臣一员，席于黄凉棚之左。又带庆隆舞大臣一员，及内务府总管，席于黄凉棚之右"。当然，具体演出时，这些表演乐舞的臣僚多由礼部带领进入，并在进茶、进酒、进馔之后进行"庆隆舞"表演，内容包括"扬烈舞"及"喜起舞"。舞蹈结束之后，笳吹、番部合奏人员奏蒙古乐曲，然后进各族乐舞及杂技百戏。①

官员从事乐舞生产的一个重要群体是被帝王委任主管乐部的官员们。如《清史稿》卷九十四载，乾隆七年（1742年），"专设乐部……以礼部内务府大臣及各部院大臣谙晓音律者总理之"②。显然，这些通晓音律的大臣作为乐部主管，可以充分发挥自己的专业特长，推动宫廷乐舞的专业化发展。

清代官员从事乐舞生产常常会受到帝王的赏赐，对此，《钦定大清会典事例三》卷四百十四中多有记载：

> 雍正五年，除夕元旦等日筵宴分别赏给满洲队舞大臣及舞乐人等缎布，嗣后定为常例。
>
> 乾隆三年，除夕元旦上元三大筵宴，满洲队舞大臣有因差遣未完次数者，停给蟒缎，照例赏大缎二匹，余乐舞人赏给如例。……
>
> 十六年，圣驾南巡，于正月十三日启銮，所有筵宴、满洲队舞大臣及乐舞人等，俱未完次数，减半给赏。
>
> 二十七年，筵宴，满洲队舞大臣及乐舞人等未完次数，减半赏给缎布。
>
> 三十年，筵宴，满洲队舞大臣及乐舞人等，未完次数，减半给赏。③

---

① 万依. 故宫辞典［M］. 上海：文汇出版社. 2016：313.
② 赵尔巽，等. 清史稿［M］. 中华书局编辑部，点校. 北京：中华书局，1976：2755.
③ 清会典：嘉庆朝：钦定大清会典事例三：卷四百十四.

以上史料中记载了满洲队舞大臣在雍正、乾隆年间筵宴承应队舞演出及所得赏赐的情形,这一方面说明帝王对臣僚从事乐舞生产的重视,另一方面也说明清代很多官员,尤其是满族官员都具有较高的乐舞技能,抑或说很多满人官员把乐舞作为一个必修技能。

戏曲的盛行也导致很多官员不光是欣赏,还亲自学唱戏曲,表演戏曲。但这有违清朝政府对官员的管理条例,因此,出现了对臣僚私学唱戏进行惩罚的现象。如《大清高宗纯皇帝实录十七》卷一千三百一十八载:

> 至兵丁作为优人一节,尤不大可。驻藏兵丁特为防守地方,平日自当演习武艺。倘有不肖兵丁私学唱戏者大臣等尚宜严禁。岂可反令改作优伶……嗣后该处除商民唱戏,毋庸禁止外,倘该大臣等仍有听兵丁演戏者,朕必从重办理。①

嘉庆年间,御史和顺也上奏曰:"闻旗人中竟有演唱戏文,值戏园演剧之日,戏班中邀同登台装演,请旨饬禁一折","八旗子弟,不务正业偷闲游荡屡经严旨训谕"。因为"若果搀入戏班,登台演剧,实属甘为下贱"。清朝政府禁止官员、八旗子弟演戏,从嘉庆皇帝回复御史的奏折中也可得到确证。其(嘉庆皇帝)云:

> 御史有言事之责。于此等风俗攸关事件。既有所闻自应据实入告,因谕令该御史将演剧之旗人按名指出,以便究办。随据和顺指奏六人。当交步军统领衙门按名查拿。②

《大清仁宗睿皇帝实录三》卷一百六十九也详细记载了军机大臣查证御史观戏、演戏证据的详细过程:

> 据称伊曾经骑马行过戏园,遥见演剧时有旗人在内,既又称系伊家人在戏园看见等语。所奏已属支离。乃昨据禄康等具奏,将演剧旗人查拿到案,并讯据广成茶园看座之王大供称,向有和御史常到园内听戏。因令军机大臣会同刑部将王大传到。令该御史杂入各官队中令其指认王大即能指出。并称其曾在戏园争占下场门坐位。经军机大臣向该御史询问。伊并不承认,惟称今年夏天上衙门,路过西单牌楼戏

---

① 清实录:大清高宗纯皇帝实录十七:卷一千三百一十八.
② 清实录:大清仁宗睿皇帝实录三:卷一百六十九.

园，曾经进内察看，因欲具奏是以于新近不记得日子，又曾到园一次，均系未戴顶帽，密为访查等语，是该御史赴园看戏，业经属实即云查访具奏。该御史夏间查看确实，即应奏闻何以至此时又复到园一次。始行具奏，且于召见询问时，亦未将先后到园情节，据实入告。迨至王大指认质证，始以到园访查为辞意图抵赖前曾叠次降旨谕令八旗官员等，不准私去帽顶、潜赴茶园戏馆。今该御史身为风宪之官，为朝廷之耳目竟不知自爱。潜赴茶园听戏，至为市侩等所熟识，即此已属溺职。所奏只为私忿争坐起见假公济私。快其宿怨卑鄙已极。若皆似此互相攻讦岂不蹈明季言官之陋习乎。和顺实为言官中之败类，玷辱台谏之职。①

（五）商贾

在清代，商贾也是乐舞生产者。《扬州画舫录》卷五"新城北录下"条记载了清代商贾精于戏曲工尺的案例，其云：

> 程志辂，字载勋，家巨富，好词曲。所录工尺曲谱十数橱，大半为世上不传之本。凡名优至扬，无不争欲识。有生曲不谙工尺者，就而问之。②

清代江南民众的经商之风使得社会上形成了一批儒商兼备的群体，他们经营着各种生意和手工作坊，家境殷实富庶，生活惬意悠闲，同时兼具文人儒生的诗文之趣和征歌度曲的风雅嗜好。

（六）僧道之人

僧道之人也是乐舞生产者。从现有文献来看，清代出现了大量专职从事乐舞活动的僧道之人。不仅如此，频繁的宗教活动也促使部分僧道之人兼职从事乐舞活动。

从文献来看，清代城隍庙乐舞活动发展比较突出。由于兼具官方性质，清代城隍庙遍布各个州府乡镇，成为官方和民间共同的宗教活动场所。在城隍庙、火神庙等场所进行的大规模驱鬼游神的活动中，除了乐户、戏班之外，道士们也承担着乐舞的组织和表演责任。

---

① 清实录：大清仁宗睿皇帝实录三：卷一百六十九.
② 李斗. 清代史料笔记丛刊：扬州画舫录 [M]. 汪北平，涂雨公，点校. 北京：中华书局，1980：136.

一些高僧、知名道士也在传佛、悟道的过程中，与文士一样进行乐舞、戏曲创作。精通琴学的高僧很多，如清代扬州乐善庵著名僧人宝月善棋好琴，常常与武生吴仕柏、徐锦堂、沈江门、吴重光等人游远、操缦，三更弗缀。另一僧人孙先机也"以琴棋世其传，每弹普庵咒诸曲，石庄恒吹箫和之"①。道士中也有善乐者，如扬州的潘五道士能吹无底洞箫以和小曲，时人认为他与当时的名工可相媲美。②

由于民间演戏活动的兴盛，清朝政府委任地方官员常常出榜禁止民众演佛戏、僧道参与演出。如《培远堂偶存稿》载，陈宏谋在江苏任职期间，明令禁丧演戏、尼僧弹唱佛戏、神诞演剧，所谓：

  丧葬大事，重在附身附棺，尤在致哀尽礼。新丧经忏绵延数旬，佛戏歌弹，故违禁令；举殡之时，设宴演剧，全无哀礼；人兽纸器，拥塞道路，夸耀愚人；适为有识者窃笑……久奉上谕，申饬严禁。嗣后丧葬不许有佛戏……地方官一闻佛戏，将乐器取追入官，僧道责处。出殡演剧，立即拿究。③

乾隆二十七年（1762年）亦有因五城寺观僧尼开场演剧，男女概得出资随附，号曰善会，随将五城寺观僧尼稽查归案的记载。

显然，地方州府禁止僧道之人从事宗教乐舞、戏曲生产活动的现象，充分说明此风之胜，以致影响乡规礼俗，以及政府治理，所以不得不诏令禁止。

（七）帝王

清代帝王从事乐舞生产也屡见不鲜。如康熙帝精通乐律，《清史稿》卷九十四云，"帝本长畴人术，加之以密率，基之以实测，管音弦分千载之袭缪，至是乃定"④。曾与大臣以五声八风图来确定清代所用乐律，对此，《清史稿》卷九十四记载：

---

① 李斗. 清代史料笔记丛刊：扬州画舫录 [M]. 汪北平，涂雨公，点校. 北京：中华书局，1980：207，213.

② 李斗. 清代史料笔记丛刊：扬州画舫录 [M]. 汪北平，涂雨公，点校. 北京：中华书局，1980：257.

③ 魏源. 皇朝经世文编：卷五十四至卷六十九：礼政 [M]// 魏源全集：第十六册. 曹瑄，校勘. 长沙：岳麓书社，2004：656-657.

④ 赵尔巽，等. 清史稿 [M]. 中华书局编辑部，点校. 北京：中华书局，1976：2748.

> 三十一年，御乾清宫，召大学士九卿前，指五声八风图示之……随命乐人取笛和瑟次第审音，至第八声，仍还本音。上曰："此非隔八相生之义耶？"群臣皆曰："诚如圣训，非臣等闻见所及。"①

康熙帝曾一度沉迷于研究乐律，于康熙五十二年（1713年）在蒙养斋立馆修律吕诸书，并四处寻求通晓乐律之人，后由景州魏廷珍、宁国梅珏成、交河王兰生担任编纂。《清史稿》中还记载康熙帝除精通乐律外，还擅长乐舞，曾在孝惠章皇后的七十岁寿诞上"亲舞称觞"。②

乾隆也是一位具有较高音乐素养的帝王。据记载，在乾隆六年（1741年）他听奏中和韶乐时，发现了音律节奏与乐章有违和之感，遂命和亲王弘昼与允禄奏试。③ 这一方面体现了乾隆帝具有极高的音乐素养，另一方面说明了亲王们也具有较高的音乐演奏能力。而这种现象的出现，充分说明清朝历代帝王在对子女的教育中，强调了音乐素养教育。

二、音乐生产与消费的方式、场所、目的

清代非商业性的音乐生产方式，从生产主体来看，可以分为四种：政府主导、管理下的乐舞生产与消费，私家恩主主导、组织下的乐舞生产与消费，宗教活动、民间风俗制约下的乐舞生产与消费，士人结社雅集活动中的乐舞生产与消费。具体论述如下：

（一）政府主导下的乐舞生产与消费

前文已述，清代是乐籍制度从前朝的繁盛走向消亡的重要历史时期，在籍乐人规模庞大，即便是在乐籍制度瓦解之后，在历史惯性的作用下，乐人数量仍然众多。因此，皇室和地方州府依然实际管理着职业乐人，他们的乐舞生产都在各级政府主导下进行，虽不像前朝那样具有严格的轮值轮训制度，但依然要无条件地服从皇室、地方州府的管理，随时应差，为政府提供乐舞生产服务，以满足政府的乐舞消费需求。这一过程中，政府支付了大量的经济成本，对乐舞生产者来说，虽没有获得商业性的回报，仅仅是一种公务性的应差，却可以此获得生存或社会地位的基本保障。

---

① 赵尔巽，等. 清史稿 [M]. 中华书局编辑部，点校. 北京：中华书局，1976：2738.
② 赵尔巽，等. 清史稿 [M]. 中华书局编辑部，点校. 北京：中华书局，1976：2739-2740.
③ 赵尔巽，等. 清史稿 [M]. 中华书局编辑部，点校. 北京：中华书局，1976：2749.

从文献来看，清代宫廷内的祭祀与仪式乐舞生产活动类型繁多，乐舞生产的参与者不仅有乐人乐官，还有部分礼部官员，其具体类型及场所如表4-1所示。①

表4-1 宫廷祭祀与仪式乐舞生产类型及场所

	类型	场所
重要祭祀活动	冬至祀天	天坛（圜丘）
	孟春祈谷	祈年殿
	夏至方泽大祀	地坛（方泽）
	祭社稷坛	社稷坛
	太庙祫祭	太庙
	坤宁宫祭神	坤宁宫
	奉先殿祭祀	奉先殿
	祭先农坛	先农坛
	祭先蚕坛	先蚕坛
	堂子元旦祭	堂子
	堂子立杆祭	堂子
	马祭	亭式殿
	浴佛	堂子
重要仪礼活动	登极大典	太和殿、太和门
	冬至、元旦、万寿圣节朝贺	太和殿、太和门
	大婚礼、册立礼	太和殿、皇后府邸或皇后宫中
	册尊皇太后及恭上徽号	慈宁宫、太和殿
	册立皇后仪	太和殿
	冬至、元旦、万寿圣节内廷庆贺	乾清宫
	冬至、元旦、皇太后圣寿节内廷庆贺	慈宁宫
	冬至、元旦、皇后千秋内廷庆贺	受礼地点由礼部奏准行总管内务府，转由敬事房遵照奉行，一般在交泰殿

在政府主导下的乐舞生产消费中，戏曲是最主要的生产消费内容，乐人也常常被应召在皇室、地方州府的宴飨和各类重要政治、宗教活动中表演戏曲。清代宫廷内有专门的演戏机构，从康熙年间的南府、景山到道光年间的升平署，戏曲一直在清代宫廷娱乐中占据重要地位。具体来说，清

---

① 参考万依. 故宫辞典［M］. 上海：文汇出版社，1996：266–281.

代宫廷戏曲演出活动主要包括庆典承应和月令承应两大类，其中又包含与朔望承应和节庆承应密切相关的大戏承应。清代宫廷内伶人演戏，由太监分班当值随叫随到，每月初一、十五正式承应，规模较小，称作花唱、上排、帽儿排。

在宫廷内的重大筵宴中也有戏曲承应，诸如太和殿筵宴，康乾年间的千叟宴及后宫皇后、皇贵妃、贵妃等人的千秋宴等，清史文献也都有明确记载，现将其整理如下（表4-2）。

表4-2　清代宫廷重大筵宴戏曲承应情况

筵宴名称	时间或地点
太和殿筵宴	太和殿，清朝最高规格的大宴，每于元旦、冬至、万寿节等重大节日举行
皇帝赐外廷王公大臣等宴	每逢万寿、上元、端阳、中秋、重阳、冬至、除夕等节令，皇帝在宫中赐王公大臣宴。宫殿监请旨备办，地点再定
外藩蒙古王公等宴	岁除日于保和殿举行，正月十五上元节于圆明园正大光明殿举行
凯旋宴	南郊或西苑紫光阁
乾清宫家宴	乾清宫，皇帝寿辰、元旦、除夕及各节令举行；且万寿、上元、端阳、中秋、重阳、冬至、除夕等节令，皇上赐皇后、皇贵妃等位宴
皇太后圣寿节宴	慈宁宫
皇后千秋宴	皇后宫中，宫殿监请旨设宴
皇贵妃千秋宴	皇贵妃宫中，由妃率嫔等人行礼
贵妃千秋宴	贵妃宫中，内廷贵妃以下，由嫔率贵人行礼
千叟宴	康熙五十年畅春园、康熙六十一年乾清宫
	乾隆五十年乾清宫、嘉庆元年皇极殿

如今紫禁城中保存较好的畅音阁戏台、倦勤斋戏台、淑芳斋戏台、重华宫戏台等，都见证了清代宫廷演戏活动的繁盛。

州府也是主导戏曲乐舞生产的重要力量之一。现今留存的康熙万寿图、崇庆皇太后万寿图等图册中详细记载了不同地区、不同政府部门进献的戏曲演出情况，其中康熙万寿图中有长芦戏台、五旗诸王戏台、正黄旗戏台、礼部戏台等，崇庆皇太后万寿图中有广仁宫戏台、万寿寺戏台、五塔寺戏台、西安巡抚万寿处戏台、陕甘总督尹继善建戏台、广西恭祝万寿处戏台等，这充分说明在帝王重大寿宴庆典之际，各州府、旗和政府部门为帝王献戏已成为当时的一种风尚。

在州府筵宴之时，戏曲也占重要地位。如焦循《剧说》卷六引《真珠船》曰："谢宪使朝鲜，正德初以御史升浙之宪副。始上任，开宴，优人以前传奇呈。"①《东川府志》卷六也记载，在雍正时期"各科乡试后一月，凡新旧会试举人，府县择期递启一通于府堂，设盒酒演戏"②。

这一时期，政府主导下的乐舞生产与消费也出现了一些新的情况，即在很多重大活动中，尤其是宴请藩王等重要宾客时，并非都是以官方形式出现，而是呈现出官私结合的性质。即在款待贵客时，除了轮值轮训的官妓外，宴请者也会动用自己的私家乐妓，或聘请社会上的知名乐人、戏班等，从而构建了一种官私结合、商业和非商业杂糅的新形式。

当然，在获取生活保障的基础上，很多在籍乐人竞相提升自己的乐舞技能水平，目的则是获得更高的地位，赢得更多的社会尊重。有些乐人在应差的时候凭借高超的乐舞水平获得了王公贵族的青睐和赏赐。清人吴伟业的《林顿儿》一诗生动地描绘了这一现象：

临顿谁家儿？生小秀白皙。阿爷负官钱，弃置何仓卒！
给我适谁家？朱门临广陌。嘱侬且好住，跳弄无知识。
独怪临去时，摩首如怜惜。三年教歌舞，万里离亲戚。
绝技逢侯王，宠异施恩泽。高堂红氍毹，华灯布瑶席。
授以紫檀槽，吹以白玉笛。文锦缝我衣，珍珠装我额。
瑟瑟珊瑚枝，曲罢恣狼藉。我本贫家子，邂逅遭抛掷。
一身被驱使，两口无消息。纵赏千黄金，莫救饿死骨。
欢乐居他乡，骨肉诚何益。③

（二）私家恩主主导下的乐舞生产与消费

伴随着商业经济的繁荣及民众尚儒重学风气的兴盛，清代环太湖流域出现了大量有闲、有钱的富商、官宦及富裕的民众群体，这使得蓄养私家乐妓的风尚再次兴盛起来。它不仅表现为大量的文士、官员、富商竞相蓄养乐妓、歌僮、乐班，也表现为文人、富商购买青楼歌妓、在籍乐人，通

---

① 焦循. 剧说[M]//中国戏曲研究院. 中国古典戏曲论著集成：八. 北京：中国戏剧出版社，1959：210.
② 《东川府志·东川府续志》校注本[M]. 梁晓强，校注. 昆明：云南人民出版社，2006：153.
③ 靳荣藩. 吴诗集览：卷三[M]. 清乾隆四十年（1775）凌云亭刊本.

过金钱的方式解除他们的乐籍、娼籍身份，使他们摇身一变成为私家奴婢、小妾或夫人。无论何种情况，这些乐人最后归属于私家，其生存依托于恩主，其乐舞的生产也是根据恩主的需求进行的非营利性模式。

如在清兵占据南京后，祁彪佳之兄祁止祥逃离时还不忘携带私家乐人，并且一到杭州就要演戏。在奢乐风气影响下，自办家班进行戏曲乐舞表演，已经成为很多戏曲家、文士的一种生活追求。这些文士们往往具有较高的艺术修养，酷爱戏曲，亲自调教家乐乐人，甚至与家乐乐人一起敷演戏曲、歌舞，家乐乐人的水平、风格可以集中体现主人的审美趣味和艺术层次。如兰溪名士李渔在将近六十岁时才获得别人赠送的乔姬、王姬，并以二人为基础建立了自己的家班，排演自己的作品或当时最新的作品，游走于官宦、富商之家。

自家厅堂是文士、官员欣赏私家乐人演出的主要场所，为了更好地进行乐舞排演和欣赏，尤其是戏曲敷演，富庶的文士常常精心修建、装饰自家的厅堂，甚至单独建造用于接待贵客、雅集和歌舞表演的厅堂。现今遗存的环太湖流域城市如苏州、杭州、无锡等地的大量清代文士、官员私家宅院，其内大多建有舞榭楼台、戏台的现象充分证明了这种情况在当时的普遍性。

游宴也是文士主导下的私家乐舞消费的一种重要方式。《苏州府志》记载，清代大量的北方文士聚集江南，与江南文士一起延续了明代的结社之风，每到重大的社团活动，社团成员不远千里，前来聚会，并相互结伴而游，颇为壮观。清初文士汪然明在《春日湖上观曹氏女乐》一诗中就描述了这种盛况："销魂每为听吴歌，况复名家艳绮罗。风吹遥闻花下过，游人应向六桥多。"诗人在另一首诗《秋日过汝开侄山居听周元仲弹琴，余出歌儿佐酒》亦描绘了游宴的场景："吴歌压酒夜飞觞，林里张灯乐未央。漫说新声能震木，只缘座上有周郎。"游船画舫成为私家乐舞的表演场所和恩主的消费之地。

除了官员、文士之外，商贾也是私家乐妓的恩主和消费者的主要群体。尤其是伴随着长江航道和京杭运河沿岸的商业繁荣，地域性商帮渐趋形成，最具代表性的是徽商、晋商，他们以扬州为中心，凭借着对两淮盐业的垄断，迅速积聚了大量财富。于是，富甲一方的商贾们大肆修建园林府邸，并效仿文人雅士、贵族官员的生活方式，大量蓄养歌妓舞妓、戏班，足迹遍及北京、扬州、南京、苏州和杭州，奢侈生活令人咋舌。当然，富商们的蓄妓之风更多体现在日常宴饮消费上——让所蓄乐妓按照自己的需求进行乐舞生产，以显示出主人的富庶及风雅，表演内容也往往根据主人和客人的审美爱好而定。

从乐舞生产者的角度来看，私家乐人大多是恩主精心培养出来的，为恩主服务是其乐舞生产的根本目的，他们借此换取恩主的庇护。由此，有很多私家乐人积极提高自己的乐舞水平，希望能够博得恩主的欢心和重视，以提高自己在恩主心中的地位，换取更高的待遇。从消费的角度来看，文士、官员、贵族、商贾及普通富庶民众广为蓄妓的目的是宴飨娱乐、乐舞抒情。在此目的下，很多精于乐舞的文士、商贾常常与所蓄之妓、所雇之妓一起酣歌游宴。

由于是恩主主导，所以很多时候，私家乐人的乐舞生产就成为文士抒情、体悟人生，追求哲理、宗教慰藉的一种媒介。这种放诞不拘的品性和笃信释道的思想，是清代文士倾慕六朝风度的体现。

（三）民间风俗与宗教活动制约下的乐舞生产与消费

民间风俗与宗教活动制约下的乐舞生产在清代呈现出两面性：一是在民间风俗和宗教活动中进行的部分乐舞活动呈现出非商业性的特征，乐舞酬神和乐舞娱人的特性显著；二是商业性的乐舞活动已经遍布城镇乡村各类风俗场所和宗教场所，人们在各个场合雇佣专业乐人进行乐舞生产与消费。下文将主要分析风俗活动和宗教活动中的非商业性的乐舞生产与消费，他们的生产内容和消费趋向都是遵循着民俗活动的性质和宗教活动的目的而展开的。

迎神赛会作为江南重要的民俗节日，职业乐人常常被邀或自愿进行乐舞生产。其他节庆活动也是如此，如很多文人笔下的苏州城，节庆日乐舞不绝、热闹非凡。

在民间风俗活动的影响下，即便不是节庆风俗日，乡村野老也会即兴饮酒酣歌，借以抒怀。清陈鼎《留溪外传》卷一记载江阴青阳里人狗屠，"二亲皆老，俱好饮。狗屠日沽美酒奉之，且鼓腹讴吴歈于膝下，……高声唱萧相国月下追韩淮阴曲，……狗屠三年丧毕，日携一樽酒入社祠，与群乞儿杂坐，饮醉，则或讴吴歈，或说笑谈，或高声唱萧相国月下追韩淮阴曲以自乐"[①]。

---

① 陈鼎. 留溪外传：卷一 [M]. 清康熙三十七年（1698）自刻本.

清代城隍庙遍布各个州府乡镇,与民众的社会生活紧密相连。有学者甚至认为清代城隍庙既是国家正式祭祀的重要场所,也是官员自上而下改良和教化基层民众的重要场所,更是大规模驱鬼游神活动的中心。每逢城隍出巡,整座城市喧嚣鼎沸,其中最惹眼的便是接连不断的游神队伍:吹吹打打的乐户、戏班子及那些求神的香客。因此,清代城隍庙具有极强的官方色彩,出入或参与城隍庙活动的人群不仅有道士、衙役、里社乡民,还有地方官、香会成员和地方精英。地方官在到任之初,以及每月的初一、十五,一般都要亲自前往城隍庙拜谒,城隍庙也(往往)被用来举行祈雨的仪式及公审或办理其他事务。①

当然,民间寺院、道观的宗教活动也极为兴盛,如《清嘉录》卷七"盂兰盆会"条记载:

> 好事之徒,敛钱纠会,集僧众,设坛礼忏诵经。摄孤判斛,施放焰口,纸糊方相长丈余,纸锭累数百万,香亭幡盖,击鼓鸣锣,杂以盂兰盆冥器之属,于街头城隅焚化。名曰"盂兰盆会"。②

显然在清代,寺院、道观、城隍庙成为官员、文士、僧侣、道士、缙绅名流相互结交的重要场所,僧侣、道士也以结交社会名流为荣耀。因此,兼具宗教性、世俗性的乐舞娱乐活动就成为双方的媒介。这样的乐舞娱乐活动,对普通名众而言,既能追求宗教信仰,也获得了身心的愉悦和境界的提升。

(四)士人结社雅集活动中的乐舞生产与消费

雅集活动的体现之一就是士人的游宴行为,所谓"智者乐水,仁者乐山",追求名士之风的士人们往往希望通过游走山水之间,酣歌畅饮来达到一种物我两忘、天人合一的人生境界。清人余怀在《板桥杂记》中描绘了金陵之地文士、贵族游宴之盛况:

> 金陵为帝王建都之地,公侯咸畹甲第连云,宗室王孙翩翩裘马,以及乌衣子弟,湖海宾游,靡不挟弹吹箫,经过赵李。每开筵宴,则

---

① 高万桑,曹新宇,古胜红.清代江南地区的城隍庙、张天师及道教官僚体系[J].清史研究,2010(1):1-11.

② 顾禄.清代史料笔记丛刊:清嘉录 桐桥倚棹录[M].来新夏,王稼句,点校.北京:中华书局,2008:154.

传呼乐籍，罗绮芬芳，行酒纠觞，留髡送客，酒阑棋罢，坠珥遗簪。真欲界之仙都，升平之乐国也。①

清代的苏州、扬州一带也盛行雅集之风，时称"诗文之会"。《扬州画舫录》卷八"城西录"条记载当时扬州的诗文之会以马氏小玲珑山馆、程氏筱园及郑氏休园最为著名：

> 至会期，于园中各设一案。上置笔二……每会酒肴俱极珍美，一日共诗成矣。请听曲，邀至一厅甚旧，有绿琉璃四，又选老乐工四人至，均没齿秃发，约八九十岁矣，各奏一曲而退。倏忽间命启屏门，门启则后二进皆楼，红灯千盏，男女乐各一部，俱十五六岁妙年也。②

当然，在众多的雅集活动中，最突出的是以音乐为主旨的结社活动。这类活动的出现得益于崇尚名士之风，以及士人追求艺术审美情趣、喜好琴棋书画艺术活动的社会氛围。受此影响，一些知名乐人也会在茶楼酒肆中进行雅集式乐舞生产消费，如《板桥杂记》载：

> 曲中狎客，有张卯官笛、张魁官箫、管五官管子、吴章甫弦索、盛仲文打十番鼓、丁继之、张燕筑、沈元甫、王公远、宋维章串戏，柳敬亭说书。或集于二李家，或集于眉楼，每集必费百金，此亦销金之窟也。③

三、政府乐器与表演道具的生产与消费

（一）乐器消耗与整修

乐器是音乐活动中必不可少的重要环节，也是乐舞生产消费的重要项目。从广义经济学维度来看，清代以宫廷为代表的乐器采办、乐器整修都属于非商业性行为。主要原因在于它是作为国家行为开展的，与个体商业性的乐器生产消费具有显著差异。

---

① 张潮. 虞初新志 [M] // 张潮. 张潮全集：第五册. 刘和文，校注. 合肥：黄山书社，2021：244.
② 李斗. 清代史料笔记丛刊：扬州画舫录 [M]. 汪北平，涂雨公，点校. 北京：中华书局，1980：180-181.
③ 张潮. 虞初新志 [M] // 张潮. 张潮全集：第五册. 刘和文，校注. 合肥：黄山书社，2021：260-261.

从文献来看，清代宫廷乐器的耗费极为庞大。以《故宫辞典》对清代宫廷乐器的整理数据为例，清宫内各项用乐所涉及的乐器包括：

指挥乐器：戏竹；

打击乐器：导迎鼓、手鼓、小和钹、锣、星、铴、大和钹、铙、花匡鼓、得胜鼓、金、钲、行鼓、钹、达卜、那噶喇、俳鼓、接足、巴打拉、蚌札、接内搭兜呼、结莽聂兜布、稽湾斜枯、龙思马尔得勒窝、得勒窝、苍清、柏旦尔、丐三音锣、丐拍、丐鼓、达布拉、达拉、公古里；

吹管乐器：海笛、蒙古角、螺、苏尔奈、巴拉满、胡笳、口琴、觱篥、不垒、聂兜姜、得梨、丐哨；

弓弦乐器：奚琴、哈尔札克、胡琴、番部胡琴、提琴、得约总、丐弹胡琴、萨朗济；

弹拨乐器：筝、琵琶、三弦、喀尔奈、塞他尔、喇巴卜、二弦、月琴、火不思、密穹总、总稿机、巴汪、丐弹弦子、丐弹双韵、丐弹琵琶、丹布拉；

擦弦乐器：轧筝。①

清代宫廷对乐器使用比较重视，管理也比较完善。如规定每一祭祀仪式，都有一专门管理乐器之所，乐器被专门制造，应用于该项祭祀仪式。即便是乐器的一些配件，诸如琴弦、修补材料等也由指定机构来制作。如《钦定大清会典事例三》卷一千二百一十八中有关升平署乐器来源的记载，其云："铁作活计乐器弦线应传物件，由造办处制办。"②

清代宫廷内的乐器来源主要有三：

一是由宫廷造办处采购和制作。如乾隆二十六年（1761年），乾隆皇帝在贡品的基础上制造了十二律镈钟，并亲自制铭用以中和特悬。允禄等人又请示用和阗玉新造特磬十二虡与镈钟相配。

清代后期，西洋乐器开始传入中国，根据《清朝续文献通考》卷一百九十六记载，宫廷内的西洋乐器有罢东、徐透、四分之一批霞拿、哈泼、孟独铃、朋乔等。

显然，这些出现在宫廷的西洋乐器大部分是由宫廷采购而来。

二是由臣僚或四夷邦国进献。如乾隆二十六年（1761年），江西抚臣向

---

① 万依. 故宫辞典［M］. 上海：文汇出版社，2016：307－313.
② 清会典：光绪朝：钦定大清会典事例三：卷一千二百一十八：内务府四十九：杂例：升平署.

皇帝进献了十一枚古钟；《清朝文献通考》云："迄今回部乐归诚献其国俗乐器，列之殿廷与高丽国俳、瓦尔喀乐并陈于宴飨。"

三是继承自前代。如清初雅乐乐器多为明代遗存，但本身雅乐发展就有所欠缺的明代宫廷，传至清代的乐器多有破损。《清史稿》卷九十四载清世祖八年（1651年）由礼部向上请旨更定乐舞、乐章、乐器之数。① 清初期对雅乐乐器进行整修的记录如下：

> （顺治）十四年谕：祭祀关国家大典。应用乐器，尤所以感格神明。必精美完好，始足肃将诚恫。朕观各坛所用其中尚有敝损，非朕只事天地祖宗社稷、及致敬告古帝王圣贤之意。尔部即详行察验。应加修整者，节次开列奏请。以便修理更换。②

> （康熙二年）辛亥。礼部题请换造中和乐、丹陛乐等项乐器。从之。③

> （康熙五十三年）和硕诚亲王允祉等，奉命重修各坛、庙、宫殿、乐器。④

综观上述史料，清代初期对乐器的整修活动，既有皇帝通过礼部、乐部的奏折批准整修的，也有皇帝本人观乐器形状残破而下令整修的，由此可知清初对雅乐的重视及在乐器整修上的花费。

中国第一历史档案馆保存的档案记载了乾隆、嘉庆、道光、同治、光绪年间修整乐器的记录及所花费之银两，从各项支出可以看出，清代中后期乐器的整修范围较大，诸如乐器的修补、重新上漆、修补库房、乐器的装饰（绒绳之类）等，已经远不是清初对宫廷使用乐器的简单修补。这说明中后期帝王对乐器的要求进一步提高，不仅乐器的声音要符合他们的审美，在形制、装饰和保养等方面也都有了具体要求。

清代宫廷对雅乐器"磬"的维修，可以充分印证清代帝王对宫廷乐器建设的重视。表4-3是中国第一历史档案馆档案记载的乾隆四十一年（1776年）宫廷造磬的记录：

---

① 赵尔巽，等. 清史稿 [M]. 中华书局编辑部，点校. 北京：中华书局，1976：2736.
② 清会典：乾隆朝：钦定大清会典则例一：卷九十八.
③ 清实录：大清圣祖仁皇帝实录一：卷十.
④ 清实录：大清圣祖仁皇帝实录一：卷二百五十八.

表 4-3　乾隆四十一年（1776 年）宫廷造磬记录

日期	职位	负责人	进度呈报
二月十九日	叶尔羌办事大臣	玛兴阿	为叶尔羌和田采获玉石磬料制做粗坯送往京城事咨呈
二月十九日	叶尔羌办事大臣	玛兴阿	奏委员解送叶尔羌采获玉石磬料折
四月十二日	叶尔羌办事大臣	玛兴阿	为呈报叶尔羌采获磬料做粗坯数目事咨呈
四月十二日	叶尔羌办事大臣	玛兴阿	奏报叶尔羌采获玉石磬料送往京城事折
七月初十日	叶尔羌办事大臣	玛兴阿	奏报叶尔羌等处所造玉磬完工折
八月二十四日	叶尔羌办事大臣	玛兴阿	奏报叶尔羌所制磬坯已委员解送分队起程折
八月二十四日	叶尔羌办事大臣	玛兴阿	奏请嘉奖叶尔羌等处制造钟磬之官员和工匠等人折
十一月十二日	叶尔羌办事大臣	玛兴阿	奏遵旨赏赐叶尔羌造磬效力之伯克工匠等人缎布折

宫廷乐器磬的制作过程相对复杂，包括在原料原产地进行粗胚的制作，然后向京中呈报、点清数目；在当地制作完成后向京中呈报；最后由当地负责官员向皇帝呈报赏赐制造钟磬的官员、工匠，皇上对他们的工作予以肯定并给一定的财物或者名誉赏赐。

除以上乐器花销外，清代宫廷对不同场所使用的乐器设有不同的管理机构，这无疑增加了宫廷乐舞生产消费的成本。如《钦定大清会典事例三》卷一千二百一十八中有关于抖晾乐器的记载：

> 寿皇殿、圆明园、福园门内四所、保和殿、皇极门、时应宫、蚕坛各库房收存中和乐器，均由南府内学首领太监等抖晾。盛京热河收存中和乐器，由该二处人员收官抖晾。①

（二）乐舞服饰道具的添置及修补

清代五礼用乐颇为丰富，具体可分为宫廷与民间两个层级。宫廷内的

---

① 清会典：光绪朝：钦定大清会典事例三：卷一千二百一十八：内务府四十九：杂例：升平署.

五礼用乐在清初由教坊司、太常寺神乐观承应，在乾隆七年（1742年）改制后则由乐部和声署、神乐署什帮处等部门共同承应。从文献来看，宫廷五礼仪式中，乐舞表演的服装有着详细的规定，如表4-4所示。①

表4-4　清代宫廷五礼仪式中乐舞表演服装规定

冠服类别	形制
神乐署文舞生冠	冬冠为獭皮制，夏冠为玉草编织，形如一般冠制，顶子为镂花铜座，中饰方铜，镂葵花，上衔铜三角，如火珠形。神乐署乐生、执事生冠并同
神乐署文舞生袍	前后有方襕（如官员之补子），内为销金葵花。袍的颜色、质地不同场合各有规定：天坛、天神坛用石青绸，地坛、地祇坛用黑色绢，祈谷坛、社稷坛、日坛、历代帝王庙用红罗，太庙、先师庙、先农坛、太岁坛用红云缎，月坛用月白绸，腰系绿绸带
神乐署武舞生冠	冠形、质地与文舞生同，只顶子为上衔铜三棱，如古戟形
神乐署武舞生袍	通身销金葵花，余制与文舞生袍同，亦腰系绿绸带
神乐署执事生袍	无纹饰，唯天坛用石青绸，地坛用黑色绢，均不加缘。太庙、天神坛、地祇坛、太岁坛、先师庙用青云缎；社稷坛、日坛、历代帝王庙用青罗，皆蓝缘；祈谷坛用石青罗，红青缘；先农坛用青绢，蓝缘；月坛用青绸，月白缘
和声署乐生冠	冬、夏冠皆一般形制，冬冠用骚鼠皮，顶子均用镂花铜座，上植明黄色翎毛5根，呈掌状。銮仪卫士校尉冬冠用豹皮或黑毡为之，唯冬、夏冠顶子用素铜座，上植明黄翎
和声署乐生袍	中和韶乐乐生、执戏竹之人用红缎地，前后有方襕，中绣黄鹂；丹陛大乐等部乐生为红缎地，通身织小团葵花；銮仪卫舆士校尉亦着此服，绿绸腰带
銮仪卫护军袍	石青缎地，通身织金寿字，片金缘，领及袖端俱织金葵花

从文献可知，清代乐舞生的服制比较精美，既涉及基本的绸、缎、绢、罗等织物材料，又有葵花、黄鹂等精美的装饰图案，而且据祭祀对象不同，服饰的颜色也有所差别，这进一步增加了乐舞服饰的生产成本。据记载，一次仪式演出中，神乐署文舞生需有五套制服，武舞生也需有五套制服，冠则有冬、夏之分，每遇祭祀，在祀日之前，需由负责人上报，冠服有无损伤、需要修补之事。中国第一历史档案馆所收录清代档案记载，清代常有大臣上折奏请修补某一祭祀仪式中文武舞生的服饰，或领取银两制作乐舞服的相关记录：

---

① 参考万依. 故宫辞典［M］. 上海：文汇出版社，1996：324.

嘉庆十八年（1813年）七月二十二日，广储司衣库"呈明领取成做奉先殿大祭乐舞生袷袍等各工需用缎绸布匹等项数目事"。

咸丰二年（1852年）正月，神乐署署正田平润等将"方泽坛祭祀乐舞生应用青色葵花袍糟旧破烂不堪应祀呈报工程处事"。

同治二年（1863年），神乐署署正王远志上书曰："为祈谷坛祭祀，乐舞生应用葵花袍绿绸带花顶獭皮帽青布靴等糟旧不堪应祀呈报工程处事"。

同治九年（1870年）十二月二十九日，也有广储司衣库为"领取成做奉先殿等处乐舞生补袍等应行办买云缎等项所需银两事"。

清代五礼活动中的舞蹈道具也比较复杂，主要有节、旌、干、戚、羽、龠、笏几类，其中：

节，导文舞用，朱漆木杆长233.28厘米，上安金龙头，长31.1厘米，以挂节旄，施分9层，每层20.73厘米。

旌，导武舞用，其形制与节同。

干，用于中和韶乐乐舞，木质，盾形，上尖下平，中高116.64厘米，两边高103.68厘米，上宽23.32厘米，下宽20.73厘米。上截绘五彩云龙头，下截四边白漆，背面红漆，有曲木柄。

戚，用于中和韶乐乐舞，木质，斧形。斧头黑漆，刃白漆。背至刃16.38厘米，刃宽14.56厘米；背宽5.83厘米，厚3.88厘米。柄红漆，长50.46厘米。

羽，用于中和韶乐乐舞，红漆木柄长62.2厘米，柄上贴金龙头长15.55厘米，龙口插雉羽，长93.31厘米。

龠，用于中和韶乐乐舞，红漆竹管，径1.49厘米，长56.03厘米，开6孔。

笏，用于祭祀中的中和韶乐，槐木质，长43.2厘米，上宽7.04厘米，下宽8厘米，厚0.96厘米，白漆。

（三）戏箱的添置与修补

清后期，宫廷对戏曲颇为热衷，演戏所用道具也花销巨大。清代宫廷的戏箱添置包括衣箱、靠箱、盔箱、杂箱等，戏箱的添置奏折多在寿宴前夕，尤其乾隆、光绪年间记载较多。慈禧太后五旬万寿时，升平署为了迎合慈禧太后的审美，上奏当时的承差行头破烂不堪，希望老佛爷能赏添行头，以备承差。光绪之后，内务府奉命制作了许多戏装，这些戏装主要以绣缎材质、平金绣法为主，再配以图案或样式的创新，虽在绣工方面略逊于康乾盛世时期，在数量上却远超前者。

清代宫廷戏曲演出，在戏衣等方面的消耗也非常巨大，如朝鲜人朴趾源《热河日记》之《山庄杂记·戏本名目记》中载：

> 每设一本，呈戏之人无虑数百，皆服锦绣之衣，逐本易衣，而皆汉官袍帽。其设戏之时，暂施锦步障于戏台，阁上寂无人声，只有靴响。少焉撥帐，则已阁中山峙海涵、松矫日煮，所谓九如歌颂者即是也。①

据清代档案，乾隆六年（1741年）和四十七年（1782年）均做过不少戏衣。且随着清代经济实力的衰退，宫廷内戏衣的精美程度呈下降趋势，可见它与社会经济的发展密切关联。

清代宫廷内演戏之切末等也需要一定的养护。《钦定大清会典事例三》卷一千二百一十八记载：

> 同乐园钱粮处存储切末等项，由南府总管派委，首领太监等抖晾。重华宫，圆明园内敷春堂、澄虚榭、双鹤斋各库存储切末，并十番乐器官戏等项，及寿安宫长房二处，库储切末，由内学首领太监、外学首领分别抖晾，热河张三营、盘山，存储切末，由各该处人员收管抖晾。……南府西档房存有昭代箫韶九宫大成劝善金科板片，移交内务府空房存储。②

除此之外，嘉庆年间宫廷还处理过一桩官员私自购买戏箱，并将其租给戏班以获取利益的案件，足见当时演戏之盛，出租戏厢等道具也成为官员发财的手段：

> ［嘉庆十一年（1806年）十月下］至笔帖式德馨置买戏箱行头，赁给戏班，按日收钱本有不合，且据供认曾戴便帽赴园查点箱件亦属有乖体制。和顺德馨均著先行革职，交军机大臣会同刑部归案质讯定拟具奏。③

---

① 朴趾源. 热河日记［M］. 朱瑞平，校点. 上海：上海书店出版社，1997：251.
② 清会典. 光绪朝：钦定大清会典事例三：卷一千二百一十八：内务府四十九：杂例：升平署.
③ 清实录：大清仁宗睿皇帝实录三：卷一百六十九.

第二节 清代商业性的音乐生产与消费

一、音乐生产者

清代从事商业性音乐生产的主要是专职乐人。前文已述,在乐籍制度解体以前,这些乐人可以分为在籍乐人和非在籍乐人(也包括部分私家乐人)。雍正之后,乐籍制度解体,乐人就成为一个行业的统称,可分为职业乐人和非职业乐人。但从商业性音乐生产的实际情况来看,乐舞生产者的分类并非如此简单,它涉及社会各个阶层群体。因此,本节依然是按照乐舞生产者的社会属性进行划分。

(一)政府所辖在籍乐人

清代以来,乐籍制度渐趋解体,但皇室和地方州府依然管辖有专业从事乐舞生产的乐人,这些在籍乐人本应只从事应差服务,领取政府发放的俸禄或享受减免税收政策,但社会的发展使得他们在应差之外,开始从事更多的商业性乐舞生产。此种行为的根本原因在于逐利,即从皇室到地方州府给在籍乐人发放的俸禄相对较少,乐人很难依此养家糊口,更不用说维持艺人所追求的体面生活。因此,外出到官人商贾之家、茶楼酒肆进行商业演出,就成为乐人获取额外经济收入的重要途径,很多时候乐人们通过外出服务获取更高的经济收入,过上富庶的生活。

在籍乐人外出商演的另一个重要原因是政府本身也开始有目的地组织乐人进行商业性演出。尤其是清中后期乐籍制度解体之后,政府组织乐人进行演出,会按照社会上商业演出的一般惯例,支付一定数量的报酬,称之为"赏钱",数额比一般堂会稍多;有时除了"赏钱",政府还会给应差者一定数额的酒食、车轿费用。因此,乐人们深受此风影响,也纷纷在社会上进行商业演出。与此同时,前代乐籍制度所遗留下来的乐户一旦脱离了乐籍,其经济收入全部来自商业性演出。

(二)戏班

戏班是社会上专职从事商业性乐舞生产的典型单位,戏班中的艺人往往具有较高的艺术水平和角色扮演的综合能力,擅长表演大型、经典、新颖的剧目,尤其是戏班中的名角,是班社中的台柱子,常常是色艺俱全,深受消费者的追捧。城镇市民的娱乐需求的增长及民俗活动的增加，致使社会上涌现了大量的商业性戏班，并形成了固定的演戏规则和习俗。如《扬州画舫录》卷五"新城北录下"条记载了在苏州城内活跃的戏班艺人，并强调了当时的演戏习俗，所谓：

> 城内苏唱街老郎堂，梨园总局也。每一班入城，先于老郎堂祷祀，谓之挂牌；次于司徒庙演唱，谓之挂衣。每团班在中元节，散班在竹醉日。团班之人，苏州呼为"戏蚂蚁"，吾乡呼为"班揽头"。①

具体来说，这些戏曲班社的艺人有名有姓者主要有：

> 徐班：副末余维琛；副末副席：王九皋；老生：山昆璧；小生：张德容、陈云九、董美臣、张维尚；老外：王丹山；外脚副席：孙九皋；大面：周德敷、刘君美、马美臣；白面兼工副净：马文观；白面：王炳义；二面：钱云从、钱配林；三面：陈嘉言；老旦：余美观；正旦：史菊观；小旦（闺门旦）：吴福田、孙广平、许天福、马继美、王四喜等。
>
> 徐班以外，则有黄、张、汪、程诸内班，知名艺人有周君美、石涌塘、冯士奎、韩兴周、王采章、杨二观、倪仲贤、王景山、顾天一、张国相、程元凯、刘天禄、张明祖、沈明远、顾天祥、陈小扛、马大保、张廷元、汪颖士、陈应如、周新如、朱文元、刘亮彩、江鹤亭、汪建周、李文益、王喜增等百余人。②

上述文献说明了清代从事戏曲活动的乐人数量之庞大。清乾、嘉年间，苏州商贾云集，清人钱泳《履园丛话》载："金阊商贾云集，晏会无时，戏馆酒馆凡数十处，每日演剧。养活小民不下数万人。"仅苏州就有"数万人"从事着与演戏有关的工作，其他如杭州、南京自不待言。

当戏班摆脱传统的班社制度，实施雇佣制后，戏班的班主就成为实质上的老板，他们靠组织戏班商业演出，获得报酬。戏班的支出主要是演员的薪酬，一般按月发酬，清代称之为"包银制"。齐如山《戏班》中记载：

---

① 李斗. 清代史料笔记丛刊：扬州画舫录 [M]. 汪北平，涂雨公，点校. 北京：中华书局，1980：122.

② 李斗. 清代史料笔记丛刊：扬州画舫录 [M]. 汪北平，涂雨公，点校. 北京：中华书局，1980：122-126.

"大致小脚每年大个钱几十吊、几百吊不等,大脚则纹银几十两或几百两,乃至千余两。"① 而苏州等地的演员则以角色的优劣来确定演员的酬金,如《扬州画舫录》卷五载:

> 苏州脚色优劣,以戏钱数多寡为差,有七两三钱、六两四钱、五两二钱、四两八钱、三两六钱之分,内班脚色皆七两三钱,人数之多,至百数十人,此一时之胜也。②

清代中期后,包银制逐渐演变为戏份钱。如齐如山《戏班》"戏份"条条所说:

> 每日现演戏,现开份,头等脚每日二三百元,下至十元、二十元不等,但既名曰头等脚,则只许搭一班,不得再赶别班;二路脚由两三元至三四十元,既以二路脚自居,则可赶演他班,惟至要紧之二路脚,亦有预先约定,不赶他班者。三路以下等脚则多者一二元少者八吊十吊足矣。③

当然,知名演员的戏份钱更多。如陈彦衡《旧剧丛谈》记载,光绪十四年(1888年),谭鑫培的戏份钱是一百二十吊,是当时演员中最多者。④ 另外,戏班除了支付演员薪酬外,还需要提供酒水抑或车马钱。尤其是名角,车马钱的数量也是不菲的。如《戏班》"车钱"条云:

> 从前各脚除拿包银外,每日上园子演戏另拿车钱,小脚至少每日大个钱四吊至八吊,二三路脚十吊至二十吊,好脚最多到三十六吊至四十八吊,此为顶高之数。……到光绪末叶十三红、十三旦等人,曾经到过六十吊。⑤

当然,从整体来看,清代戏班艺人的收入具有极强的地域性。如清代

---

① 齐如山. 戏曲 [M] //梁燕. 齐如山文集:第二卷. 石家庄:河北教育出版社,2010:241.

② 李斗. 清代史料笔记丛刊:扬州画舫录 [M]. 汪北平,涂雨公,点校. 北京:中华书局,1980:122.

③ 齐如山. 戏班 [M] //梁燕. 齐如山文集:第二卷. 石家庄:河北教育出版社,2010:242-243.

④ 陈彦衡. 旧剧丛谈 [M] //张次溪. 清代燕都梨园史料:下册. 北京:中国戏剧出版社,1988:860.

⑤ 齐如山. 戏班 [M] //梁燕. 齐如山文集:第二卷. 石家庄:河北教育出版社,2010:242.

中后期江南地域戏班艺人的收入低于全国政治和经济中心北京城艺人的。以上海为例，咸丰、同治年间，上海戏院中一个文戏班全体演员的收入每月不满千两，最著名的艺人也"仅月得钱二十余千"。光绪初年，随着京城名角来沪演出，上海艺人的身价也随之提高，知名演员每月的包银在1 000元以上，普通演员的包银收入在200元左右。①

当然，清代私家乐班的兴盛使得部分来自贫民阶层的职业乐人常常以卖艺不卖身的形式游走于商贾、官绅、文士的府邸，以此获取收益。如《扬州画舫录》卷九记载了清代江苏长洲人畲金游走于各个家班充任私家乐人，数年间获取极高收入的案例：

> 纻山名畲金，字名求，长洲人。……为聘舟通桥陈氏女凤姑为妇，及长，善清唱。十六入京师，充某相府十番鼓，以自弹琵琶唱九转货郎儿得名。以归娶出都，至整阳被盗，陈叟见其贫，令退婚，书券已成，凤姑泣不许，遂不果退。纻山感凤姑义，悲己穷困，出齐门投水，不死，游于扬州，依教师周仲昭，充洪氏家乐，得百金归长洲，赁屋迎娶。三日后，单棹至惠州，入陈府班为老生，所得缠头，几至山积，未几逸去。舟泊海珠，遇飓风覆舟，瞬息至虎门，为海船贾客所得。尚未死，知为梨园子弟，因留居舟中作青衣，二年乃得返崇明。复毁容入扬州恒知府班为场面……②

（三）娼妓名伶

娼妓也是清代社会专职从事商业性乐舞生产的群体之一，她们常常衣着奢华，装饰精美，才艺超群，引得无数社会名流缙绅竞相折腰。诸如扬州青楼名妓、南京秦淮青楼名妓等。清余怀《板桥杂记》中卷"丽品"条便记载了明末清初的金陵名妓李大娘乐舞生产的案例：

> 李大娘，一名小大，字宛君。性豪侈，女子也而有须眉丈夫之气。所居台榭庭室极其华丽，侍儿曳罗绮者十余人。置酒高会，则合弹琵琶筝瑟，或狎客沈云、张卯、张奎数辈，吹洞箫，唱时曲。……以此

---

① 海上漱石生.上海戏园变迁志［M］//周华斌，朱聪群.中国剧场史论：下卷.北京：北京广播学院出版社，2003：562－563.
② 李斗.清代史料笔记丛刊：扬州画舫录［M］.汪北平，涂雨公，点校.北京：中华书局，1980：196.

得"侠妓"声于莫愁、桃叶间。①

《扬州画舫录》卷九描述了清代中期扬州城内的盛况,其云:"郡中城内,重城妓馆,每夕燃灯数万,粉黛绮罗甲天下。"② 同时,李斗也记载了大量活跃于以扬州为中心的江南地区的乐妓名伶:

苏高三、珍珠娘、姚二官、解银儿、汤二官、钱三官、杨小宝、杨高二、杨高三、梁桂林、白四娘、赵大官、赵九官、大金二官、小金二官、陈银官、巧官、麻油王二官、杨大官、杨三官、吴新官、汪大官、闵得官、闵二官、沈四官、沈大二官、赵三官、陆爱官、佟凤官、夏大官、小青青、蒋大官、蒋二官、张三官、王大官、小脚陈三官、大脚陈三官、王三官、徐九官、陈巫云、琼子、凤子、南门高二官、李二官、兴化李二官、蒋六子、小丁香、郭三、三扬等。③

这些艺人的收入较高,黄宗羲《童王两校书乞诗》曾云:"拍板红牙子夜天,乌啼枯树欲生烟。知音谁赍缠头锦,踏破红氍八百钱。"④

(四) 民间乐人

民间乐人可分为非职业乐人与职业乐人。民间非职业乐人主要是指一些流民、灾民或乡民等,他们因为各种原因而短暂从事乐舞生产,作为业余生产者,他们往往不具有高超的乐舞技能,通常在业余时间,如农闲时刻、节庆时节等,穿梭于市井、乡村,流动作场,类似宋元时期冲州撞府的路歧人。如清捧花生所著《画舫余谭》云:"无业游民略熟《西游记》,即挟渔鼓,诣诸姬家,探其睡罢浴余,演说一二回,借消清倦。所给不过杖头,已足为伊糊口。"

清代安徽凤阳的歌舞艺人大多是由农民转化而来,属于典型的非职业乐人。他们在自己的家乡拥有少量土地,入不敷出,生活极为艰辛,一旦遇上天灾更是难以为继。所以该地农民被迫在农闲时背井离乡,到处以歌

---

① 张潮. 虞初新志 [M] // 张潮. 张潮全集:第五册. 刘和文,校点. 合肥:黄山书社,2021:251.
② 李斗. 清代史料笔记丛刊:扬州画舫录 [M]. 汪北平,涂雨公,点校. 北京:中华书局,1980:197.
③ 李斗. 清代史料笔记丛刊:扬州画舫录 [M]. 汪北平,涂雨公,点校. 北京:中华书局,1980:199-202.
④ 黄宗羲. 黄梨洲诗集 [M]. 咸焕埙,闻旭初,整理. 北京:中华书局,1959:88.

舞行乞谋生。清初河北进士魏裔介曾在《秧歌行》中生动描写了凤阳花鼓艺人四处卖艺的艰辛生活：

> 凤阳妇女唱秧歌，年年正月渡黄河。北风飞雪沙扑面，冬冬腰鼓自婆娑。衣衫褴褛帕在首，自言出门日已久。前年寿州无雨泽，今岁泗州决河口。……我唱秧歌度歉年，完了官租还种田。南来北往如飞雁，如此艰辛实可怜。①

《扬州画舫录》也记载了清代扬州城内流民、乞丐以乐舞技能来谋生的普遍情形：

> 此地有桥名转角，桥板不设，以通西南门画舫。凡松濠畔乞儿，每于农隙胜游之日，男妇众多，沿城随船展手叫化，多里谣颂祷之词。其风始于病瘫老妇，肘行膝步，歌钉打铁曲。其词云：钉打铁，铁打钉，烧破绫罗没补忉。打红伞，抬官轿，吹着筚栗掌着号。动动手，年年游湖又吃酒；开开口，一直过到九十九。是皆广东布刀歌之属。②

民间职业艺人主要是指在城市、乡村活动的非在籍乐人，抑或说不在政府注册，不必承担轮值轮训应差职能的社会上的专职从事乐舞表演的群体，也包括乐籍制度解体后的乐户、流浪艺人等。他们中大多有着固定的演出场所，诸如歌馆、戏院、茶馆等，也有些是走街串巷进行乐舞表演，或受邀为私人提供音乐服务的。

乐舞生产者在明代社会群众的意识中已经成为固定的职业。到了清代，职业乐人队伍进一步得到扩充。从整体来看，除了一些脱籍乐人外，贫困之家是这类乐舞生产者的主要来源之一。尤其是清代官吏贪赃枉法，对普通民众强抢豪夺、层层盘剥导致民众流离失所，贫困四溢。迫于生计，贫家子弟纷纷学习乐舞技艺，从事乐舞生产。到乾隆中叶，苏州地区此风更盛，《乾隆元和县志》载："吴中贫户，不务职业，子弟少岁教习梨园，色艺既高，驱走远方，献媚取利。"③

---

① 魏裔介. 兼济堂文集：下［M］. 魏连科，点校. 北京：中华书局，2007：491.
② 李斗. 清代史料笔记丛刊：扬州画舫录［M］. 汪北平，涂雨公，点校. 北京：中华书局，1980：159.
③ 许治，沈德潜，顾诒禄. 乾隆元和县志［M］//中国地方志集成（江苏府县志辑）：第十四册. 上海：上海书店出版社，2003：110.

除此之外，音乐生产在此时期也更加商业化，原本的官伎、宫伎制度被废除，乐人由国营的音乐生产转为商业性的私家经营，这为乐伎活动的转变提供了契机。① 清代的职业乐伎艺人集中于北京、南京、扬州、上海和广州等地，《续板桥杂记》载，南京乐伎在乾隆时期"户户皆花，家家是玉，冶游遂无虚日"，"一日之间，千金靡费"。上海的"书寓"（弹唱乐伎）常常在佳节或客人做寿之日被邀请前往助兴，酒席宴上点曲三首，须另外付钱。②

（五）文人

前文已述，文人群体是这一时期非商业性乐舞生产者之一，但同时很多文士也参与商业性的乐舞生产，尤其是很多底层落魄文人，由于精通音乐、擅长作曲之道，常常将音乐生产作为获取经济收入的重要途径。有些文人也因此而获利丰厚，不仅成为社会上的知名乐律大家，深得乐人的追捧，还得到地方缙绅的肯定和推崇。

如《安亭志》卷十七记载，嘉定文士沈龄"究心古学，落拓不事生产。尤精乐律，慕柳耆卿之为人，撰歌曲教童奴为俳优"③。底层文人常常为各个戏班、伶人、戏场撰写传奇本子，以获取报酬，这已成为一种普遍现象。

不仅仅是下层文人乐于从事商业性的演出活动，一些精于词曲之道、戏曲乐律之术的名士也会在兴趣爱好的驱动下偶尔从事商业性的演戏活动。如《扬州画舫录》卷五就记载了此类事例：

> 纳山胡翁，尝入城订老徐班下乡演关神戏，班头以其村人也，绐之曰："吾此班每日必食火腿及松萝茶，戏价每本非三百金不可。"胡公一一允之。班人无已。随之入山，翁故善词曲，尤精于琵琶。于是每日以三百金置戏台上，火腿松萝茶之外，无他物。日演《琵琶记》全部，错一工尺，则翁拍界尺叱之，班人乃大惭。又西乡陈集尝演戏，班人始亦轻之，既而笙中簧坏，吹不能声，甚窘。詹政者，山中隐君子也，闻而笑之，取笙为点之，音响如故，班人乃大骇。詹徐徐言数日所唱曲，某字错，某调乱，群优皆汗下无地。胡翁久没，詹亦下世，惟程载勋尚存，然亦老且贫，曲本亦渐散失。德音班诸工尺，汪损之

---

① 川上子. 中国乐伎［M］. 上海：上海音乐出版社，1993：195 – 196.
② 川上子. 中国乐伎［M］. 上海：上海音乐出版社，1993：200 – 201.
③ 孙岱，陈树德. 安亭志［M］. 王健，标点. 上海：上海社会科学院出版社，2004：275.

尝求得录之，不传之调，往往而有也。①

二、音乐生产与消费的方式

清代商业性的音乐生产形式多样，归纳起来主要有乐人个体主导、班社主导和雇主主导三种类型。具体如下：

（一）乐人个体主导下的音乐生产与消费

乐人个体主导下的商业性音乐生产方式是指音乐生产内容、生产过程主要是在生产者个人的主导下进行的，并没有过多地依赖于消费对象，不会随消费对象的变化而变化。因此，此类音乐生产本质上是一种个体化的生产，主要依赖于表演者的专业技能及其水平，演出场所的变化对其影响较小。社会上的职业乐人（包括脱籍从良的乐户）、隶属州府的在籍乐人（官妓）、冲州撞府的路歧人、失去恩主供养的私家乐人等常常是此类生产的主体。

乐人个体主导进行乐舞生产，具有相对的自由性，生产的目的是获取商业利益。从消费的角度看，此类乐舞生产属典型的卖方市场，乐人凭借自己高超的乐舞技艺和社会知名度，使自己的乐舞生产成为一种稀缺产品，消费者往往趋之若鹜，因没有替代产品可以消费。对于底层的流浪艺人来说，由于是冲州撞府式演出，艺人乐舞生产能力有限，也不可能去任意变换自己的表演内容，消费者也属于临时性消费，并不强调消费的主导权。他们往往通过乐舞表演换取基本的生活保障。

（二）班社主导下的音乐生产与消费

班社主导下的商业性音乐生产，是清代社会一种典型的商业性乐舞生产方式。班社是进行乐舞生产与销售的职业演出团体，由班社成员共同参与和集体组织、生产。在这一生产过程中，班社的班主或班社中的名角具有重要的作用。其生产的目的则是获取商业回报，使团队成员受益。

从文献来看，在清代商业性音乐生产与消费的浪潮中，在昆曲勃兴、花雅之争的大背景下，社会上涌现了大量的职业家班，他们在宋元时期家庭戏班的基础上，进一步完善和发展，从以血缘关系为纽带向师徒制和名

---

① 李斗. 清代史料笔记丛刊：扬州画舫录［M］. 汪北平，涂雨公，点校. 北京：中华书局，1980：136.

角制过度。因此，技艺高超者常常是班主，并以台柱演员或班主名称、姓氏为班社名称。同时也根据演出的需要或利益最大化的需要，规定班社成员可以随意搭班，或实施雇佣制，或收留其他优秀的表演艺人，搭班演出。如《菊庄新话》记载，其他班社的优秀净色演员陈优，因临时在郡城名班寒香班中客串，深受观众欢迎，"嗟叹以为绝技不可得"，于是寒香班便"固请其舍村部以就之，而却其故净"。①

职业戏班因为规模庞大，艺术水平高超，剧目储备丰富，角色行当齐全，深受观众的欢迎，也极大地促进了戏曲演出市场的繁荣。而市场的需求又反过来进一步促进了职业戏班的建设。佐证之一就是弘光元年（1644年）五月，在清兵围攻南京之际，投降的南京城主将为了慰劳清军士兵，竟然临时召集了十几个职业戏班，足见这一时期民间戏班数量之庞大，从事戏曲表演的艺人之多。

清代中期随着花部乱弹的崛起，商业较为发达的城市常常同时存在着不同剧种的戏班，他们竞相献技或相互合作，并在逐利过程中有效促进了戏曲的融合与发展，形成了花雅争胜的戏曲繁荣局面。如《扬州画舫录》卷五记载：

> 本地乱弹祗行之祷祀，谓之台戏。迨五月昆腔散班。乱弹不散，谓之火班。后句容有以梆子腔来者，安庆有以二簧调来者，弋阳有以高腔来者，湖广有以罗罗腔来者，始行之城外四乡，继或于暑月入城，谓之赶火班。而安庆色艺最优，盖于本地乱弹，故本地乱弹间有聘之入班者。②

职业戏班赢取市场的一个重要途径是搬演知名的剧目，或知名作家创作的新剧目，甚至是独家搬演。当时的名士商贾们非常敬仰社会上知名的戏曲家及其作品，一旦剧作家的新作问世，为了先睹为快，争相聘请能够搬演此剧的戏班前来演出，丝毫不在乎支付费用之高。

（三）雇主主导下的商业性音乐生产与消费

清代音乐发展的一个重要节点是雍正年间乐籍制度的废止，这使得大

---

① 焦循. 剧说 [M] //中国戏曲研究院. 中国古典戏曲论著集成：八. 北京：中国戏剧出版社，1959：200 - 201.

② 李斗. 清代史料笔记丛刊：扬州画舫录 [M]. 汪北平，涂雨公，点校. 北京：中华书局，1980：130 - 131.

量的职业乐人可以全心全意地从事商业性乐舞生产，而不用担心政府乐籍制度的制约，不用再耗费大量的精力进行应差式演出。整个社会民众也普遍认可音乐、戏曲表演的商业属性。由此，雇佣式商业演出在这一时期占据绝对主导地位。它表现在多个维度。诸如在宫廷演出时，虽然还标注为"承应"，但其本质上是通过"赏银"的形式完成的商业消费行为。帝王既作为雇主，就意味着受雇戏班、乐人必须按照帝王的喜好进行排戏、演出，不能有半点违和。与此相似，在贵族、官员之家进行的雇佣式演出，所雇佣的乐舞生产者也必须遵循雇主的喜好进行组织和演出。即便是普通民众之家的婚丧嫁娶活动、地方城隍庙等场所的宗教祭祀活动，承应演出的戏班、乐队也必须遵守雇主要求及当地的乡约礼俗来进行演出。这种雇佣式演出在清代中后期城市的戏院里也有所体现，由于商人逐利的本性，清代戏院如雨后春笋般涌现，很多商人专门建设豪华的戏院，雇佣社会上知名的戏班、名伶进行驻场式、协约式演出。这一过程中，戏班和戏院老板有着共同的利益，一些知名戏班可能会遵循台柱或名角的意愿进行演出，而大量知名度一般的戏班常常会按照戏院老板（雇佣者）的意愿开展商业化的演出活动，以获得更大的经济回报。有清一代，雇佣式乐舞生产消费在社会乐舞经济发展的过程中始终处于主体地位。

三、音乐生产与消费的场所和成本

（一）私家厅堂、园林与画舫

商贾、文士、缙绅等是商业性乐舞消费的重要群体，其消费的场所之一即私家厅堂。在私家厅堂之中，除了私家所蓄乐妓外，商贾文人们还大量雇佣社会上的乐人进行上门表演。尤其是富可敌国的商贾们，更是精心修建私家园林及专门供乐舞艺人表演的厅堂，提供日日笙歌的场所，以满足自己的娱乐需求。对此，时人总结云："一席费至数金，小小宴集，即耗中人终岁之资。逞欲片时，果腹有限。徒博豪侈之名，重造暴殄之孽。"①

邓之诚《骨董琐记》卷八"清初戏酒"条也记载了豪绅贵族厅堂宴飨看戏的消费成本：

《平圃遗稿》云：康熙壬寅，予奉使出都，相知聚会，止清席用单

---

① 陈宏谋. 风俗条约 [M] //魏源. 魏源全集：第十六册. 长沙：岳麓书社，2004：657.

束,及癸卯还朝,无席不梨园鼓吹,皆全束矣。……又堂邑张凤翔疏云:……每酒一席,费至二两;戏一班,费至七两。宜饬令节省。①

地方官员也常常在私家厅堂或政府厅堂之内燕饮娱乐,尤其是招待重要的同僚或上级,更是精心安排,雇佣知名乐人进行表演服务,世人称之为"堂会"。从文献来看,清代堂会演出的成本呈逐年递增态势。如《红楼梦》中贾母为王熙凤做生日,共凑了150余两,办酒席,叫戏班子演戏,够两三日用度,均摊下约一日50两。②另刘庆考证,清代堂会的演出价码在顺治年间约为6两,康熙年间为7两,道光年间则暴增为100多两,光绪年间为300多两,呈典型的递增态势。③除了这些包银之外,雇主有时候还需要给戏班一些额外的费用,诸如"跳加官"钱、"呔化"钱等。如齐如山《戏班》"呔化"条云:

> 从前堂会戏,每一好戏出台,台下必喊"搭钱",此钱或出自主人,或出自欢迎该脚之客人,皆不一定。搭钱时,用半八仙桌,由台下搭至台上,放在台脸,即有后台人来谢赏。搭钱最少者大个钱十二吊……脚愈好钱愈多,最多者可到十二份,是共钱一百四十四吊。④

《板桥杂记》所描述的嘉兴文士姚壮若携妓乘画舫游览的乐舞消费更为奢侈:

> 嘉兴姚壮若,用十二楼船于秦淮,招集四方应试知名之士百有余人,每船邀名妓四人侑酒,梨园一部,灯火笙歌,为一时之盛事。先是,嘉兴沈雨若费千金定花案,江南艳称之。⑤

《扬州画舫录》也记载了当时很多乐人在画舫中以乐舞表演为生的情景,如:

> 大松、小松,兄弟也,本浙江世家子,落拓后卖歌虹桥。大松弹

---

① 邓之诚. 骨董琐记全编 [M]. 邓珂,点校. 赵丕杰,整理点校. 北京:北京出版社,1996:233-234.
② 陈诏. 从《红楼梦》看清代的筵宴风俗 [J]. 红楼梦学刊,1988(3):212.
③ 刘庆. 明清职业戏班财务管理的初步考察 [J]. 戏曲研究,2006(2):65.
④ 齐如山. 戏班 [M] //梁燕. 齐如山文集:第二卷. 石家庄:河北教育出版社,2010:239.
⑤ 张潮. 虞初新志 [M] //张潮全集:第五册. 刘和文,校点. 合肥:黄山书社,2021:260.

月琴，小松拍檀板，就画舫互唱觅食。①

(二) 会馆

清代形成了一大批具有地域性的商人群体，诸如山西晋商、安徽徽商等，他们在异域他乡经商，为了获取更多的利益，常常形成固定的团体，抑或拉帮结派，互相协助。由此，会馆应运而生，并逐渐繁盛，成为同乡之人交流、汇聚之地，经商得到庇护、支持之地，乡音乡情的血脉联络之地。久而久之，会馆也成为商人洽谈业务、招待宾朋、结交地方官员、缙绅、文士名流的重要场所。

在此功能下，会馆成了商业性乐舞生产、消费的重要场所。尤其是在同乡聚会的宴飨中，雇佣家乡戏班表演家乡艺术更能获得地域认同，增进彼此之间的感情。如乾隆四十五年（1780年），徽班在广州盛行，广州的外江梨园会馆所立碑刻有文秀班、上升班、保和班、翠庆班、上明班、百福班、春台班、荣升班等徽班在此演出的记录。乾隆四十六年（1781年），还有永盛班在襄阳牛首镇江西会馆戏楼演出的记录。

(三) 酒肆、茶楼、妓馆等公共娱乐之所

酒肆、茶楼、妓馆在清代重要城市依然繁华，作为公共娱乐休闲场所，来往之人既有文人、贵族、达官、缙绅，也有商贾、普通民众。为了吸引顾客，商家常常雇佣专职乐人驻店或者专门蓄养歌妓进行乐舞表演和侍宴服务。一些流浪艺人也会在茶楼、酒肆中为客人进行乐舞表演，以获取一定的收入。

余怀在《板桥杂记》中描绘了明清时期狎妓之风尚：

> 金陵都会之地，南曲靡丽之乡。纨茵浪子，萧洒词人，往来游戏，马如游龙，车相接也。其间风月楼台，尊罍丝管，以及娈童狎客，杂伎名优，献媚争妍，络绎奔赴。垂杨影外，片玉壶中，秋笛频吹，春莺乍啭。虽宋广平铁石心肠，不能不为梅花作赋也。②

显然，青楼妓馆的社会需求很大，使得无论官方还是民间商人都纷纷经营青楼妓馆来获取高额的商业利润。

---

① 李斗. 清代史料笔记丛刊：扬州画舫录 [M]. 汪北平，涂雨公，点校. 北京：中华书局，1980：258.

② 张潮. 虞初新志 [M] //张潮全集：第五册. 刘和文，校点. 合肥：黄山书社，2021：260.

当然，酒肆、茶楼、妓馆作为商业乐舞生产消费的重要场所，乐舞生产者相对复杂，既有专职驻场乐人、官妓、店家蓄养私妓、娼妓，也有流浪的艺人等，生产目的都是获取经济回报。消费者则遍布各个阶层，尤以文人、官员、缙绅、富商为多。

（四）街市、码头、乡村等人口集散之地

商业经济的繁荣，使得很多艺人把街市、码头、乡村等人口集散之地作为乐舞生产与消费的重要场所，所针对的消费对象则以市井民众、商贩走卒、乡民为主。当然，由于是公共场所，消费者的社会地位和经济收入往往相对低下，流动性极强。因此，这些街市、码头、乡村等场所的乐舞生产与消费更多的是一种"快餐式"的生产消费模式。流动的艺人本身不具备高超的艺术水平，但往往针对流动市民的审美趣味，设计出俚俗、简洁而又动人心魄的艺术形式，以便能迅速地吸引流动的消费者进入欣赏状态，从而获取低廉的生产收入。而对于消费者来说，只需要花费少许的银两或者物质资料，甚至不需要出资即可在人群之中观看、聆听到幽默诙谐、感人肺腑的艺术形式也是极大的精神满足。

当然，在街市、码头、乡村进行的商业性表演更多的是说唱和小型戏曲作品，而表演者则多是流浪的盲艺人、女性艺人或小型家庭戏班。

除了城镇的街市外，江南水乡的特殊地理环境导致水上交通成为民众出行、商业往来的重要途径，在某些城镇水路交通的繁盛程度甚至超过了陆路交通。因此，水路交汇之地的码头也成为大量流浪艺人的谋生之所。尤其是在杭州、南京、苏州、宁波、嘉兴等城市，码头商贸极为活跃，乐舞演出市场也随之而繁荣。

（五）戏院、戏楼等专业演出场所

清代以来城市中的勾栏渐趋消亡，取而代之的是专门的戏曲表演场所戏院，也称戏园。如清人顾禄《清嘉录》卷七中说：

> 居人有宴会，皆入戏院，为待客之便。击牲烹鲜，宾朋满座。栏外观者，亦累足骈肩，俗目之为"看闲戏"。有无名氏《新乐府》云："金阊市里戏馆开，门前车马杂遝来。烹羊击鲤互主客，更命梨园演新剧。四围都设木栏杆，栏外容人仔细看。看杀人间无限戏，知否归场

在何地。繁华只作如是观，收拾闲身闹中寄。"①

至于其产生的源头，《清稗类钞》云：

> 雍正时，有郭姓者，始架屋为之，人皆称便，生涯甚盛。自此踵而为之者，至三十余家，卷梢船遂废。②

专业的戏曲演出场所不一定都在陆地上，江南很多地方为了便于水上交通往来人群观赏，常常在宽阔的江面上建立戏楼，供来往船只上的人们观看，或由人们划着小船举家观看。有时候则是直接在大船上建立戏园或戏楼，观众们则坐着小船围绕在其周围观看，这也是江南水乡的典型特色。徐珂《清稗类钞》"郭某始创戏园于苏州"条就记载了这种现象：

> 苏州戏园，明末尚无，而酬神宴客，侑以优人，辄于虎邱山塘河演之，其船名卷梢。观者别雇沙飞、牛舌等小舟，环伺其旁。③

当然，从清代文献来看，广大民间到处流动着草台戏班，尤其是苏州、绍兴等地，流动的职业戏曲艺人常常沿水路在村镇埠头停船演出，以获取一定的钱财，当地人常常称之为"水路班子"。

清代江南一带除了专业的戏船之外，还盛行"歌船"，尤其是苏州、扬州一带。如《扬州画舫录》卷十一"虹桥录下"条云：

> 歌船宜于高棚，在座船前。歌船逆行，座船顺行，使船中人得与歌者相款洽。歌以清唱为上，十番鼓次之，若锣鼓、马上撞、小曲、摊簧、对白、评话之类，又皆济胜之具也。
>
> 清唱以笙笛鼓板三弦为场面，贮之于箱，而甌瓿、笛床、笛膜盒、假指甲、阿胶、弦线、鼓箭具焉，谓之家伙。④

即便是在陆地上演出，也常常以江面停留的画舫多寡来衡量演出的受欢迎程度，所谓：

---

① 顾禄．清代史料笔记丛刊：清嘉录　桐桥倚棹录[M]．来新夏，王稼句，点校．北京：中华书局，2008：152．
② 徐珂．清稗类钞：第十一册[M]．北京：中华书局，2010：5046．
③ 徐珂．清稗类钞：第十一册[M]．北京：中华书局，2010：5045-5046．
④ 李斗．清代史料笔记丛刊：扬州画舫录[M]．汪北平，涂雨公，点校．北京：中华书局，1980：253-254．

> 每一市会，争相斗曲，以画舫停篙就听者多少为胜负。多以熙春台、关帝庙为清唱之地。李啸村诗云："天高月上玉绳低，酒碧灯红夹两堤。一串歌喉风动水，轻舟围住画桥西。"谓此。①

清代戏院等专业性演出场所的经营已经相当规范，每日由驻场班社按照规定的剧目演出，顾客需要买票入内观看。店主以票计钱，票的凭据样式不一，或是竹签（筹），或是木牌，票上表明等级，不同的座位价格不一。《元明清代禁毁小说戏曲史料》记载，清代苏州城内：

> 吴阊为公商聚合之所凡举会清客者，咸邀入戏馆，利其便也。钱多席，半者居正席；钱少席，寡者居傍座，而戏则点于正席客焉。②

清代中期以来，商业大都市内的职业戏院越来越多。《申报》曾描述清末上海的戏馆繁盛及政府禁戏的情形，其文云：

> 上海一区，戏馆林立。每当白日西坠，红灯夕张，鬓影钗光，衣香人语，沓来纷至。座上客常满，红粉居多。自伶人杨月楼犯案，合邑绅董，正本清源，谢禁妇女看戏。因由上海县移知会审陈司马一体示禁。果尔禁绝，则一曲氍毹，两行金粉，此情此景，将付之水流花谢矣。③

当然，消费者在戏院等专职场所的消费成本也在逐渐增多。如同治年间上海最负盛名的两大戏院丹桂、三雅的最高票价是包厢0.8银圆，散座制钱是100文左右。而到了光绪年间，三雅戏院的包厢价格是3.5银圆，散座制钱700文左右。④

在商业性的演出过程中，专业的演出场所与戏班之间往往是一种雇佣关系，即经营戏园的老板出钱雇佣社会上的知名戏班或长期驻场演出，或临时演出，双方事先协商好演戏价格和演出时间、场次，然后由戏园老板支付一定数额的定金，称之为"定签"。定签金额的多少根据戏班的水平而定，一般少则几十两，多则上百两。演出价格分两种情况：一种是戏院老

---

① 李斗. 清代史料笔记丛刊：扬州画舫录 [M]. 汪北平，涂雨公，点校. 北京：中华书局，1980：254.
② 转引自周敏. 清代苏州地区商品经济影响下的戏曲活动 [J]. 中国音乐，1990（2）：15.
③ 《申报》影印本：第四册 [M]. 上海：上海书店，1983：21.
④ 刘庆. 明清职业戏班财务管理的初步考察 [J]. 戏曲研究，2006（2）：65.

板在"定签"的基础上，一次性支付戏班全部演出费用；另一种是双方协议根据每天的卖座情况进行分成，称之为"办帐"，一般为三七分账，即前台（戏院）三成，后台（戏班）七成。

（六）民间酬神、祭祀之地

前文已述，重祀尚巫之风在清代依然盛行。在民间祭祀、丧葬、酬神等相关风俗活动中也普遍存在商业性的乐舞行为。这主要表现在民众集体或商贾个体雇佣式演出，即职业和非职业乐人的商业性活动居于主导地位。

从文献来看，民间风俗场所主要的乐舞消费形式是戏曲，所谓"吴俗信鬼祟神巫，好为迎神赛会，春时搭台演戏，遍及城乡"。如苏州有迎春风俗，在"二、三月间，里豪市侠，搭台旷野，醵钱演剧，男妇聚观，谓之'春台戏'，以祈农祥"①。《扬州画舫录》卷五"新城北录下"条就记载了扬州天宁寺搭建戏台，众多知名戏班竞相在此演出大戏的盛况：

> 天宁寺本官商士民祝禧之地。殿上敬设经坛，殿前盖松棚为戏台，演《仙佛》《麟凤》《太平击壤》之剧，谓之"大戏"。事竣拆卸。迨重宁寺构大戏台，遂移大戏于此。两淮盐务例蓄花、雅两部，以备大戏：雅部即昆山腔；花部为京腔、秦腔、弋阳腔、梆子腔、罗罗腔、二簧调，统谓之"乱弹"。……此皆谓之"内班"，所以备演大戏也。②

酬神演戏在清代的价格很高，如清初吴江人叶绍袁在顺治五年（1648年）的日记《甲行日注》中提到："平湖郊外，盛作神戏，戏钱十二两一本。"③ 雍正元年（1723年），担任浙江考官的李凤翥曾上奏称"乡邑之中，共为神会，敛钱演戏，男女混杂，耗费多端……"④

民间风俗场所中的另外一个主要消费形式是鼓吹乐，尤其是北方各地，婚丧嫁娶都离不开鼓吹乐班。在社会奢侈用乐风气的影响下，对于消费者来说，其成本也非常高。清初人张尔岐就生动地指出了这一时期江南丧葬乐舞消费成本状况：

---

① 顾禄. 清代史料笔记丛刊：清嘉录 桐桥倚棹录[M]. 来新夏，王稼句，点校. 北京：中华书局，2008：75.
② 李斗. 清代史料笔记丛刊：扬州画舫录[M]. 汪北平，涂雨公，点校. 北京：中华书局，1980：107.
③ 叶绍袁. 甲行日注[M]//午梦堂集：下册. 冀勤，辑校. 北京：中华书局，2015：1195.
④ 胤禛. 雍正上谕内阁：卷六十七[M]. 清文渊阁四库全书本.

数十年不克葬者，则何也？缁、黄之忏度不敢以废也，侍从之偶俑不敢以缺也，夹道之幡幔铙吹不敢以不盛也，宾客之酒食衣物不敢以不丰也，其甚者征歌选舞，杂以百戏，非是则以为朴；结缯缚帛，以象楼观，非是则以为陋。于是嘲轰呕哑之声，艳丽诡异之饰杂逻衢路，充斥原野，妇孺拥观，叹骇踊抃，而后快于心焉，而后为能葬其亲焉。富者破产而逐新，贫者举息而蹶赴。一日之费，十年节约而不能偿也；一家之丧，百家奔走而交相病也。高位纵任而不知禁，旁观恬习而忘其非。①

不仅仅是丧葬消费高，在风俗宴飨上也是如此，如《东华录》云：

顺治初，有某御史建言风俗之侈云：一席之费，至于一金；一戏之费，至于六金。②

第三节 清代音乐经济总体特征

一、商业性的音乐生产与消费占主体地位

从前文研究来看，清代社会是乐人身份变化最大的时代，即乐籍制度的解体导致中国封建社会的乐人贱民身份不复存在，取而代之的是与普通大众一样的社会属性。乐人这种身份的转换使得社会上只存在专职乐舞生产者和非专职乐舞生产者两大基本类型，也促使乐舞生产者摆脱官方隶属和"唤官身"的应差式生产方式，取而代之的是商业性的乐舞生产方式。无论是帝王、官员还是商贾、民众，都自觉地遵循社会大生产规律，按照音乐经济的模式进行乐舞的商业性活动。这具体表现在大量的职业戏班如雨后春笋般涌现，无论是集体演出还是乐人的个体演出，都直接标明演出价码，由雇佣者或者消费者按照价格支付金钱。如顺治十八年（1661 年），靖南王耿继茂曾带戏子十余班，在福州南门石塔寺演唱，向看戏之人每人索银三分。③ 即便不是直接的商业行为，也是以"缠头"之费或赏赐的形

---

① 张尔岐. 后笃终论上 [M] //魏源. 魏源全集：第十六册. 长沙：岳麓书社，2004：387.
② 转引自震钧. 天咫偶闻 [M]. 北京：北京古籍出版社，1982：175.
③ 福建省戏曲研究所，林庆熙，等. 福建戏史录 [M]. 福州：福建人民出版社，1983：89.

式来体现商业属性。如《红楼梦》第十八回，元妃省亲中赏赐给演戏人员"两匹宫缎，两个荷包并金银锞子，食物之类"①。从消费者维度来说，清代人们都自觉形成了一种消费惯性，即通过雇佣形式，用金钱、酒食等来等价交换艺人的表演，从而获得精神的满足感或达到某种特定目的。一些社会上知名的优伶、家班、娼妓，则遵循"物以稀为贵"的原则，竞相提高价码。

二、戏班成为音乐生产的主要力量

清代乐舞生产、消费的主要形式是戏曲，而戏曲的生产者主要是戏班。因此，有清一代，无论是雅部昆曲还是花部乱弹，抑或是京剧崛起，背后的主要推动力都是职业戏班。伴随着戏曲的繁荣，职业戏班遍布社会的各个角落、各个层级。如清代宫廷的不少活动需要戏班承应，如宫廷宴飨、祭祀等各类活动，尤其是内宴之中，戏曲承应尤不可少。历代帝王也极为喜欢戏曲，为了方便看戏，在宫廷内建造了诸多戏台。

畜养家班敷演传奇、戏曲也成为这一时期文士、商贾生活中的普遍现象。如兰溪人李渔创建以演戏为职业的家班，并亲自训练、导演、编剧。《扬州画舫录》卷五"新城北录下"条记载了花雅之争时，地方商贾、州府雇佣各类戏班演出的盛况：

> 两淮盐务例蓄花、雅两部，以备大戏：雅部即昆山腔；花部为京腔、秦腔、弋阳腔、梆子腔、罗罗腔、二簧调，统谓之"乱弹"。昆腔之胜，始于商人徐尚志征苏州名优为老徐班；而黄元德、张大安、汪启源、程谦德各有班。洪充实为大洪班，江广达为德音班，复征花部为春台班；自是德音为内江班，春台为外江班。今内江班归洪箴远，外江班隶于罗荣泰。此皆谓之"内班"，所以备演大戏也。②

当然，清代北京、上海等大城市戏班林立，民间酬神演戏的乡镇戏班到处冲州撞府的现象，在清代诸多笔记小说中都有详细记载，其中比较有代表性的是张次溪主编的《清代燕都梨园史料》。

---

① 陈诏. 从《红楼梦》看清代的筵宴风俗 [J]. 红楼梦学刊，1988（3）：209.
② 李斗. 清代史料笔记丛刊：扬州画舫录 [M]. 汪北平，涂雨公，点校. 北京：中华书局，1980：107.

三、逐利性目标决定了音乐生产者对生产内容的自我扬弃

从音乐发展与经济的关系来看，音乐产品的变革，抑或说乐人所从事的音乐职业和表演形式的变化往往与其逐利目标有着密切关系。贫困者从事乐舞生产是由于乐舞生产能够带来丰厚的经济利益，这足以让他们忽视当时乐人身份的低贱。所以明清苏州一带才会有"至今游惰之人，乐为优俳……一郡城之内，衣食于此者，不知几千人矣"的现象。

而音乐艺术形式的继替变革往往也是从业者为了生存或商业利益的一种自我扬弃。如戏曲通过"改调歌之"而衍生出众多的地域声腔，其本质上是戏曲演员为了获得生产回报而适应本地观众的结果。这说明一种音乐艺术形式的形成或衰落与消费者的消费欲望、生产者的生产动力有着密切关系，而这背后则是一种典型的经济行为，也即那只"看不见的手"在起作用。当然，各类乐人的音乐生产具有天然的逐利性特征的重要原因，在于乐舞从业者是社会群体的一部分，无论是他们本身的生存还是乐舞产品的生产，都存在着一定的，甚至是较高的物质成本。诸如乐人的生活资料成本、生产资料成本及学习乐舞技能的教习成本等。

四、乐器市场初步形成

从文献来看，乐器的生产与消费在清代已经形成了一定的规模，不仅体现了典型的商业性，而且具有鲜明的地域性特征。如清代江南之地丝竹、十番、清音等盛行，所用乐器诸如竹笛、箫、管、三弦、云锣、提琴、鼉鼓、檀板、汤锣、单皮鼓、小锣、金锣、铙钹、号筒、木鱼等需求量也极为庞大，这就形成了一定的生产、消费市场。《扬州画舫录》卷十一"虹桥录下"条记载了扬州著名笛师特地赴苏州虎丘买笛一事，充分说明了虎丘一带已经形成了专业的乐器销售市场。其文云：

> 扬州刘鲁瞻工小喉咙，为刘派，兼工吹笛。尝游虎邱买笛，搜索殆尽，笛人云："有一竹须待刘鲁瞻来。"鲁瞻以实告，遂出竹。吹之曰："此雌笛也。"复出一竹，鲁瞻以指撼之，相易而吹，声入空际，指笛相谓曰："此竹不换吹，则不待曲终而笛裂矣。"笛人举一竹以赠。①

---

① 李斗. 清代史料笔记丛刊：扬州画舫录 [M]. 汪北平，涂雨公，点校. 北京：中华书局，1980：254.

江南的乐器制造享誉天下，营利不菲，一方面是由于音乐经济的繁荣，城市、农村中的从乐者众多，对乐器的需求量巨大；另一方面是由于江南地区水路、陆路交通便利，乐器材料不仅可以就地取材，即便是外来之物也极易获得，成品流转也方便。所以，清代宫廷及北方的很多成品乐器和制造材料，甚至是乐器制造者大多来自江南。所谓"取石灵璧以制磬，采桐梓湖州以制琴瑟"，"四方贵吴器，而吴益工于器"。

五、音乐书籍市场繁荣

音乐书籍的刊印在清代也极为兴盛，主要有官府刻书、私家刻书、书坊刻书三种类别。在出版书籍种类上有地方志、丛书、小说、戏曲等，其中最为兴盛的是戏曲类书籍的刊印。其主要原因是社会各阶层对戏曲的热爱、追捧，以及清代戏曲作家及作品的大量出现。如李渔有《笠翁十种曲》《无声戏》《十二楼》《笠翁一家言》等作品，李玉所写传奇有《一捧雪》《人兽关》《永团圆》《占花魁》《清忠谱》《眉山秀》《麒麟阁》《七国记》《连城璧》《一品爵》等，尤侗创作有《读离骚》《钧天乐》《吊琵琶》《桃花源》《黑白卫》《清平调》等。

从另一维度来说，清代出版业对戏曲的传播、兴盛、发展具有重要的影响。如洪昇的《长生殿》和孔尚任的《桃花扇》在清代广为流传，有诸多的版本。其中，洪昇《长生殿》有稗畦草堂原刊本、文瑞楼刊本、暖红室汇刻传奇本等版本；孔尚任的《桃花扇》有清康熙刻本、介安堂原刊本、兰雪堂刊本、西园刊本和暖红室刊本等。

在清代流行的另一类与音乐有关的书籍是刻版画。据记载，清代官方的刻版画《万寿盛典图》《南巡盛典图》《八旬万寿盛典图》《皇朝礼器图式》等描绘了清代各种盛大典礼，其中有很多音乐图像资料，如乾隆时期所画的《崇庆皇太后万寿图》中的长河两岸有身着清式或汉式服装的乐手。乐手们或三五人一组，或十余人一队，手拿各式乐器，组合成不同形式的乐队，为皇太后的万寿节卖力鼓吹。这些专门为献寿而设的小乐队，可称之为庆典活动中的献寿乐队，根据演奏人员的构成，可分为男子乐队和童子乐队两种；而根据演奏乐种的不同，又可分为什榜乐与十番乐两类。① 除此之外，在民间的私家刻版中，戏曲小说的插图版画也得到了大力发展，

---

① 刘潞. 十八世纪京华盛景图：清乾隆皇太后《万寿图》全览［M］. 北京：故宫出版社，2019：278.

清刊本戏曲《秦楼月》《桃花扇》《长生殿》都有大量插图版画的存在,这鲜明地反映出了清代出版业的发达。

琴谱也是民间书商刊刻的重要内容之一,这主要是基于文士及琴派中人在学琴、演奏过程中对曲谱的大量需求。

当然,清代音乐类书籍刊刻业繁荣的背后有着多样的复杂因素,深究起来,有以下几点:

第一,俗文化、戏曲及琴乐的繁盛。清代整个社会俗文化的兴盛使出版业走向繁盛,而这一时期小说、戏曲,尤其是昆曲的兴盛和花部乱弹的崛起,众多琴乐流派的形成,琵琶曲谱的盛行和琵琶流派的形成,等等,更是极大地促进了社会人群对这些书籍的需求。因此,消费者的需求直接推动了音乐类书籍刊刻业的发展。

第二,商业性出版业的整体发达。清代商业性出版业极为发达,但出版业的发展在明末就已显露头角。如明胡应麟《少室山房笔丛》就记载了这一现象,说:"凡刻之地有三,吴也、越也、闽也。……其精,吴为最;其多,闽为最;越皆次之。"① 胡应麟还专门记载了明末清初时期杭州书坊的分布情况:

> 凡武林书肆多在镇海楼之外及涌金门之内、及弼教坊、及清河坊,皆四达衢也。省试则间徙于贡院前;花朝后数日则徙于天竺,大士诞辰也。上巳后月余则徙于岳坟,游人渐众也;梵书多鬻于昭庆寺,书贾皆僧也。自余委巷之中,奇书秘筒往往遇之,然不常有也。②

除了这些民间的出版商,官方的刊刻中心也非常多。以杭州为例,据统计,明清时期的官刻本有一百二十九种之多。音乐类书籍刊刻业的发达与整体商业性出版业的发展有着直接的联系。

第三,便利的交通与廉价、优质的原材料。一部书谱的生产需要较多投入,主要是原材料,即优质的木版、纸张,和其他生产资料成本,以及生产资料和最终成品的运输、流转成本。清代江南太湖一带之所以成为书籍出版的重镇,主要得益于材料获取和交通流转的便利。江南的衢州、杭州、绍兴、宁波等地都盛产优质的纸张。

就地取材减少了流通的费用,使书籍刊刻的成本大大降低。江南水

---

① 胡应麟. 少室山房笔丛 [M]. 上海:上海书店出版社,2009:43.
② 胡应麟. 少室山房笔丛 [M]. 上海:上海书店出版社,2009:42.

路和陆路交错并行，十分便利，不仅有利于原材料的运输，也有利于成品的快速销售。刊成之后，凭借水陆交通，可迅速直达全国各个重要城镇。

第四，优秀的产品品质。清代音乐类书籍畅销的重要原因之一是部分出版物具有优秀的品质——刊刻工艺、纸张品质和底本都十分优良。当时的很多书商非常注重刊刻工艺，竞相雇佣刊刻技术精良的师傅。江南地域就形成了徽州刻工、苏州刻工和常州刻工三大精良工艺匠人群体，市场上也以这三地刻工要价最高。《虬川黄氏重修宗谱》记载，从明代正统至清代道光年间，就有400多人从事这一行业，其中知名者有歙县虬村黄氏家族（黄应光、黄诚之、黄启先、黄君倩、黄肇初等），以及汪忠信、汪成甫、王玉生、蔡鸣凤、刘炤、姜体乾、洪国良、谢茂阳等人，他们的手艺往往世代相传，家族匠人阵容庞大、水平精良，主要活跃于苏州、吴兴、杭州等出版业发达的城市和地区。① 纸张品质也尤受书商重视，如常熟毛晋汲古阁为保证刻书的质量，在江西一家造纸作坊特别订制稍厚的"毛边纸"和较薄的"毛太纸"。书商同时也非常注重刊刻书籍的来源，常常以善本作为底本进行刊刻，以提高书籍的质量。而书商收集善本所耗费的金钱难以估量，很多善本不仅需要高价购得，而且搜寻所费时间也极长。如汲古阁所刊书籍质量首屈一指，广受社会认同的主要原因是阁主不惜高价购求古本、秘本、善本。对此，清叶德辉《书林清话》曾有载：

> 榜于门曰：有以宋椠本至者，门内主人计叶酬钱，每叶出二百。有以旧钞本至者，每叶出四十。有以时下善本至者，别家出一千，主人出一千二百。于是湖州书舶云集于七星桥毛氏之门矣。②

于是，其他书坊也纷纷从汲古阁购入善本，并以此为底本刊印获利，以至于当时流传"天下购善本者，必望走隐湖毛氏"的说法，甚至"滇南官长万里遣币以购毛氏书"。

六、戏曲音乐类道具市场初步形成

有清一代随着商业性乐舞生产消费的繁荣，社会上充斥着数量极为庞

---

① 章宏伟. 明代木刻书籍版画艺术［J］. 郑州轻工业学院学报（社会科学版），2012（6）：99.

② 叶德辉. 书林清话［M］//叶德辉诗文集. 张晶萍，点校. 长沙：岳麓书社，2010：170.

大的职业和非职业从业者,这导致与歌舞、戏曲表演有关的道具、戏箱等也都形成了固定的市场。职业的戏曲班社、游走的底层艺人都非常重视戏衣、戏箱等生产资料的建设,往往花费巨资购买。如《扬州画舫录》卷五"新城北录下"条就详细记载了苏州诸多职业戏班必备的戏曲行头:

> 戏具谓之行头,行头分衣盔杂把四箱。衣箱中有大衣箱、布衣箱之分。大衣箱文扮则富贵衣即穷衣、五色蟒服、五色顾绣披风龙披风、五色顾绣青花五彩绫缎袄褶、大红圆领、辞朝衣、八卦衣、雷公衣、八仙衣、百花衣、醉杨妃、当场变补套蓝衫、五彩直摆、太监衣、锦缎敞衣、大红金梗一树梅道袍、绿道袍、石青云缎挂袍、青素衣、袈裟、鹤氅、法衣、镶领袖杂色夹缎袄、大红杂色绸小袄。武扮则扎甲、大披挂、小披挂、丁字甲、排须披挂、大红龙铠、番邦甲、绿虫甲、五色龙箭衣、背搭、马挂、剑子衣、战裙。女扮则舞衣、蟒服、袄褶、宫装、宫搭、采莲衣、白蛇衣、古铜补子。老旦衣、素色老旦衣、梅香衣、水田披风、采莲裙、白绫裙、帕裙、绿绫裙、秋香绫裙、白茧裙。又男女衬褶衣、大红裤、五色顾绣裤、棹围、椅披、椅垫、牙笏、鸾带、丝线带、大红纺丝带、红蓝丝绵带、丝线带、绢线腰带、五色绫手巾、巾箱、印箱、小锣、鼓、板、弦子、笙、笛、星、汤、木鱼、云锣。布衣箱则青海衿、紫花海衿、青箭衣、青布褂、印花布棉袄、敞衣、青衣、号衣、蓝布袍、安安衣、大郎衣、斩衣、鬃色老旦衣、渔婆衣、酒招、牢子带。盔箱文扮平天冠、堂帽、纱貂、圆尖翅、尖尖翅、荤素八仙巾、汾阳帽、诸葛巾、判官帽、不论巾、老生巾、小生巾、高方巾、公子巾、净巾、纶巾、秀才巾、蚍聊巾、圆帽、吏典帽、大纵帽、小纵帽、皂隶帽、农吏帽、梢子帽、回回帽、牢子帽、凉冠、凉帽、五色毡帽、草帽、和尚帽、道士冠。武扮紫金冠、金扎镫、银扎镫、水银盔、打仗盔、金银冠、二郎盔、三义盔、老爷盔、周仓帽、中军帽、将巾、抹额、过桥勒边、雉鸡毛、武生巾、月牙金箍汉套头、青衣扎头、箍子冠、子女扮、观音帽、昭容帽、大小凤冠、妙常巾、花帕扎头、湖绉包头、观音兜、渔婆缬、梅香络、翠头髻、铜饼子簪、铜万卷书、铜耳挖、翠抹眉、苏头发、及小旦简妆。杂箱胡子则白三髯、黑三髯、苍三髯、白满髯、黑满髯、苍满髯、虬髯、落腮、白吊、红飞鬓、黑飞鬓、红黑飞鬓、辫结、一撮一字。靴箱则蟒袜、妆缎棉袜、白绫袜、皂缎靴、战靴、老爷靴、男大红鞋、

杂色彩鞋、满帮花鞋、绿布鞋、踩场鞋、僧鞋。旗包则白绫护领、妆缎扎袖、五色绸伞、连幌腰子、小络斗、连幌幌子、人车、搭旗、背旗、飞虎旗、月华旗、帅字旗、清道旗、精忠报国旗、认军旗、云旗、水旗、蜘蛛网、大帐前、小帐前、布城、山子。又加官脸、皂隶脸、杂鬼脸、西施脸、牛头、马面、狮子、全身玉带、数珠、马鞭、拂尘、掌扇、宫灯、叠折扇、纨扇、五色串枝、花鼓、花锣、花棒槌、大蒜头、敕印、虎皮、令箭架、令牌、虎头牌、文书、铡砚、签筒、梆子、手靠、铁链、招标、撕发、人头草、鸾带、烛台、香炉、茶酒壶、笔砚、笔筒、书、水桶、席、枕、龙剑、挂刀、短把子刀、大锣、锁哪、哑叭、号筒。①

  这些名目繁多的戏曲行头与演出质量、演出收入有密切的关系，它们不仅仅是必备的，而且往往需要购置多套，如"百福班一出北饯，十一条通天犀玉带；小洪班灯戏，点三层牌楼，二十四灯"②。这就使得戏曲班社在戏曲行头方面的耗费很高，如"小张班十二月花神衣，价至万金"③。伴随着清代戏院竞争的加剧，很多戏院开始倡导在舞台上大量使用真实道具，这进一步促进了乐舞、戏曲道具行业的繁盛和现代化发展。

---

  ① 李斗. 清代史料笔记丛刊：扬州画舫录 [M]. 汪北平，涂雨公，点校. 北京：中华书局，1980：133-135.
  ② 李斗. 清代史料笔记丛刊：扬州画舫录 [M]. 汪北平，涂雨公，点校. 北京：中华书局，1980：135-136.
  ③ 李斗. 清代史料笔记丛刊：扬州画舫录 [M]. 汪北平，涂雨公，点校. 北京：中华书局，1980：135.

后　记

历经多年，《中国音乐经济史》即将出版。回首往事，心潮难平。这部《中国音乐经济史》既是我从事音乐经济学研究的学术思考和孜孜探究的见证，也是前辈师长对我学术成长的关心和学术引领的见证。在音乐经济学领域从无到有的探索，一路艰辛，甘苦自知。

我起初研究的是中国古代音乐史，攻读博士期间却研究了戏曲音乐。也正是在攻读博士期间，受教于秦序研究员，常常在秦序师启人深思的谈话中沉迷于学术海洋，也深得秦序师的指引，开始关注古代音乐经济现象，但当时主要精力在完成博士论文上，并没有深入思考。工作后，我开始静下心来重温秦序师的诸多闪光理论和见地，决定从事新的研究领域，做音乐经济学领域的探索者。

彼时，音乐经济学是一个极为小众的领域，国内基本没有学者对此进行过系统研究，可资借鉴的重要成果除了几本艺术经济学的宏观论著，就只有李向民先生的《中国艺术经济史》和曾遂今先生的《音乐社会学》。很多学者认为研究古代音乐经济史就是对音乐史的重新梳理，没有什么创新意义；也有学者质疑不懂经济学如何研究音乐经济？2009年，我申报的第一个有关音乐经济的课题——《中国古代音乐经济发展史研究》（教育部一般课题）获批立项，这是我博士毕业后进入高校工作的第一个课题，这给了我莫大的信心和支持。自此，我开始系统探索中国古代音乐经济现象，并由此构建了一个相对庞大的研究计划，想从古代音乐经济现象研究出发，再拓展到近现代、当代，再到区域音乐经济史，最后宏观梳理音乐经济学的理论与方法、论域与内容，最终建构出一个具有中国特色的音乐经济学理论体系。显然，三十刚出头的我在学术的道路上豪情万丈。

2011年，作为浙江省首批之江青年社科学者，我获批了浙江省哲学社会科学之江青年专项课题——《江南音乐经济发展史研究》，由于课题结项时间要求只有1年，我不得不将精力集中在区域音乐经济史的研究上。所以，2017年我的第一本音乐经济史成果《江南音乐经济史》由商务印书馆出版，而《中国音乐经济史》的书稿自2009年开始撰写则一拖再拖，直到2018年才由苏州大学出版社出版了《中国音乐经济史（远古至南北朝卷）》。虽然教育部课题及时结项，但我一直希望能够写出一部通史性的著述，这也是我当时从事音乐经济学探索的一个重要规划和目标。

为了能够高效率完成《中国音乐经济史》书稿的撰写，我组建了一个学术团队，包括我的同门曹丽娜、倪高峰，以及我的硕士研究生张晨捷、黄坛笑、田瑞和博士研究生韩莉薇。组建这个团队的主要原因是基于上述几位都曾经在音乐经济史领域进行过探索，如曹丽娜的硕士论文是《唐代民间营利性乐舞的生产与流通》，倪高峰的硕士论文是《艺术经济研究：唐代宫廷乐舞生产、消费的经济基础》，张晨捷的硕士论文是《明代音乐经济研究》，黄坛笑的硕士论文是《宋代民间音乐活动中的商业化现象研究》，田瑞的硕士论文是《元代音乐经济研究》，而韩莉薇则是在我的指导下撰写了《清代音乐经济》。但是，当我把这些成果堆砌起来，进行纵向音乐经济史的梳理时，却遇到了很多问题，难以继续展开。原因有很多方面，一是因为我个人对音乐经济史研究的基本思路和观点的转变；二是基于音乐经济通史体例规范的局限；三是我撰写《江南音乐经济史》的一些新知。所以，在后续的撰写中，我把预先设计的思路和团队撰写的方式推倒重来，将江南音乐经济史的研究思路融入进来，并从远古开始逐一按历史时段去撰写和改写。需要特别指出的是，"隋唐时期的音乐经济"是借鉴和运用了倪高峰和曹丽娜的部分成果，因此两位学者也是这一章的作者；"元代的音乐经济"是在田瑞硕士论文的基础上补充完成的；"明代的音乐经济"是在张晨捷硕士论文的基础上补充完成的；"清代的音乐经济"是我和韩莉薇合作完成的。

2022年，该项目入选了国家新闻出版署"中华民族音乐传承出版工程精品出版项目"，这是对该研究的肯定。但由于我从事管理工作等原因，书稿的撰写进度相对缓慢，我在撰写过程中又对北朝和五代十国时期的音乐历史产生了浓厚的兴趣，认为里面有太多值得挖掘的内容，这导致对每一个历史时期的研究都要耗费至少半年时间。但出版工作有一定的时间限制，所以，这几年来我一直在努力写作，希望能够如期给读者呈现出一部相对系统和全面的音乐经济学领域的通史性著作。

虽然现在书稿完成并交付出版，但我心中依然有很多歉意，很多研究思路和研究心得没有系统展开。这让我常常痛苦和自责，深刻领悟了前辈学者"慎写史书"的劝告，通史性著述看似简单，实际撰写起来千难万难。

也许可以自我安慰，这一版书稿依然是我和我的团队在音乐经济学领域探索的一个阶段性成果汇报，书稿中的很多遗憾和不足，我们后续还有时间继续完善。将此书作为阶段性成果汇报，我也衷心地希望其出版能够得到学界同仁的宽容和理解，更希望学界同仁能够指正错误，以便我们今后继续完善和深化。希望这些不足和缺憾更加激励我们前进，更加坚定我在音乐经济学领域继续探索的信心。

最后，要衷心感谢参与此书编撰的同门和学生，是你们的思路给予了我很多启发，是你们的努力和前期成果完善了此书，谢谢！